新冠疫情中的傳媒角色

The Role of Media in Communicating the COVID-19 Pandemic

亞洲華人社會的實證研究

—— Empirical Studies in Chinese Societies ——

魏然　羅文輝　主編

五南圖書出版公司 印行

主編簡介

魏然

香港浸會大學傳理學院講座教授，香港中文大學退休教授，美國南卡羅來納大學傑出榮休教授。

羅文輝

曾任台灣國立政治大學傳播學院院長、新聞系系主任，香港中文大學教授，浸會大學訪問教授。

作者簡介（按姓氏筆劃排序）

王海燕

澳門大學社會科學學院傳播系副教授。

王賽

香港浸會大學傳理學院互動媒體系研究助理教授。

吳琳

暨南大學新聞與傳播學院新聞學碩士研究生。

吳瓊

同濟大學藝術與傳媒學院碩士研究生。

李宗亞

華中科技大學新聞與信息傳播學院副教授。

汪靖

同濟大學藝術與傳媒學院講師。

岳漢玲

中國氣象局幹部培訓學院湖北分院助理工程師。

林冠承

國立中正大學社會科學院電訊傳播研究所碩士班研究生。

邱林川

新加坡南洋理工大學黃金輝傳播與信息學院邵氏基金會媒體技術講座教授。

金兼斌

清華大學新聞與傳播學院教授。

洪子陽

加州大學戴維斯分校統計學系本科生。

張明新

華中科技大學新聞與信息傳播學院教授暨院長。

張曉

香港樹仁大學新聞與傳播學系助理教授。

章平

復旦大學新聞學院廣播電視學系副教授。

郭靖

香港中文大學新聞與傳播學院博士候選人。

陳憶寧

台灣政治大學傳播學院廣告系特聘教授兼院長。

曾詠祺

復旦大學新聞學院碩士研究生。

程渺然

華中科技大學新聞與信息傳播學院博士研究生。

黃懿慧

香港城市大學媒體與傳播系講座教授。

楊肖光

上海交通大學中國醫院發展研究院副研究員。

路淼

香港嶺南大學文化研究系助理教授。

鄒霞

西安交通大學新聞與新媒體學院新聞系講師。

趙麟宇

戴德森醫療財團法人嘉義基督教醫院骨科部脊椎外科主任、嘉基工會理長。

劉煥

西安交通大學新聞與新媒體學院傳播系副教授。

劉蒙閣

西安交通大學新聞與新媒體學院新媒體系講師。

盧鴻毅

國立中正大學社會科學院傳播系（含電訊傳播碩士班）教授。

戴笑凡

上海市經濟和資訊化委員會四級主任科員。

謝金文

上海交通大學媒體與傳播學院傳播系教授。

致謝

本書出版承蒙香港中文大學之大學研究委員會的資助。書中部分章節得到香港特別行政區研究資助委員會的資金（項目編號：C4158-20G）支持，特此致謝。

目　錄

新冠疫情之傳媒呈現與傳播

新冠疫情與新冠疫苗

新冠疫情與虛假資訊傳播

1 序言

魏然、羅文輝

本書緣起

　　新冠（COVID-19）疫情在 2019 年底爆發後，迅速擴散至世界各地。許多國家的民眾都經歷過新冠病毒肆虐下的群體恐慌，以及封城、隔離、居家工作等公共防疫措施，並目睹了抗疫帶來的巨大社會變化。在這場公共健康危機中，疫情傳播瞬息萬變，傳媒的角色變得至關重要，無論是幫助民眾了解最新疫情，組織抗疫，還是提供及時的疫苗相關資訊，傳媒扮演著告知、組織和說服的角色。此外，各種網路新興媒體與傳媒競爭，使得傳媒的社會角色變得更複雜、更具挑戰。例如，網路媒體加劇了與疫情相關的虛假資訊和謠言的傳播。民眾對海量的疫情資訊難辨真偽，造成認知負擔，甚至採取錯誤防疫行為。

　　傳媒在現代社會中扮演多種角色。傳媒最早被認為具有「中立」（neutral）和「參與者」（participants）兩種角色（Cohen, 1963）。美國學者 Weaver 和 Wilhoit 等人曾提出新聞工作者的四種角色理論，他們將記者的角色分為「資訊傳布者」（disseminator）、「詮釋者」（interpreter）、「對立者」（adversarial role）和「動員者」（mobilizer）等四種（Weaver et al., 2007）。儘管學者們對傳媒的角色有不同的看法，但「資訊傳布者」和「詮釋者」似乎是記者最為認同的社會職責（Weaver et al., 2007; Weaver & Willnat, 2012）。

　　本書認為，傳媒最重要的角色是資訊傳布與詮釋，傳媒經由專業化的新聞生產過程，將政治、經濟、社會和文化等各個領域的資訊及

時、準確地傳播給大眾，幫助公眾獲取相關資訊，了解世界和身邊環境的變化，形塑他們的觀點和意見，大眾才能依據傳媒的報導進行決策和採取行動。

然而，隨著網路和社交媒體的興起，傳媒面臨前所未有的挑戰，其社會角色也不斷演變。特別是新興平台中「去中心化」（de-centralization）的資訊發布模式催生了海量的「用戶生產內容」（user generated content, UGC）（Sawhney & Suri, 2014）。這些用戶生產內容不僅持續擠占傳媒在資訊市場中的生存空間，也帶來了很多虛假和失實的資訊，對大眾產生負面影響。例如，疫情期間出現的許多與科學事實不符的觀點與謠言，在社交媒體中廣泛傳播，對大眾的認知帶來困擾，並導致疫苗猶豫（vaccine hesitancy）或採取錯誤防疫行為等不利於疫情防治的後果。因此，在新的傳播環境下，特別是社會危機的背景下，反思傳媒應如何扮演適當的角色，不僅關乎傳媒未來的發展，也對建立和維護健康的資訊環境，具有重要的社會意義。

本書旨在分析新冠疫情期間傳媒在亞洲華人社會中扮演的角色，反思傳媒的影響、貢獻與缺失。本書作者透過蒐集來自香港、台灣、新加坡和中國大陸四地的數據，探討新冠疫情期間傳媒的角色及其對四地民眾的影響。本書共收錄 11 篇論文。這些論文中，有七篇論文的初稿曾在香港中文大學第十五屆傳播學訪問學者工作坊上發表，後來刊登於《傳播與社會學刊》第 63 期「新冠疫情與數字媒體」專輯。另外，有三篇文章選自《傳播與社會學刊》，還有一篇由作者投稿。編者認為這些論文緊扣傳媒角色這一主題，具有相當的理論與實用價值，因此決定以論文集的形式出版這 11 篇論文。這些論文使用的研究方法多元，包括電話調查、網路問卷調查、內容分析、話語分析、計算機文本分析等。

本書主要分為三個部分。第一部分探討新冠疫情背景下傳媒的內容，包括網路新聞和文本；第二部分探討新冠疫情期間民眾收看傳媒報導和他們對新冠疫苗的態度之關聯性；而第三部分則分析新冠疫情期間的虛假資訊在網路媒體上的傳播及其社會影響。

本書集結大中華地區的 27 位華人作者，他們分別服務於香港、澳門、台灣、新加坡、中國大陸、美國的大學與機構，如香港中文大學、新加坡南洋理工大學、清華大學、台灣政治大學、美國加州大學，以及各地政府和醫療機構。這些作者包括大學教師、研究生、工程師、政府官員與醫師，他們有些人主要研究媒介效果，有的研究流行病學，有的致力於大數據研究，但不約而同地，他們都在新冠疫情期間進行資訊傳播研究，因此合作完成此書。

章節介紹

本書第一部分的論文主要分析新冠疫情期間傳媒的報導與影響。網路媒體是民眾獲取疫情資訊以及參與相關議題討論的主要管道。2020年1月新冠病毒爆發初期，中國為有效阻斷本土疫情傳播，實施了史無前例的大規模公共衛生應對舉措，包括對擁有 900 萬人口的武漢實施封鎖。張明新、程澍然、岳漢玲和李宗亞在封城期間對武漢市民進行了電話調查。調查結果顯示，受訪者主要透過網路與微信來獲取疫情資訊，年長者對電視依然保持高度依賴；另外，相較於傳統媒體，新媒體使用更能激發民眾的正面與負面情緒。此外，這種媒介使用與情緒反應之間的關係會被社區有無確診病例所影響，顯示社會環境因素對媒介效果的影響。章平、楊肖光、戴笑凡、曾詠祺和洪子陽的研究聚焦於新冠疫苗報導，結合主題模型和深入人工解讀，考察中國大陸網路新聞的商議特性。其研究從包容性、互動性和理性三個角度評估，他們的研究發現，儘管網路新聞文本具有部分商議性特徵，但仍缺乏多樣性和對話性，呈現出「對外批評對內謳歌」的兩極化特點，與公共商議精神要義有較大距離。

王海燕和吳琳則研究疫情以來中國互聯網上的民族主義情緒。疫情期間，中國內地與西方社會愈加對立，民族主義情緒在網路世界高

漲。王海燕和吳琳分析活躍在今日頭條上 13 個粉絲量超過 50 萬的「網紅知識分子」的國際時評影片，探討其民族主義話語建構的方式和內涵。她的分析發現，「網紅知識分子」藉助人格、情感、事實結構等修辭手段，典型性地建構了一套對內保守對外激進的民粹式民族主義話語，這一既激進又保守的民族主義話語的建構，意味著官方民族主義與大眾民族主義的合流，也揭示了「網紅知識分子」對政治權力與平台資本的雙重迎合。這篇論文可以幫助人們理解數位化媒體時代平台資本與政治權力結合的形式，以及這種結合對社會可能造成的影響。同時，為了應對新冠疫情，世界各國紛紛使用數位接觸者追蹤（digital contact tracing）技術作為應對措施。但政府對資料的蒐集和訪問引起全球民眾對隱私問題的擔憂。因此，汪靖和吳瓊建構了一個針對於接觸者追蹤 App 隱私政策的評價指標體系，從「一般屬性」、「資訊蒐集」、「資訊使用」、「資訊留存」、「資訊共用」、「用戶權利」等六個維度，對全球範圍內 50 個接觸者追蹤 App 的隱私政策進行了內容分析。她的研究發現，接觸者追蹤 App 在用戶隱私保護政策方面表現效果不理想，平均分數僅為 36.66 分（滿分 100 分），而且分數的分布也不平均，各國的隱私政策存在較大差異。此外，文化因素對隱私政策內容質量有影響，權力距離指數（PDI）、個人主義指數（IND）、男性文化指數（MAS）均能顯著影響隱私政策分數。透過聚類分析，這項研究發現不同國家的隱私政策可以分為「溝通說服型」、「利益規範型」與「告知服從型」三種類型。

　　由於在新冠疫情中，媒介使用對民眾的疫苗接種意願具有顯著影響，因此本書的第二部分探討民眾對新冠疫苗的態度。盧鴻毅、林冠承和趙麟宇的研究試圖擴展「計畫行為理論延伸模式」（ETPB），以解釋影響疫苗接種意願的因素。他們在台灣地區針對未打疫苗的人展開網路調查，結果顯示「對接種疫苗所抱持的態度」及「新聞慎思程度」能夠顯著地預測民眾接種疫苗的意願。三位研究者建議，面對疫情威脅，應強化民眾對接種疫苗的正向態度和增加「說服性」訊息。鄒霞、

劉蒙閣、劉煥和謝金文的研究則以保護動機理論為基礎，探究了個人資訊源、威脅評估、應對評估和主觀規範對新冠疫苗接種意願的影響。這項在杭州、無錫、西安、重慶四地開展的問卷調查發現，網路接觸對感知嚴重性、自我效能、反應效能、主觀規範具有顯著正向影響。人際接觸對感知易感性、主觀規範、反應效能、自我效能具有顯著正向影響，對反應成本有顯著負向影響。而主觀規範、反應效能、自我效能與新冠疫苗接種意願顯著相關。這項研究也顯示與網路接觸相比，人際接觸對接種疫苗意願有更大的促進作用。

基於北京的網路問卷調查數據，金兼斌、魏然和郭靖提出了虛假資訊接觸會影響民眾的錯誤觀念，進而影響公眾疫苗接種態度的理論模型。他們的研究發現，接觸疫情相關虛假資訊會對人們的疫苗接種態度產生直接和間接影響，而以錯誤觀念為中介的間接影響要顯著大於接觸虛假資訊所產生的直接影響。政府信任與公眾的負面疫苗態度具有顯著負相關，顯示接觸虛假資訊和政府信任對公眾疫苗接種態度的競爭性影響。也就是說，民眾對政府的信任可以減弱對疫苗的負面態度，進而對虛假資訊的負面影響產生沖抵效應。

疫情與後疫情時代的媒介空間滋生了大量虛假資訊，網路媒體去中心化是虛假資訊盛行的重要原因之一，全球社會亟待了解虛假資訊的傳播機制與效果。本書第三部分的論文集中探討虛假資訊對社會的影響。張曉、魏然和邱林川運用第三人效果理論闡釋了虛假資訊的影響機制。他們在新加坡進行網路問卷調查，研究結果顯示，接觸虛假資訊對自己和他人影響的認知會因個人知識水準和負面情緒而有所差異。此外，對自己和他人影響的認知能夠進一步預測個人反疫苗態度和對抗虛假資訊的行動。他們的研究不僅拓展了經典的第三人效果理論，也加強社會各界對新冠虛假資訊社會影響的理解。

結合「預設影響之影響」與「資訊處理理論」，路淼、羅文輝、魏然透過網路問卷訪問香港市民，他們發現新冠疫情虛假資訊的接觸頻率可以直接預測市民的態度與行為模式，包括對限制虛假資訊的支持

度、對虛假資訊的糾正行為，以及對正確資訊的推廣行為。此外，他們也發現新冠疫情虛假資訊的接觸頻率也可以透過「對虛假資訊的思考」與「對他人的預設影響」來間接預測這三種態度與行為。他們的這項研究還同時發現，對虛假資訊的思考可以預測虛假資訊對他人的預設影響，進而影響市民的態度與行為。也就是說，研究發現證實人們在接觸虛假資訊之後，不僅關注「自身」處境，還會一併思考這類資訊對「他人」的影響，進而調整自己的態度與行為。這項研究為政府應對、管理疫情虛假資訊提供了參考性建議。

陳憶寧蒐集疫情初期台灣四家主要報紙和社交媒體上的虛假資訊相關內容，從跨媒體議題設定角度對比了台灣傳統媒體與社交媒體間的虛假資訊差異。論文透過內容分析與社群數據蒐集的語意分析，發現兩者在主題上有所區別：傳統媒體報導最多的依序是醫學相關的疾病影響、社區傳播、官方機構的作為以及病毒如何傳播。社交媒體的流行主題依序是疫情衍生出的行為、醫學相關的疾病影響、準備與預防。雖然新冠疫情讓虛假資訊有機會在社群上散播，且虛假資訊也出現在傳統媒體上，但在語調與類型上的呈現方式顯示傳統媒體的把關較為嚴謹。

透過對四個文化相近，但資訊近用性不同的亞洲城市（北京、香港、新加坡、台北）進行實證研究，魏然、郭靖、王賽和黃懿慧考察了接觸疫情虛假資訊對錯誤觀念、疫苗態度、知識水準的負面影響。他們的研究發現社交媒體流行的虛假資訊會使人們對於新冠疫情產生錯誤的認知、形成抵制疫苗態度，並阻礙學習相關知識。此外，這項研究還發現在數位媒體資訊近用性高的社會（如香港、新加坡）中，虛假資訊的接觸和分享頻率較低，負面影響也較低；而在對數位媒體資訊近用性受限的社會中（如北京），虛假資訊的接觸和分享則頻率較高，也比較可能產生較高的負面影響。

對於疫情資訊的思考

本書的主要貢獻有三點。第一，為傳媒業界提供疫情報導建議；第二，展示民意形成過程，為政府的公共政策提供建言；第三，分析虛假資訊的傳播規律，分析虛假資訊對華人社會之影響，為建構有序資訊社會提供思考方向。

世界衛生組織於 2023 年 5 月 5 日宣布，新冠疫情全球衛生緊急狀態結束。然而，下一場公共衛生危機不知何時到來，我們要汲取經驗，提高風險管理能力。本書的研究發現顯示，我們需要反思如何應對公共危機，做好社會溝通，防治虛假資訊，控制虛假資訊，提升民眾對虛假資訊的免疫力。

宏觀層面：政府作用

疫情防控既是政府的職責，也是市民的責任。金兼斌、魏然和郭靖的研究發現，政府信任有助於減少虛假資訊的負面影響。因此，面對社會危機時，要善用民眾對政府的信任來引導民眾，降低虛假資訊的影響。

疫情虛假資訊已成為了一種不可不防的另類流行病，但要達到虛假資訊清零似乎不易。與新冠病毒一樣，疫情虛假資訊可能會持續存在。伴隨著新的變種病毒的出現，公眾的資訊需求將更為強烈。可以說，只要新疫情爆發就會有新的虛假資訊流行。例如，2022 年末中國內地疫情激增後，就迅速流傳起「感染後十天內不能沖涼」、「感染者使用的牙刷和毛巾上殘存的病毒會導致復陽」的新虛假資訊。封堵網路資訊，遮罩社交媒體，並非對抗虛假資訊的上策。最好的解決方案是提高資訊透明度和及時發布準確疫情通報。各國政府部門應該積極主動發布及時、準確的資訊，增加網路資訊的透明度，與傳媒合作對抗疫情，才是最有效抵抗虛假資訊的策略。

正如魏然（2023）指出，亞洲各國注重發展傳播科技硬體，從網路、超級電腦、雲端、AI 到 5G 手機，亞洲發達城市領跑世界。然而，在網路資訊流通上，有的城市高築防火牆。在資訊流通落後於網路硬體發展的情況之下，及時透明的抗疫資訊不足，虛假資訊填補資訊的不足，得以廣泛傳播，民眾反而更容易接觸疫情虛假資訊。而去中心化的社交媒體助長虛假資訊的二手傳播，因此內地中央指揮下的網路管控（Command and Control）模式，對控制疫情虛假資訊的傳播似乎難見其功。同時，在資訊至上的年代，政府除了要重視通訊技術發展，還要重視媒介素養教育，培養市民對資訊的批判性思考，增強市民獲取有效資訊的能力。

中觀層面：傳媒角色

及時、準確、專業的資訊傳布是傳媒最基本、最重要的社會責任，在面對重大社會危機時，充分履行這種職責更為重要。在不斷變化的社會和資訊技術環境中，傳媒應當恪守客觀、公正的原則，不斷尋求事實，呈現全面報導，避免被利益和偏見驅使。具體而言，首先，傳媒從業人員應勇敢面對未經證實的用戶生產內容、虛假資訊和謠言在社交媒體中迅速傳播的挑戰，透過專業的事實查核方法來確保新聞報導的準確性和可靠性。其次，在諸如新冠疫情這樣的社會危機中，存在著很多專業性極強的議題。傳媒從業人員應當加強與專業人士的溝通與合作，在報導中提供準確的資訊和科學依據，以減少誤導，避免造成不必要的恐慌。同時，傳媒從業人員也應深度回應公眾在危機環境中的實際資訊和心理需求，幫助公眾了解當前狀況和風險，並透過提供應急指南、生活技巧和心理支援等實用的資訊來幫助大眾應對危機。

微觀層面：民眾力量

在新媒體時代，人人都可以用非常低的成本發布和轉載資訊，民眾也變成用戶生成內容的第一把關人。民眾如要獲取有效資訊，就要積極適應新媒體時代，靈活使用不同媒體，尋找不同的可信資訊來源，搜尋有用資訊，辨別虛假資訊。面對社會危機時，市民應該儘量掌握最新資訊，提升相關知識。張曉、魏然和邱林川的研究就發現，對新冠病毒了解較多的市民比較可能採取行動對抗虛假資訊，並且有較低的反對疫苗態度，所以，幫助民眾獲得足夠的疫情資訊也是對抗疫情的重要方法。

如果能建立公開、透明、豐富的資訊環境，民眾會對資訊有足夠判斷力，虛假資訊的影響力就會大為降低。他們的研究發現，知識高的民眾比較可能主動核實流行的虛假資訊，減少虛假資訊的傳播。換言之，民眾的媒介素養、疫情相關知識越高，越可能核實、糾正虛假資訊，也越願意分享與推廣正確的疫情資訊。長遠來講，社會要透過增進媒介、科學素養和公民教育賦智於民，培養民眾對虛假資訊的辨識能力，用民眾的力量對抗虛假資訊，才是管理、應對疫情與虛假資訊的最有效方法。

致謝

本書的順利完成得益於程曉萱博士、余文婷博士、五南出版社的陳念祖和李貴年編輯的支持和協助，在此表示感謝。

參考文獻

中文部分（**Chinese Section**）

魏然（2023 年 1 月 20 日）。〈反思疫情虛假信息傳播 抵抗「資訊流行病」〉。
《明報》。取自 https://bit.ly/3GTFU58

英文部分（**English Section**）

Cohen, B. C. (1963). *The Press and Foreign Policy*. Princeton University Press.

Sawhney, H., & Suri, V. R. (2014). From hierarchy to open configurations: Decentralization and user-generated content. *Media, Culture & Society, 36(*2), 234–245. https://doi.org/10.1177/0163443714526551

Weaver, D. H., Beam, R. A., Brownlee, B. J., Voakes, P. S., & Wilhoit, G. C. (2007). *The American Journalist in the 21st Century. U.S. News People at the Dawn of a New Millennium*. Lawrence Erlbaum Associates.

Weaver, D. H., & Willnat, L. (Eds.). (2012). *The Global Journalist in the 21st Century*. Routledge.

新冠疫情之傳媒呈現與傳播

2 新冠肺炎疫情爆發初期武漢民眾的媒體使用、資訊處理與情緒反應：一項電話調查研究

張明新 [1]、程渺然 [2]、岳漢玲 [3]、李宗亞 [4]

摘要

2020 年 1 月，突如其來的疫情危機打亂了中國大陸居民的春節節奏。為有效阻斷本土疫情傳播，中國實施了史無前例的大規模公共衛生應對舉措，對擁有 900 萬人口的武漢實施封鎖便是其中之一。「封閉管理」後的武漢民眾如何跟進疫情進展，又經歷著怎樣的心態變化？本研究在「封閉管理」期間透過對 1,071 位武漢市民進行電話問卷調查發現，受訪者主要透過網路與微信來獲取疫情資訊，年長者對電視依然保持高度依賴。研究還發現，媒體使用能顯著激發受眾的情緒反應；與傳統媒體相比，新媒體使用更能激發民眾的正面與負面情緒。此外，本研究也發現社區有無確診病例會調節媒體使用與情緒反應之間的關係，而資訊加工處理則對媒體使用與情緒反應之間的關係具有中介效應。在理論層面，本文豐富了「媒介依賴」的相關研究，特別將民眾在疫情期間的正面情緒納入考察，拓寬了危機傳播研究的情緒圖譜，闡釋並檢驗了民眾資訊處理

1 張明新，華中科技大學新聞與信息傳播學院教授。研究興趣：新媒體研究、政治傳播、國家戰略傳播。
2 程渺然，華中科技大學新聞與信息傳播學院博士研究生。研究興趣：新媒體研究、健康傳播。
3 岳漢玲，中國氣象局幹部培訓學院湖北分院助理工程師。研究興趣：媒介效果、傳播理論。
4 李宗亞（通訊作者），華中科技大學新聞與信息傳播學院副教授。研究興趣：媒介效果、健康傳播、環境傳播。

在媒體使用與情緒反應關係之間的作用機制。

關鍵詞：新冠肺炎疫情、「封閉管理」、媒體使用、資訊加工處理、情緒反應

2 Media Use, Information Processing, and Emotional Responses among Wuhan Residents in the Early Stage of COVID-19 Outbreak: A Telephone Survey

Mingxin ZHANG[1], Miaoran CHENG[2], Hanling YUE[3], Zongya LI[4]

Abstract

In January 2020, the sudden outbreak of COVID-19 disrupted the rhythm of the Chinese Lunar New Year. To contain the spread of the virus, the Chinese government implemented the strictest-ever public health emergency response measures, one of which was to close outbound traffic from Wuhan—a major city with 9 million residents. During the city lockdown, how did Wuhan citizens cope with the pandemic? Did they experience mood swings? A telephone survey of 1,071 Wuhan citizens conducted during the lockdown found that respondents mainly accessed pandemic-related information from

[1] Mingxin ZHANG (Professor). Journalism and Information Communication School, Huazhong University of Science and Technology. Research interests: new media studies, political communication, national strategic communication.

[2] Miaoran CHENG (Ph.D. Candidate). Journalism and Information Communication School, Huazhong University of Science and Technology. Research interests: health communication, new media studies.

[3] Hanling YUE (Assistant Engineer). Hubei Branch of China Meteorological Administration Training Center. Research interests: media effects, communication theory.

[4] Zongya LI (Associate Professor). Journalism and Information Communication School, Huazhong University of Science and Technology. Research interests: media effects, health communication, environmental communication.

the Internet and WeChat, while the elderly remained highly dependent on television. The study also indicated that both traditional and new media use could stimulate emotional responses among the public, though new media was more powerful in evoking positive and negative emotions than traditional media. Additionally, we also found the number of confirmed infection in the community moderated the association between media use and emotional responses and information processing mediated the association between media use and emotional responses. Theoretically, this study enriches relevant research on media dependency, especially taking into account the positive emotions during the pandemic. It broadens the scope of research on emotion in crisis communication research and examines the role of information processing in the relations between media use and emotional responses.

Keywords: COVID-19, lockdown, media use, information processing, emotional response

緒　論

　　新冠肺炎疫情是「百年一遇」的全球健康危機，是新中國成立以來傳播速度最快、感染範圍最廣、防控難度最大的重大突發公共衛生事件。在疫情爆發與春節將至的雙重時間節點下，考慮到武漢作為華中地區最大的交通樞紐，將要承擔數以百萬計的人口流動，中國政府果斷對武漢市採取「封閉管理」策略，嚴防死守、遏制疫情擴散（白劍鋒、李紅梅、申少鐵，2021）。為配合疫情防控，900 餘萬市民留守家中，與外部世界幾乎形成隔絕狀態。在此期間，民眾為及時跟進疫情資訊與防疫進展，對媒體產生了深度依賴（中國廣視索福瑞媒介研究，2020）。

　　新冠肺炎疫情爆發於社交媒體時代的傳播環境，與此前 SARS、H1N1、MERS 等疫情爆發時所處的環境有很大不同。既有研究（喻國明、張洪忠、靳一、張燕，2003）表明，在 SARS 疫情爆發期間，67.40% 的民眾透過傳統大眾媒體獲取疫情資訊，其中，電視（34.00%）和報紙（24.50%）是最主要的資訊管道。而在新冠肺炎疫情期間，民眾更多透過手機（95.00%）和電腦（56.00%）等電子媒體獲取疫情資訊，報紙和雜誌（12.00%）等傳統媒體的使用率已大大降低（國家資訊中心，2020）。「封閉管理」作為一種極其罕見的疫情防控措施，為探索重大突發公共衛生事件中的媒體使用及其效果提供了特殊的研究情境。因此，描摹處於「封閉管理」狀態下武漢民眾媒體使用的概貌兼具現實意義與學術價值。

　　當突發危機來襲時，直接或間接受到影響的群體，通常會產生複雜的情緒反應（Coombs, 2004）。危機情境下的負面情緒反應，如恐懼、悲傷、焦慮與憤怒等，普遍存在且難以避免（樊富珉，2003；Xiang et al., 2020）。這些情緒的體驗感是負面的、不愉悅的，但帶來的行為反饋卻可能是正向的、積極的。例如，適度的恐懼會增強個人的警覺與戒備，促進適應性行為（adaptive behavior）採納（Kaim et al., 2021;

Witte, 1994）；又如，憤怒會驅使個人進行主動的資訊尋求與精細的資訊加工，從而為後續應對行動作充足準備（Zhou, 2020）。

　　與此同時，危機中的正面情緒反應，如希望、感激、欣慰等，也並不鮮見，常常與負面情緒相伴而生。通常來說，正面情緒反應能夠幫助人們緩解痛苦、保持開放心態、驅動靈活行為反應（Fredrickson & Levenson, 1998）。然而，也有研究發現，單一的、過度的正面情緒可能會導致盲目樂觀、麻痺大意，阻礙積極行為採納。例如，對於疫情不切實際的樂觀，會降低民眾採納防護行為的意願（Van den Broucke, 2020）。本研究僅以情緒體驗的愉悅程度區分「負面」與「正面」情緒，以期呈現危機情境下的多元情緒景觀，該分類並不涉及對於情緒的價值判斷。

　　在重大突發公共衛生事件情境中，已有不少實證研究考察過媒體使用對民眾情緒的影響。這些研究表明，媒體使用的增加往往會觸發或加深民眾的負面情緒反應，例如恐懼、擔憂、焦慮等（劉魯川、張冰倩、李旭，2019；韓拓等，2021）。有關媒體使用與正面情緒效應的研究則鳳毛麟角（Kim & Niederdeppe, 2013），進一步對比傳統媒體與新媒體情緒效果的研究更是寥寥無幾（Giri & Maurya, 2021; Liu & Kim, 2011）。鑒於此，本文主要考察在疫情封閉管理之下，武漢市民的媒體使用與情緒反應之間的關係機制，以期拓展危機情境下媒體使用的情緒效果研究。

　　民眾的資訊加工處理可能會進一步放大媒體使用對情緒反應的影響。面對海量真假難辨、魚龍混雜的疫情資訊，民眾對於未經證實的資訊、過度煽情的報導以及謠言等負面資訊的深入加工，可能會進一步強化負面情緒反應；而對客觀科學報導與正能量新聞的認知投入可能會放大正面情緒反應（Praveen, Ittamalla, & Deepak, 2021）。在新冠肺炎疫情背景下，本研究意圖考察民眾的資訊加工處理在媒體使用與情緒反應關係之間的中介效應是否成立。

　　綜上，本文的研究目的主要有三：一是了解處於「封閉管理」狀態

中的武漢民眾媒體使用及依賴概況；二是考察媒體使用對正、負面情緒的直接影響效應，並對比傳統媒體使用與新媒體使用的情緒效果；三是探究媒體使用如何透過民眾的資訊加工處理間接影響情緒反應。

文獻回顧與研究假設

突發公共衛生事件中的民眾情緒

有關情緒的探討首先涉及到情緒的分類問題。情緒的維度理論認為，核心情緒（core effect）在大腦中是連續的，由愉悅（pleasure）和喚醒（arousal）兩大維度混合而成（Russel, 2003）。這兩大維度也被稱為情緒分類的「大二」（big two）模式。愉悅程度又被稱為效價（valence），在愉悅與非愉悅之間變換，反映的是哪一個動機系統被情緒刺激激活；喚醒也被稱為警覺（alertness），表明每個動機系統的激活程度，在平靜與興奮之間變化（鄒吉林、張小聰、張環、于靚、周仁來，2011）。以情緒的維度理論為基礎，本研究基於情緒體驗的愉悅程度將民眾的情緒反應劃分為「負面」情緒與「正面」情緒，該分類不涉及情緒的價值判斷。

在突發公共衛生事件中，民眾的負面情緒普遍且顯著，主要表現為擔憂（worry）、焦慮（anxiety）、抑鬱（depression）和憤慨（indignation）等（Li et al., 2020）。例如，在 SARS 爆發期間，許多人出現了焦慮、抑鬱、悲傷等情緒，嚴重者甚至出現創傷後壓力症候群（陳麓、王軼晗，2004）。新近研究（Li et al., 2020）透過對疫情爆發初期 17,865 名活躍微博用戶的貼文進行情感分析（sentiment analysis）發現，民眾的情緒體驗整體趨於負面，其中，焦慮、抑鬱和憤怒等情緒最為常見。在德國，對 6,509 名市民進行的問卷調查結果顯示，新冠肺炎大流行對民眾造成了一定的心理困擾，超過 50% 的人存

在明顯的焦慮情緒（Petzold et al., 2020）。

負面情緒的體驗感雖是不愉悅的、消極的，但可能帶來正面的、積極的行為結果（Ning et al., 2020）。例如，新冠肺炎疫情期間的研究結果顯示，適度的焦慮、擔憂等負面情緒會提高民眾的風險防範意識（Kim, Cho, & LoCascio, 2020），並促使他們採納積極的應對行為（Gan, Zhang, & Quan, 2021）。由此可見，在公共衛生危機中，適度的負面情緒可能會驅動積極的個體行為反應，為社會層面的疫情管控減少阻礙。

在重大突發公共事件中，民眾的正面情緒反應同樣值得關注。社會心理學的研究強調，人們的正面情緒與負面情緒常常是相伴而生的，即便在危機情境下也不會缺席（Fofana et al., 2020）。在「911恐怖襲擊」事件中，研究者發現，很多美國公民會對自己和親人的安全心存感激（gratitude），並為他人祈禱（prayer），與此同時，同情（sympathy）、感興趣（interest）、愛（love）等正面情緒也普遍存在（Fredrickson et al., 2003）。在新冠肺炎疫情危機中，民眾也會因政府高效的防疫行動與有效的診療方案而產生樂觀（optimism）之情（Praveen et al., 2021; Zhou et al., 2020）。

然而，不切實際的樂觀，也可能導致民眾低估風險，產生樂觀偏差（optimism bias），妨礙積極行為採納（Weinstein, 1989）。例如，在新冠肺炎疫情期間，過於樂觀會讓民眾產生錯覺，低估冠狀病毒的嚴重性與易感性，認為自己感染新冠肺炎的風險遠低於他人，因此便不願採納防護行為（Van den Broucke, 2020）。與此同時，也有研究發現，過分樂觀還可能會降低民眾的疫苗接種意願（Afifi et al., 2021），從而增加個人的感染風險與疫情管控的難度。

疫情危機之中的媒體使用與情緒反應

根據 Ball-Rokeach 與 Defleur（1976）提出的媒介依賴理論（media

dependency theory），在面對充滿不確定性的危機時，民眾的資訊需求越迫切，對媒體的依賴會越深。例如，2003 年 SARS 期間，接近一半的受訪者增加了媒體使用頻率（錢銘怡等，2003）。新冠肺炎疫情期間的強力管控措施很大程度上限制了民眾面對面地線下交流，與此同時，巨大的疫情壓力也激發了民眾強烈的表達與溝通訴求，致使他們對於媒介的依賴進一步加深，甚至出現了社交媒體使用成癮的現象（Brailovskaia & Margraf, 2021）。

最近十年來，公共衛生危機爆發期間的社交媒體使用呈指數級增長。例如，H1N1 爆發期間，Twitter 和 Facebook 是人們獲取相關資訊的最主要管道（Chew & Eysenbach, 2010）；又如，2013 年荷蘭麻疹疫情期間，Twitter 是民眾了解麻疹疫情進展與防治舉措的重要媒介管道（Mollema et al., 2015）。與對傳統媒體健康資訊的被動接收不同，社交媒體用戶不僅可以選擇性瀏覽豐富的健康資訊、還可以透過主動檢索與線上討論等多種方式獲取所需資訊。

目前，圍繞新冠肺炎疫情期間媒體使用狀況的研究也發現，民眾對於社交媒體的依賴程度普遍高於傳統媒體。例如，閆岩與溫婧（2020）對全國 32 省（自治區、直轄市）的 1,265 名受訪者的線上調查發現，人們對新媒體（微信公眾號和微博）的使用頻率顯著高於傳統媒體。李曉靜、付強、王韜（2021）的研究發現，內地大學生更多使用社交媒體（如微信、微博）獲取疫情資訊，丁香醫生、微醫等科普自媒體在資訊及時性與專業度上的優勢贏得了年輕受眾青睞。另外一項針對德國和義大利民眾的研究也表明，50% 的德國市民和 60% 的義大利市民認為，社交媒體是他們獲取疫情資訊最主要的管道（Brailovskaia et al., 2021）。那麼，處於「封閉管理」管控下的武漢市民，其媒體使用狀況如何？由此，本文提出如下研究問題：

研究問題 1：在新冠肺炎疫情爆發初期，處於「封閉管理」狀態中的武漢民眾，對報紙、電視、網路、微信及

其他社交媒體平台的使用強度如何？他們透過這
些媒體平台對疫情相關資訊的關注程度如何？

　　既有研究關注到，民眾負面的情緒反應可能源於對過量資訊以及負
面消息的關注。長時間、重複接觸風險性媒介資訊會增加民眾的認知負
擔（cognitive load）與資訊疲憊（message fatigue），進而觸發焦慮與
抑鬱情緒（劉魯川等，2019；Wang et al., 2022）。對於虛假資訊、謠
言與「陰謀論」等資訊的接觸會更進一步激發民眾的負面情緒反應。例
如，聲稱「5G 與冠狀病毒存在祕密聯繫」的陰謀論激發了民眾的憤怒
（anger）（Jolley & Paterson, 2020），類似「官方媒體掩蓋了疫情眞
相」等陰謀論則令民眾感到焦慮（anxiety）與憤怒（anger）（Peitz et
al., 2021）。Farooq、Laato 以及 Islam（2020）針對芬蘭大學 225 名師
生的研究結果也顯示，由於網路中含有大量的情緒化表達以及未經證實
的資訊，頻繁使用網路媒體會導致資訊過載，從而引發民眾的抑鬱、擔
憂等負面情緒。也就是說，在疫情危機情境下，過度的媒介依賴可能會
增加民眾接觸到負面資訊的概率，加重認知負擔與資訊疲憊，從而激發
負面情緒。

　　也有研究表明，重大突發衛生事件中媒體使用能激發民眾的正面情
緒反應。民眾在媒體使用過程中，因了解到有效的防控措施、治療方案
等，會增強其應對疫情的信心、希望與樂觀（Praveen et al., 2021）。
此外，社交媒體具有強大的互聯性，可以增強民眾理解現狀、協同解決
問題的能力（Zhou et al., 2020），這也有助於增強他們應對疫情的樂
觀情緒（Cauberghe et al., 2021）。

　　除此之外，大眾媒體對榜樣人物與英雄事跡的報導可引發受眾的情
感共鳴，激發其正面情緒反應。例如，新聞報導中醫護人員捨己爲人的
事跡，會喚起民眾的認同與敬佩；感人至深的凡人故事，予人以溫暖和
希望；科學家們的精益求精與無私貢獻，幫助民眾樹立信心、建立信任
（李宗亞、張明新、魏然、朱毅誠，2021）。綜上，我們推斷疫情期

間的媒體使用能顯著激發民眾的正、負面情緒反應。基於此，本研究提出以下假設：

研究假設 1：處於「封閉管理」狀態中的武漢民眾，其媒體使用與正面情緒反應呈正相關。

研究假設 2：處於「封閉管理」狀態中的武漢民眾，其媒體使用與負面情緒反應呈正相關。

相比較而言，傳統媒體使用往往比新媒體使用更能激起民眾的正面情緒，尤其是在中國大陸地區。大陸的傳統媒體以官方資訊為主，資訊來源更加可靠、內容也更加權威（黃文森，2014），並且更加傾向於報導疫情防控的可喜態勢與積極進展（李龍飛、張國良，2021）。例如，新華社等官方媒體更多圍繞對抗疫情的積極行動展開報導，更常使用「鼓勵」、「安慰」等框架來堅定勝利對抗疫情的信心，較少使用「衝突」與「不確定性」框架突出疫情防控的困難與阻礙（沈雨柔，2020）。因此，傳統媒體使用可能更易激發民眾的正面情緒反應。

研究假設 3：與新媒體相比，傳統媒體使用更能激發民眾的正面情緒反應。

與傳統媒體相比較，新媒體使用可能更易激發民眾的負面情緒反應。不同於大多數傳統媒體的積極正面論調，新媒體中可能有更多負面的、非官方的資訊。當傳統媒體提供的資訊有限時，新媒體成為民眾重要的「替代性」（alternative）資訊來源。例如，在 SARS 病毒流行初期，官方媒體的缺位導致國內民眾常常透過網路和簡訊來獲取小道消息（Tai & Sun, 2007）。同樣，在韓國 MERS 疫情爆發之初，主流傳統媒體在政府監管下很大程度上控制了負面資訊的傳播，民眾便轉向社交媒體獲取未經審查與過濾的、一手的即時資訊（Kim, 2016）。新冠肺炎疫情期間，社交媒體上更是充斥著大量魚龍混雜、真假難辨的虛假

資訊、謠言以及「陰謀論」，甚至引發了「資訊疫情」（infodemic）
（Allington et al., 2020; Goreis & Kothgassner, 2020）。也就是說，疫
情危機情境下新媒體的使用可能會增加民眾接觸到負面資訊與虛假資訊
的機率，因此更易激發民眾的負面情緒。

此外，新媒體上的負面情緒表達也比正面情緒表達更為普遍廣泛
（Fan et al., 2019），且在危機爆發時，負面情緒比正面情緒更容易在
新媒體中傳播與擴散（Steinert, 2021），形成單級化的「情緒螺旋」
（徐翔、陽恬，2018）。例如，在 MERS 危機期間，焦慮（anxiety）
與恐懼（fear）是網路留言板和社交媒體上最為顯著的情緒表達，接近
80% 的個人表達都帶有明顯的負面情緒屬性（Song et al., 2017）。據
此，我們推測新冠肺炎疫情期間的新媒體使用可能更易激發民眾的負面
情緒反應。

> 研究假設 4：與傳統媒體相比，新媒體使用更能激發民眾的負
> 面情緒反應。

社區有無確診病例對媒體使用與情緒反應關係的調節作用

疫情封閉管理期間，所在社區有無確診病例可能是影響媒體使用與
民眾情緒反應之間關係的重要變項。已有的研究表明，周邊確診病例
情況會影響民眾的情緒波動。例如，在澳大利亞，隨著新冠肺炎確診數
量的增加，人們的正面情緒隨之減弱，抑鬱程度隨之增強（Zhou et al.,
2021）。一項針對中國留學生的在線調查表明，周邊有確診病例是激
發其焦慮情緒的重要因素（Ma & Miller, 2020）。在國內新冠疫情爆發
初期開展的研究也顯示，所處地區的疫情嚴重程度會影響當地居民「擔
憂」情緒的強度（章燕、邱凌峰、劉安琪、鍾淑嫻、李介辰，2020）。

據此，我們推測所在社區有無確診病例可能會影響媒體使用與民眾
情緒反應之間的關係。所在社區有無確診病例是民眾感知周邊疫情嚴重

程度的重要指標之一，而周邊疫情嚴重程度對民眾來說具有更強的相關性、接近性與威脅性，因此更能影響民眾的情緒反應（Witte, 1994）。具體來說，我們推測如果所在社區有確診病例，媒體使用與民眾正面情緒反應之間的關聯會減弱，與負面情緒反應之間的關聯會增強。鑒於目前沒有更多實證依據，我們因此提出以下研究問題：

> 研究問題 2：所在社區有無確診病例是否會對媒體使用與民眾
> 情緒反應之間的關係具有調節作用？

資訊加工處理在媒體使用與情緒反應之間的中介效應

媒體使用對情緒反應的觸發，可能經由資訊加工處理進一步強化（Freiling et al., 2021）。疫情爆發期間，各路媒介中的疫情相關資訊體量龐大、魚龍混雜，既有公正、科學的客觀報導，也不乏大量未經證實的虛假資訊、假新聞、過度煽情報導、謠言以及「陰謀論」等（Pummerer et al., 2022）。受眾對此類資訊的深度思考與精細加工，很有可能導致負面思維（negative thinking）與強烈的風險感知，激發焦慮、恐懼、憤怒等負面情緒（Jungmann & Witthöft, 2020）。例如，民眾對於新冠疫情資訊的過度關注與認知投入易觸發恐懼、焦慮等負面情緒，嚴重者甚至會產生「疼痛感」（Gao et al., 2020）。

與此同時，大量客觀、科學的疫情報導與正能量新聞也在各路媒介上廣泛傳播（常樂、王璐、李小雙，2020）。對於客觀疫情報導的深加工可以幫助民眾更全面、準確地了解病毒風險、疫情動態與防疫進展，從而緩解過度擔憂與恐懼，並對戰勝疫情保持希望與樂觀（Vos & Buckner, 2016）。同時，民眾對於正能量新聞（例如英雄事跡、榜樣故事等）的深度情感共鳴也更容易激發感動、感激、鼓舞等正面情緒（李宗亞等，2021）。此外，良好的資訊處理能力也能夠幫助民眾及時辨別媒介中的虛假資訊與謠言，從而緩解焦慮，增強信心。例如，

H1N1 疫情中一項針對荷蘭民眾認知、情緒與行爲變化的研究發現，隨著疫情的發展以及對於 H1N1 病毒了解的加深，民眾的焦慮情緒逐漸得到了緩解，這與他們開始能夠判斷資訊準確性、辨別謠言有很大關聯（Bults et al., 2011）。綜上，民眾對疫情資訊的精細加工既可能強化負面情緒反應，又可能加強正面情緒反應。鑒於此，本研究提出以下假設：

研究假設 5：處於「封閉管理」狀態中的武漢民眾，其對疫情相關資訊的加工處理程度，在媒體〔傳統媒體（研究假設 5-1）和新媒體（研究假設 5-2）〕使用與正面情緒反應之間具有顯著的中介效應。

研究假設 6：處於「封閉管理」狀態中的武漢民眾，其對疫情相關資訊的加工處理程度，在媒體〔傳統媒體（研

圖一　研究的理論模型

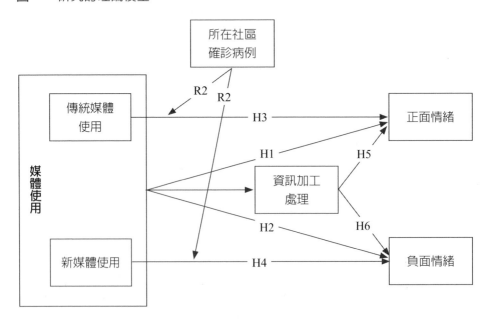

究假設 6-1）和新媒體（研究假設 6-2）〕使用與
負面情緒反應之間具有顯著的中介效應。

研究方法

調查與樣本

本研究於 2020 年 2 月 20 日至 3 月 10 日期間，委託專業調研機構
零點調查公司對留守武漢的市民進行電話問卷調查。調查員總計撥打
電話 70,164 次，由於無人接聽、開場白處拒絕訪問、電話占線、甄別
題受訪者過濾等原因，共回收 1,071 個有效樣本。回應率為 4.67%。其
中，男性有 552 名，占 51.50%，女性有 519 名，占 48.50%。調查對
象分布在 18-82 歲（平均數 = 41.69）。具體而言，18-24 歲受訪者占
8.22%（88 名），25-34 歲受訪者占 28.01%（300 名），35-44 歲受訪
者占 21.48%（230 名），45-54 歲受訪者占 19.23%（206 名），55 歲及
以上受訪者占 23.06%（247 名）。調查對象分布在武漢市 13 個行政區
中，平均每個行政區有 82 名受訪者。

變項測量

I. 媒體使用

本研究的第一個目標，是了解處於「封閉管理」狀態中的武漢民眾
的媒體使用概況。具體來說，我們從兩個方面來展開：對六種代表性
媒體的使用強度和疫情資訊關注度進行測量。其一，媒體使用強度。首
先，本研究選擇了電視和報紙，作為傳統媒體的代表，它們在中國大陸
的滲透率遠高於其他傳統媒體。其次，我們選擇另外四種具有代表性的

新媒體，包括網路、微信、微博和其他社交媒體（如知乎、豆瓣、QQ等）。最新的中國互聯網絡資訊中心的資料表明，它們是中國大陸民眾廣泛使用的新媒體（中國互聯網絡資訊中心，2022）。在調查中，我們詢問被訪者最近每天大約花多少時間看電視？（或者，看報紙、上網、看微博、看微信、使用其他社交媒體）。其二，疫情資訊關注度。我們詢問被訪者在觀看／使用這些媒介時，對於「新冠肺炎」相關資訊的關注程度如何？回答方式從「1」（完全不關注）到「5」（非常關注）。

II. 資訊加工處理

詢問受訪者對媒介中「新冠肺炎疫情」相關資訊的加工處理程度。受訪者需要描述對下列陳述句的同意程度（回答方式從「很不同意」= 1 分，到「很同意」= 5 分）：（1）我會思考疫情對我的工作和生活可能產生的影響；（2）我會把各方面的資訊綜合起來考慮，得出我自己的結論；（3）我會進行比較和鑑別，發現有的資訊可以相信但有些不能相信；（4）我會根據所得到資訊，認真地評估自己和家人感染病毒的機率。主成分因素分析顯示，這四個題項呈現一個面向，共可解釋 50.91% 的變異量（Eigen value = 2.04, Cronbach's alpha = .68）。將受訪者四個題項的得分加總除以 4，建構「資訊加工處理」指標（平均數 = 4.01，標準差 = .57）。

III. 情緒反應

關於情緒反應的考量，主要採納 Izard（1977）的差異情緒量表（differential emotions scale），並在此基礎上作出適當調整。本研究測量六個負面情緒和五個正面情緒，負面情緒涵蓋：（1）憤怒；（2）恐懼；（3）悲傷；（4）焦慮；（5）擔憂以及（6）沮喪；正面情緒涵蓋：（1）感激；（2）敬佩；（3）信任；（4）充滿希望以及（5）認可。受訪者需要回答在新冠肺炎疫情期間，他們感知到不同類別情緒的強度（從「非常低」= 1 分，到「非常高」= 5 分）。主成分因素分析顯示，正面情緒

的五個題項呈現一個面向，共可解釋 50.40% 的變異量（Eigen value = 2.52, Cronbach's alpha = .75）。因此，我們把受訪者在這五個題項上的得分加總除以 5，建構「正面情緒」指標（平均數 = 4.40，標準差 = .46）。有關負面情緒的六個題項呈現一個面向，共解釋 60.00% 的變異量（Eigen value = 3.60, Cronbach's alpha = .87）。我們把受訪者在這六個題項上的得分加總除以 6，建構「負面情緒」指標（平均數 = 3.28，標準差 = .80）。

研究發現

武漢「封閉管理」期間民眾的媒體使用概貌

為回答研究問題 1，我們對處於「封閉管理」狀態中的武漢民眾媒體使用及依賴狀況展開描述性分析。

在媒體使用強度方面，不使用微信、不上網、不看電視、不使用其他社交媒體的受訪者，分別占 5%、14%、28%、59%。可見，在「封閉管理」狀態中的武漢民眾日常最為依賴的媒介，按照重要性排序依次是：微信、網路、電視、QQ／豆瓣／知乎等社交媒體、微博、報紙。總的來說，新媒體的重要性非常突出。

在媒介疫情資訊的關注度方面，表示自己「比較關注」和「非常關注」網路上疫情資訊的被訪者，占比為 72%；對於微信和電視這兩種媒體來說，分別是 63%、57%；對於 QQ／豆瓣／知乎等社交媒體而言，則要低很多，是 21%。可見，對於「封閉管理」狀態中武漢民眾的疫情資訊關注度而言，最重要的媒介依次是：網路、微信、電視、QQ／豆瓣／知乎等社交媒體。

為了從人口學、社會文化因素和危機情境因素方面解釋武漢民眾「封閉管理」狀態中的媒介依賴現象，我們實施了如表一所示的多元線

性迴歸分析。結果顯示，在使用強度方面，總的來說，年齡較大者和教育程度較低者，更加依賴電視這種傳統媒體；年齡較小者和教育程度較高者，更依賴網路、微信等新媒體。在對危機資訊的關注程度方面，也基本呈現如上規律。與此同時，收入水準越高者，越關注疫情資訊。此外，研究結果還發現，與子／女／子女同住的受訪者，其對網路與微信疫情資訊的關注度更高。這些研究結果部分呈現了在重大突發危機狀態下，尤其是處於特別的管控措施（「封閉管理」）下，民眾的媒體使用強度和對媒體危機資訊的關注度概況。

表一　預測媒體使用強度和疫情資訊關注度的線性迴歸分析

預測變項	媒體使用強度				疫情資訊關注度			
	電視	網路	微信	其他社交媒體	電視	網路	微信	其他社交媒體
年齡	$.22^{***}$	$-.27^{***}$	$-.23^{***}$	$-.21^{***}$	$.28^{***}$	$-.11^{***}$	$.07^{#}$	$-.17^{***}$
性別（女＝0）	$-.01$	$.04$	$-.09^{**}$	$-.02$	$-.04$	$.02$	$.01$	$.01$
教育程度	$-.14^{***}$	$.19^{***}$	$.04$	$.11^{***}$	$-.09^{**}$	$.21^{***}$	$.00$	$.06^{#}$
收入水準	$.04$	$.02$	$.04$	$-.03$	$.06^{*}$	$.07^{*}$	$.07^{*}$	$.06^{#}$
婚姻狀態（未婚或其他＝0）	$-.01$	$-.08^{*}$	$.03$	$-.06$	$-.02$	$.03$	$.09^{*}$	$-.02$
獨居（否＝0）	$-.00$	$.02$	$.07^{*}$	$-.00$	$-.02$	$.03$	$.03$	$-.01$
與父／母／父母同住（否＝0）	$-.02$	$.03$	$.05$	$.03$	$-.04$	$.01$	$-.04$	$-.02$
與子／女／子女同住（否＝0）	$-.06^{#}$	$.01$	$.03$	$.00$	$-.04$	$.13^{***}$	$.11^{**}$	$.02$
社區所在區域（遠城區＝0）	$.05$	$.06^{#}$	$.09^{**}$	$.00$	$.02$	$.02$	$.01$	$.01$
社區是否有確診病例（否＝0）	$.01$	$.01$	$.03$	$.08^{*}$	$.02$	$-.02$	$.06^{#}$	$.05^{#}$
Adj. R%^{2}	8.50^{***}	19.50^{***}	7.60^{***}	10.50^{***}	10.10^{***}	8.30^{***}	4.50^{***}	4.60^{***}

註：N＝1,071；表中迴歸係數為標準化迴歸係數 β；$^{#} p < .10$；$^{*} p < .05$；$^{**} p < .01$；$^{***} p < .001$

我們對媒體疫情資訊關注度的四個指標進行分析，發現受訪者對電視（平均數 = 3.34，標準差 = 1.66）和其他三種新媒體管道上疫情相關資訊的關注度，均不相關；但對微信、網路和其他社交媒體上疫情資訊的關注度，呈現為顯著的兩兩正相關性（r 均值超過 0.20，$p < .01$）。分析還發現，關於三個新媒體疫情資訊關注度的專案中，只有一個公因數存在（Eigen value = 1.50, Cronbach's alpha = .50），我們據此將它們建構為「新媒體疫情資訊關注度」指標（平均數 = 3.20，標準差 = .95）。

媒體使用對民眾情緒反應的影響

本研究透過線性迴歸分析檢驗媒體使用對民眾情緒反應的影響。考慮到調查正值武漢施行「封閉管理」政策的特殊時期，除了常見的人口統計變項（性別、年齡、教育程度、收入水平、婚姻狀況）外，我們還將受訪者的居住情況以及所在社區是否有確診病例也作為控制變項置入迴歸分析的第一階層；第二階層為媒體使用強度；第三階層為交互項。因變項為民眾的情緒反應。

迴歸分析結果（表二）顯示，傳統媒體（$\beta = .12, p < .001$）和新媒體（$\beta = .15, p < .001$）的使用強度均能顯著預測民眾的正面情緒，即民眾的媒體使用強度越高，其感知到的正面情緒越強烈，研究假設 1 因此得到了驗證。新媒體（$\beta = .15, p < .001$）比傳統媒體（$\beta = .12, p < .001$）更能預測民眾的正面情緒。因此，研究假設 3 沒有獲得支持。

與此同時，傳統媒體使用強度與民眾負面情緒之間的關係並不顯著（$\beta = -.01, p > .05$），但新媒體使用（$\beta = .20, p < .001$）能夠顯著預測民眾的負面情緒。也就是說，民眾的新媒體使用強度越高，其感知到的負面情緒也越強烈，研究假設 2 因此得到了部分支持。此外，由於傳統媒體使用對負面情緒沒有預測力，而新媒體使用能夠顯著預測民眾的負面情緒，研究假設 4 得到了有力的支持。

　　此外，迴歸分析的結果還顯示，所在社區有無確診病例可能對媒體使用與情緒反應之間的關係具有調節效應。對此，我們將展開進一步檢驗。

表二　預測情緒反應的線性迴歸分析

預測變項	正面情緒		負面情緒	
	模型 1	模型 2	模型 1	模型 2
第一階層　控制變項				
年齡	$-.02$	$-.02$	.06	.06
性別（女 = 0）	$-.06$	$-.06^{*}$	$-.14^{***}$	$-.14^{***}$
教育程度	$-.16^{***}$	$-.16^{***}$	$-.16^{***}$	$-.16^{***}$
收入水準	.03	.03	$-.01$	.00
婚姻狀態（未婚或其他 = 0）	.00	.01	.06	.06
獨居（否 = 0）	.04	.04	$-.03$	$-.03$
與父 / 母 / 父母同住（否 = 0）	$-.06$	$-.06^{\#}$	$-.06$	$-.06$
與子 / 女 / 子女同住（否 = 0）	.03	.02	$-.05$	$-.05$
社區是否有確診病例（否 = 0）	.01	.00	$.09^{**}$	$.09^{**}$
$\triangle R^2\%$	3.90^{***}	3.90^{***}	6.30^{***}	6.30^{***}
第二階層　媒體使用				
傳統媒體	$.12^{***}$	$.12^{***}$	$-.01$	$-.01$
新媒體	$.15^{***}$	$.14^{***}$	$.20^{***}$	$.20^{***}$
$\triangle R^2\%$	3.90^{***}	3.90^{***}	3.70^{***}	3.70^{***}
第三階層　調節變項				
傳統媒體使用 * 社區有無確診病例	--	.01	--	.03
新媒體使用 * 社區有無確診病例	--	$-.09^{**}$	--	.03
$\triangle R^2\%$	--	0.80^{*}	--	0.10
Adj. R%²	6.80	7.40	9.00	9.00
F	8.05^{***}	7.59^{***}	10.63^{***}	9.13^{***}

註：N = 1,071；表中迴歸係數為標準化迴歸係數 β；$^{\#}$ $p < .10$；* $p < .05$；** $p < .01$；*** $p < .001$

社區有無確診病例的調節效果檢驗

　　爲回答研究問題 2，本文透過 Hayes（2013）PROCESS macro 程式中的模型 1 來檢驗社區有無確診病例對媒體使用與情緒反應之間的調節作用。調節效應模型檢驗結果顯示（表三），社區有確診病例會反向調節新媒體（$B = -.09$，置信區間 CI = [−.15, −.03]）使用對於正面情緒的影響作用，而對傳統媒體使用（$B = -.00$，置信區間 CI = [−.04, .03]）與正面情緒之間的關係不具有顯著調節作用。社區有確診病例對傳統媒體使用與負面情緒（$B = .02$，置信區間 CI = [−.04, .08]）、新媒體使用（$B = .07$，置信區間 CI = [−.03, .18]）與負面情緒之間的調節效應均不顯著。

表三　社區有無確診病例的調節效應檢驗

正面情緒（Y1）				
	B	標準誤	下限	上限
傳統媒體使用（X1）	.05	.01	.03	.06
社區有無確診病例（M）	−.02	.02	−.07	.04
傳統媒體使用 * 社區有無確診病例	−.00	.02	−.04	.03
新媒體使用（X2）	.07	.02	.04	.09
社區有確診病例（M）	−.03	.03	−.09	.02
新媒體使用 * 社區有無確診病例	−.09	.03	−.15	−.03
負面情緒（Y2）				
	B	標準誤	下限	上限
傳統媒體使用（X1）	.03	.15	.01	.06
社區有無確診病例（M）	.11	.05	.01	.21
傳統媒體使用 * 社區有無確診病例	.02	.03	−.04	.08
新媒體使用（X2）	.13	.03	.08	.18
社區有確診病例（M）	.09	.05	−.01	.18
新媒體使用 * 社區有無確診病例	.07	.05	−.03	.18

註：N = 1,071；表中迴歸係數為非標準化迴歸係數 B；上限和下限取95%的置信區間。

資訊加工處理的中介效應檢驗

本文透過 Hayes（2013）PROCESS macro 程式中的模型 4 來檢驗資訊處理對媒體使用與民眾情緒反應關係之間的中介效應。中介效應模型檢驗結果顯示（表四），資訊處理策略能夠部分中介傳統媒體使用（$B = .01$，置信區間 CI = [.00, .01]）與新媒體使用（$B = .03$，置信區間 CI = [.02, .04]）對正面情緒的影響效應。Sobel 檢驗法也證實了資訊處理的中介效應顯著（Sobel test = 6.54, $p < .001$; Sobel test = 7.85, $p < .001$）。也就是說，傳統媒體與新媒體使用強度越高的民眾，其對於疫情資訊的加工處理程度越高，正面情緒反應便越強烈，因此研究假設 5 得到了支持。

中介效應模型檢驗結果還顯示，資訊處理策略也能夠部分中介傳統媒體使用（$B = .01$，置信區間 CI = [.00, .01]）與新媒體使用（$B = .03$，置信區間 CI = [.02, .04]）對負面情緒的影響效應。Sobel 檢驗法的結果也證實了資訊處理的中介效應顯著（Sobel test = 3.70, $p < .001$; Sobel test = 3.30, $p < .001$）。也就是說，傳統媒體與新媒體使用強度越高的民眾，其對於疫情資訊的加工處理程度越高，負面情緒反應便越強烈，因此研究假設 6 獲得支持。

表四　資訊加工處理的中介效應檢驗

	B	標準誤	下限	上限
傳統媒體疫情關注度（X1）→資訊處理（M）	.03	.01	.01	.05
資訊處理（M）→正面情緒（Y1）	.19	.02	.15	.24
傳統媒體疫情關注度（X1）→資訊處理（M）→正面情緒（Y1）	.01	.00	.00	.01
新媒體疫情關注度（X2）→資訊處理（M）	.16	.02	.12	.19
資訊處理（M）→正面情緒（Y1）	.19	.03	.14	.24
新媒體疫情關注度（X2）→資訊處理（M）→正面情緒（Y1）	.03	.01	.02	.04

	B	標準誤	下限	上限
傳統媒體疫情關注度（X1）→資訊處理（M）	.03	.01	.01	.05
資訊處理（M）→負面情緒（Y2）	.25	.04	.17	.33
傳統媒體疫情關注度（X1）→資訊處理（M）→負面情緒（Y2）	.01	.00	.00	.01
新媒體疫情關注度（X2）→資訊處理（M）	.16	.02	.12	.19
資訊處理（M）→負面情緒（Y2）	.21	.04	.12	.30
新媒體疫情關注度（X2）→資訊處理（M）→負面情緒（Y2）	.03	.01	.02	.05

註：N = 1,071；表中迴歸係數為非標準化迴歸係數 *B*；上限和下限取 95% 的置信區間。

結論與討論

研究的主要發現

　　本研究在新冠肺炎疫情爆發初期，透過對 1,071 名處於「封閉管理」狀態下的武漢民眾進行電話問卷調查的結果發現，媒體使用強度越高，民眾的正面與負面情緒反應都越強烈，且新媒體使用比傳統媒體使用更能顯著影響民眾的正面與負面情緒反應。與此同時，社區有無確診病例能部分調節媒體使用與情緒反應之間的關係。此外，資訊加工處理還對媒體使用與情緒反應之間的關係具有中介效應。

　　與 SARS、MERS 等傳染性疾病爆發時所處的媒體環境不同，新冠肺炎疫情期間，網路與社交媒體已成為民眾獲取疫情資訊最主要的媒介管道（閆岩、溫婧，2020）。一項全國性調查顯示，78.7% 的市民依賴新聞網站，62.7% 的市民透過微信獲取疫情資訊（Liu, Zhang, & Huang, 2020）。可見，網路媒體和社交媒體是新冠肺炎疫情中民眾獲取資訊的最主要管道，這不論在「封閉管理」中的武漢，還是全國其他

地區，情況都是相似的。

與此同時，本研究還發現，民眾的年齡、學歷會影響其在疫情期間的媒體使用強度。中、青年受眾的網路媒體使用強度更高，老年受眾更多是透過觀看電視獲取疫情資訊；學歷較低的受眾更多關注電視與微信資訊，學歷較高的受眾其網路媒體的使用強度更高。此外，民眾的收入水平與居住狀態會影響其對疫情資訊的關注程度。收入水平越高的受訪者，對疫情資訊的關注程度也越高；與子女同住者，其對網路與微信疫情資訊的關注程度更高。這些研究結果描摹了疫情封閉管理下武漢民眾獨特的媒體使用概貌。

與我們的預期相同，民眾的新媒體使用強度越高，負面情緒越強烈。在此次新冠肺炎疫情期間，大量斷章取義、空穴來風的虛假新聞、虛假資訊甚至陰謀論充斥社交媒體平台（吳世文，2020）。在充滿不確定性的疫情爆發初期，這些捕風捉影、虛假扭曲的資訊會激發與強化處於「封閉管理」狀態下武漢民眾的焦慮、不安與恐懼等負面情緒反應。

不同於預期，本研究發現雖然傳統媒體和新媒體的使用都會對民眾的正面情緒具有顯著正向影響，但是新媒體使用比傳統媒體使用更能顯著影響民眾的正面情緒反應。可能的一種解釋是，新媒體在提供資訊服務的同時，還為民眾提供了強有力的同伴（peer）、社會（social）以及情感（emotional）支持（Ngien & Jiang, 2021），因此更易觸發用戶的正面情緒反應。疫情爆發初期，突然的「封閉管理」以及嚴格的「居家」政策致使武漢市民只能待在家中，與朋友、家人的線下社交嚴重受限。與疫情相關的不確定性、焦慮、孤立無援以及對自己及家人健康的擔憂等因素誘發的巨大心理壓力難以紓解（Xin et al., 2020）。在此情境下，社交媒體不僅充當了重要的資訊管道，更是擔負起溝通聯絡、提供情感支持的重任，幫助用戶舒緩壓力、增進戰勝疫情的信心與希望。因此，疫情期間的新媒體使用對於正面情緒具有顯著的促進作用。

另一種可能的解釋是，疫情期間，不少傳統官方媒體紛紛透過新

媒體平台發聲，以正面宣傳與積極引導強化民眾戰勝疫情的信心與希望。例如，在《人民日報》官方微博中，有大量闢謠類、防疫提示類和醫患情懷類的報導（常樂等，2020）。民眾對於闢謠類訊息的接觸可以有效緩解不必要的焦慮與恐懼；對於防疫進展及措施的了解會增強應對疫情的信心、希望與樂觀之情；醫患情懷類訊息則促使民眾產生情感共鳴，予人以溫暖和希望。此外，區別於傳統傳播方式的嚴肅與刻板，《人民日報》抖音官方帳號發布的影片及配文幽默、親切，甚至有「段子手」式的調侃，極大增強了訊息的趣味性，強化了其引導和教育意義（何正權，2020）。也就是說，傳統媒體透過平台轉型，加入新媒體陣營，持續發揮著穩定民心、增強士氣的作用。

本研究發現，社區有確診病例會反向調節新媒體使用對於正面情緒的影響作用。疫情期間，中國、韓國等國家都開始使用追蹤確診病例的應用程序，居民可以輕鬆透過軟體知曉自己與確診病例的距離以及接觸情況（王冬、徐正全，2021；Suh & Li, 2021），感知周邊的疫情嚴重程度。當民眾認為周邊疫情較為嚴重時，本來會激發正面情緒反應的媒介內容，例如防疫的積極進展，反而會令民眾產生質疑與不滿，抑制正面情緒反應。

本研究進一步發現，資訊加工處理在媒體使用對情緒反應的影響機制中具有中介效應。具體來說，媒體使用既可能透過增強民眾的資訊處理來放大正面情緒，也可能透過增強民眾的資訊處理來強化負面情緒。疫情爆發期間，民眾對於媒介中未經證實的訊息、假新聞、過度煽情報導以及「陰謀論」精細地加工思考，可能導致負面思維（negative thinking），激發強烈的負面情緒（Jungmann & Witthöft, 2020）。與此相反，民眾對於大量客觀、科學的疫情報導的深加工可以幫助他們更準確地了解疫情態勢，緩和負面情緒，對於正能量新聞（例如英雄事跡、榜樣故事等）的深度情感共鳴也更容易激發感動、感激、鼓舞等正面情緒（李宗亞等，2021）。良好的資訊處理能力也能夠幫助民眾及時辨別媒介中的虛假資訊與謠言，增強信心。

研究的理論貢獻

本研究的理論貢獻主要有三方面。首先，豐富了「媒介依賴」的相關研究，專門考察了疫情爆發初期處於「封閉管理」狀態下武漢民眾的媒體使用概況。以往關於危機情境下「媒介依賴」的研究，更多關注媒介依賴的認知效果與行為結果，如知識獲取（Hu & Zhang, 2014; Khan et al., 2021）、資訊尋求與加工（Kim, Sin, & He, 2014; Tai & Sun, 2007）以及防護行為採納（Allington et al., 2020; Li & Liu, 2020）等。本研究則重點考察疫情期間媒介依賴引發的情緒反應。研究發現，「封閉管理」狀態下的高強度媒體使用能顯著激發民眾的正、負面情緒反應；與傳統媒體相比，新媒體的使用對於民眾正面和負面情緒的影響都更為強烈。這與以往研究中常常發現新媒體上更多負面內容表達、只能激發負面情緒反應的結論（Buchanan et al., 2021; Valdez et al., 2020）並不一致，因此也提醒我們有必要更加細緻、謹慎地探討不同情境下、不同媒體使用的不同情緒效果。

此外，本研究還發現媒介依賴引發的情緒反應可能受到周邊疫情嚴重程度的調節。在高度依賴媒介的「封閉管理」環境下，對於疫情的直接經驗與感受會顯著影響媒體使用與情緒反應之間的關聯強度。這一結論不僅描摹了非常態危機及強力應對舉措下民眾的媒體使用與情緒反應概貌，更提醒我們在未來的研究中有必要全面考量社會環境因素、危機情境因素等對民眾媒介依賴的影響，以期提高研究的針對性與解釋力。

其次，本研究將民眾在疫情期間的正面情緒納入考察，拓寬了危機傳播研究的情緒圖譜。突發公共危機事件中，呈現豐富多元的情緒景觀，但以往的危機傳播研究多聚焦於負面情緒，對正面情緒的專門注意與研究還不夠（Restubog, Ocampo, & Wang, 2020）。本研究立足於新冠肺炎疫情這一突發公共危機，考察了公眾媒體使用對正面情緒的影響機制，發現疫情危機時期的高強度媒體使用不僅能激發民眾的負面情緒反應，也能夠觸發信心與希望等正面情緒。本文的結論進一步豐富了突

發公共事件情境／脈絡下的媒介情緒效果研究，豐富了危機傳播研究中的情感圖譜。

第三，本研究還檢驗了民眾資訊處理能力對媒體使用與情緒反應之間的關係具有中介效應，豐富了心理學研究中認知與情緒的關係維度。理論表明，認知與情緒是不可分割的，個體對於資訊的認知加工會對其情緒反應產生顯著影響（Piaget, 1981）。但過去的實證研究多將認知加工與情緒反應看作兩組獨立的心理機制，對比考察二者的生成路徑與演化邏輯。本文嘗試將二者看作一個連續的心理過程，探究認知加工對情緒反應的放大與強化機制；我們不僅從理論層面加以論述，並在實證層面進行了檢驗。

實踐啟示、研究局限與未來研究建議

本研究的現實意義在於：第一，啟示政府及相關機構應該對危機情境下民眾的正面情緒和負面情緒予以充分理解與包容。新冠肺炎疫情是新中國成立以來傳播速度最快、傳染範圍最廣、防控難度最大的一次重大突發公共衛生事件，面對這樣嚴重的危機，民眾會產生複雜的情緒體驗屬人之常情，政府及相關部門應秉持「以疏代堵」的原則，竭力為民眾提供情緒宣洩管道與情緒疏導服務，真正做到安撫民心、暢達民意。

其次，建議新媒體平台設立資訊查核部門，加強對不實與虛假資訊的管控，及時澄清與更正虛假資訊，以期減少民眾不必要的恐慌與焦慮。

第三，本研究還鼓勵傳統媒體加快平台轉型，爭取在重大突發公共衛生事件中充分發揮新媒體平台的傳播優勢，切實發揮輿論引導與正面宣傳的積極導向作用。

本研究也存在一定的局限性。首先，「媒體使用」的考察維度較為片面和粗獷，不能全面、深入地了解疫情期間民眾的媒體使用情況。從媒介類型來說，本研究僅考慮了電視、微信、網路等媒介，沒有將抖音、快手等熱門短影片平台納入考量；從使用強度來說，本研究僅測量

了民眾對於媒介中疫情資訊的關注程度，忽略了媒體使用時長、主動性、接觸內容等維度，未來的研究應考量多維度的媒體使用。

第二，本研究缺乏對「封閉管理」狀態下與日常情況下公眾媒體使用與情緒反應的對比，後續研究應考慮更加嚴謹細緻的對比研究設計。

最後，本研究僅針對疫情爆發初期、處於「封閉管理」狀態下的武漢市民展開調查研究，隨著武漢「解封」、我國疫情防控步入常態化，民眾的媒體使用、資訊處理及情緒反應或已發生較大轉變。後續研究可參考本研究的問卷設計，繼續探索後疫情時代背景下民眾的媒體使用、認知加工及情緒反應。

參考文獻

中文部分（Chinese Section）

中國互聯網絡信息中心（2022 年 2 月 25 日）。〈中國互聯網絡發展狀況統計報告〉。上網日期：2022 年 2 月 25 日，取自 http://www.cnnic.net.cn/n4/2022/0401/c88-1131.html

Zhongguo hulian wangluo xinxi zhongxin (2022, Feburary 25). Retrieved 2022, Feburary 25, from http://www.cnnic.net.cn/n4/2022/0401/c88-1131.html

中國廣視索福瑞媒介研究（2020 年 2 月 25 日）。〈疫情期間用戶媒介消費及使用預期調查報告〉。上網日期：2021 年 7 月 20 日，取自 http://www.199it.com/archives/1012717.html

Zhongguo Guangshi Suofurui meijie yanjiu (2020, February 25). Yiqing qijian yonghu meijie xiaofei ji shiyong yuqi diaocha baogao. Retrieved July 20, 2021, from http://www.199it.com/archives/1012717.html

王多、徐正全（2021）。〈新冠肺炎疫情下接觸者追蹤的隱私風險及保護〉。《吉林大學學報（信息科學版）》，第 5 期，頁 562-568。

Wang Dong, Xu Zhengquan (2021). Xinguan feiyan yiqing xia jiechuzhe zhuizong de yinsi fengxian ji baohu. *Jilin daxue xuebao (xinxi kexue ban)*, 5, 562-568.

白劍鋒、李紅梅、申少鐵（2021 年 11 月 2 日）。〈把人民生命安全和身體健康放在第一位（新時代的關鍵抉擇）〉。《人民日報》，第 1 版。

Bai Jianfeng, Li Hongmei, Shen Shaotie (2021, November 2). Ba renmin shengming anquan he shenti jiankang fangzai diyiwei (xin shidai de jueze). *Renmin Ribao* (front page).

沈雨柔（2020）。〈官方與非官方媒體疫情報導框架的對比研究——以新華社和《三聯生活週刊》為例〉。《新聞論壇》，第 4 期，頁 83-86。

Shen Yurou (2020). Guanfang yu fei guanfang meiti yiqing baodao kuangjia de duibi yanjiu—Yi Xinhuashe he *Sanlian Shenghuo Zhoukan* weili. *Xinwen luntan*, 4, 83-86.

吳世文（2020）。〈重大突發公共衛生事件中的偽信息傳播、治理困境及其突破路徑——以新冠肺炎疫情為例〉。《電子政務》，第 9 期，頁 40-50。

Wu Shiwen (2020). Zhongda tufa gonggong weisheng shijian zhong de wei xinxi chuanbo, zhili kunjing jiqi tupo lujing—Yi xinguan feiyan yiqing weili. *Dianzi zhengwu*, 9, 40-50.

何正權（2020）。〈傳統主流媒體在新媒體平台的信息呈現——以新冠肺炎疫情中媒體的報導為例〉。《傳媒觀察》，第 6 期，頁 53-55。

He Zhengquan (2020). Chuantong zhuliu meiti zai xin meiti pingtai de xinxi chengxian—Yi xinguan feiyan yiqing zhong meiti de baodao weili. *Chuanmei guancha*, 6, 53-55.

李龍飛、張國良（2021）。〈新冠肺炎疫情中媒介資訊特徵對資訊分享意願的影響及作用機制研究〉。《新聞大學》，第 4 期，頁 83-101。

Li Longfei, Zhang Guoliang (2021). Xinguan feiyan yiqing zhong meijie zixun tezheng dui zixun fenxiang yiyuan de yingxiang ji zuoyong jizhi yanjiu. *Xinwen daxue*, 4, 83-101.

李曉靜、付強、王韜（2021）。〈新冠疫情中的媒介接觸、新聞認知與媒介信任——基於中外大學生的焦點小組訪談〉。《新聞記者》，第 3 期，頁 76-86。

Li Xiaojing, Fu Qiang, Wang Tao (2021). Xinguan yiqing zhong de meijie jiechu, xinwen renzhi yu meijie xinren—Jiyu zhongwai daxuesheng de jiaodian xiaozu fangtan. *Xinwen jizhe*, 3, 76-86.

李宗亞、張明新、魏然、朱毅誠（2021）。〈新冠肺炎疫情危機中的微信使用與利他行為：風險感知與公共信任的仲介效應〉。《國際新聞界》，第 5 期，頁 6-22。

Li Zongya, Zhang Mingxin, Wei Ran, Zhu Yicheng (2021). Xinguan feiyan yiqing weiji zhong de Weixin shiyong yu lita xingwei: Fengxian ganzhi yu gonggong xinren de zhongjie xiaoying. *Guoji xinwenjie*, 5, 6-22.

陳麓、王軼晗（2004）。〈「非典」相關人群的心理狀況分析〉。《中國健康教育》，第 1 期，頁 34。

Chen Lu, Wang Yihan (2004). 'Feidian' xiangguan renqun de xinli zhuangkuang fenxi. *Zhongguo jiankang jiaoyu, 1,* 34.

徐翔、陽恬（2018）。〈網絡社會中的「情緒逆差」——網絡表達與傳播中的情緒偏向及其張力結構〉。《北京郵電大學學報（社會科學版）》，第 2 期，頁 1-9。

Xu Xiang, Yang Tian (2018). Wangluo shehui zhong de 'qingxu nicha'—Wangluo biaoda yu chuanbo zhong de qingxu pianxiang jiqi zhangli jiegou. *Beijing youdian daxue xuebao (shehui kexue ban), 2,* 1-9.

國家資訊中心（2020 年 2 月 26 日）。〈「新型冠狀病毒肺炎」民眾認知與資訊傳播調研報告〉。上網日期：2021 年 7 月 3 日，取自人民網，http://media. people.com.cn/n1/2020/0226/c14677-31606056.html

Guojia zixun zhongxin (2020, February 26). 'Xinxing guanzhuang bingdu feiyan' minzhong renzhi yu zixun chuanbo diaoyan baogao. Renmin wang. Retrieved July 3, 2021, from http://media.people.com.cn/n1/2020/0226/c14677-31606056.html

閆岩、溫婧（2020）。〈新冠疫情早期的媒體使用、風險感知與個體行為〉。《新聞界》，第 6 期，頁 50-61。

Yan Yan, Wen Jing (2020). Xinguan yiqing zaoqi de meiti shiyong, fengxian ganzhi yu geti xingwei. *Xinwenjie, 6,* 50-61.

常樂、王璐、李小雙（2020）。〈傳統媒體微博對突發公共衛生事件報導的議程設置分析——以《人民日報》官方微博對新冠肺炎疫情的報導為例〉。《新聞研究導刊》，第 21 期，50-51。

Chang Le, Wang Lu, Li Xiaoshuang (2020). Chuantong meiti Weibo dui tufa gonggong weisheng shijian baodao de yicheng shezhi fenxi—Yi *Renmin Ribao* guanfang Weibo dui xinguan feiyan yiqing de baodao weili. *Xinwen yanjiu daokan, 21,* 50-51.

章燕、邱凌峰、劉安琪、鍾淑嫻、李介辰（2020）。〈公共衛生事件中的風險感知和風險傳播模型研究——兼論疫情嚴重程度的調節作用〉。《新聞大學》，第 3 期，頁 31-45。

Zhang Yan, Qiu Lingfeng, Liu Anqi, Zhong Shuxian, Li Jiechen (2020). Gonggong weisheng shijian zhong de fengxian ganzhi he fengxian chuanbo moxing yanjiu—Jianlun yiqing yanzhong chengdu de tiaojie zuoyong. *Xinwen daxue, 3,* 31-45.

喻國明、張洪忠、靳一、張燕（2003）。〈面對重大事件時的傳播渠道選擇——有關「非典」問題的北京居民調查分析〉。《新聞記者》，第6期，頁6-9。

Yu Guoming, Zhang Hongzhong, Jin Yi, Zhang Yan (2003). Miandui zhongda shijian shi de chuanbo qudao xuanze—Youguan 'feidian' wenti de Beijing jumin diaocha fenxi. *Xinwen jizhe*, 6, 6-9.

鄒吉林、張小聰、張環、于靚、周仁來（2011）。〈超越效價和喚醒——情緒的動機維度模型述評〉。《心理科學進展》，第9期，頁 1339-1346。

Zou Jilin, Zhang Xiaocong, Zhang Huan, Yu Liang, Zhou Renlai (2011). Chaoyue xiaojia he huanxing—Qingxu de dongji weidu moxing shuping. *Xinli kexue jinzhan*, 9, 1339-1346.

黃文森（2014）。〈風險溝通中網路媒體報導的可信度構建——以人民網 H7N9 禽流感報導為例〉。《新媒體與社會》，第 1 期，頁 252-266。

Huang Wensen (2014). Fengxian goutong zhong wanglu meiti baodao de kexindu goujian—Yi Renmin Wang H7N9 qinliugan baodao weili. *Xinmeiti yu shehui*, 1, 252-266.

樊富珉（2003）。〈「非典」危機反應與危機心理干預〉。《清華大學學報（哲學社會科學版）》，第 4 期，頁 32-37。

Fan Fumin (2003). 'Feidian' weiji fanying yu weiji xinli ganyu. *Qinghua daxue xuebao (zhexue shehui kexue ban)*, 4, 32-37.

劉魯川、張冰倩、李旭（2019）。〈社交媒體資訊超載、功能超載與用戶焦慮情緒的關係：一項實驗研究〉。《信息資源管理學報》，第 2 期，頁 66-76。

Liu Luchuan, Zhang Bingqian, Li Xu (2019). Shejiao meiti zixun chaozai, gongneng chaozai yu yonghu jiaolü qingxu de guanxi: Yixiang shiyan yanjiu. *Xinxi ziyuan guanli xuebao*, 2, 66-76.

錢銘怡、葉冬梅、董葳、黃崢、張黎黎、劉興華、章曉雲、張哲宇、鍾傑、王慈欣、矗晶（2003）。〈不同時期北京人對 SARS 的應對行為、認知評價和情緒狀態的變化〉。《中國心理衛生雜誌》，第 8 期，頁 515-520。

Qian Mingyi, Ye Dongmei, Dong Wei, Huang Zheng, Zhang Lili, Liu Xinghua, Zhang Xiaoyun, Zhang Zheyu, Zhong Jie, Wang Cixin, Nie Jing (2003). Butong shiqi Beijing ren dui SARS de yingdui xingwei, renzhi pingjia he qingxu zhuangtai de bianhua. *Zhongguo xinli weisheng zazhi*, 8, 515-520.

韓拓、馬維冬、鞏紅、胡艷超、張岩、張春艷、姚智會、范雅潔、鄭陽、王聰霞（2021）。〈新冠肺炎疫情居家隔離期間大學生負性情緒及影響因素分析〉。《西安交通大學學報（醫學版）》，第 1 期，頁 132-136。

Han Tuo, Ma Weidong, Gong Hong, Hu Yanchao, Zhang Yan, Zhang Chunyan, Yao Zhihui, Fan Yajie, Zheng Yang, Wang Congxia (2021). Xinguan feiyan yiqing jujia geli qijian daxuesheng fuxing qingxu ji yingxiang yinsu fenxi. *Xian jiaotong daxue xuebao (yixue ban)*, *1*, 132-136.

英文部分（**English Section**）

Afifi, T. O., Salmon, S., Taillieu, T., Stewart-Tufescu, A., Fortier, J., & Driedger, S. M. (2021). Older adolescents and young adults willingness to receive the COVID-19 vaccine: Implications for informing public health strategies. *Vaccine*, *39*(26), 3473-3479.

Allington, D., Duffy, B., Wessely, S., Dhavan, N., & Rubin, J. (2020). Healthprotective behaviour, social media usage and conspiracy belief during the COVID-19 public health emergency. *Psychological Medicine*, *51*(10), 1763-1769.

Ball-Rokeach, S. J., & Defleur, M. L. (1976). A dependency model of mass media effects. *Communication Research*, *3*(1), 3-21.

Brailovskaia, J., Cosci, F., Mansueto, G., & Margraf, J. (2021). The relationship between social media use, stress symptoms and burden caused by coronavirus (Covid-19) in Germany and Italy: A cross-sectional and longitudinal investigation. *Journal of Affective Disorders Reports*, *3*, 100067.

Brailovskaia, J., & Margraf, J. (2021). The relationship between burden caused by coronavirus (Covid-19), addictive social media use, sense of control and anxiety. *Computers in Human Behavior*, *119*, 106720.

Buchanan, K., Aknin, L. B., Lotun, S., & Sandstrom, G. M. (2021). Brief exposure to social media during the COVID-19 pandemic: Doom-scrolling has negative emotional consequences, but kindness-scrolling does not. *PLos One*, *16*(10), e0257728.

Bults, M., Beaujean, D. J., de Zwart, O., Kok, G., van Empelen, P., van Steenbergen, J. E., Richardus, J. H., & Voeten, H. A. (2011). Perceived risk, anxiety, and behavioural responses of the general public during the early phase of the Influenza A (H1N1) pandemic in the Netherlands: Results of three consecutive online surveys. *BMC Public Health*, *11*, 2.

Cauberghe, V., Wesenbeeck, I. V., Jans, S. D., Hudders, L., & Ponnet, K. (2021). How adolescents use social media to cope with feelings of loneliness and anxiety during COVID-19 lockdown. *Cyberpsychology, Behavior, and Social Networking, 24*(4), 250-257.

Chew, C., & Eysenbach, G. (2010). Pandemics in the age of Twitter: Content analysis of tweets during the 2009 H1N1 outbreak. *PLoS One, 5*(11), e14118.

Coombs, W. T. (2004). Impact of past crises on current crisis communication: Insights from situational crisis communication theory. *The Journal of Business Communication, 41*(3), 265-289.

Fan, R., Varol, O., Varamesh, A., Barron, A., Leemput. I. A., Scheffer, M., & Bollen, J. (2019). The minute-scale dynamics of online emotions reveal the effects of affect labeling. *Nature Human Behaviour, 3*(1), 92-100.

Farooq, A., Laato, S., & Islam, N. (2020). Impact of online information on selfisolation intention during the COVID-19 pandemic: Cross-sectional study. *Journal of Medical Internet Research, 22*(5), e19128.

Fofana, N. K., Latif, F., Sarfraz, S., Bilal, Bashir, M. F., & Komal, B. (2020). Fear and agony of the pandemic leading to stress and mental illness: An emerging crisis in the novel coronavirus (COVID-19) outbreak. *Psychiatry Research, 291*, 113230.

Fredrickson, B. L., & Levenson, R. W. (1998). Positive emotions speed recovery from the cardiovascular sequelae of negative emotions. *Cognition and Emotion, 12*(2), 191-220.

Fredrickson, B. L., Tugade, M. M., Waugh, C. E., & Larkin, G. R. (2003). What good are positive emotions in crises? A prospective study of resilience and emotions following the terrorist attacks on the United States on September 11th, 2001. *Journal of Personality and Social Psychology, 84*(2), 365-376.

Freiling, I., Krause, N. M., Scheufele, D. A., & Brossard, D. (2021). Believing and sharing misinformation, fact-checks, and accurate information on social media: The role of anxiety during COVID-19. *New Media & Society, 00*(0), 1-22.

Gan, Y., Zhang, J., & Quan, Z. (2021). Public perception of risk and coping response to COVID-19 in China: The moderating role of negative emotion. *Journal of Psychology in Africa, 31*(2), 117-123.

Gao, J., Zheng P., Jia, Y., Chen, H., Mao, Y., Chen, S., Wang, Y., Fu, H., & Dai, J. (2020). Mental health problems and social media exposure during COVID-19 outbreak. *PLoS One, 15*(4), e0231924.

Giri, S. P., & Maurya, A. K. (2021). A neglected reality of mass media during COVID-19: Effect of pandemic news on individual's positive and negative emotion and psychological resilience. *Personality and Individual Differences*, *180*, 11096.

Goreis, A., & Kothgassner, O. D. (2020). Social media as a vehicle for conspiracy beliefs about COVID-19. *Digital Psychology*, *1*(2), 36-39.

Hayes, A. F. (2013). *Introduction to mediation, moderation, and conditional process analysis: A regression-based approach*. Guilford Press.

Hu, B., & Zhang, D. (2014). Channel selection and knowledge acquisition during the 2009 Beijing H1N1 flu crisis: A media system dependency theory perspective. *Chinese Journal of Communication*, *7*(3), 299-318.

Izard, C. (1977). *Human emotions*. New York: Plenum Press.

Jolley, D., & Paterson, J. L. (2020). Pylons ablaze: Examining the role of 5G COVID-19 conspiracy beliefs and support for violence. *British Journal of Social Psychology*, *59*(3), 628-640.

Jungmann, S. M., & Witthöft, M. (2020). Health anxiety, cyberchondria, and coping in the current COVID-19 pandemic: Which factors are related to coronavirus anxiety? *Journal of Anxiety Disorders*, *73*, 102239.

Kaim, A., Siman-Tov, M., Jaffe, E., & Adini, B. (2021). From isolation to containment: Perceived fear of infectivity and protective behavioral changes during the COVID-19 vaccination campaign. *International Journal of Environmental Research and Public Health*, *18*(12), 6503.

Khan, M. N., Ashraf, M. A., Seinen, D., Khan, K. U., & Laar, R. A. (2021). Social media for knowledge acquisition and dissemination: The impact of the COVID-19 pandemic on collaborative learning driven social media adoption. *Frontiers in Psychology*, *12*, 648253.

Kim, H. K., & Niederdeppe, J. (2013). The role of emotional response during an H1N1 influenza pandemic on a college campus. *Journal of Public Relations Research*, *25*(1), 30-50.

Kim K.-S., Sin, S.-C. J., & He, Y. (2014). Information seeking through social media: Impact of user characteristics on social media use. *Proceedings of the American Society for Information Science and Technology*, *50*(1), 1-4.

Kim, S., Cho, S. K., & LoCascio, S. P. (2020). The role of media use and emotions in risk perception and preventive behaviors related to COVID-19 in South Korea. *Asian Journal for Public Opinion Research*, *8*(3), 297-323.

Kim, Y. (2016). An essay on Korean media's coverage of Middle East Respiratory Syndrome Coronavirus. *Korean Journal of Health Communication*, *11*(1), 39-

50.

Li, S., Wang, Y., Xue, J., Zhao, N., & Zhu, T. (2020). The impact of COVID-19 epidemic declaration on psychological consequences: A study on active Weibo users. *International Journal of Environmental Research and Public Health*, *17*(6), 2032.

Li, X., & Liu, Q. (2020). Social media use, e-health literacy, disease knowledge, and preventive behaviors in the COVID-19 pandemic: Cross-sectional study on Chinese netizens. *Journal of Medical Internet Research*, *22*(10), e19684.

Liu, B., & Kim, S. (2011). How organizations framed the 2009 H1N1 pandemic via social and traditional media: Implications for U.S. health communicators. *Public Relations Review*, *37*(3), 233-244.

Liu, M., Zhang, H., & Huang, H. (2020). Media exposure to COVID-19 information, risk perception, social and geographical proximity, and self-rated anxiety in China. *BMC Public Health*, *20*(1), 1649.

Ma, H., & Miller, C. (2020). Trapped in a double bind: Chinese overseas student anxiety during the COVID-19 pandemic. *Health Communication*, *36*(13), 1598-1605.

Mollema, L., Harmsen, I. A., Broekhuizen, E., Clijnk, R., De Melker, H., Paulussen, T., Kok, G., Ruiter, R., & Das, E. (2015). Disease detection or public opinion reflection? Content analysis of tweets, other social media, and online newspapers during the Measles Outbreak in the Netherlands in 2013. *Journal of Medical Internet Research*, *17*(5), e128.

Ngien, A., & Jiang, S. (2022). The effect of social media on stress among young adults during COVID-19 pandemic: Taking into account fatalism and social media exhaustion. *Health Communication*, *37*(10), 1337-1344.

Ning, L., Niu, J., Bi, X., Yang, C., Liu, Z., Wu, Q., Ning, N., Liang, L., Liu, A., Hao, Y., Gao, L., & Liu, C. (2020). The impacts of knowledge, risk perception, emotion and information on citizens' protective behaviors during the outbreak of COVID-19: A cross-sectional study in China. *BMC Public Health*, *20*, 1751.

Peitz, L., Lalot, F., Douglas, K., Sutton, R., & Abrams, D. (2021). COVID-19 conspiracy theories and compliance with governmental restrictions: The mediating roles of anger, anxiety, and hope. *Journal of Pacific Rim Psychology*, *15*, 1-13.

Petzold, M. B., Bendau, A., Plag, J., Pyrkosch, L., Mascarell, L. M., Betzler, F., Rogoll, J., Große, J., & Ströhle, A. (2020). Risk, resilience, psychological distress, and anxiety at the beginning of the COVID pandemic in Germany. *Brain and Behavior*, *10*(9), e01745.

Piaget, J. (1981). *Intelligence and affectivity: Their relationship during child development*. Palo Alto, CA: Annual Reviews.

Praveen, S. V., Ittamalla, R., & Deepak, G. (2021). Analyzing Indian general public's perspective on anxiety, stress and trauma during Covid-19—A machine learning study of 840,000 tweets. *Diabetes and Metabolic Syndrome Clinical Research and Reviews*, *15*(3), 667-671.

Pummerer, L., Böhm, R., Lilleholt, L., Winter, K., Zettler, I., & Sassenberg, K. (2022). Conspiracy theories and their societal effects during the COVID-19 pandemic. *Social Psychological and Personality Science*, *13*(1), 49-59.

Restubog, S., Ocampo, A., & Wang, L. (2020). Taking control amidst the chaos: Emotion regulation during the COVID-19 pandemic. *Journal of Vocational Behavior*, *119*, 103440.

Russel, J. A. (2003). Core affect and the psychological construction of emotion. *Psychological Review*, *110*(1), 145-172.

Song, J., Song, T. M., Seo, D., Jin, D., & Kim, J. S. (2017). Social big data analysis of information spread and perceived infection risk during the 2015 Middle East Respiratory Syndrome Outbreak in South Korea. *Cyberpsychology, Behavior, and Social Networking*, *20*(1), 22-29.

Steinert, S. (2021). Corona and value change. The role of social media and emotional contagion. *Ethics and Information Technology*, *23*, 59-68.

Suh, A., & Li, M. (2021). Digital tracing during the COVID-19 pandemic: User appraisal, emotion, and continuance intention. *Sustainability*, *13*(2), 608.

Tai, Z., & Sun, T. (2007). Media dependencies in a changing media environment: The case of the 2003 SARS epidemic in China. *New Media & Society, 9*, 987-1009.

Valdez, D., Thij, M. T., Bathina, K., Rutter, L. A., & Bollen, J. (2020). Social media insights into US mental health during the COVID-19 pandemic: Longitudinal analysis of Twitter data. *Journal of Medical Internet Research*, *22*(12), e21418.

Van den Broucke, S. (2020). Why health promotion matters to the COVID-19 pandemic, and vice versa. *Health Promotion International*, *35*(2), 181-186.

Vos, C. S., & Buckner M. M. (2016) Social media messages in an emerging health crisis: Tweeting Bird Flu. *Journal of Health Communication*, *21*(3), 301-308.

Wang, Q., Luo, X., Tu, R., Xiao, T., & Hu, W. (2022). Pandemic lockdown: The mediating role of depression/anxiety and the moderating role of Confucian responsibility thinking. *International Journal of Environmental Research and Public Health*, *19*(3), 1540.

Weinstein, N. D. (1989). Optimistic biases about personal risks. *Science*, *246*, 1232-1233.

Witte, K. (1994). Fear control and danger control: A test of the extended parallel process model (EPPM). *Communication Monographs*, *61*(2), 113-134.

Xiang, Y. T., Yang, Y., Li, W., Zhang, L., Zhang, Q., Cheung, T., & Ng, C. H. (2020). Timely mental health care for the 2019 novel coronavirus outbreak is urgently needed. *Lancet Psychiatry*, *7*(3), 228-229.

Xin, M., Luo, S., She, R., Yu, Y., Li, L., Wang, S., Ma, L., Tao, F., Zhang, J., Zhao, J., Li, L., Hu, D., Zhang, G., Gu, J., Lin, D., Wang, H., Cai, Y., Wang, Z., You, H., & Lau, J. T-f. (2020). Negative cognitive and psychological correlates of mandatory quarantine during the initial COVID-19 outbreak in China. *American Psychologist*, *75*(5), 607-617.

Zhou, J., Zogan, H., Yang, S., Jammeel, S., Xu, G., & Chen, F. (2021). Detecting community depression dynamics due to COVID-19 pandemic in Australia. *IEEE Transactions on Computational Social Systems*, *8*(4), 982-991.

Zhou, L., Xie, R. H., Yang, X., Zhang, S., Li, D., Zhang, Y., Liu, J., Pakhale, S., Krewski, D., & Wen, S. W. (2020). Feasibility and preliminary results of effectiveness of social media-based intervention on the psychological wellbeing of suspected COVID-19 cases during quarantine. *Canadian Journal of Psychiatry*, *65*(10), 736-738.

Zhou, S. (2020). Impact of pandemic proximity and media use on risk perception during COVID-19 in China. *Geomatics, Natural Hazards and Risk*, *13*(1), 591-609.

3 網路新聞文本公共商議性研究 —— 以新冠疫情初期中國大陸相關報導為例

章平[1]、楊肖光[2]、戴笑凡[3]、曾詠祺[4]、洪子陽[5]

摘要

本文以中國大陸新冠疫苗報導為研究對象,探索性地對網路新聞文本是否具有商議特性進行總體性考察。採取混合研究法,以計算社會科學中的主題模型為主要方法,同時對重點文本進行深入人工解讀。研究結果顯示:(1) 從包容性角度,較為完整地呈現了新冠疫苗問題的複雜維度和發展脈絡。但同時大量表揚性、同質性文本被廣泛傳播,損害了文本的多樣性。(2) 從互動性角度,商業門戶網站承擔著資訊擴散角色,但大量宣傳性報導充斥其間。普通民眾與其他四類主體在議題關注和文本框架上形成較大反差,形成「傳播力度強但對話性薄弱」之特點。(3) 從理性角度,文本情感充沛、情感兩極分化嚴重,形成「對外批評對內謳歌」之特點。上述發現表明,網路新聞文本雖具有部分商議性特徵,但與公共商議精神要義仍相去甚遠。

關鍵詞: 新冠疫苗、公共商議、資訊品質

---

1 章平,復旦大學新聞學院廣播電視學系副教授。研究興趣:政治傳播、新聞大數據、影像與當代社會。
2 楊肖光(通訊作者),上海交通大學中國醫院發展研究院副研究員。研究興趣:衛生政策、衛生資訊。
3 戴笑凡,上海市經濟和資訊化委員會四級主任科員。研究興趣:新聞傳播。
4 曾詠祺,復旦大學新聞學院碩士研究生。研究興趣:政治傳播。
5 洪子陽,加州大學戴維斯分校統計學系本科生。研究興趣:博弈論、大數據研究。

3 Deliberative Analysis of Online News: A Case Study of Vaccine-Related News during the Early Stage of the COVID-19 Pandemic in Mainland China

Ping ZHANG[1], Xiaoguang YANG[2], Xiaofan DAI[3], Yongqi ZENG[4], Ziyang HONG[5]

Abstract

This study analyzed the text of COVID-19 vaccine news that appear on the Internet in mainland China to identify the deliberation feature of online news reports in a holistic way. Using a mixed research approach, we analyzed the large scale of news reports by topic modeling method and interpreted the result from the theoretical perspective. The findings show that, first, in terms of inclusiveness, the news text presents the complex dimensions and context

[1] Ping ZHANG (Associate Professor). Department of Broadcasting, School of Journalism, Fudan University. Research interests: political communication, media big data, video and contemporary society.

[2] Xiaoguang YANG (Associate Research Fellow, corresponding author). China Hospital Development Institute, Shanghai Jiaotong University. Research interest: health policy, health informatics.

[3] Xiaofan DAI (Associate Chief Officer). Shanghai Municipal Commission of Economy and Information. Research interest: journalism and communication.

[4] Yongqi ZENG (M.A. Student). School of Journalism, Fudan University. Research interests: political communication.

[5] Ziyang HONG (B.A. Student). School of Statistics, University of California, Davis. Research interests: game theory, big data research.

of the COVID-19 vaccine, while a large proportion of homogeneous praising texts also damage the diversity of the texts. Second, from the perspective of interactivity, business portals take the role of information diffusion but disseminate similar texts. Ordinary people and professional media organizations represented by the central media showed a huge contrast in terms of topic concerns and text frames, which we describe as dissemination with weak communication. Third, from a rational point of view, texts are generally full of emotions, with a sharp polarized contrast of the positive emotions toward domestic issues and negative emotions toward international ones. The above findings indicate that while the online news text has some deliberative characteristics, it is still far from the essence of public deliberation.

Keywords: COVID-19 vaccine, public deliberation, information quality

前　言

　　網路會成為公共商議展開的更有前景的公共領域嗎？大量實證研究表明了這一問題的複雜性：部分研究發現了網路討論的商議性特質（Dahlberg, 2001; Karlsson, 2012），部分研究卻發現網路討論商議效果並不如傳統媒介（Gerhards & Schäfer, 2010）。不一致的結論固然源於多種影響，但網路新聞品質問題無疑是其中關鍵因素之一。因為公共商議，「首要的、也是最重要的特徵是講理的需要（reason-giving requirement），即陳述理由。」（古特曼、湯普森，2007：4）而充分知情是理性講理之先決條件，資訊品質因此對公共商議從發起環境、商討過程再到商討結果的全過程均產生重要影響（Fishkin, 2009; Gudowsky & Bechthold, 2020）。從這一脈絡出發，在網路公共商議實證研究中，新聞品質問題開始得到研究者的逐漸關注（Ziegele et al., 2018）。研究發現，新聞報導激發公共討論的能力不一，富有衝突性和影響力的新聞報導容易引發公眾討論（Bickford, 2011; Weber, 2014），而新聞報導的框架、情境／脈絡和情感傾向等不僅會影響評論數量，更影響到評論品質（Baden & Springer, 2014）。政治主題的新聞報導特別容易引起不文明討論（Coe, Kenski, & Rains, 2014），但其報導方式，如對該主題的多層面報導則會增進討論主體的相關知識進而產生商議性的話語（Rowe, 2015）。簡言之，新聞報導的事實因素和闡釋方式都影響著公共討論的品質（Ziegele et al., 2020）。

　　以上研究大多聚焦於某一類型論壇或評論區，關注用戶行為。本文另闢蹊徑從新聞文本是否具有商議性角度關注網路新聞品質。這一研究視角的獨特價值體現在：第一，經典新聞學理論表明，新聞雖然以事實為核心，但亦是選擇的產物，「總有一些心照不宣的理論」，提示著新聞從業者「什麼存在、發生了什麼、什麼重要」，形成了「選擇、強調和呈現的原則」（舒德森，2010：43-44）。換言之，新聞文本也

是一種話語表達，包含和反映了生產主體對於社會各類事務的議題關切和價值取向。從這一意義上講，新聞文本，亦可被視作一種公共商議活動。第二，公共商議理論自提出便一直強調社會各類主體的平等參與。網路造就人人都是新聞記者，不同類型主體以多種形式介入新聞生產並導致海量新聞資訊的產生。那麼圍繞著某一重大公共議題，不同類型主體所生產的新聞文本具有什麼特徵、文本之間是否具有勾連以及具有怎樣的勾連、在網路上繪製出一幅什麼樣的資訊圖景、是否具有商議特點等等，這些重要問題不應被忽略。第三，數位媒介時代人們每天浸潤在新聞的汪洋大海中，這些資訊無疑將形塑人們對於客觀世界的認識以及自我和集體認同的判斷。如同泰勒所言，新聞報導品質與角色功能，可以深深決定公共辯論的品質與範圍（Taylor & Willis, 1984）。但當下全球各地不同程度出現網路極化現象嚴重、公共對話難以進行的困境。那麼追根溯源，網路新聞資訊品質究竟如何，能否帶來資訊的多樣化？能否提供競爭性的公共意見以便公共討論的展開？這些問題，與公共商議的重要維度 —— 包容性（inclusiveness）（意見的多樣性）具有高度的內在一致性。

　　對海量網路新聞文本品質進行總體性考察的困難首先在於文本的獲取、對海量數據的處理和分析能力。近年來興起的計算社會科學研究方法提供了一整套較為完善的文本處理與分析工具，為研究提供了實現的可能。在研究對象上，中國大陸 —— 這一全球最為龐大的數位社會，提供了一個生動的研究樣本。在具體議題上，「新冠疫苗」議題關涉面相當多維複雜，集科學性與政治性、經濟性、文化性等各種因素於一體，同時既有全球性又兼具民族性等多種特性，具有大量豐富的新聞文本可供考察。本文嘗試運用計算社會科學方法對中國大陸網路新冠疫苗新聞文本的商議性進行探索性研究，為全球公共商議研究增加另一種考察維度，同時提供來自中國大陸的經驗參照。

文獻綜述

網路公共商議

　　有學者將公共商議理論劃分為四個代際：第一代著重於規範性、正當性；第二代著重於多元商議，試圖調和規範性與社會現實之間的張力；第三代則轉向實踐中的探索，進一步修正規範理論並使其得以落地；第四代著重於網路公共商議研究（Elstub, Ercan, & Mendonaca, 2016）。網路公共商議經歷了兩個發展階段：一是網路作為公共商議得以開展的工具輔助手段。二是網路作為深刻的政治價值建構場域，成為公共商議的重要類型。1997 年美國之聲首次將電腦技術引入 21 世紀城鎮會議這一傳統的商議實踐活動，將電腦技術和傳統小組面對面相結合，數千人就複雜公共政策展開公共商討得以可能。其後，網路技術作為重要輔助手段被越來越廣泛地運用於各類公共商議實踐之中，推動形成公共商議活動的大規模化、成本低廉化、運用即時性等特點（唐慶鵬，2015）。

　　Buchstein（1997）指出，網路的普遍性、反階層化、自由互動性等特徵更符合哈貝馬斯公共領域的基本要求，網路公共商議隨之興起。相關研究基本涵蓋了網路公共商議實踐的全部：從設計（如何發起商議）到過程（商議過程中的交往品質）再到結果（商議是否產生成果）以及三者之間的互動，其中商議過程中的交往品質——因為涉及公共商議理論的有效性及對該理論的檢驗問題而為研究者們廣泛關注，並獲得一些突破性進展：一是透過經驗研究進一步引發對規範性理論的反思和修正；二是在內容分析上不斷完善指標建構和引入新手段，從過程到內容進行全方位測量。在前者，多位研究者發現個體化、情感式的修辭表達不僅能夠在某些時機觸發公共商議，而且還能增進商議參與者對彼此境遇的同情性理解，由此拓展了公共商議的可參與人群以及對理性對話的理解。部分研究者則發現消極結果，譬如 Young（2001）發現，某些討

論活動不僅不利於達成同情性的理解，反而進一步產生了極化結果，這一論點在桑斯坦那裡進一步發展爲群體極化（group polarization）論點，人們往往只接觸與其觀點相符的資訊而排斥相左的意見（Sunstein, 2017）。在後者，因爲公共商議的構成要素尚未達成共識，因此產生了基於不同要素的評價體系。商議品質評價體系可歸爲兩大類型：對公共商議過程予以總體性分析的宏觀測量及對商談內容進行具體分析的微觀測量。在宏觀測量方面，網路平台的技術設置、商談主體背景及理性程度、商議程序的設計流程等方面得到研究者較多關注。在微觀測量方面，運用較爲廣泛的主要有：言說行爲分析（speech act analysis）、測量商議內容的編碼方案（coding scheme for measuring deliberation's content）及商談品質指標（the discourse quality index）（黃崢，2014）。

研究發現上呈現出結論不一：有研究發現了網路論壇言論存在較高水準的商議性，只有少量評論具有攻擊性（Pieper & Pieper, 2015），但也有大量學者發現網路討論充斥不文明、觀點對立甚至謾罵，與公共商議的規範精神相去甚遠（Quinlan, Shephard, & Paterson, 2015）。不一致的結論固然和平台設計、個人標識可視化等技術手段有關（Strandberg & Berg, 2015），但也與商議主體所依據的新聞報導具有密切勾連，新聞的框架、情境／脈絡和情感傾向等不僅會影響評論數量，更影響到評論品質（Baden & Springer, 2014）。Ziegele 等人（2018）發現，從報導主題看，與公眾生活緊密相關的重大議題更容易激發用戶們的公共商議；另一方面新聞報導中所含有的新聞價值，特別是衝突性、爭議性高的新聞事實將會增進用戶的認知或者觸發其情感，而這兩種類型都可以激發人們參與討論的意願，並影響其商談時的表現。政治性報導容易引發不文明討論（Coe et al., 2014），但 Rowe（2015）發現，對政治性主題的多層面報導則會增進討論主體的相關知識進而產生商議性的話語。簡言之，新聞報導對公共商議具有重要影響，無論是報導主題、新聞內容還是報導方式都影響著公共討論的品質（Ziegele et al., 2020）。

中國大陸公共商議研究

2002 年哈貝馬斯在華演講中首次把商議政治思想介紹到中國，同年俞可平在其著述中介紹了商議民主的相關內容（俞可平，2002）。中共十八大以來，國家層面的政治制度建設推動這一領域成為「顯學」並表現為三個特點：一是結合特有政治制度安排，闡述中國特色的商議與西方國家的不同，提出政黨、人大、政協等制度是公共商議展開的重要管道，既有大量的理論闡釋研究，亦有豐富的經驗研究，其中，政治商議、國家治理、集體商議、基層治理等是研究者們較為關心的議題（陳家剛，2006）。二是著重探討政治制度之外的社會性公共商議，其中新聞傳媒的角色與作用得到不同學科的共同關注，並產生碎片化權威決策 2.0（Mertha, 2009）、公共決策的外壓模式（王紹光，2006）、政策商議（章平、劉婧婷，2013）、以資訊傳播與溝通為基礎的新型政策方式（Balla, 2012）、公共傳播的商議轉向（胡百精，2020）等理論觀點。三是網路公共商議，往往與網路表達、公共領域、國家治理等相勾連，涉及三個重要面向：從宏觀與定性角度，闡釋網路商議民主的概念內涵及其機遇挑戰、應對策略（唐慶鵬，2015）；從政府決策轉型和治理能力角度，關注政府系統與網路民眾的行為特徵特別是雙方的跨場域互動（李良榮，2015；章平，2021）；從實證角度對網路論壇普通用戶的商議活動進行測量，但相關研究數量較少（不足十篇），且學者們選取的測量指標差異較大，發現社交論壇充斥偏頗意見，商議品質堪憂（王蕊、周佳、李純清，2019）。

總體來看，網路公共商議已為全球各國研究者廣泛關注，歐美研究者開發了不同側重的多種測量指標體系，但研究發現爭論不一，近年來悲觀結論更居主流。因此部分研究者將研究視角轉向新聞資訊對於網路公共商議品質的影響，但大多以網路用戶為研究對象，聚焦於論壇、聊天室或新聞機構的評論區，採取實驗法、內容分析、問卷調查等方法。在中國大陸，網路公共商議品質的實證研究較為缺乏。本文以公共

商議理論為視角，以中國大陸網路上圍繞新冠疫苗的新聞文本為具體分析對象，對網路新聞文本品質進行總體性考察，為全球公共商議研究增加另一種研究視角，同時充實中國大陸網路公共商議的實證研究。

爆發於 2019 年底的新冠疫情是至今仍在延續的重大全球性公共衛生事件，新冠疫苗與之緊密相伴成為國內外各領域學者的熱點研究對象，分別從政府治理、公眾參與、國際關係、疫情防控、醫學免疫等不同學科視角切入，新聞傳播學則聚焦於媒體表現與功能、資訊失真與治理、輿論引導與管控、疫苗認知與接種等不同層面。將公共商議和新冠疫情連結起來討論的研究相對較少，英文論文共三篇，中國大陸未有。三篇英文文獻研究內容均和疫苗接種有關，未見公共商議理論與新冠疫苗新聞報導品質之探討。本研究因此具有一定的探索性價值。

研究問題

Friess 與 Eilders（2015）透過對網路商議研究的系統性梳理，發現包容性、文明性、互動性和理性是衡量公共商議最重要的四個維度。

包容性（inclusiveness）這一概念內涵複雜，在和公共商議相連結時，一方面強調了商議主體具有相同的表達機會，另一方面也暗示了意見的多樣性（Manin, 1987）。多樣性無論在公共商議還是新聞學研究中均是一個重要問題。在公共商議領域，它是包容性的重要構成，強調不同類型的人群和不一樣的意見。在新聞學領域，自由而開放的意見市場是新聞媒體的規範性使命，多樣性因此成為新聞實踐的價值追求。麥奎爾（McQuail, 1992）在《媒介行為》一書中將多樣性區分為三種類型：一是如實反映完整的世界，即媒體系統和新聞報導應該以不偏不倚的方式對政治、經濟、文化、信仰等社會中各個領域進行豐富、全面的報導。二是觸達媒體的便捷性，即不同社會主體能夠自由、通達媒體平台並且其意見能夠得以廣泛傳播，特別是批評和反對的聲音。三是多樣

化的傳播管道和內容，以便用戶可以輕鬆獲得各類資訊。我們將從兩個層面對包容性進行考察：一是從文本話題、報導主題是否多樣化來考察意見的多樣性；二是從新聞文本生產主體是否多樣化來考察商議主體的多樣性。

文明（civility）這一概念通常和人際禮貌規範相關，是社會中最基本的公民態度，展現的「是對於公共利益的善意關心」（Shils, 1992, p. 1）。本文囿於篇幅所限無法對個人評論性文本進行深入研究，故不將文明這一維度納入考察範圍。

互動性（interactivity）強調的是商議過程中的交往程度，參與主體之間存在互動是公共商議得以發生的基本邏輯假設。在公共商議理論領域中，互動性強調交往、對話、討論的良性過程，即不同類型主體對他人所傳遞資訊和觀點之尊重和討論，在這一過程中不僅強調主動的表達，同時也強調耐心的傾聽和積極的回應（Barber, 1984）。換言之，互動性之發生，並得以持續要取決於兩個基礎：參與主體對商議議題及其過程保持連續性的興趣及對其他商議主體持有同情性的理解。在實證研究中學者 Ziegele 等人（2018）把網路公共商議的互動性指標區分兩個層面：一是對於新聞報導涉及事實的挖掘和補充以及對於新聞內容的轉發、評論，二是對於其他用戶意見的跟帖評論、回應和討論。本文側重於前者，具體以報導主題爲核心，考察不同主體新聞文本之間的轉載和呼應程度，特別是對報導主題是否存在不同維度的挖掘和豐富，以此觀看不同主體所產製的文本之間是否具有交互和對話。

理性（rationality）是第四個核心維度。從初期對最佳論證的強調，到其後多元理性的提出，再到基於理由的論證，對理性的認識經歷了從規範日益走向實踐的趨勢（Ziegele et al., 2018）。在基於理由的論證中，商談主體以何種姿態以及如何參與討論是極其重要的，前者強調的是在商討過程中所秉持的價值立場，後者強調的是在商議過程中的充分論據（許紀霖，2005）。經驗性或邏輯性資料都可作爲論據，但只有基於事實、客觀中立的論述才更有可能成爲論據（Friess & Eilders,

2015）。在這一脈絡下，公共理性與新聞專業倫理規範不約而同走到了一起，因為「新聞唯一需要迎合的就是事實」（Heikkilä & Kunelius, 1998, p. 78）。另外，公共理性追求共同的善，儘管未必達成共識，但至少能對其他商議主體達成同情性的理解，而這一目標之前提取決於商談主體對討論話題所涉及知識的充分理解，於新聞報導而言，「只有客觀、中立、可被理解的新聞才有可能被轉化為知識」（Urban & Schweiger, 2014, p. 14）。基於以上兩點，本文將從情感這一角度考察文本的理性程度，其基本邏輯在於，中立文本方能提供客觀事實，而正面、負面情緒文本都帶有傾向性，對商議主體的客觀認知和理解造成干擾。事實上，在公共商議的實踐和研究中，研究者們都對商談主體所獲得資訊的客觀、中立予以一再強調，因此我們認為文本情感上的客觀中立才能被視為符合理性。另外，鑒於近年來新聞行業所出現的情感轉向，以及部分經驗研究發現情感化表達對於公共商議的複雜作用，我們還將深入考察本研究對象情感的具體特質及其成因。

具體而言，本文將從以下三個維度進行深入考察：（1）新冠疫苗新聞文本的包容性如何？我們將從意見的多樣性和生產主體的多樣性兩個層面進行考察。在意見的多樣性方面，從文本數量、新聞話題、報導主題等三個層面挖掘；在生產主體的多樣性方面，將新聞文本的生產主體區分為五種類型，分別考察其在新冠疫苗新聞文本生產與傳播中的表現。（2）新冠疫苗新聞文本的互動性如何？我們將聚焦於五類生產主體，考察其所生產的新聞資訊之間是否存在勾連以及勾連是如何發生的。（3）新冠疫苗新聞文本的理性程度如何？我們將情感區分為正面、負面與中立等三種類型，並深入探究文本情感特質及其成因。

研究方法

研究對象

　　本文以中國大陸網路新冠疫苗新聞文本（文字類，不包括影片）為研究對象。「新冠疫苗」與公共商議的核心要義相契合：一是作為公共事務的重大性。新冠疫情是一個關涉全球各國的重大公共議題，疫苗是決定疫情能否得以控制的關鍵因素。二是牽涉的利益主體多元。新冠疫苗涉及的利益主體眾多複雜，政府部門、科研醫學、生物公司、普通民眾、各類行業組織等不同群體。三是涉及領域極其多樣複雜，商議展開的維度也因此多樣化。疫苗是一個科學問題，但又不限於科學範疇，而是關涉經濟、政治、文化等不同層面。研究時段上，選取了 2019 年 12 月 30 日至 2020 年 6 月 30 日這一關鍵話語時刻：首先，是疫苗研發的重要時期，涵蓋了啟動、試驗及初步成功等關鍵階段；其次，是人們對疫苗認知的重要基礎時期，涉及大量知識、觀點、意見的發布與傳播；再次，大事頻發，文本數量巨大，足以支撐本研究的開展；最後，疫苗研發和生產是生物科技中的高地，改革開放以來中國崛起之路被賦以「技術民族主義」之名（沈辛成，2022：27），那麼「技術民族主義」又將如何影響疫苗報導？

研究方法

I. 數據獲取與清洗

　　本文數據來源是慧科搜索新聞研究資料庫，該庫收錄大陸地區 1,000 多種平面媒體和 6,000 餘種網站新聞，實時、全面抓取公開出版的新聞資訊。以「新冠疫苗」為關鍵詞在庫內檢索，獲取研究時段的全部文本，共計 619,297 條。在數據清洗上，確定了與疫苗相關 71 個關

鍵詞，經反覆測試與評估，將以下文本納入研究範疇：標題中出現關鍵詞或關鍵詞在正文出現 2 次及以上，或關鍵詞長度占正文總長度比重大於 0.50%。最後獲得數據共 494,089 條，作為分析數據集。以 jiebaR 軟體，對文本進行分詞，並遵循文本挖掘規範做法，去除數字、標點、英文字元、中文停用詞等，構成分析用語料庫。

II. 新聞文本生產主體分類

將生產主體分為專業媒體機構、政府部門、商業門戶網站、機構自媒體與社交媒體五種類型，五種類型既是傳播管道也是新聞文本的產製主體。專業媒體機構指由國家網信辦認定、具有採訪資質的組織。政府部門指在網路上開設網站的行政機構。商業門戶網站指提供綜合性網路資訊服務的商業性組織，今日頭條等聚合性網站歸入此類。機構自媒體指除專業媒體機構、商業門戶網站之外、以機構身分進行資訊生產與傳播的主體。自媒體這一概念指代網路資訊內容生產者，但在中國情境／脈絡中卻側重強調創業者用新技術進行商業活動（于紅梅，2017），因此我們稱其為機構自媒體以突顯其商業特質。普通民眾分散於各個網路平台，以微博——大陸最為重要的民間意見廣場（李良榮，2015）作為普通民眾的代表。最終主體分布如下：喉舌類媒體 658 家、市場化媒體 328 家、行業對象性媒體 27 家；政府部門網站 293 個；機構類自媒體 1,151 個；商業門戶網站 266 家。

III. 權重詞提取法

與高頻詞相比，詞頻—逆文檔頻率（TF-IDF）加權值能夠更好反映出特定詞語在該文中的重要程度。透過計算分詞後新聞詞語的權重值，篩選出高頻關鍵字。

IV. 情感分析

本文採取慧科給定的文本情感判定。作為一家以提供新聞大數據為

主營業務且領先的專業公司，其數據品質口碑良好，爲眾多研究者採納。其情感判定方法爲：基於 Wisers AI Lab 積累的 13 萬行業特徵樣本數據，利用自然語言處理、深度學習神經網絡訓練模型等方法，將情感區分爲正面、中性、負面三類。

V. 主題模型建構

主題模型（topic model）是本文核心分析策略。我們選取結構主題模型（structural topic model，簡稱 STM）（Roberts, Stewart & Tingley, 2019）作爲建模工具，透過模型擬合獲取關於主題分布的若干重要指標：包括語料庫中不同主題的重要性顯示度值、每個主題的關鍵詞及其概率，以及每篇文檔在特定主題上的傾向性值。

建模過程中，區分兩類文本：微博新聞文本與其他新聞文本，因爲兩類新聞在長度上存在較大差異，如整體使用將會影響建模效果。就非微博數據來說，因爲存在大量重複性文本，先進行去重處理。具體爲：以標題中出現任意一個關鍵字的新聞報導作爲種子文本，並透過文本 jaccorb 距離相似度的方法，獲取數據集中正文與種子文本的相似度值，剔除與種子文本相似度值大於 0.90 的報導，形成非微博數據集共 97,127 條。微博數據不存在大範圍重複問題，僅進行相關度的篩選，最終納入分析的數據共計 37,367 條。兩類文本分別進行主題建模。

具體建模過程包括：（1）透過無監督方法，設定主題數量選取範圍（25-75），分別建構主題模型；（2）根據 semantic coherence 指標值（越高說明聚類效果越好），結合人工交叉判定並經信度檢驗（0.92），確定主題數量爲 59 個；（3）在 59 個主題中，人工交叉判定並經過信度檢驗（0.89），選取 20 個與疫苗直接相關的主題，計算出主題顯示度值（topic prevalence）、關鍵詞及其比值、文檔主題傾向性值（proportion of document allocated to topic）等重要資訊；（4）在審視關鍵詞、代表性文檔等基礎上，對 20 個主題進行命名，並歸入七個大類。數據處理、分析及做表製圖均採用 R 語言及其工具包實現。

研究發現

新冠疫苗新聞文本的包容性如何？

I. 新冠疫苗的文本數量分布

　　研究時段內新聞總量近五十萬條、平均每天近三千條的文本量說明這一問題得到了廣泛關注。從時間分布看，1、2 月份文本總量較少，但此後每個月均超過十萬篇，每天發文量超過四千條。各類主體對新冠疫苗問題予以了不同程度的關注，多類主體的共同關注帶來傳播管道的多樣化，用戶的資訊獲得較為便捷，同時在規範意義上意味著該問題所涉及的豐富面向能夠得以呈現，因為「新聞的絕對數量應該有助接收者透過使用多個來源獲得對某個主題的公平概述」（Urban & Schweiger, 2014, p. 822）。但龐大新聞數量能否帶來不同消息來源及對新冠疫苗問題的豐富呈現？接下來我們透過報導話題和報導主題的發掘，進一步考察這一問題。需要注意的是，去重後文本總量大幅下降，從近五十萬劇降至 97,127 篇，降幅高達 89%。

II. 新冠疫苗的話題抽取

　　權重詞提取方法可以有效分析新冠疫苗新聞文本的話題特徵。權重詞涵蓋領域廣泛，包括國際政治（美國、川普）、經濟（公司）、科學（病毒、臨床試驗）、社會（志願者）、動態（確診病例、進度）等不同層面，總體上反映出疫苗新聞文本所涉及的話題包含多種面向，呈現了新冠疫苗問題豐富多樣的維度。

　　我們進一步探測新聞話題在不同時期的變化（見表一）。總體為兩個特點：一是對疫苗研發進度及其試驗結果的持續關注，二是對歐美國家的持續關切。報導話題覆蓋了科學、政治、經濟、社會、文化等不同領域，較為完整地呈現了新冠疫苗的複雜維度，疫苗研發、國際報導等話題一直持續。那麼圍繞新冠疫苗問題透過哪些具體報導主題得以呈

現？哪些主題得以突顯？哪些被忽略了？

表一　不同時期新冠疫苗權重詞的排序情況

1月	2月	3月	4月	5月	6月
新型冠狀病毒	口服	志願者	志願者	美國	生物
捐贈	酵母	重組	滅活疫苗	川普	新冠滅活疫苗
肺炎	新型冠狀病毒	陳薇院士	美國	公司	公司
集團	教授	陳薇	蓋茲	加拿大	美國
武漢	蛋白	美國	疫苗	口罩	臨床試驗
毒株	公司	武漢	張文宏	疫苗	確診病例
支持	病毒	病毒	臨床試驗	抗體	疫苗接種
冠狀病毒	疫苗	注射	武漢	結果	北京
分離	樣品	小米	生物	疫情	疫苗
科研機構	學院	臨床試驗	確診病例	試驗	抗體
疫苗研發	發出	研製	接種	世界	秋天

III. 新冠疫苗的報導主題聚類

　　主題模型（表二）顯示了七個大類主題、20 個子主題聚類結果。七個大類主題分別為：疫苗科研（強調疫苗研發的學術性，內容側重科學研究，報導對象往往是科研機構）；疫苗研發（強調疫苗研發的應用性，報導對象往往和醫藥公司有關，包括產學研一體化）；政務發布（行政官方為發布主體，來自政府的資訊發布）；抗疫表揚（標題中帶有強烈正面情感，這一類文本數量巨大，故單獨作為一個主題大類）；疫情進展（新冠疫情的動態資訊）；國際報導（除中國大陸之外的新聞）；疫苗科普（對免疫原理知識進行大眾化解釋）。

表二　主題模型聚類結果

主題大類	主題類別／名稱	典型關鍵字	代表性新聞標題
政務發布	政府資訊發布	新聞發布會、科技部、國務院聯防聯控機制	國家衛健委：部分新冠疫苗有望 4 月進行臨床或應急使用
抗疫表揚	疫苗相關表揚	解決、好消息、戰勝、成功、大國	好！新冠疫苗終於研製成功！！
疫情進展	疫情進展情況	境外輸入、疑似病例、出院、無新增	浙江無新增新冠肺炎確診病例
疫苗科研（學術）	疫苗專業研究	抗原、基因、表達、口服、蛋白	天大教授回應研發出新冠病毒口服疫苗：未經臨床驗證
	疫苗臨床試驗	一期、二期、二期臨床試驗、三期臨床試驗、三期	英國新冠疫苗臨床試驗致死？研製疫苗的那些事
	疫苗科研進展	柳葉刀、免疫反應、耐受性、免疫應答、腺病毒	首個新冠疫苗落地在即？《柳葉刀》刊發中國疫苗 I 期臨床試驗結果
	臨床進展	我國、總數、正式、新冠疫苗研發	我國新冠疫苗生產臨時應急標準出台
疫苗研發（應用）	疫苗生產企業	康希諾生物、康希諾、復星醫藥、商業化、微生物	復星醫藥聯手德國 BioNTech，啟動新冠疫苗研發戰略合作
	研發速度	疫苗研發、階段、動物試驗、最快、上市	美新冠疫苗進臨床階段 專家：太快了，除非更早拿到病毒株
	研發攻關	滅活疫苗、攻關組、路線、科興、腺病毒載體疫苗	新突破！我國新冠病毒滅活疫苗獲批進入臨床試驗
	軍科院疫苗相關	軍事醫學研究院、領銜、陳薇院士、重組	陳薇院士團隊研製的重組新冠疫苗獲批啟動臨床試驗
	研發臨床試驗	揭盲、程式接種、抗體陽轉率、兩劑、程式、高滴度	全球首款新冠滅活疫苗受試者全部產生抗體！

主題大類	主題類別／名稱	典型關鍵字	代表性新聞標題
	疫苗試驗志願者	小米、普通人、居民、科技日報	他們注射了新冠疫苗，成為探路者
	疫苗生產	生產廠房、生物安全、國藥集團	新冠疫苗預計今年底或明年初上市
國際報導	蓋茲相關	蓋茲、基金會、聯盟、比爾、流行病	蓋茲會捐贈 16 億美元支援疫苗接種
	歐洲相關	歐盟、德國、賽諾菲、歐洲	法國藥廠惹眾怒
	川普相關	川普、白宮、總統、福奇、愛滋病	川普負責疫苗民眾慌了
	國際企業相關	人體試驗、測試、候選疫苗、強生	世界首例新冠疫苗人體研究發布
	世衛組織相關	世衛組織、譚德塞、總幹事、中方、美方、世衛	世衛組織將推出加速新冠疫苗研發新方案
疫苗科普	免疫原理科普	免疫系統、免疫力、病原體、人體	疫情當前，它是人體「軍事防火牆」

　　主題顯示度有助於我們更好理解哪些報導主題得到了突顯、哪些主題被忽略。這一方法的獨特價值體現在：（1）可提取每一個文檔與特定主題的關聯程度，由此有效判斷數據集的總體特徵取向。（2）按詞語與主題關聯機率值從大到小排序，研究者可以理解該主題所蘊含的內容。我們對大類主題和子主題分別進行計算，結果見圖一、二。總體表現為兩大特點：

　　第一，應用性特別是動態性資訊類主題得以突顯，科學性主題被弱化。動態性資訊僅提供了進度情況，所包含的知識含量極其有限，無助於對疫苗複雜面向的深刻理解，因為只有當新聞轉換為知識時才有益於公共商議（Ziegele et al., 2020）。

圖一 疫苗報導大類主題顯示度分布圖

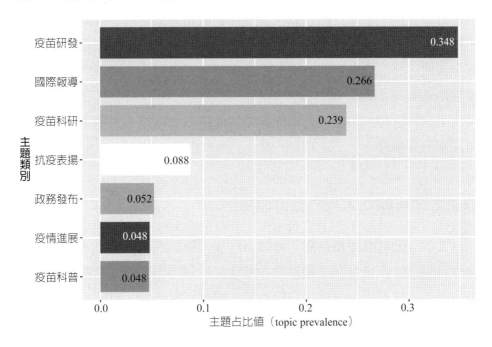

圖二 疫苗報導子主題顯示度分布圖

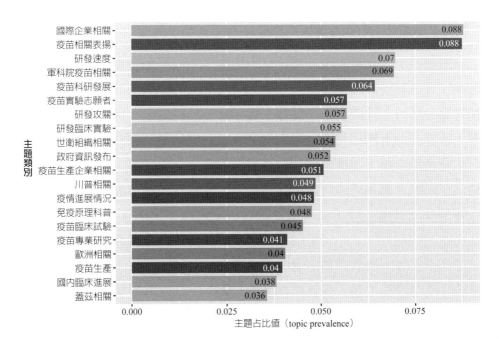

第二，表揚性主題的突出位置。在 20 個子主題顯示度上，表揚性主題位居首位。中國大陸媒體強調宣傳功能和輿論導向，表揚性報導是新聞報導中的常態類型。雖然沒有改變基本事實性內容，但報導可能含有記者的「合理想像」和飽滿情感而損害新聞真實，從而削弱新聞的社會性功能（陶忠輝，2020）。另外，表揚性報導的顯示度過大，且表現出上揚的態勢，形成對其他報導主題的擠占，無疑大大損害了新冠疫苗文本的多樣性。

新冠疫苗新聞文本的互動性如何？

文本互動特徵可概括為「傳播力度強、對話性薄弱」。傳播力度強表現為兩點：一是五類主體都對新冠疫苗給予了不同程度的關注，發文數量充沛。二是不同主體之間的轉載、轉發現象突出，新聞報導能夠快速在不同主體間進行流動，形成全社會都在觀看的態勢。特別是對一些重要事件五類主體合力報導，推動報導高峰的形成。對話性薄弱主要表現為以下三個特點：

I. 報導主題偏好：有限互動與高度近似

主題顯示度計算發現，圍繞研發速度，形成有機聯繫並展現出深入挖掘、有來有往的對話性特徵。但大多數子主題卻未能形成多維度挖掘和對話。微博之外的四類主體在主題偏好上高度近似，顯示度重合性較高，報導基調上極為相近，未能形成多維度的報導。國際企業相關、疫苗相關表揚兩類主題構成四類主體最為重要的報導內容。自媒體和門戶網站在國際企業報導中扮演急先鋒，第一時間發布動態消息，同時批評性報導基調貫徹始終，如「由於新冠疫苗利潤不明朗 世界四大製藥廠進展並不順利」、「不可思議！為趕進度，美國藥企研發疫苗竟跳過關鍵環節！」等，得到四類主體的廣泛轉發，共同匯集成「對外批評」之特徵。疫苗表揚主題主要集中在三個方面：一是對於疫苗研發重大進展

的讚許；二是對在疫苗研發過程中展現的中國實力之讚揚；三是對中國在疫苗研發上的國際合作和貢獻之褒揚。在新冠疫情的防控被提升爲衛國之戰並由此體現國家制度優勢的背景下，疫苗研發，就此背負了國家競賽的隱含重任，被視爲中國和美國科技競爭的又一重要手段，從這一脈絡出發，對國際企業的報導是爲了反襯中國疫苗研發的巨大勝利，形成「對外批評、對內謳歌」的報導特點。

II. 常規期的議題分散與高峰期的重複擴散

常規期指的是表三標識出來的九個報導高峰期之外的時期，五類主體報導議題較爲分散且存續短暫，總體呈現「各言其說」的特點。報導多爲事件性消息，未能在不同主體間形成呼應，也未能形成多角度報導。僅個別文本在不同主體間得以轉發，大多議題僅存續一天。在資訊的汪洋大海中，分散的議題、邊緣的聲音固然可以登場，但是極低的閱讀量卻顯示了其未能得到社會的關注。

報導高峰期（表三）的總體特點爲：非政治事件中新聞文本能夠相互呼應，但對政治性事件卻僅局限於單一的轉發擴散，出現大量重複性文本。值得注意的是，高峰期的報導議程基本由中央喉舌類媒體把控。在中國新聞管理制度下，新聞採訪權是一種稀缺資源，門戶網站、自媒體僅有轉載權，這使得專業媒體機構在資訊的獲取上獲得了特殊的優勢，特別在資訊高度隱晦的實驗室階段，中央喉舌類媒體因其特殊身分在資訊獲取上更添優勢。由此形成央媒發布、其他主體轉載擴散的特有景觀。一篇報導被不斷轉載傳播，固然提高了該新聞的影響力，但大量雷同資訊意味著新聞內容和形式的極其單一和匱乏，與疫苗問題的多樣性想像相去甚遠，同時也意味著對話性的缺乏。

表三　報導高峰期事件及微博文本占比比重

日期	事件	微博	非微博
2020-03-18	重組新冠疫苗獲批啟動臨床試驗	8.31%	91.69%
2020-03-22	首批志願者注射重組新冠疫苗	10.80%	89.20%
2020-04-14	新冠滅活疫苗獲批啟動臨床試驗	5.22%	94.78%
2020-04-26	張文宏回應新冠疫苗接種問題	8.77%	91.23%
2020-05-18	新華社評論文章〈風雨無阻向前進——寫在全國疫情阻擊戰取得重大戰略成果之際〉	3.65%	96.35%
2020-05-19	習近平在世界衛生大會開幕式宣布中國推進全球抗疫合作五大舉措，疫苗將作為全球公共產品提供	2.60%	97.40%
2020-05-23	陳薇院士新冠疫苗臨床試驗結果發布	7.19%	92.81%
2020-06-08	6月7日國務院新聞辦公室發布《抗擊新冠肺炎疫情的中國行動》白皮書，解答新冠疫苗問題	2.80%	97.20%
2020-06-17	習近平在中非團結抗疫特別峰會上的主旨講話	0.41%	99.59%

III. 普通民眾之差異表現

　　微博上的普通民眾，表現出與其他四類主體較大差異。首先在主題顯示度偏好上，普通民眾最為突出的是對於「人」的高度關注，而對於疫苗表揚主題則表現出較低偏好。其次是對高度政治性報導的低關注度。表三顯示，與國家領導人相關事件在微博中均未得到高度關注。最後是對專業媒體機構報導內容的偏移與再加工。即便主題類別與其他主體大致相同，但在關注重點上與其他主體呈現較大差異。社交媒體與其他四類主體在關注點上的差異，一方面說明新聞文本所具有的包容性，社交媒體作為普通民眾的發聲平台有其積極意義，但也反映了「兩個輿論場」（南振中，2003：7）在對話互動上的困境。

新冠疫苗新聞文本的理性如何？

數據分析顯示了兩個特點：一是文本情感充沛，二是情感兩極化現象突出。

I. 文本情感充沛

總體來看，文本情感極為突出，中立文本僅占 13%，正面情感文本比例高達 55%，負面情感文本占比 32%。我們從主題大類、子主題類別中分別取前五個正向和負向情感詞（見圖三），以此探測文本情感可能存在的規律。令人注意的是「必須」也成為正向情感的主要連結詞，與疫苗速度、軍科院、政府決策、領導人活動等緊密相關，顯示出中國政府對於對抗疫情和保衛國民的堅決態度。同時與中國國情和熱點人物有關，著重於信念的提升。雖然專業人士重在陳述觀點，但媒體卻從積極方面解讀，這使得標題中出現「鍾南山」和「張文宏」的文本中正面情緒的比重分別占 57% 和 77%。以軍科院為代表的中國研發團隊更是如此，標題中出現「陳薇」的文本，正面情緒占比高達 91%。負面關鍵詞與疫情危急程度相關，也多涉及對於歐美疫情防控措施的批評。

II. 情感兩極化現象突出

情感兩極化主要表現在：正面情感與負面情感均占較大比重，分化現象突出；兩類情感在報導對象上的極化現象突出，形成對內謳歌對外批評之特點。內指的是中國大陸，外指的是以美國為首的歐美國家。對內謳歌主要是對中國疫情防控和疫苗開發的褒揚，正如《人民日報》總結該報角色是「凝聚起眾志成城、共克時艱的強大正能量」（人民日報社新聞協調部，2020：32）。對外批評的主要特點是對歐美疫情防控不利及疫苗開發中問題的披露，以突顯中國優勢。對內謳歌方面，專業媒體機構為其他類型主體奠定報導基調，以三大中央喉舌媒體為代

圖三　七個主題大類情感關鍵詞

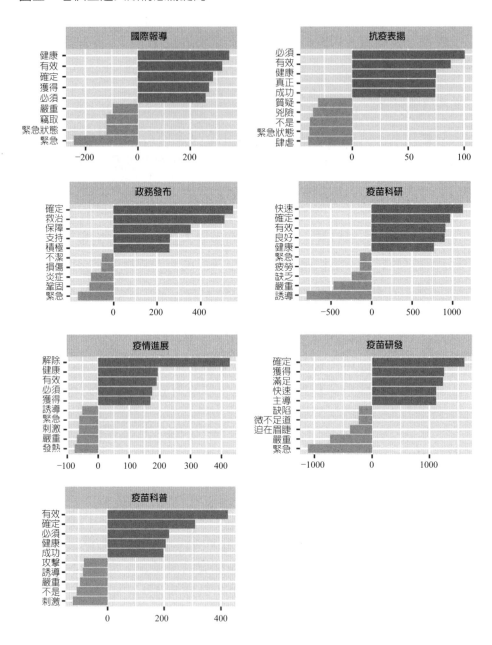

表，態度鮮明、情緒積極。地方黨媒、都市類媒體、行業對象性媒體基本追隨中央黨媒步伐，僅財經類媒體情感面向相對多元：在資金投入、物資支持、臨床試驗等方面持積極正面情感，在疫苗研製動態持客觀、中立表述；在疫情發展、疫苗研製困境、對經濟影響等議題呈現出負面情感。中央黨媒的情感傾向透過其他類型傳播主體的分發轉載，得以進一步擴散。

自媒體、門戶網站則成為對外批評的主力軍，伴以強烈的情緒表達，典型文本如「美國 10 萬人測試疫苗，結論令華盛頓死一般沉寂，白宮：最黑暗一天」。在中國官方對美姿態日漸強硬的背景下，反美成為賺流量法器，門戶網站、自媒體的商業屬性，使其成為對外批評的急先鋒。對外批評往往涉及歐美國家疫情防控不利及疫苗研發中的問題，表達對歐美疫情發展的普遍擔憂。其中，尤以美國為甚。以「川普」為關鍵詞在文本中檢索，顯示 61% 的文本為負面情感，正面情感僅占 24%。微博是唯一例外，文本情感相對更為中立，與門戶網站和自媒體強烈的反美敘事形成對比。

討　論

新冠疫苗新聞文本是否具有商議性？經驗資料分析結果展現出這一問題的複雜性。

首先，從包容性這一角度看。雖然從規範意義上講，新聞的絕對數量應該為用戶提供更為多樣化的資訊來源，從而有益公共商議（Urban & Schweiger, 2014），但本文卻發現新聞的絕對數量以及多個資訊來源並不意味著對該主題的公平論述，核心表現為無效文本與重複性文本的干擾。從無效文本看，數量高達 12 萬條，標題中出現「新冠疫苗」而正文卻是廣告，與疫苗問題毫無關係。重複性文本指的是從標題到內容的完全雷同，或者只是標題上的個別改動，比重高達 89%。如何看

待重複性文本對於公共商議的作用？一方面它可能具有特殊價值，在人們注意力極其有限同時資訊負荷超重的網路空間中，一篇報導被反覆轉載提升了該新聞事件的可見性，提升了其傳播效力。在中國大陸體制內表達空間極其有限的情況下，當重複性文本傳遞的是被封鎖的資訊特別是和民眾切身利益有關的公共事件時，該新聞則扮演了突破資訊封閉的「火炬手」功能（章平、劉婧婷，2013：69），引發全社會在線觀看、可能激發公共商議進而促成該事件的解決（唐慶鵬，2015）。但本文中的重複性文本主要表現為以下兩個特徵：一是動態性資訊類為主。已有實證研究表明，只有當新聞轉換為知識時，才有助於公共商議的展開（Neuberger, 2014）。威廉·詹姆斯提出知識的兩種方式：知曉（knowledge of acquaintance）與理解（knowledge-about）（詹姆士，1963），前者強調的是現象，後者強調的是觀念。在舒德森看來，新聞具有兩種理想模式：資訊性新聞和故事性新聞，前者著重於提供以及時性、關注具體差異為核心特徵的知曉層面的知識，後者著重探究隱蔽的事實或現象背後的深層原因，以在提供知曉基礎上協助讀者理解事件（鄭忠明、江作蘇，2016）。網路進一步放大了對新聞的時間性要求，新聞作為知曉式的知識特性日益突出，從這一脈絡下可理解動態性資訊何以成為文本類型的首要構成。知曉式知識並非沒有其意義，因為理解往往由知曉積澱而來，新聞提供了「引人談論之物」的談資並可能引發人們理性思考、從態度和表達中沉澱、提煉出理解（Park, 1955, p. 78）。但是，當網路上充斥動態性資訊，乃至動態性資訊已經成為資訊負擔時，人們更需要的是應該幫助他們從雜亂的資訊中理出頭緒，使之能夠被快速理解的新聞（Ziegele et al., 2020）。另外，需要警惕的是，動態性資訊被重複擴散，在客觀上造成了對其他類型新聞的干擾和排斥，同時也增加了用戶獲得其他理解性新聞的難度。正如本文發現，雖然以丁香園為代表的部分健康類自媒體圍繞疫苗研發刊載了大量分析文章，但閱讀量寥寥。二是多為宣傳性報導。宣傳有廣義與狹義之分，雖然定義不一，但核心包括對符號的操縱以及對被宣傳對象行為產

生影響的意圖（劉海龍，2013）。因此宣傳性報導往往帶有強烈的傾向性，服務於黨和政府的大政方針，雖然能夠提供一些事實，但大多在報導者的價值框架內展開。本研究發現宣傳性報導著重於呈現新聞事件的單一維度，特別是突顯報導的政治屬性，由此導致了疫苗相關表揚不僅成為一種重要的主題類型，且這一主題偏好在不同類型傳播主體（除普通民眾之外）中均占據前三之列。當同一宣傳性文本被不同傳播主體、在不同傳播管道上反覆被轉載，導致用戶只能接觸到單一資訊，從總體上損害了新聞的多樣性，與公共商議所倡導的意見的多樣性精神相去甚遠。

其次，從互動性這一角度看。五類主體所產製的新冠疫苗新聞呈現出傳播力度強、對話性薄弱之特徵，雖然在某些主題上形成交互對話，但為何專業媒體機構、商業門戶網站、機構自媒體以及政府網站在子主題的偏好上驚人地保持一致？這一問題實質指向的是四類主體在從事新冠疫苗新聞報導時所秉持的價值立場為何。在公共商議理論情境／脈絡中，對話、交流、討論等互動行為之能產生的關鍵邏輯在於商談主體能夠對於討論參與者達成同情性理解。在這一過程中，商議的參與者從什麼立場介入討論是至關重要的：即，是從個體的利益立場出發還是從商談主體可以共用的價值立場出發？在規範性情境／脈絡下，商談主體得以共用的價值立場通常是公共利益，因為在利益多元化的當下，如果每一個討論者都從自己的利益出發，對話便難以形成，即便透過公共討論，也很難對其他商談主體的利益產生同情性的理解。本文認為，在新冠疫苗這一個案中，新聞文本之所以表現為傳播性強對話性弱的特點，乃在於普通民眾之外的四類主體在其新聞實踐過程中所持有的共同價值立場，即凝聚人心的輿論導向作用。這一價值立場的形成與中國大陸新聞管理制度有關。新聞媒體機構的身分性質首先是黨和政府的耳目喉舌，透過日常新聞實踐活動承擔起政策宣傳、凝聚人心以及輿論引導等政治功能。針對新冠疫情爆發初期社會中瀰漫的不確定性情緒，2 月 3 日中共中央總書記習近平在中央政治局常委會會議上要求「宣傳

興論工作要加大力度，統籌網上網下、國內國際、大事小事，更好強信心、暖人心、聚民心，更好維護社會大局穩定。」（習近平，2020：1）這一講話精神隨即成爲專業媒體機構從事新冠疫情報導的綱領性文件，同樣貫穿於新冠疫苗的報導之中。商業門戶網站和機構自媒體雖然沒有媒體身分，但同樣接受各級政府部門管理，並在一次次網路專項整治行動中被不斷規訓。與專業媒體機構新聞報導基調保持一致，成爲商業門戶網站和機構自媒體的最優選擇。從這一脈絡出發，我們可以理解爲何表揚性文本數量巨大，並在子主題顯示度值上占據第一的顯著位置；同時也可以理解爲何中央喉舌類媒體發布的政治性報導能夠在商業門戶網站和機構自媒體上被廣泛轉載，形成傳播力度強但對話性薄弱的特點。因此，即便生產主體是多類型的，但當宣傳與引導成爲指導新聞實踐的統一價值立場時，卻未能產生眞正有對話意義的新聞文本，顯然與公共商議理論所倡導的尊重多元價值立場、同情性對話等精神要義背道而馳。

第三，從理性角度看。近年來人文社科領域出現一種普遍的「情感轉向」，情感與人類行爲、情感與社會秩序、情感與理性等都成爲「情感轉向」的重要議題，正是基於此，以哈貝馬斯爲代表的理性主義範式遭致越來越廣泛的質疑。學者們一方面提出認知與情感並非二元對立（Nussbaum, 2003），更有學者強調情感對於公共領域的建設性作用，「公共領域未必僅僅是冷冰冰的話語，激情反而可能給公共領域帶來活力。」（楊國斌，2009：54）儘管克勞斯（Krause, 2015）將理性與情感容納一起考慮並提出「情感性商議」（emotional deliberation）的論點，但情感於公共商議之作用至今仍是一個廣泛爭議的問題，對於「好的情感」與「壞的情感」也並無權威邊界和判斷標準（袁光鋒，2016：108），因此對於情感與理性之複雜聯繫需要置於研究對象的具體情境／脈絡中深入考察。在本文中，新冠疫苗新聞文本突出的情感特徵是對內謳歌對外批評的兩極化情緒，特別是表揚性報導充斥其間，成爲正面情感文本的重要構成。負面情感文本相對集中於國際報導，

特別是有關美國報導。這固然和研究時段內國際疫情迅速惡化有關，但也與新聞報導中普遍採取的「國力競賽」框架有關，以「新冠疫苗」和「競賽／較量」為關鍵詞、在慧科數據庫內對研究時段進行檢索，共15,392 篇文章同時出現這兩組關鍵詞。這意味著將新冠疫苗這一極其複雜、具有多維面向的全球性重大公共議題置於民族國家利益範圍內處置，反映了中國大陸在內宣外宣上指導新聞實踐的一貫策略：正面宣傳與負面宣傳並用，前者以鼓舞啟迪為主，後者以揭露敵對弊端為主（童兵，1990）。民族國家利益的訴求通常具有雙向性：一方面從民族國家獨特性出發，強調獨立自主，拒絕外部干涉；另一方面又對外部認同和民族榮譽抱有極大關切（梁雪村，2018）。在新冠疫苗這一個案中則具體體現為科技民族主義的訴求。改革開放以來中國經濟和技術引發世界關注並被冠以「技術民族主義」之名，特別是 21 世紀以來中國在電子通信領域快速成長，雖然 2004 年推出意在維護資訊主權的無線通信協議標準受挫，但近年來在航空航天領域的巨大成功以及一系列大國重器的出現，令技術民族主義情緒持續高漲。2020 年夏天以來中美科技領域的分歧出現新一輪升級，特別是美國川普政府推出的「淨網計畫」以及針對華為公司為首的「數位斬首」行動，初步顯現將中國整體作為目標的特徵，反過來進一步刺激中國大陸的科技民族主義情緒。在新冠疫情的防控被提升為應對社會危機的國際比賽乃至衛國之戰高度的背景下（張薇、汪少華，2020），新冠疫苗這一集合遺傳學、免疫學、有機化學、有機物理、資訊技術等多學科為一體的前沿的、新興科技領域，同時作為控制疫情的重要手段，也因此承載了形成「一種公共的凝聚力」以強化民族認同的重要使命（沈辛成，2022：29）。而中國科學家特別是軍科院在疫苗研發中的優異表現（與美國同一時間宣布啟動疫苗人體試驗）提供了中國在科技領域強起來的實例。科技民族主義固然能夠強化民族自尊心和強化國家認同（3 月 18 日報導數量和報導維度都為研究時段內之最），但對科技民族主義的過於強調可能對科技全球化帶來新一輪反衝，在對內謳歌對外批評的報導基調中則更強調了中

國大陸和他國之間的對立，和公共商議所要求的理性精神相去甚遠。

　　從以上三方面的討論，我們發現，新冠疫苗新聞文本雖然在某些方面呈現了商議性特徵，但是距離公共商議規範性要求仍然存在巨大距離，因爲如果用戶沒有收到客觀的、相關的、可理解的和多樣化的媒體資訊，他們就不能成爲消息靈通、有能力和積極的公民（Hasebrink, 2011; Meijer, 2001）

研究貢獻和研究局限

　　本文將新聞文本視爲一種公共商議活動，創造性地探索以計算傳播研究法對新冠疫苗新聞的公共商議性質進行總體性考察，一方面爲網路公共商議實證研究提供一種新的研究思路，同時增加了中國網路公共商議研究的經驗材料。

　　由於是探索性研究，本文還存在以下三方面局限：一是，本文著力於從整體性層面考察網路新聞文本的商議性問題，涉及包容性、互動性及理性等面相，囿於篇幅所限，未能對每個維度給予詳細的操作化定義與指標測量。對五類主體的對比研究，特別是微博和其他四類生產主體在包容性、情感上的對比也未能深入。此外，不同類型媒體之間的對話、交流的分析篇幅比較有限。未來可重點聚焦其中的某一個層面，進行更深入細緻的探討。二是，新冠疫苗雖然是全球性的重大公共議題，但是也有特定時期、特定議題以及中國這一特殊社會情境所具有的獨特性，由此導致研究發現的解釋範圍受到一定限制。三是，對於理性的分析維度有待進一步豐富和完善。限於篇幅，僅從情感這一維度來度量理性，且將中立文本視爲符合理性。後續研究可將價值立場等多種維度一併納入考察。

參考文獻

中文部分（Chinese Section）

人民日報社新聞協調部（2020）。〈唱響眾志成城抗擊疫情最強音——人民日報社全力做好疫情防控報導發揮排頭兵作用〉。《中國報業》，第 5 期，頁 32-35。

Renmin ribaoshe xinwen xietiaobu (2020). Changxiang zhongzhi chengcheng kangji yiqing zuiqiangyin—Renmin Ribaoshe quanli zuohao yiqing fangkong baodao fahui paitoubing zuoyong. *Zhongguo baoye*, 5, 32-35.

于紅梅（2017）。〈從「We Media」到「自媒體」——對一個概念的知識考古〉。《新聞記者》，第 12 期，頁 49-62。

Yu Hongmei (2017). Cong 'We Media' dao 'zimeiti'—Dui yige gainian de zhishi kaogu. *Xinwen jizhe*, 12, 49-62.

王紹光（2006）。〈中國公共政策議程設置的模式〉。《中國社會科學》，第 5 期，頁 86-99、207。

Wang Shaoguang (2006). Zhongguo gonggong zhengce yicheng shezhi de moshi. *Zhongguo shehui kexue*, 5, 86-99, 207.

王蕊、周佳、李純清（2019）。〈網絡輿情事件中的協商有效性評估與測量指標建構〉。《當代傳播》，第 6 期，頁 55-58。

Wang Rui, Zhou Jia, Li Chunqing (2019). Wangluo yuqing shijian zhong de xieshang youxiaoxing pinggu yu celiang zhibiao jiangou. *Dangdai chuanbo*, 6, 55-58.

李良榮（2015）。《新傳播革命》。上海：復旦大學出版社。

Li Liangrong (2015). *Xin chuanbo geming*. Shanghai: Fudan daxue chubanshe.

沈辛成（2022）。〈技術民族主義：源流、局限與前景〉。《探索與爭鳴》，第 2 期，頁 27-37、177。

Shen Xincheng (2022). Jishu minzu zhuyi: Yuanliu, juxian yu qianjing. *Tansuo yu zhengming*, 2, 27-37, 177.

俞可平（主編）（2002）。《中國地方政府創新 2002》。北京：社會科學文獻出版社。

Yu Keping (Ed.) (2002). *Zhongguo difang zhengfu chuangxin 2002*. Beijing: Shehui kexue wenxian chubanshe.

南振中（2003）。〈把密切聯繫群眾作為改進新聞報導的著力點〉。《中國記者》，第 3 期，頁 6-10。

Nan Zhenzhong (2003). Ba miqie lianxi qunzhong zuowei gaijin xinwen baodao de zhuoli dian. *Zhongguo jizhe*, *3*, 6-10.

胡百精（2020）。〈公共協商與偏好轉換：作爲國家和社會治理實驗的公共傳播〉。《新聞與傳播研究》，第 4 期，頁 21-38。

Hu Baijing (2020). Gonggong xieshang yu pianhao zhuanhuan: Zuowei guojia he shehui zhili shiyan de gonggong chuanbo. *Xinwen yu chuanbo yanjiu*, *4*, 21-38.

陳家剛（2006）。〈生態文明與商議民主〉。《當代世界與社會主義》，第 2 期，頁 82-86。

Chen Jiagang (2006). Shengtai wenming yu shangyi minzhu. *Dangdai shijie yu shehui zhuyi*, *2*, 82-86.

埃米・古特曼、鄧尼斯・湯普森（2007）。〈審議民主意味著什麼〉（談火生譯）。談火生（主編），《審議民主》（pp. 4）。南京：江蘇人民出版社（原書 Gutmann, A., & Thompson, D. F. [2004]. *Why deliberative democracy?* Princeton & Oxford: Princeton University Press.）

Aimi Guteman, Dengnisi Tangpusen (2007). Shenyi minzhu yiwei zhe shenme. In Tan Huosheng (Ed.), *Shenyi minzhu*. Nanjing: Jiangsu renmin chubanshe. (Original book: Gutmann, A., & Thompson, D. F. [2004]. *Why deliberative democracy?* Princeton & Oxford: Princeton University Press.)

莎倫・R・克勞斯（2015）。《公民的激情：道德情感與民主商議》（譚安奎譯）。南京：譯林出版社。（原書 Krause, S. R. [2008]. *Civil passions. Moral sentiment and democratic deliberation*. Princeton: Princeton University Press.）

Shalun R Kelaosi (2015). *Gongmin de jiqing: Daode qinggan yu minzhu shangyi*. Nanjing: Yilin chubanshe. (Original book: Krause, S. R. [2008]. *Civil passions. Moral sentiment and democratic deliberation*. Princeton: Princeton University Press.)

唐慶鵬（2015）。〈網絡商議民主的成長軌跡及障礙研究〉。《當代世界與社會主義》，第 5 期，頁 159-164。

Tang Qingpeng (2015). Wangluo shangyi minzhu de chengzhang guiji ji zhangai yanjiu. *Dangdai shijie yu shehui zhuyi*, *5*, 159-164.

袁光鋒（2016）。〈「情」爲何物？──反思公共領域研究的理性主義範式〉。《國際新聞界》，第 9 期，頁 104-118。

Yuan Guangfeng (2016). 'Qing' wei he wu?—Fansi gonggong lingyu yanjiu de lixing zhuyi fanshi. *Guoji xinwenjie*, *9*, 104-118.

陶忠輝（2020）。〈謹防正面宣傳的負面效應 —— 新冠疫情報導多起「輿論翻車」的啟示與反思〉。《新聞前哨》，第 12 期，頁 65-66。

Tao Zhonghui (2020). Jinfang zhengmian xuanchuan de fumian xiaoying—Xinguan yiqing baodao duoqi 'yulun fanche' de qishi yu fansi. *Xinwen qianshao*, *12*, 65-66.

許紀霖（2005）。〈北大改革與商議性民主〉。《學海》，第 5 期，頁 42-48。

Xu Jilin (2005). Beida gaige yu shangyi xing minzhu. *Xuehai*, *5*, 42-48.

章平、劉婧婷（2013）。〈公共決策過程中的社會意見表達與政策協商 —— 以新醫改政策制定為例〉。《政治學研究》，第 3 期，頁 57-68。

Zhang Ping, Liu Jingting (2013). Gonggong juece guocheng zhong de shehui yijian biaoda yu zhengce xieshang—Yi xin yigai zhengce zhiding weili. *Zhengzhixue yanjiu*, *3*, 57-68.

章平（2021）。〈協商式吸納 —— 輿論意見如何進入政策過程〉。《學海》，第 4 期，頁 131-141。

Zhang Ping (2021). Xieshang shi xina—Yulun yijian ruhe jinru zhengce guocheng. *Xuehai*, *4*, 131-141.

梁雪村（2018）。〈承認的政治：民族主義為什麼沒有衰落？〉。《國際政治科學》，第 4 期，頁 92-117。

Liang Xuecun (2018). Chengren de zhengzhi: Minzu zhuyi weishenme meiyou shuailuo? *Guoji zhengzhi kexue*, *4*, 92-117.

張薇、汪少華（2020）。〈新冠肺炎疫情報導中刻意隱喻的認知力〉。《天津外國語大學學報》，第 2 期，頁 114-127。

Zhang Wei, Wang Shaohua (2020). Xinguan feiyan yiqing baodao zhong keyi yinyu de renzhili. *Tianjin waiguoyu daxue xuebao*, *2*, 114-127.

習近平（2020）。〈在中央政治局常委會會議研究應對新型冠狀病毒肺炎疫情工作時的講話〉。《求是》，第 4 期，頁 1-4。

Xi Jinping (2020). Zai Zhongyang Zhengzhiju Changweihui Huiyi yanjiu yingdui xinxing guanzhuang bingdu feiyan yiqing gongzuo shi de jianghua. *Qiushi*, *4*, 1-4.

童兵（1990）。〈表揚性報導、批評性報導和以正面宣傳為主〉。《新聞與寫作》，第 6 期，頁 9-10。

Tong Bing (1990). Biaoyang xing baodao, piping xing baodao he yi zhengmian xuanchuan weizhu. *Xinwen yu xiezuo*, *6*, 9-10.

舒德森（2010）。《新聞社會學》（徐桂權譯）。北京：華夏出版社。（原書 Schudson, M. [2003]. *The sociology of news*. W.W. Norton & Company.）

Shudesen (2010). *Xinwen shehui xue* (Xu Guiquan Trans.). Beijing: Huaxia chubanshe. (Original book: Schudson, M. [2003]. *The sociology of news*. W.W. Norton & Company.)

黃崢（2014）。〈商議質量的指標化──商談測量工具綜述〉。《北京航空航天大學學報（社會科學版）》，第 2 期，頁 15-21。

Huang Zheng (2014). Shangyi zhiliang de zhibiao hua—Shangtan celiang gongju zongshu. *Beijing hangkong hangtian daxue xuebao (shehui kexueban)*, 2, 15-21.

詹姆士（1963）。《心理學原理》（唐鉞譯）。北京：商務印書館。（原書 James, W. [1890]. *The principles of psychology*. New York: Henry Holt.）

Zhanmushi (1963). *Xinlixue yuanli* (Tang Yue Trans.). Beijing: Shangwu yinshuguan. (Original book: James, W. [1890]. *The principles of psychology*. New York: Henry Holt.)

楊國斌（2009）。〈悲情與戲謔：網絡事件中的情感動員〉。《傳播與社會學刊》，第 9 期，頁 39-66。

Yang Guobin (2009). Beiqing yu xixue: Wangluo shijian zhong de qinggan dongyuan. *Chuanbo yu shehui xuekan*, 9, 39-66.

鄭忠明、江作蘇（2016）。〈作爲知識的新聞：知識特性和建構空間──重思新聞業的邊界問題〉。《國際新聞界》，第 4 期，頁 142-156。

Zheng Zhongming, Jiang Zuosu (2016). Zuowei zhishi de xinwen: Zhishi texing he jiangou kongjian—Chongsi xinwenye de bianjie wenti. *Guoji xinwenjie*, 4, 142-156.

劉海龍（2013）。《宣傳：觀念，話語及其正當化》。北京：中國大百科全書出版社。

Liu Hailong (2013). *Xuanchuan: Guannian, huayu jiqi zhengdanghua*. Beijing: Zhongguo da baike quanshu chubanshe.

英文部分（English Section）

Baden, C., & Springer, N. (2014). Complementing the news on the financial crisis: The contribution of news users' commentary to the diversity of viewpoints in the public debate. *European Journal of Communication*, 29(5), 529-548.

Balla, S. J. (2012). Information technology, political participation, and the evolution of Chinese policymaking. *Journal of Contemporary China*, 21(76), 655-673.

Barber, B. (1984). *Strong democracy: Participatory politics for a new age.*

Berkeley: University of California Press.

Bickford, S. (2011). Emotion talk and political judgment. *The Journal of Politics*, *73*(4), 1025-1037.

Buchstein, H. (1997). Bytes that bite: The Internet and deliberative democracy. *Constellations*, *4*(2), 248-263.

Coe, K., Kenski, K., & Rains, S. A. (2014). Online and uncivil? Patterns and determinants of incivility in newspaper website comments. *Journal of Communication*, *64*(4), 658-679.

Dahlberg, L. (2001). The Internet and democratic discourse: Exploring the prospects of online deliberative forums extending the public sphere. *Information, Communication & Society*, *4*(4), 615-633.

Elstub, S., Ercan, S., & Mendonaca, R. F. (2016). The fourth generation of deliberative democracy. *Critical Policy Studies*, *10*(2), 139-151.

Fishkin, J. S. (2009). *When the people speak: Deliberative democracy and public consultation*. Oxford University Press.

Friess, D., & Eilders, C. (2015). A systematic review of online deliberation research. *Policy & Internet*, *7*(3), 319-339.

Gerhards, J., & Schäfer, M. S. (2010). Is the internet a better public sphere? Comparing old and new media in the USA and Germany. *New Media & Society*, *12*(1), 143-160.

Gudowsky, N., & Bechtold, U. (2020). The role of information in public participation. *Journal of Deliberative Democracy*, *9*(1), 1-35.

Hasebrink, U. (2011). Giving the audience a voice: The role of research in making media regulation more responsive to the needs of the audience. *Journal of Information Policy*, *1*, 321-336.

Heikkilä, H., & Kunelius, R. (1998). Access, dialogue, deliberation: Experimenting with three concepts of journalism criticism. *Nordicom Review*, *19*(1), 71-84.

Karlsson, M. (2012). Understanding divergent patterns of political discussion in online forums—Evidence from the European citizens' consultations. *Journal of Information Technology & Politics*, *9*(1), 64-81.

Manin, B. (1987). On legitimacy and political deliberation. *Political Theory*, *15*(3), 338-368.

McQuail, D. (1992). *Media performance: Mass communication and the public interest* (Vol. 144). London: Sage.

Meijer, I. C. (2001). The public quality of popular journalism: Developing a normative framework. *Journalism Studies*, *2*(2), 189-205.

Mertha, A. (2009). Fragmented authoritarianism 2.0: Political pluralization in the Chinese policy process. *The China Quarterly*, *200*, 995-1012.

Neuberger, C. (2014). The journalistic quality of internet formats and services. *Digital Journalism*, *2*(3), 419-433.

Nussbaum, M. C. (2003). *Upheavals of thought: The intelligence of emotions*. Cambridge University Press.

Park, R. E. (1955). *Society: Collective behavior, news and opinion, sociology and modern society*. Glencoe, IL: Free Press.

Pieper, A. K., & Pieper, M. (2015). Political participation via social media: A case study of deliberative quality in the public online budgeting process of Frankfurt/Main, Germany 2013. *Universal Access in the Information Society*, *14*(4), 1-17.

Quinlan, S., Shephard, M., & Paterson, L. (2015). Online discussion and the 2014 Scottish independence referendum: Flaming keyboards or forums of deliberation? *Electoral Studies*, *38*, 192-205.

Roberts, M. E., Stewart, B. M., & Tingley, D. (2019). STM: An R package for structural topic models. *Journal of Statistical Software*, *91*(2), 1-40.

Rowe, I. (2015). Civility 2.0: A comparative analysis of incivility in online political discussion. *Information, Communication & Society*, *18*(2), 121-138.

Shils, E. (1992). Civility and civil society. In E. C. Banfield (Ed.), *Civility and citizenship in liberal democratic societies*. (pp. 1-15). New York: Paragon House.

Strandberg, K., & Berg, J. (2015). Impact of temporality and identifiability in online deliberations on discussion quality: An experimental study. *Javnost-The Public*, *22*(2), 164-180.

Sunstein, C. R. (2017). *Republic: Divided democracy in the age of social media*. New Jersey: Princeton University Press.

Taylor, L., & Willis, A. (1984). *Media studies: Texts, institutions and audiences*. New Jersey: Wiley-Blackwell.

Urban, J., & Schweiger, W. (2014). News quality from the recipients' perspective: Investigating recipients' ability to judge the normative quality of news. *Journalism Studies*, *15*(6), 821-840.

Weber, P. (2014). Discussions in the comments section: Factors influencing participation and interactivity in online newspapers' reader comments. *New*

Media & Society, *16*(6), 941-957.

Young, I. M. (2001). Activist challenges to deliberative democracy. *Political Theory*, *29*(5), 670-690.

Ziegele, M., Weber, M., Quiring, O., & Breiner, T. (2018). The dynamics of online news discussions: Effects of news articles and reader comments on users' involvement, willingness to participate, and the civility of their contributions. *Information, Communication & Society*, *21*(10), 1419-1435.

Ziegele, M., Quiring, O., Esau, K., & Friess, D. (2020). Linking news value theory with online deliberation: How news factors and illustration factors in news articles affect the deliberative quality of user discussions in SNS' comment sections. *Communication Research*, *47*(6), 860-890.

4 新冠疫情時期的「網紅」知識分子與大眾民族主義 —— 基於今日頭條影片的研究

王海燕[1]、吳琳[2]

摘要

新冠疫情爆發以來，世界格局發生深刻變化，生物政治的較量加之外交政策的轉向令中國面臨冷戰結束以來前所未有的國際壓力，催生中國大陸新一輪的民族主義浪潮。作為介於國家與大眾之間的知識分子，在中國民族主義發展中歷來扮演重要的意見領袖角色。但與以往不同的是，此輪民族主義浪潮發生在數位化媒體高度滲透的社會，一批知識分子精英在媒體平台的運作下成為「網紅」，在國家意志和數位資本的雙重激勵下，專職或全職參與到網路民族主義話語建構中。本研究基於活躍在今日頭條上 13 個粉絲量超 50 萬的「網紅知識分子」的國際時評影片的分析，探討其民族主義話語建構的方式和內涵。研究發現，「網紅知識分子」藉助人格、情感、事實結構等修辭手段，典型性地建構了一套對內保守對外激進的民粹式民族主義話語，這一既激進又保守的民族主義話語的建構意味著官方民族主義與大眾民族主義的合流，也揭示了「網紅知識分子」對政治權力與平台資本的雙重迎合，對我們理解數位化媒體時代中國大陸民族主義的走向和知識分子角色的變化及其與權力的關係有參考意義。

關鍵詞：民族主義、知識分子、網紅、新冠疫情、數位化媒體

---

1 王海燕，澳門大學社會科學學院傳播系副教授。研究興趣：數位化媒體與新聞、傳播政治經濟學、傳媒與公共領域變遷、記者社區、記者角色、媒體與性別。

2 吳琳，暨南大學新聞與傳播學院新聞學碩士研究生。研究興趣：數位新聞、數位媒體平台與民族主義。

4 Chinese Intellectual Influencers and Popular Nationalism during COVID-19: A Study Based on Jinri Toutiao Video Blogs

Haiyan Wang[1], Liu Wu[2]

Abstract

COVID-19 affected the society not only in terms of public health and economics, but also in terms of political culture and international relations. In the past two years, China has been under unprecedented international pressure due to disputes over the origin of the virus and ways of handling the pandemic. This is coupled with longstanding struggles among the world powers and the shifting foreign policy of China. As in many previous occasions when China faces hostile international environment, nationalism has risen from within the country to function as national defense. Public intellectuals have played important roles as opinion leader and "in-betweener" of state nationalism and civic nationalism. Today, aided by digital media technologies, they actively involved in the construction and deliberation of nationalist discourse in the Internet, especially in the platforms. In this background, this study attempted to understand how the Chinese intellectuals, many of whom have become the "internet influencers," play their role in contemporary conditions, what

---

[1] Haiyan Wang, PhD, is Associate Professor in the Department of Communication, Faculty of Social Sciences at University of Macau. Her main research interests lie in journalism studies and women in media.

[2] Lin Wu is a graduate student in the School of Journalism and Communication, Jinan University, China. She is currently working on a study of Chinese nationalism in the digital era in China.

kind of nationalist discourses they construct, and what rhetoric strategies they use. Based on the study of 13 popular video-blogs in Jinri Toutiao, one of the largest digital media platforms in China, we found that by adopting the rhetoric strategies of personalization, misinformation and emotive mobilization, the intellectual influencers typically constructed a kind of nationalist discourse that is vocally aggressive and politically conservative, indicating the confluence of state nationalism and civic nationalism and the joining hands of state power and platform power. Implications of the finding to the development of Chinese nationalism, and the changing role of Chinese intellectuals and their relationship with power are discussed.

Keywords: nationalism, intellectual, influencer, COVID-19, digital media

前 言

　　2019 年 12 月以來爆發的新冠疫情，對世界各國來說不僅是一次嚴重的公共健康危機，也是一場影響深遠的政治經濟和社會文化危機。而在國際關係的舞台上，圍繞病毒源頭之爭、疫情管理方式等展開的外界責難給中國帶來了新一輪的外交壓力。這種壓力會激起中國強烈的外向對抗型民族主義情緒（Zhang, X., 1998）。而中國近年來推行「大國外交」政策，採取更為強硬的對外姿態（Qin, 2014），疫情以來與西方社會愈加對立，更令大眾民族主義情緒高漲，最終成為疫情以來中國社會的一個顯著特徵（Zhang, C., 2020）。與此同時，中國大陸有著良好的數位化媒體基礎，99.70% 的民眾至少擁有一台數位化設備（CNNIC, 2021），而由疫情導致的人們對於網路的依賴和使用大大增加，為大眾民族主義的在網路上蔓延提供了條件，官方話語、媒體話語、精英話語和大眾話語的多重交疊使數位化媒體平台成為民族主義發酵、討論和發展的重要場所。

　　中國大陸的網路民族主義現有研究主要集中於兩個層次：「上」端國家主導的民族主義，包括政策表達和媒體宣揚（Hong, 2017; Zhao, 2013），「下」端市民社會層面的大眾民族主義，包括其話語實踐和行動組織（劉海龍，2017；Qiu, 2006），但是對於「中」間層次行動者在網路民族主義中的行動方式卻較少涉及。他們通常由一群社會精英組成，受教育程度較高，掌握一定的專業知識，有較高的社會聲譽，在網路空間以「大 V」甚至「網紅」的面貌出現，在民族主義輿論場中扮演著「意見領袖」的角色，表達著同時區別於官方的政策宣傳和民間的草根意見的不同話語，並對這兩者都產生或輕或重的影響。

　　回顧歷史，中國近代歷史與上世紀九十年代的歷程中，知識分子對民族主義運動啟蒙或民族自豪感的建構都發揮了重大作用（沈松僑，2002；Zhang, X., 1998）。但今天在新冠疫情時期活躍於數位化媒體高度滲透的社會中的知識分子們，面臨著與前代相當不同的政治、

經濟、社會、文化以及科技環境。這些不同不僅體現在中國經濟飛速
發展而帶來的民族自信心的增強與外交政策的強硬轉向（Shi & Liu,
2020），同時還體現在大國爭霸背景下全球政治經濟和意識形態爭鬥
的日趨複雜，尤其是突如其來的新冠疫情打破了社會的既有秩序，在使
全球化和世界主義降溫的同時，也令國家之間捲入生物政治的角力遊
戲，爲民族主義情緒的發酵、發展和演變提供了契機（de Kloet, Lin, &
Chow, 2020; Rachman, 2020）。在數位化媒體全面深入滲透的當下，
平台媒體崛起，數位資本當道，「飯圈文化」、「粉絲經濟」遍地開
花，許多知識分子最終也捲入到數位化平台的網紅經濟中，成爲流量
和演算法邏輯驅使下的「平台勞動者」（Fang, 2022; Zhang, C, & Xi,
2021）。而他們進行「內容創作」的對象，正是在當下中國社會充滿
爭議但卻普遍流行的民族主義話語。

兼具「網紅」和「社會精英」雙重身分的知識分子們，透過數位化
媒體平台介入民族主義浪潮，其建構的話語內容和建構方式與前代知識
分子們必然有著相當的差異。因此，本研究希望透過對典型案例的具體
分析觀察這一現象，探究新冠疫情時期「網紅知識分子」們如何表達民
族主義，一方面貢獻於數位化媒體時代中國民族主義趨勢的研究，另一
方面貢獻於知識分子角色變化的研究，同時也有利於增進人們對平台資
本與政治權力合力控制的數位化媒體環境下資訊流通，尤其是政治性資
訊流通特徵的理解。

文獻探討

民族主義

民族主義（nationalism）是一個複雜的概念，不同學者對其內涵的
界定也不盡相同。學界對於民族的形成主要有兩種理解：「原生論」強

調「血統、語言、共同祖先、宗教、習俗」等根基性要素，將民族視作「天然生成的人群區劃方式」，民族主義也被視作與生俱來的意識觀念（沈松僑，2002），而「建構論」將民族視作一種社會建構，民族主義也被視作是在長期的政治、經濟、文化變遷的歷史發展過程中被建構出的「想像的共同體」（imagined community）（Anderson, 2006）。在本文中，我們採納 Smith（1998）的定義，即民族是成員之間能夠相互感知的、基於共同的「祖國與文化」而形成的「共同體」的身分認同，而民族主義是「一種為某一群體爭取和維護自治、統一和認同的意識形態和運動」（p.10）。也就是說，本文定義的「民族主義」並不涉及國家情感好壞優劣的價值判斷，而是指社會成員基於特定的歷史、文化、語言、政治、經濟等話語資源進行的關於其共同體身分的想像和言說，在動態的社會建構過程中形成的意識形態和觀念。

民族主義的建構主體或是個人和群體，或是組織和機構。這兩者便是國家民族主義（state nationalism）與大眾民族主義（popular nationalism）之分。前者也稱官方民族主義（official nationalism），是由國家主導的藉助國家機器建構的與國家利益一致的民族主義；後者也叫民間民族主義（civic nationalism），是由民間興起的一種「自下而上」的民族主義話語，它受國家民族主義的影響，卻又在「官方體系」之外，常常蘊含著巨大的群眾性能量（李興，1995）。

對於中國的民族主義，現有研究較多集中於國家層面，即「上」層民族主義建構或宣揚，這些研究或從政策角度出發論述國家利益的維護，或從學理角度論述民族主義與政權合法性的關係，尤其作為黨和國家的「耳目喉舌」的大眾傳媒在其中扮演的多樣化角色（He & Guo, 2000; Zhao, 2000）。同時，也有不少研究關注社會層面，即本文所稱的「下」一層次的民族主義言說和實踐。尤其突出的是，從二十世紀九十年代末以來隨著新媒體技術的發展，普通大眾在線上虛擬空間獲得了空前的話語機會和行動空間，「網路民族主義」成為熱門話題，學者們對其發展邏輯、話語形態、行動潛力以及相關的典型案例，如「帝

吧出征」事件等，進行了密集論述（王洪喆、李思閩、吳靖，2016；劉海龍，2017）。在這些研究中，我們看到「上」「下」之間的複雜關係，即使在國家壟斷民間的威權主義背景下，國家民族主義與大眾民族主義也並非總是步調一致，而是時常相互背離；但更多時候，兩者之間的關係是相互參照和借用，甚至並行或合流（Zhao, 2013）。

　　民族主義的建構在「上」「下」之間常常還有一個中間層次的存在。因為從屬於社會不同的階層，大眾民族主義內部有精英民族主義（elite nationalism）與草根民族主義（grassroot nationalism）之分（劉海龍，2017）。不同於「不明眞相的群眾」的草根民族主義者，精英民族主義者往往是社會的智識階層，掌握較多的政治、經濟、社會，尤其文化資本，具備較強的調用不同資源、發揮主體能動性、進行相對獨立的既區別於國家又與普通民眾不同的民族主義話語建構的能力，是「知情的民族主義者」（informed nationalists）（Zhou, 2005）。這類精英民族主義者往往扮演居中角色，作爲社會輿論的「意見領袖」，遊走於國家與普通民眾之間，上下調節二者之間的關係。正如下文將要闡述的，這一中間層次的民族主義力量在中國的知識分子身上有著相當顯著的體現。

知識分子與民族主義發展

　　在中國民族主義發展過程中，以知識分子爲代表的社會精英一直起著重要的導引作用。中國民族主義是在中國傳統民族主義與西方近代民族主義的共同影響下形成的（沈松僑，2002）。但近代西方的入侵衝擊了中國傳統的民族主義思想，爲了應對國家層面與社會層面的危機，以梁啟超爲首的一批改革派知識分子引入西方民族主義思想，試圖在中國逐漸建立起民族共同體意識，並以此爲號召開啟了建立民族國家的歷程。一戰後，中國大陸內部以及世界格局再次發生變化，在知識分子的帶領下，民族主義運動目標轉向以「反帝」爲目標的「一種全社

會參與的愛國主義運動」（南長森、南冕，2013），試圖以一種激進的、反傳統的方式促進民族自省、民族進步與改革（蕭功秦，1996）。

1949年新中國成立之後，隨著「反右運動」和「文化大革命」的爆發，知識分子們遭受嚴重的打擊，在政治上和精神上都處在消沉狀態，社會整體也以「虛無主義」的方式對待民族文化（郝望，1989）。但到了七、八十年代，改革開放開啟後知識分子群體話語權有所恢復，再次發揮起引領民族主義發展的作用，如藉助對《河殤》的批判，展開對中國傳統與文化的批評與反思，爲社會注入一股自由民主的民族主義思想（李彬，2015）。而二十世紀九十年代，中國一方面面臨著因東歐劇變帶來的外部壓力，另一方面由於經濟快速發展在內部又積累了諸種不穩定因素，社會進入大規模的體制轉型期，一批學者、媒體人和「公共知識分子」通過流行著作的發表，如《第三隻眼睛看中國》、《妖魔化中國的背後》、《中國可以說不》等，發動社會形成一種自我加冕式的民族主義，一方面增強了民眾的民族自尊心和自信心，另一方面也起到了維護政治中心的權威合法性的作用。

進入二十一世紀，與經濟發展伴隨而來的是中國與外部世界更多的衝突與摩擦，內部的成就與外部的壓力促使了「自下而上」的大眾民族主義的興起。知識分子群體最初對這種「大眾的狂歡」持批判和抵制態度（張旭東，2012），但後來逐漸融入其中，積極進行面向大眾的民族主義討論。這一時期正逢中國報業發展達到鼎盛時期，藉助報紙這一大眾媒體，知識分子們「集體登場」進行空前活躍的公共表達（黃煜、李金銓，2003），並藉此放大聲量擴大影響，獲得了較強的社會聲望，成爲能夠「對下」影響社會輿論，「對上」作用於公共政策的重要群體（Nam, 2006）。正如一些學者所指出，新世紀後中國的對外政策與大眾民族主義之間存在密切聯繫，而大眾民族主義又是深受知識分子活躍的大眾媒體影響的結果（Cabestan, 2005）。

「網紅知識分子」

在今天的數位化媒體時代，知識分子們在將論辯戰場從線下搬到線上的同時，也不斷根據社會環境來調整自身角色、引領民族主義發展。但現實境況的「粉絲經濟」和「流量經濟」，令知識分子越來越難以固守原有的「遺世獨立」姿態，轉而成為「網紅知識分子」，在數位化媒體平台的推動下進行面向最廣泛的粉絲群體的半公共性半商業性的民族主義表達和傳播。

「網紅」是「網路紅人」的簡稱，是指在現實中或網路中，由於一定的行為或者事件，迅速進入公眾視野得到廣泛關注從而走紅的人（王衛兵，2016）。「網紅」是隨著二十世紀末網路的發軔而出現的，相關用詞也經過了從「網路名人」、到「網路大 V」、到「網路紅人」的演變過程（Han, 2021）。當下影片類媒體當道的社會，網紅群體呈現更多樣化的發展趨向，如果說網路早期的網紅更多依託公共空間活動來獲得影響，如今的網紅們則是透過吸引粉絲和流量獲得商業利益。在這一過程中，專業團隊或 MCN（muti-channel network）機構營銷運作成為常態，資本成為網紅發展背後重要推力（胡泳、張月朦，2017；Fang, 2022）。本文所說的「網紅知識分子」作為網紅的分支，亦是乘著數位時代網紅經濟的快車而來，意在透過網路平台實現知識「變現」，因而這一群體同樣帶有明顯的商業化色彩。

回顧進入數位化時代以來知識分子介入網路民族主義的歷程，可以發現他們在不同時期呈現出不同的形態與特點。在網路發展初期，知識分子在 BBS、網路論壇（如強國論壇、西祠胡同）等社區參與公共議題，扮演著網路民族主義的表達者、參與者和行動者等多重角色。2010 年之後微博等廣場式網路平台崛起，一批知識分子進駐社交平台，熱衷「織圍脖」，針對社會熱點事件進行針砭時弊的評述，成為大眾心目中的意見領袖。而 2015 年後，隨著社交媒體終端的多樣化與垂直化發展，平台媒體多頭林立，除了微博、微信，還有抖音、快手、

鬥魚、B 站、今日頭條等，各平台之間的競爭加劇，在「內容就是生產力」、「知識有價」的邏輯推動下，擁有專業知識背景並具備一定網路影響力或潛力的知識分子們也成為各平台爭相競奪的對象。藉由技術和資本運營，他們遷移至不同的網路平台，進行知識分享、觀點表達，以原創性內容吸引粉絲和流量。其中，人文領域的知識分子們往往熱衷於透過探討國際時事與社會熱點，進行民族主義話語的建構和表達。這些「網紅知識分子」們某種程度上仍舊發揮著公共空間意見領袖的作用，但卻與早期活躍於一個商業化氣息較輕的網路中在民族主義議題上進行相對獨立的表達的知識分子角色已經相去甚遠，他們進行的表達往往兼具公共性與商業性，表達的屬性、目的和效果都發生了變化。尤其是，在繼續享有知識分子精英身分試圖影響社會的同時，他們不管是被迫還是自願，都不得不像其他「網紅」一樣實際地考慮「流量」、「粉絲」的問題，考慮如何將手中的文化和象徵性資本轉化為實質性的經濟回報，而這必然影響他們進行的民族主義表達的方式和內涵。

研究問題和框架

民族主義作為一種意識形態，本質上是一種社會建構，或者說，是一種話語實踐。而對於民族主義話語實踐來說，為了「在話語爭奪中處於優勢地位」，修辭至關重要（劉濤，2017）。因此，我們在研究中主要聚焦話語和修辭兩個問題，即：新冠疫情時期網紅知識分子們透過數位化平台的話語實踐使用了怎樣的修辭策略，建構了怎樣的民族主義話語？

民族主義總是與不同的思潮結合，形成不同的民族主義話語（許紀霖，2005）。建立在前期深入研究的基礎上，我們認為，當下中國大陸社會至少存在著四種民族主義話語：自由民族主義與保守民族主義，務實民族主義與激進民族主義。分別涉及不同的維度：對本國（族）的

觀念、對外國（族）的觀念。值得說明的是，這一劃分是基於民族主義是一個關係性（relational）的概念的理解，是「一種不斷變化的自我與他者的關係」（Duara, 1993, p. 9），因而如何看待自身（self）以及如何看待他者（others）是民族主義的兩個基本維度。

自由民族主義（liberal nationalism）與保守民族主義（conservative nationalism）涉及對待本國（族）的觀念。自由民族主義強調個人主義和自由、民主、人權的價值觀，而保守民族主義信仰集體主義與集權主義；前者「愛國」與「愛黨」分明，而後者強調「愛國即愛黨」。自由民族主義在二十世紀九十年代末至二十一世紀初隨著社會思想解放、經濟改革的持續推進和市場化媒體的興盛曾經輝煌（許紀霖，2005），但近年來由於中國大陸政治和國際格局的轉變，其表達空間逐漸收縮甚至非常沉寂（Chang, 2020）。保守民族主義致力於為威權政府提供合法性，是中國大陸官方認可的民族主義版本，九十年代以來透過自上而下的全國性範圍內持續開展的「愛國主義」教育運動而深入人心（Zhao, 2000），在當下中國社會有著廣泛的影響，在各種民族主義話語中處於主導的地位。

務實民族主義（pragmatic nationalism）與激進民族主義（aggressive nationalism）對應的是對外國（族）觀念的維度。務實民族主義傾向於以韜光養晦、低調隱忍的姿態處理外交關係，以謀求和平的發展環境，是改革開放後以鄧小平為代表的中國領導層踐行的主要民族主義理念（Zhao, 2000, 2008）。激進民族主義（aggressive nationalism）在面對外部力量時傾向於採取強硬態度，強調在關乎國家「核心利益」的層面不妥協不讓步（Zhang, J., 2015），當下中國實行的「大國外交」政策就是對這種民族主義話語的回應。同時，激進民族主義往往容易受非理性的情緒因素影響，進一步發展為冒進民族主義（radical nationalism），在面對外國（族）時不僅強硬，而且主動挑釁，表現出較強的好戰傾向。這種傾向的民族主義者往往強調情感和情緒在民族主義動員中的作用，比如表現為在外交事件發生時「先憤怒」、「後

真相」（Chang, 2020）。當下中國流行的民粹式民族主義（populist nationalism）是其典型代表，表現爲對大眾流行文化和情緒，包括「大國崛起」、「民族復興」情緒的迎合，在表達上偏好「中國中心論」和對外國（族）的敵意與不屑（Chang, 2020）。

這些民族主義話語雖各有特點，但並不絕然對立。不同維度上的民族主義相互交叉混合發展，在國家話語與大眾話語中差異性共存的圖景正是當下中國民族主義話語複雜的寫照。對於新冠疫情以來活躍在網路空間的知識分子來說，獲得官方認可與迎合大眾是他們在網路空間中生存並成爲「網紅」的必要條件。而他們是如何做到可以於「上」「下」之間順暢遊走的同時並取悅官方和民間，呼應不同社會階層的民族主義訴求，值得探究。

與此相關的是這些網紅知識分子們如何建構民族主義話語的問題，即修辭的問題。修辭，通俗來講就是「話術」，是一種以「影響判斷」爲目的，「能在任何一個問題上找出可能的說服方式的功能」（Aristotle, 1994, p. 23）。以 Aristotle 爲代表的傳統修辭學認爲，修辭的核心在於「勸服」，可以透過訴諸事實、訴諸（發言者）品格、訴諸情感等方式來實現。而以 Burke（1973）爲首的新修辭學者則提出「認同」（identification）的重要性，即透過特定的修辭而使人們成爲共用一些「實質或特徵」的「同體」（consubstantial）。與之相補充，Perelman 和 Arnold（1982）認爲，修辭是「對任何類型的聽眾的論述」，可以透過辯證推理進行；Meyer（2017）則再次回顧了古典修辭學視角，不同的是他將發言者與受眾的關係定義爲「協商」而非「勸服」。基於這些研究，在本文中我們使用包括人格修辭、情感修辭和事實修辭在內的三個維度的框架，以分析數位化時代的網紅知識分子對民族主義話語的建構。

研究方法

　　本文選取活躍在「今日頭條」上的知識分子博主爲研究對象。今日頭條是中國大陸首批引入演算法推薦機制的資訊聚合類媒體，目前是大陸用戶數量最多和內容產出最活躍的數位化平台之一，日活量達 1.30 億，月活量達 4.10 億，日均內容發布量超過 60 萬次，日均內容瀏覽和播放量超過 50 億次。「頭條號」是其重點內容創作項目，爲一批受邀或自發的知識型博主提供自媒體平台，分屬科技、健康、歷史、軍事、三農、國際等頻道，進行原創性內容的生產和發布，並與之分享收益。在本研究中，我們僅選取專事國際時事內容生產的「國際」頻道，該頻道下有「頭條號」294 個，其中帳號主體認證爲機構的 158 個，認證爲個人的 70 個（另 66 個帳號主體無認證訊息）。對這 70 個經「今日頭條」認證的個人「頭條號」，我們逐一查閱了其博主情況，最終選取其中身分爲知識分子（包括學者、媒體人等）且粉絲量級在 50 萬以上的 13 個號爲重點研究對象，具體資訊見表一。

表一　十三個「頭條號」及博主基本狀況（數據截止至 2021 年 12 月 3 日）

編號	影片	帳號名稱	博主身分	開通時間	粉絲數	發文數	獲讚數
1	胡侃	胡錫進	報社總編	2017.7.13	704 萬	4,136	6,941 萬
2	平心而論	宋忠平	評論員	2017.6.28	497 萬	18,000	2,702 萬
3	震海聽風	邱震海	評論員	2017.5.25	420 萬	5,196	1,459 萬
4	巧舌如黃	黃日涵副教授	大學教授	2016.5.6	233 萬	36,000	2,207 萬
5	萬有殷力	儲殷	大學教授	2017.9.3	202 萬	8,588	1,671 萬
6	冰汝看美國	王冰汝	記者	2018.7.4	109 萬	3,071	473 萬
7	蘇曉暉的世界	蘇曉暉的世界	評論員	2018.7.30	103 萬	1,535	262 萬
8	回頭是案	飛案老師	大學教授	2019.3.26	97 萬	1,112	535 萬
9	曉看風雲	蔣曉峰 Terry	記者	2017.6.5	86 萬	9,789	544 萬
10	萍說天下	賀文萍	評論員	2018.7.26	86 萬	3,180	423 萬

編號	影片	帳號名稱	博主身分	開通時間	粉絲數	發文數	獲讚數
11	龍瞰天下	龍興春教授	大學教授	2018.8.13	78 萬	6,737	826 萬
12	毛開雲	毛開雲	記者	2016.2.3	62 萬	50,000	635 萬
13	實話石說	石江月	評論員	2016.3.18	58 萬	6,883	308 萬

　　這 13 個博主中，4 個為專業學者（30.77%），4 個為專業媒體人（30.77%），5 個為媒體評論員（38.46%）。在總體數量上，他們占國際頻道全部個人「頭條號」的 18.57%；在級別上，占其中粉絲數 50 萬以上的 37.14%。其中，粉絲數最大的號為《環球時報》總編輯胡錫進的「胡侃」，粉絲數高達 704 萬；其他號粉絲數在 50-500 萬不等；13 個號合計，粉絲數量共 2,737 萬。一個可供對照的數字是，國家新聞出版署（2020）公布的中國新聞出版產業報告顯示，2019 年全國共出版 213 種全國性報紙，這些報紙的全部發行量加起來是 2,835 萬份。就是說，本研究選取的 13 個頭條號的總計粉絲數已可比肩中國大陸發行的全部全國性報紙的讀者數量，影響力相當可觀。

　　我們從新冠疫情開始以來就成為這些頭條號的讀者和觀眾，經過近兩年的密切觀察之後，我們對其進行了量化和質化相結合的內容分析。在量化分析部分，我們首先使用網路爬蟲工具對 2020 年 1 月 1 日至 2021 年 12 月 3 日間博主們發布的所有頭條號內容及其粉絲閱讀、評論、點讚等資訊進行了提取。這些內容總計 55,610 條，包括文章、影片、問答、直播等形式（表二）。

表二　十三個「頭條號」發文基本狀況（2020 年 1 月 1 日至 2021 年 12 月 3 日）

	全部	文章	影片	微頭條	問答	小影片	直播
發布總數	53,818	7,483	4,565	31,476	2,303	3,420	346
每名博主平均每日發布數	6.00	0.83	0.51	3.51	0.27	0.38	0.04

在這些不同形式的內容中，「影片」是博主們最重視的部分，雖然製作複雜，但博主們保持著平均兩天發布一條的頻率。同時，每條影片的平均觀看數為 89.83 萬次，獲讚數 2.75 萬次，評論數為 1,392.39 條，三個指標均遠高於其他形式的內容。

由於影片的重要性，我們專門針對這部分內容進行了人工編碼，對其內容屬性（是否為國際時事評論）以及涉及的國際關係的類型（如：中美關係、台海關係、中印關係、中澳關係等）進行了統計。統計發現，這些影片中國際時事評論是絕對的主流，有 3,738 條，占81.88%，內容或者涉及中國與他國關係，或者只涉及中國自身，或者只涉他國或他國間關係而不涉及中國。從民族主義本質上是「一種不斷變化的自我與他者的關係」（Duara, 1993, p. 9）的角度來看，意味著這些影片表達的不是如何理解自身，就是如何理解他者，或者自我與他者的關係，也就是說，雖然事件主題千差萬別，但這些評論的底色都是民族主義話語的表達。其中，中美關係或美國是最主要的話題（2,209條，48.39%），其他包括台海關係、中印關係、中歐關係、中日關係、中澳關係等。而在不以中美關係為主要談論對象的影片中，美國往往也是與中國產生關係勾連的元素，因此，美國是博主們建構民族主義話語對象的重中之重。

在質化的內容分析中，我們重點針對涉及美國的國際時事類影片進行分析。在這部分，我們主要使用「主題分析」（thematic analysis）的方法，對博主們的修辭策略、評論方式、民族主義話語內涵及粉絲影響進行分析。我們按照 Braun 和 Clarke（2006）的方法，首先定期觀看博主們的影片發布和與粉絲的互動以「熟悉數據」；其次，針對本研究的重點問題，在反覆觀看博主們的影片中不斷「尋找主題」—「定位主題」—「修正主題」，從中總結規律提煉概念，並對相關材料進行串連、比對、匯總和歸納；最後，在兩位研究者充分碰撞和討論的基礎上「確定主題」形成報告。在這一過程中，我們重點關注三個方面的內容：一是頭條號的整體呈現特徵，如其命名方式、影片資料的選取

傾向；二是影片的語言特徵及其代表的民族主義話語傾向；三是粉絲留言、與博主的互動，以及由此帶來的博主民族主義表達傾向的前後變化。

分析報告

修辭策略

在建構民族主義話語的過程中，頭條號博主們兼顧使用了人格修辭、情感修辭和事實修辭的策略，在這三個方面均有突出表現。

I. 人格修辭

對博主來說，頭條號給他們提供的是一個自媒體平台，在這個平台上，他們可以展示各種內容，國際時事評論是其主要定位，但畢竟國際時事的話題相對枯燥，門檻較高，要經營好這個平台，他們必須不斷想方設法「吸粉」以及增強粉絲黏度。其中，透過人格修辭，或者說博主個人形象的經營，為其頭條號打上強烈的個人化標籤是一個重要的策略。

人格修辭首先體現在博主身分的認證上。我們重點關注的 13 個博主都進行了個人加「V」（意為 verified）的真實身分認證，或為大學教授 / 副教授 / 研究員，或為媒體人 / 記者 / 評論員等。這些身分認證本質上是頭條博主的自身定位，或者說「人設」，展現自身的知識分子精英身分，擔保其評論內容的專業可信。

其次，博主們的頭條號都有特定的命名方式，如胡錫進的叫「胡侃」、儲殷教授的叫「萬有殷力」等，均與博主姓名或其諧音相關，並配置有專門的片頭，凸顯其欄目的個人化特色與正式性。同時，大多數博主都採取了正式著裝、直面鏡頭、如電視主持人一樣正襟危坐說新聞

的方式進行評論，強化其專業性與可信度。

再次，博主們在發布正式的國際時事評論之餘，還維持較高頻率的其他內容的更新，輔助其「人設」的打造，比如，參與對三胎政策、西安地鐵事件等非國際性時事熱點話題的討論，藉此將自己打造爲有著深切的社會關懷，能與受眾共鳴共情，願意且有能力爲公眾代言的「社會良心」的形象。這些討論雖然不是博主們的主要精力所在，也不涉及民族主義，但博主在討論過程中建構起來的人格形象卻可以直接帶入其精心打造的國際時事影片中，從而影響粉絲對其民族主義話語的接受和看法。同時，博主們也注重親民形象的打造。如「儲殷教授」經常發布自己日常「帶娃」、吃食堂、參與學術會議的狀態，這一方面強調了其知識分子的精英身分，同時又建構其作爲普通人的一面，一個需要照看孩子的父親，一個吃著飯堂普通飯菜的常人。而胡錫進在影片中「老胡」的自稱，既表達了權威性，又「貼地氣」，消弭與受眾的距離感。

II. 情感修辭

博主們的情感修辭主要用於操控粉絲的民族主義情緒。首先體現在共識性情感操控上，典型策略包括「喚起屈辱」和「緬懷英雄」。在中國大陸的歷史教育中，中華民族被描述爲一個擁有輝煌過去卻在近代飽受西方欺凌的形象，民眾普遍有一種歷史屈辱感以及「大國」再度崛起的期待。與這種情緒相呼應，包含歷史隱喻的詞彙便成爲博主們操控粉絲情緒的有力工具。比如，在針對多個國外品牌抵制新疆棉以及指責新疆強迫勞動事件的評論中，「黃日涵副教授」反覆渲染，中國面臨著「新八國聯軍攻勢」（2021.3.27），透過對蘊含著過去屈辱歷史的詞彙的使用，喚起粉絲的憤慨。另一種方式是「緬懷英雄」，如在中美撞機事件中犧牲的飛行員王偉是博主們常常提及的英雄人物：

> 「我們沒有忘記 20 年前的烈士王偉，是他用自己的鮮
> 血、用他的生命，甚至到最後遺體都沒找到，這種英勇、壯烈

之舉，開拓了首先這一幕。」（邱震海，2021.4.1，21.7 萬觀看，5,900 讚，149 評論）

博主試圖透過回顧「烈士」的「英勇、壯烈之舉」，激發人們對英雄的緬懷和對其對立面的譴責。此舉在粉絲群中輕而易舉地收穫了擁戴，除了引起情感共鳴，還激起了他們盲目自信的民族主義情感宣洩，尤其是對中國崛起「不可阻擋」的口號式表達。

其次是對抗性情感操控，透過對違背本民族利益的人物和事件的策略化敘述，操控人們對他國（族）的敵對情緒。一個典型的策略是透過「貼標籤」的方式定位對抗目標，比如，稱發布關於新疆強迫勞動報告的澳大利亞籍華裔研究員許秀中（Vicky Xiuzhong Xu）為「漢奸」、「反華小丑」（黃日涵副教授，2021.3.30），稱同樣有華裔血統的美國貿易代表戴琪（Katherine Chi Tai）為「貿易女沙皇」、「女余茂春」（石江月，2021.3.26）。在博主們的評論中，她們的行為損害了中國的利益，應該被譴責，尤其是她們身為華裔卻「背叛」中國，是更加不可饒恕的民族「罪人」。在中美衝突不斷的大背景下，這些具體的個人也就成為大眾民族主義情緒的發洩對象，評論區中「可惡，必須嚴懲」、「禁止她回中國！」、「鋤奸隊呢？」等聲音不絕於耳。

III. 事實修辭

評論必須基於一定的事實進行，為了達到論述的效果，博主們常常不惜對新聞事實進行「修飾」，以證明或支持其發表的觀點。

「斷章取義」和「似是而非」是常用的兩種策略。「斷章取義」表現為截取事實的片段對其進行脫離情境／脈絡的解讀。比如，2021 年 3 月 25 日，拜登（Joe Biden）在就職總統後的首場記者會上就美中關係做了如下發言：I see stiff competition with China...That's not going to happen on my watch, because the United States is going to continue to grow and expand。在大多數國際媒體看來，拜登此話意在表明在任

期內發展、壯大美國的信心；但對博主們來說，「That's not going to happen on my watch」具有無限的解讀空間，於是將其單獨拿出來反覆玩味，稱拜登是在「對中國放狠話」、「拜登不會讓中國超越美國」，並進一步延伸為「美國將不惜一切手段對中國進行打壓」（邱震海，2021.3.27），如此層層升級，最終將一段常規的記者會答問變成硝煙瀰漫的對華示威。

另一種事實修辭是利用翻譯的差異性對事實進行「似是而非」的處理。比如，在 2021 年 5 月中美阿拉斯加會談上，美國國務卿布林肯（Antony Blinken）在面對中國外交部長王毅率領的團隊闡述其對華政策時，表示美國將遵循從自己的「有利地位」（position of strength）出發的原則來與中國打交道，這一基於慣常的西方競技思維的外交辭令，在博主們的新聞表達中，成了美國將「採取強硬態度」、「從實力出發與中國接觸」（毛開雲，2021.5.6）。用「似是而非」但傾向明顯的翻譯來表述中文拗口的英文語句，並脫離情緒／脈絡將其反覆強調，博主其實是在帶領粉絲們對事實進行另類解讀，建構美國跋扈囂張、粗魯無禮，甚至當著中國客人的面逞強示威的形象。

總體而言，博主們在頭條空間建構了這樣的一個事實結構：在當下世界，存在著一個「正在衰落的美國」與一個「不斷崛起的中國」，二者之間的衝突與對抗不可避免，但種種的衝突與對抗不過是世界領導權轉移過程的必經矛盾，中國最終會超越美國。如：

> 「大國之間的權力轉移很少有和平實現的……中美之間的這種博弈一定還會存在，美國內心裡頭根深蒂固的霸權主義的想法，以及他想穩住世界第一寶座的內心的糾結感、憂慮感、彷徨感，他會想出一切辦法，來對中國進行打壓和遏制。」（黃日涵副教授，2021.3.20，3,894 讚，612 評論）

透過對正在崛起的中國將會接替美國成為世界領導者的話語建構，

博主們強化了粉絲對衝突的中美關係的認知，以及對中國實力不斷強大的自豪，從而助長了粉絲的對抗性民族主義情緒。

民族主義話語

博主們表達的民族主義，在對待本國（族）態度的維度上，愛國愛黨的保守主義是主導性話語，而自由主義話語難見蹤跡；在對待外國（族）態度的維度上，務實民族主義逐漸退場，激進民族主義上台，尤其是迎合大眾情緒的民粹民族主義成為博主們吸引粉絲的「法寶」。

I. 保守 vs. 自由民族主義

博主們不論使用何種修辭，不論如何表達、如何延伸，「愛國愛黨」都是其民族主義話語建構的不二原則。也就是說，保守民族主義話語處於無可爭議的壟斷地位，而自由民族主義所強調的政治開放、自由民主，以及「愛黨」和「愛國」分明則不見蹤影。一方面，這與近年來中國大陸政治大環境變化導致自由主義思潮生存的空間收窄有關，另一方面也與自由派知識分子的大規模離場或轉向有關。

當下博主們的內容中很少出現關於自由主義的討論，即使出現，也基本都是以被批評方出現。比如，「飛岸老師」在一期影片中，專門表達了其對自由主義者的評價，認為他們缺乏對大眾愛國主義情感的「基本尊重」和「國家認同」，自由主義者在中國是「沒有前途的」（2021.10.9）。胡錫進也毫不客氣地稱呼「自由派知識分子」為「中國和中國人民利益的背叛者」（2020.8.25）。這些言論指向一種「正確」的民族主義觀，即「愛黨愛國」才是作為中國人的「正途」，並收穫了大量粉絲點讚，如「支持胡主編，自由派的背叛，損害祖國利益！是中國知識分子之恥！」；「背叛國家民族者，必將被國家民族所唾棄！」等等。

自由主義遭到批判，不僅因為其冒犯政權，也因為其觸及了數位媒

體平台的「言論禁區」，儘管這種「禁區」是基於對國家權力想像而產生的，但它卻發揮了實際的審查作用（Zhang, Chen, & Xi, 2021）。而對於兼具網紅知識分子與體制內人士雙重身分的博主們來說，自然更深諳「政治正確」是一切的基本條件，因此也就不難理解頭條號空間出現的這種自由主義聲音消匿且人人喊打的狀況了。與之相對的基於愛黨愛國的保守主義，不論從政治權利立場還是資本平台利益來看，都是絕對安全且能夠獲得粉絲流量與認同的話語，因此也就不難理解如胡錫進這樣生動地描繪七一天安門廣場高呼「偉大光榮正確的中國共產黨萬歲！」的「激動」情景（2021.7.1）。

除了對自由主義話語的驅逐，保守民族主義的壟斷性還體現在對激進式民族主義話語的規範上。激進民族主義的情緒化、非理性屬性常常會激化矛盾而令中國付出不必要的「代價」。一個典型事件是 2021 年 5 月 1 日復旦大學教授沈逸對一幅名為「中國點火 vs. 印度點火」的圖片表示支持，而該圖主要內容是對於印度當時疫情嚴重情況下焚燒屍體的嘲諷，沈逸表達的「這些聖母是恨不得自己成為印度人光榮的去死」體現了明顯的激進情緒，而胡錫進回應的「但是中國的官方（口徑是）不應該這麼做，應該堅持人道主義」則是保守民族主義試圖以「官方」面孔規範激進民族主義話語的體現。「儲殷教授」表達了與胡錫進類似的觀點：「中國需要更智慧更有彈性的外交，來把朋友做得多多的，來把敵人做得少少的。」（2021.5.5）

無論是「儲殷教授」還是胡錫進，都以相對謹慎的態度對待極端的民族主義表達。雖然激進情緒能夠為平台帶來更多流量，但極端狀況可能引發權力干預與審查，這與數位平台期望的經濟利益也是不相符的。從評論區來看，博主們的觀點總體上是得到了支持，大多數粉絲認同民族主義表達應該客觀理性的觀點，如「說的誠懇有理，給殷教授點讚」；「支持老胡！」。但是，也有不少不贊成的聲音，如「一直以來都是很支持胡總編的，但是這次我還是更多的支持沈逸老師的觀念。」正如後文將要論述的，相對於冷靜理性，情緒化的民族主義表達在中國

大陸輿論場上更受歡迎，在網路世界中尤其如此，往往更容易引起粉絲關注與共鳴，而這樣的傾向是即使以「維護國家利益」所謂「大局觀」的名義也難以平息的。

II. 務實 vs. 激進民族主義

務實民族主義是改革開放後中國保守主義領導人踐行的重要話語，其以推進國家的現代化建設為首要任務，維持內部與外部的和平發展環境是其訴求之一，面對外部往往傾向於採取「韜光養晦」、避免對抗的策略（Zhao, 2008）。但近年來中國綜合實力的提升，「低調」很難再說服中國民眾，因此同樣強調愛國愛黨卻更加張揚、主動出擊、自我加冕式的激進民族主義成為當下更為重要的民族主義話語傾向，在某種程度上暗合了「大國外交」的政策轉向，對民眾也似乎更有吸引力。

儘管有些博主在務實還是激進的態度上有些模稜兩可，像博主「宋忠平」在談及台灣問題時先揚後抑，從「王師必平台」轉向「和平解決台灣問題」才是「善莫大焉」（2021.10.31），但是相對而言，更多博主傾向於表達更為激進的好戰話語。尤其在涉及外部環境對中國產生壓力或威脅的議題上，如中美、中日、中印等的「衝突」，博主們往往選擇強硬的表達，如「黃日涵副教授」在一則涉及釣魚島的影片中的說法相當典型：

> 「如果日本膽敢叫囂在釣魚島附近『以艦換艦』的話，我們也絕對不會退縮……我們有 14 億人口，我們有充足的、超強的實力。」（黃日涵副教授，2021.9.18，9.6 萬觀看，1,377 讚，30 評論）

而在涉及台海關係的議題上，更是到處可見「武統」的威脅性表達，如「龍興春教授」影片中說「我們只能夠寄希望於中國人民解放軍來統一台灣」（2020.12.28）；而胡錫進更是直接描繪出「軍機飛越台

灣島」、「打下幾架台灣軍機」這樣具體的戰爭場景（2021.11.24）。此類好戰話語往往引起評論區沸騰一片，觸目所及幾乎全是支持的聲音，粉絲們甚至更加激進，如：「先統一再說，不認同自己是中國人犯法就抓。」而在進行這些話語表述的同時，博主們往往在影片中配合展現堅船利炮航行、戰機起飛，或者其他軍事行動的畫面，極顯戰鬥性張力，給粉絲們戰爭一觸即發之感，進一步烘托激進民族主義話語的表達。

當然，也有博主表達相對溫和的話語，如「飛岸老師」在台海問題上並不像其他博主一樣宣揚以戰爭實現台灣統一，而是仍舊試圖表達「我們暫時不想武力解決台灣問題」的和平願景（2021.7.16）。但這種聲音遠不如「武統」那般聲勢浩大，而且也不被粉絲認同，評論區的回覆排前的高讚評論都是毫不客氣的反對博主的觀點，如「不認同飛案的觀點，等你實力超過美國再解放台灣怕是黃花菜都涼了。」

粉絲強烈的激進民族主義傾向顯然對博主們的表達造成了壓力，在台灣問題上，似乎只有採取強硬的戰鬥立場，才能免於網友們的批評與責難。隨著時間推移，我們發現「飛岸老師」似乎逐漸接受了「教訓」，在粉絲的「教育」下，話語取向慢慢轉向激進。在與上述影片相隔數月的一條涉及中美關係的影片中，她似乎刻意迎合大眾一觸即發的憤怒情緒，最終也喊出了「我們永遠都敢跟美國硬抗」、「一切反動派都是紙老虎」這樣的口號式表達（2021.11.18）。

整體看來，激進民族主義話語表現強勢，情緒發洩式的極端話語在影片空間大行其道，在敏感的領土主權議題上，博主們更是熱衷於表達一種「不惜一切代價對抗到底」的好戰傾向。和平與穩定的務實取向已不再是博主們宣揚的目標，取而代之的是「大國崛起」「捨我其誰」式的自我加冕和盲目自信。而這背後，不能不說包含著博主們精緻的利益考量，如果說對於自由／保守主義的話語表達傾向關乎頭條博主們的政治安全，那麼激進／務實的民族主義話語傾向的選擇則關切到博主們的經濟收益 —— 在當下民族主義情緒湧動的大環境中，務實話語明顯不受

大眾歡迎，而激進主義則更能輕易收穫粉絲。在網民的激進民族主義壓力和流量紅利的經濟利益引誘的雙重作用下，身處網紅經濟中的博主們逐漸地向激進民族主義轉向，也許這正是當今的「網紅知識分子」與前代的知識分子精英的關鍵區別所在。

討論與結論

　　作為一種意識形態和觀念，民族主義是一個動態的建構過程，這一過程包含如何理解自身、如何理解他者以及自身與他者的關係。尤其在中國，對中國與他國的動態關係的理解塑造著民族主義的形態，也正因為如此，中國的民族主義常稱為「應激型民族主義」（蕭功秦，1996）。同歷史上很多時期一樣，2019 年 12 月以來爆發的新冠疫情及國際形勢的改變讓中國再次感到了「外力壓迫」，構成了民族主義浪潮再次興起的激發條件。但不同的是，此輪民族主義浪潮發生於一個數位化媒體深入滲透並改變社會生態的時期。在這一背景下，本文將焦點投注於置身數位媒體平台的知識分子們。傳統意義上來講，作為社會精英的知識分子們，在中國民族主義的發展中對上影響著國家政策，對下引領著社會輿論。但在當下平台媒體興起的數位化時代，一些新晉為「網紅」的知識分子們，於數位資本的運作下，實踐著民族主義話語的公共性和商業性的雙重建構，他們的行動邏輯、行動方式以及行動結果都與前代知識分子明顯不同。本文從這樣的出發點對活躍在「今日頭條」上13 位粉絲量級 50 萬以上的知識分子身分的博主主持的影片進行研究，試圖理解他們向社會輸出的是一套怎樣的民族主義話語、如何輸出以及為何如此。

　　我們研究發現，「網紅知識分子」們從三方面來贏取粉絲的關注與信任，一是將自身打造成「真實可親的高知」與「平凡普通的權威」的一體兩面的形象；二是透過「屈辱」的歷史記憶與「英雄」和「對立

他者」的建構進行情感動員；三是對事實進行替代性解讀和邏輯修飾，試圖塑造一個正在衰落的美國和西方與一個不斷崛起的中國的形象對照，迎合粉絲情緒並爲激進性民族主義話語的建構鋪路。與前代知識分子精英們相比，當代的「網紅知識分子」在民族主義話語傾向上也表現出很大不同。一方面，批判性的自由民族主義話語消匿，而愛黨愛國的保守主義成爲其話語的重要準則；另一方面，低調理性的務實民族主義退場，張揚情緒化的激進民族主義當道。此外，保守民族主義在這一過程中試圖收編和規範激進民族主義，並起到了一定的作用。從最終效果來看，「網紅知識分子」們成功地建構了一套可被稱作「激進保守主義」（aggressive conservatism）的民族主義話語。

這樣的發現有幾個方面的意義。首先，它爲我們理解當下中國大陸民族主義輿論場的特點提供了線索，尤其是，它較好地解釋了爲何近年來，特別是新冠疫情爆發以來，中國大陸社會從上到下、從政府到民間、從外交部發言人到市井百姓，不加克制的情緒化的民族主義話語表達越來越普遍地出現，並且這些表達幾無差異地都表現出既激進又保守的特點。本研究顯示，在整體的政治結構性原因之外，這與平台資本的運作不無關係，與網紅知識分子的角色也不無關係。平台媒體在資本利益驅動下以「知識有價」、「知識賦能」的名義將知識分子招至麾下，將其打造成「網紅」，以既普通（「從群眾中來到群眾去」）又權威（擁有專業知識、資訊權力）、既是高深莫測的精英又是可親可近的網路博主的形象出現在公共輿論場上，以契合當下社會情緒的民族主義話語的表達爲工具，吸引數以千萬計的粉絲和動輒上億的用戶流量，實現資本利益。而知識分子們，在平台資本的召喚和激勵下，進入平台媒體搭建的網路輿論場，運用數位化技術的可供性，熟練駕馭其精英兼「網紅」的身分，在民族主義話語場遊走上下之間，一方面順應流量、演算法等平台邏輯，迎合粉絲情緒，推動激進性話語的表達，另一方面，在激進的同時也擅用其「知識」資本和身分資本，進行底線把關，將表達控制在官方所允許的言論界線之內，使其建構的民族主義話語能夠同時迎合

官方和民眾，以及試圖從中漁利的平台資本。同時，在這一過程中，網紅知識分子們還有效地利用了其作為社會居間層次和意見領袖的角色，起著接合官方與民眾話語可能的錯位，彌補可能的縫隙，促進二者貫通與一致的作用，使得民族主義話語場呈現官方與民間「合流」的狀態，多元化話語的表達空間逐漸式微，全國上下發出的聲音越來越趨向一致。

其次，它揭示了知識分子群體的世代變遷。知識分子在中國社會有著特殊的地位，往往被寄予「為天地立心，為生民立命，為往聖繼絕學，為萬世開太平」的期許（許倬雲，2011, p.viii）。十九世紀末二十世紀初以來，他們在民族國家的建立以及社會文化發展過程中發揮的重要和積極的作用為後人稱道，改革開放後幾十年裡，在中國大陸「公民社會」普遍缺位的背景下，他們作為社會的「喉舌」和「良心」，以「獨立之精神，自由之思想」的姿態參與公共事務，維護公共利益，推動社會變革，贏得了廣泛的社會尊重和信任（Marinelli, 2012; Pils & Svensson, 2014）。但是近年來，在政治、經濟和社會環境的變動中，一些曾致力於為民眾利益「鼓與呼」的知識分子在現實壓力下不是退場收聲，就是接受收編，或是轉向更為安全的「新左派」，尤其是，平台媒體的崛起及其「知識變現」的鼓吹，令知識成為商品，知識分子成為「網紅」，使他們逐漸放棄了獨立、批判的立場，向權力和資本靠攏，一方面致力於為政權合法性提供論述資源，另一方面委身資本加入平台媒體圈粉逐利的遊戲，令知識分子群體出現世代樣態的變遷（Wang, 2021）。

再次，本研究為人們理解數位化媒體時代平台資本與政治權力結合的形式及這一結合對社會可能造成的影響提供了經驗素材。政治權力一向被視為資本（包括數位化時代的平台資本）擴張的規範者和管理者，在中國大陸平台媒體的發展過程中，政府的態度也經歷了從最初的放任其野蠻生長到後來的整治、規範，甚至防範的變化。可以說，政治是平台資本最大的利益相關者，其最大的風險在於政治，最大的機會也

在於政治。為了規避風險，平台媒體的內容生產者通常採取「去政治化」的策略，避免觸及公共議題，聚焦於娛樂、消費等遠離政治的領域（Fang, 2022; Zhang, Chen, & Xi, 2021）。但本文所研究的「網紅知識分子」，不僅沒有迴避政治性議題，恰恰是以政治性議題作為其內容生產的對象。這一「玩火」之舉不僅沒有為平台帶來滅頂之災，反而為其帶來巨大的利益機會。而且，在這一過程中，政治權力也因符合其意識形態取向的民族主義話語藉助平台媒體的快車得到了廣泛傳播，快速積累了大量的合法性資源，使社會變動情況下政權得到持續的鞏固和維護。當然，這樣一種看似雙贏局面的出現與知識分子特有的身分不無關係，本研究的今日頭條「大 V」們，大部分是有著媒體機構或高等院校正式身分的體制內知識分子，這意味著他們本身即帶有一定的官方背景，也正是這樣的官方背景使他們得到平台資本的青睞，有助於解決平台媒體進行公共討論時經常遇到的「政治安全」問題，使其能夠進行高風險但也高收益的政治性議題的內容生產和傳播。這一機會窗口體現了平台資本與政治權力合力的可能性，其帶來的聲勢浩大的「保守激進主義」的民族主義表達，也讓我們感受到了這股合力影響和塑造一個國家的公共輿論甚至意識形態的強大能量。這種場景的出現也許有偶然的因素，比如正好有這樣一批知識分子的出現，但長遠來看，他們的出現不會是孤例，隨著社會整體接受的政治教化的不斷深入和加強，數位媒體平台上具備類似的「政治自覺性」的內容生產者將會越來越多，未來我們也將可能越來越多地看到在政治與資本合力下公共輿論上出現萬馬齊瘖般的大一統場景。而至於這種輿論氛圍對於市民社會的發展和整體國民性的塑造將有什麼樣的影響，值得未來研究者的關注。

　　本研究雖然揭示了一些現象，但也有諸多不足。首先，本研究所涉及的「網紅知識分子」，僅僅是知識分子的一部分，不代表知識分子全體的態度與行為傾向，仍有許多在大眾傳播網路中「失語」的知識分子持有和表達不同的民族主義傾向，只不過在當下政治環境和平台媒體生態的影響下，他們未被看到、未被聽到。因此，本研究的結論難免有以

偏概全之虞，其在知識分子群體的推廣應有所保留。同時，民族主義雖為建構，但並非虛構，這些「網紅知識分子」不是在眞空中天馬行空地腦繪中國與世界的關係，他們是在特定的社會背景、特定的權力結構和特定的網路關係中進行特定的民族主義話語建構的。對於這些背景、結構和關係，本文做了一定程度的揭示，比如國家對於知識分子群體和大眾民族主義的收編，數位資本、粉絲經濟的商業邏輯的滲透等，但要更深入地理解這些話題，需要透過更爲巨集觀的政治經濟結構的分析，以及更加貼近行動者自身的實證性考察，比如深度訪談、參與式觀察等，這些也是後續研究可以考慮的方向。

參考文獻

中文部分（Chinese Section）

王洪喆、李思閩、吳靖（2016）。〈從「迷妹」到「小粉紅」：新媒介商業文化環境下的國族身分生產和動員機制研究〉。《國際新聞界》，第 11 期，頁 33-53。

Wang Hongzhe, Li Simin, Wu Jing (2016). Cong mimei dao xiaofenhong: Xinmeijie shangye wenhua huanjing xia de guozu shenfen shengchan he dongyuan jizhi yanjiu. *Guoji xinwenjie*, *11*, 35-33.

王衛兵（2016）。〈網紅經濟的生成邏輯、倫理反思及規範引導〉。《求實》，第 8 期，頁 43-49。

Wang Weibing (2016). Wanghong jingji de shengcheng luoji, lunli fansi ji guifan yindao. *Qiushi*, *8*, 43-49.

李彬（2015）。〈新時期：社會變遷與新聞變革箚記〉。《山西大學學報（哲學社科版）》，第 3 期，頁 1-45。

Li Bin (2015). Xinshiqi: Shehui bianqian yu xinwen biange zhaji. *Shanxi daxue xuebao (zhexue sheke ban)*, *3*, 1-45.

李興（1995）。〈論國家民族主義概念〉。《北京大學學報（哲學社科版）》，第 4 期，頁 74-80、128。

Li Xing (1995). Lun guojia minzu zhuyi gainian. *Beijing daxue xuebao (zhexue sheke ban)*, *4*, 74-80, 128.

沈松僑（2002）。〈近代中國民族主義的發展：兼論民族主義的兩個問題〉。《政治與社會哲學評論》，第 3 期，頁 49-119。

Shen Songqiao (2002). Jindai zhongguo minzu zhuyi de fazhan: jianlun minzu zhuyi de liangge wenti. *Zhengzhi yu shehui zhexue pinglun*, *3*, 49-119.

南長森、南冕（2013）。〈民族主義的演進特徵及其國家話語的傳播特徵〉。《西部學刊》，第 1 期，頁 27-31。

Nan Changsen, Nan Mian (2013). Minzu zhuyi de yanjin tezheng ji qi guojia huayu de chuanbo tezheng. *Xibu xuekan*, *1*, 27-31.

胡泳、張月朦（2017）。〈網紅的興起及走向〉。《新聞與寫作》，第 1 期，頁 41-45。

Hu Yong, Zhang Yuemeng (2017). Wanghong de xingqi ji zouxiang. *Xinwen yu xiezuo*, *1*, 41-45.

郝望（1989）。〈中國知識分子的文化傳統與「文化大革命」〉。《中國青年論壇》，第 Z1 期，34-36。

Hao Wang (1989). Zhongguo zhishi fenzi de wenhua chuantong yu'wenhua dageming'. *Zhongguo qingnian luntan*, *Z1*, 34-36.

張旭東（2012）。〈20 世紀 90 年代中國的民族主義、大眾文化與知識策略〉。《杭州師範大學學報（社會科學版）》，第 1 期，頁 24-35。

Zhang Xudong (2012). 20 shiji 90 niandai zhongguo de minzu zhuyi, dazhong wenhua yu zhishi celue. *Hangzhou shifan daxue xuebao (shehui kexue ban)*, *1*, 24-35.

國家新聞出版署（2020）。《中國新聞出版統計資料匯編》。中國書籍出版社。

Guojia xinwen chubanshu (2020). *Zhongguo xinwen chuban tongji ziliao huibian*. Zhongguo shuji chubanshe.

許紀霖（2005）。〈現代中國的自由民族主義思潮〉。《社會科學》，第 1 期，頁 95-103。

Xu Jilin (2005). Xiandai zhongguo de ziyou minzu zhuyi sichao. *Shehui kexue*, *1*, 95-103.

許倬雲（2011）。《知識分子：歷史與未來》。廣西師範大學出版社。

Xu Zhuoyun (2011). *Zhishi fenzi: Lishi yu weilai*. Guangxi shifan daxue chubanshe.

黃煜、李金銓（2003）。〈90 年代中國大陸民族主義的媒體建構〉。《台灣社會研究季刊》，第 50 期，頁 49-79。

Huang Yu, Li Jinquan (2003). 90 niandai zhongguo dalu minzu zhuyi de meiti jiangou. *Taiwan shehui yanjiu jikan*, *50*, 49-79.

劉海龍（2017）。〈像愛護愛豆一樣愛國：新媒體與「粉絲民族主義」的誕生〉。《現代傳播》，第 4 期，頁 27-36。

Liu Hailong (2017). Xiang aihu aidou yiyang aiguo: xinmeiti yu'fensi minzu zhuyi' de dansheng. *Xiandai chuanbo*, 4, 27-36.

劉濤（2017）。〈元框架：話語實踐中的修辭發明與爭議宣認〉。《新聞大學》，第 2 期，頁 1-15、146。

Liu Tao (2017). Yuankuangjia: Huayu shijian zhong de xiuci faming yu zhengyi xuanren. *Xinwen daxue*, 2, 1-15, 146.

蕭功秦（1996）。〈中國民族主義的歷史與前景〉。《戰略與管理》，第 2 期，頁 58-62。

Xiao Gongqin (1996). Zhongguo minzu zhuyi de lishi yu qianjing. *Zhanlue yu guanli*, 2, 58-62.

英文部分（English Section）

Anderson. B. (2006). *Imagined communities: Reflections on the origin and spread of nationalism*. Verso.

Aristotle. (1994). *Art of rhetoric* (J. Freese, trans.). Harvard University Press. (Original work published 1924)

Braun, V., & Clarke, V. (2006). Using thematic analysis in psychology. *Qualitative Research in Psychology, 3*(2), 77-101.

Burke, K. (1973). The rhetorical situation. In L. Thayer (ed.), *Communication: Ethical and moral issues* (pp. 263-275). Gordon & Breach.

Cabestan, J. (2005). The many facets of Chinese nationalism. *China Perspectives, 59* (May - June), 1-21. https://doi.org/10.4000/chinaperspectives.2793

Chang, C. (2020, Oct. 2). Four types of Chinese nationalism. *China Channel*. Retrieved November 8, 2021, from https://chinachannel.org/2020/10/02/nationalisms/

CNNIC (2021, February). *The 47th China statistical report on Internet development*. Retrieved September 12, 2021, from http://www.cac.gov.cn/2021-02/03/c_1613923423079314.htm

de Kloet, J., Lin, J., & Chow, Y. F. (2020). "We are doing better": Biopolitical nationalism and the COVID-19 virus in East Asia. *European Journal of Cultural Studies, 23*(4), 635-640.

Duara, P. (1993). De-constructing the Chinese nation. *The Australian Journal of*

Chinese Affairs, 30, 1-26.

Fang, K. (2022). What is Zimeiti? The commercial logic of content provision on China's social media platforms. *Chinese Journal of Communication, 15*(1), 75-94.

Han, X. (2021). Historicising Wanghong economy: Connecting platforms through Wanghong and Wanghong incubators. *Celebrity Studies, 12*(2), 317-325.

He, B., & Guo, Y. J. (2000). *Nationalism, national identity and democratization in China.* Ashgate.

Hong, Y. (2017). Motivation behind China's "One Belt, One Road" initiatives and establishment of the Asian infrastructure investment bank. *Journal of Contemporary China, 26* (105), 353-368.

Marinelli, M. (2012). On the public commitment of intellectuals in late socialist China. *Theory and Society, 41*(5), 425-449.

Meyer, M. (2017). *What is rhetoric?* Oxford University Press.

Nam, L. (2006). The revival of Chinese nationalism: Perspectives of Chinese intellectuals. *Asian Perspective, 30*(4), 141-165.

Perelman, C., & Arnold, C. C. (1982). *The realm of rhetoric.* University of Notre Dame Press.

Pils, E., & Svensson, M. (2014). From nonperson to public intellectual: The life and works of Yu Jianrong. *Contemporary Chinese Thought, 45* (4), 3-17.

Qiu, J. (2006). The changing web of Chinese nationalism. *Global Media and Communication, 2*(1), 125-128.

Qin, Y. (2014). Continuity through change: Background knowledge and China's international strategy. *The Chinese Journal of International Politics, 7*(3), 285-314.

Rachman, G. (2020, March). Nationalism is a side effect of coronavirus. *Financial Times.* Retrieved November 8, 2021, from https://www.ft.com/content/644fd 920-6cea-11ea-9bca-bf503995cd6f

Shi, W., & Liu, S. D. (2020). Pride as structure of feeling: Wolf Warrior II and the national subject of the Chinese Dream. *Chinese Journal of Communication, 13*(3), 329-343.

Smith, A. (1998). *Nationalism and Modernism.* Routledge.

Wang, H. (2021). Generational change in Chinese journalism: Developing Mannheim's theory of generations for contemporary social conditions. *Journal of Communication, 71*(2), 104-128.

Zhang, C. (2020). Covid-19 in China: From "Chernobyl moment" to impetus for nationalism. *Made in China Journal*, *5*(2), 162-165.

Zhang, J. (2015). China's new foreign policy under Xi Jinping: Towards "peaceful rise 2.0"? *Global Change, Peace & Security*, *27*(1), 5-19.

Zhang, W., Chen, Z., & Xi, Y. (2021). Traffic media: How algorithmic imaginations and practices change content production. *Chinese Journal of Communication, 14*(1), 58-74.

Zhang, X. (1998). Nationalism, mass culture, and intellectual strategies in post-Tiananmen China. *Social Text*, *55*, 109-140.

Zhao, S. (2000). Chinese nationalism and its international orientations. *Political Science Quarterly, 115*(1), 1-33.

Zhao, S. (2008, August). *Chinese pragmatic nationalism and its foreign policy implications*. Paper presented at Annual Meeting of the American Political Science Association, Boston.

Zhao, S. (2013). Foreign policy implications of Chinese nationalism revisited: The strident turn. *Journal of Contemporary China*, *22*(82), 535-553.

Zhou, Y. (2005). Informed nationalism: Military websites in Chinese cyberspace. *Journal of Contemporary China, 14* (44), 543-562.

5 新冠疫情下全球接觸者追蹤 App 的隱私政策及其文化影響因素 —— 基於 50 個移動 App 的内容分析

汪靖[1]、吳瓊[2]

摘要

本研究建構了一個針對於接觸者追蹤 App 隱私政策的評價指標體系，從「一般屬性」、「資訊蒐集」、「資訊使用」、「資訊留存」、「資訊共用」、「用戶權利」等六個維度對全球範圍內 50 個接觸者追蹤 App 的隱私政策進行了内容分析。研究發現，接觸者追蹤 App 在用戶隱私保護政策方面表現效果並未達到良好狀態，平均分數僅爲 36.66 分（滿分 100分），而且分數的分布並不平均，各國的隱私政策存在較大差異。研究進一步探討了文化因素對隱私政策内容品質的影響，發現權力距離指數（PDI）、個人主義指數（IND）、男性文化指數（MAS）均能顯著影響隱私政策分數。透過聚類分析，發現不同國家的隱私政策可以分爲溝通說服型、利益規範型、告知服從型三種類型。

關鍵字：新冠疫情、接觸者追蹤、隱私政策、内容分析、文化因素

---

1 汪靖，同濟大學藝術與傳媒學院傳播系講師。研究興趣：大數據傳播研究、媒介文化。
2 吳瓊，同濟大學藝術與傳媒學院碩士研究生。研究興趣：大數據傳播研究。

5 Privacy Policies and Cultural Influencing Factors of Global Contact Tracing Apps during the COVID-19 Pandemic: A Content Analysis of 50 Mobile Apps

Jing WANG[1], Qiong WU[2]

Abstract

The present study constructs an evaluation index system for the privacy policies of contact tracing apps, and analyzes the content of the privacy policies of 50 contact tracing apps worldwide from six dimensions: "general attributes", "information collection", "information use", "information retention", "information sharing" and "user rights". The study found that the performance of contact tracing app in user privacy protection policies did not reach a good state, with an average score of only 36.66 (out of 100), and the distribution of scores was uneven, and there were great differences in privacy policies among countries. This study further discusses the impact of cultural factors on the content quality of privacy policy. It is found that power distance index (PDI), individualism index (IND) and male culture index (MAS) can significantly affect the score of privacy policy. Through cluster analysis, it is found that the privacy policies of different countries can be divided into three types: communication and persuasion, interest standard type, inform and obey.

Keywords: COVID-19, digital contacts tracing, privacy policy, cultural factors

---

[1] Jing WANG (Lecturer). Department of Communication, College of Arts and Media, Tongji University. Research interests: big data and communication, media culture.

[2] Qiong WU (M.A. Student). College of Arts and Media, Tongji University. Research interests: big data and communication.

引　言

　　新冠疫情肆虐全球之際，數位接觸者追蹤（digital contact tracing）成為世界各國應對公共衛生危機的有力措施。新加坡政府發布了一款名為 TraceTogether 的移動 App，可透過藍牙技術追蹤人們是否近距離接觸的資訊；韓國政府建立了確診患者的公共資料庫，包括他們的年齡、性別、職業和行蹤資訊；以色列也通過立法允許政府追蹤疑似感染者的手機資料（Cho et al., 2020）。此外，加拿大、澳大利亞、法國、德國等國家的政府部門也已經作出相關部署或表達了對數位接觸者追蹤的興趣（Kleinman & Merkel, 2020）。

　　數位接觸者追蹤的優勢是顯而易見的，英國牛津大學的一項建模研究表明，透過技術解決方案，有可能將感染的傳播率降低到疫情擴散所需的閾值以下（Ferretti et al., 2020）。然而，也有不少研究者指出，基於移動 App 的接觸者追蹤具有多個方面的局限性，其中，透過接觸者追蹤 App 進行的持續而廣泛的監視引起了人們對隱私和倫理問題的廣泛擔憂（Calvo et al., 2020; Parker et al., 2020）。例如，有研究者認為新加坡的 TraceTogether 應用程式可以保護使用者彼此之間的隱私，但卻無法保證確診患者的隱私，而且政府對資料的訪問也存在嚴重的隱私問題（Cho et al., 2020）。從理論上講，這種方法被批評為允許政府重建社會內部聯繫的「社交圖譜」（social graph）（Larus et al., 2020）。

　　前期研究表明，發布清晰、完整的網路隱私政策（online privacy policy）可以降低人們對網路的風險感知（Miyazaki & Fernandez, 2000），增加對網站的信任感（Flavián & Guinalíu, 2006; Wu et al., 2012），是國內外網站（或移動 App）普遍採用的行業自律措施之一。研究隱私政策亦可了解網站的行業自律程度（徐敬宏、趙珈藝、程雪梅等，2017），為公共政策的制訂提供依據（Culnan, 2000）。為了考察

各國政府在利用移動 App 控制疫情擴散的過程中，如何使用隱私政策來披露其蒐集和使用個人資訊的實踐，本研究採用內容分析法，調查了全球 50 個國家的接觸者追蹤 App 公開發布的隱私政策，試圖了解全球接觸者追蹤 App 隱私政策的總體現狀，並比較各國接觸者追蹤 App 的隱私政策有何特徵和差異，以及其背後的文化影響因素。

文獻綜述

數位接觸者追蹤及其隱私風險

在新冠病毒大流行期間，耗時又費力的傳統接觸者追蹤（traditional contact tracing）方法已難以應對人群大規模感染的發展速度。傳統接觸者追蹤是以人工方式詢問感染者接觸過哪些人，然後查明接觸者、編列接觸者名單，並建議接觸者自行監測症狀、自我隔離或進行醫學檢測和治療。這種方法曾有效地控制了 SARS 和伊波拉病毒的傳播（世界衛生組織，2017）。比較而言，數位接觸者追蹤（digital contact tracing）利用智能手機和移動 App 來確定感染風險，突破了很多傳統方法的局限性。數位接觸者追蹤通常運用三種技術手段：一是透過藍牙信號強度來推斷智能手機之間的距離，並記錄接觸的時長，以此為根據來判斷接觸者的暴露狀態；二是基於位置的跟蹤方法，即使用手機網路資料、全球定位系統（GPS）、Wi-Fi 信號和其他智慧手機感測器來識別用戶的地理位置，而位置資訊將用於確定與感染者的接近程度；三是條碼策略，是將二維碼（或條碼）放置在公車門和商店入口等公共場所，允許使用者記錄其訪問過的位置（Kleinman & Merkel, 2020）。

數位接觸者追蹤可能產生的後果之一是「監視蔓延」（surveillance creep），即一個為有限的目的（如對抗流行病或拍攝交通違法行為）

而開發的監視系統被越來越普遍和長久地使用（Calvo et al., 2020）。無限制的監視可能產生重要的心理後果，如讓個體產生一種被控制的感覺，阻礙人的自主性的發展（Cosgrove et al., 2020）。同時，Klein 和 Zuboff 警告說，在新冠疫情大流行期間，我們需要警惕災難資本主義（disaster capitalism）和監視資本主義（surveillance capitalism），即政治經濟精英利用危機透過一些有利於富人和加深不平等的立法，並將匿名行為資料用於商業目的的趨勢（Zuboff & Schwandt, 2019; Klein, 2020）。

如何才能保證數位接觸者追蹤技術在有助於控制新冠疫情乃至未來流行病的同時，不會對個體或社會產生負面影響？關於這個問題，醫療保健其他領域中有關監測心理的研究提供了有益的線索。例如，對前列腺癌患者的治療方案是先讓他們接受積極的監測，而不是立即進行前列腺切除和放射治療。研究人員發現，當患者理解並認可其價值時，嚴格的健康監測制度不會對心理健康產生負面影響。因此，如何使產品與被監測者的價值觀保持一致，並向更廣泛的社會公眾傳播這些監測的原因和潛在價值觀，就成為了開發健康監測系統的設計師和工程師面臨的一個關鍵挑戰（Calvo et al., 2020）。

目前關於數位接觸者追蹤的研究主要分為三個方面。一是調查公眾對隱私和監控，特別是針對接觸者追蹤App的態度或者接受度（Baobao Zhang et al., 2020; Altmann et al., 2020; Fox, 2021）。Altmann（2020）調查了 5 個國家對接觸者追蹤 App 的接受度，發現對網路安全和隱私的憂慮，以及對政府缺乏信任是影響接受度的主要阻礙因素。Fox（2021）發現感知隱私、互惠利益、社會影響等因素均對巴西用戶接受和使用接觸者追蹤 App 產生積極顯著影響。二是調查接觸者追蹤 App 在資料蒐集、處理方面的現狀與不足（Sharma & Bashir, 2020; Sanderson, 2020）。Sharma 等人（2020）對 Google Play 上 50 個 COVID-19 的應用程式進行了調查，發現 50 個應用程式中有 30 個要求獲取使用者移動設備的多種存取權限；只有 16 個表明使用者的資料將被匿名、加密和保護。三是評估新冠疫情相關資訊的可讀性（Zhang &

Smith, 2020; Basch, 2020）。Zhang 和 Smith（2020）首次對接觸者追蹤 App 隱私政策的可讀性進行了研究，研究結果表明，7 個接觸者追蹤 App 隱私政策的可讀性評級在 7-14，遠遠高於普通人的閱讀水準，隱私政策的可讀性有待提高。

以上研究對數位接觸者追蹤的隱私問題作出了許多貢獻，但還有進一步拓展的空間。首先，隱私政策的評估不應僅限於可讀性，還應對內容是否清晰、完整、有效進行評估。根據人際互動中的不確定性減少理論（URT），人類天生需要減少對自己和他人的不確定性；他們更喜歡與他人建立可預測的關係，透過分享社會資訊來減少不確定性對於發展穩定的關係至關重要（Berger & Calabrese, 1975）。URT 也很適合作為一個框架，用於檢查隱私政策是否能有效減少網路用戶對數據隱私的不確定性，因為已經發現有用戶透過閱讀隱私政策來管理風險（Milne & Culnan, 2004）。Pollach（2006）的研究曾指出，如果網站的隱私政策能以明確的方式傳達其數據處理實踐，並遵守其政策中的規定，那麼其數據處理行為是可預測的，這將有助於他們與用戶建立信任關係。一旦建立了信任關係，用戶可能願意提供更多的個人資訊。這一結論亦可應用於接觸者追蹤 App 的採納和使用。

其次，災難隱私（disaster privacy）有其特殊性，與非緊急情況相比，災難環境中受害者可能願意放棄某些隱私訊息，並且認為共用個人資訊是合適的，關鍵問題是如何避免利用這種意願打開不適當政策或做法的閘門（Sanfilippo et al., 2019）。正如牛津大學的 Michael J. Parker（2020）所指出的，疫情之下，一些侵犯隱私的行為可能具有正當性，因為這樣做有助於挽救許多生命，減少巨大的痛苦。在疫情時期，如果能夠證明侵犯隱私是必要的，或者比其他方式更有效，那麼在一定程度上侵犯隱私的行為是可以為人們所接受的，但這需要一些前提條件：（1）對隱私的影響降至最低；（2）高標準的資料安全、保護措施和監管；（3）資料使用保持透明度；（4）輔以其他保護措施，例如免於歧視。可以推斷，如果用戶被告知使用接觸者 App 可以為其帶來某種

利益並同時提供完善的隱私保護，那麼用戶對接觸者追蹤 App 的接受度將會提高。

再次，接觸者追蹤 App 的隱私風險是長期的，即不僅僅是現在的隱私，還包括未來的隱私。疫情過後是否會恢復從前的隱私保護水準？現在蒐集的資料將來會不會以不可接受的方式二次使用？任何侵犯隱私的理由都需要對其範圍和持續時間作出令人信服的描述。基於尼森鮑姆（Nissenbaum, 2004, 2010）的場景完整性理論（Contextual Integrity Theory），Vitak 和 Zimmer（2020）評估了接觸者追蹤 App 的長期風險，他們認為應該根據資訊流的場景完整性來評估這些應用程式，換言之，共用健康資料和位置資料的適當性將取決於場景，例如誰有權訪問資料，以及資料傳輸的傳輸原則等。為確保場景完整性得到最大程度的維護，應制定一套原則，對接觸者追蹤 App 實施使用限制，避免其功能逐漸蛻變，制定強有力的數據最小化和銷毀政策，並確保充分的透明度和問責制。

隱私政策的相關研究

在隱私保護方面，與歐盟嚴格的立法保護模式不同，美國主要採用網路行業自律的模式。網站主動在首頁顯著位置張貼隱私權聲明，就屬於網路企業踐行行業自律、保護線民隱私的主要措施之一（徐敬宏、趙珈藝、程雪梅等，2017）。自 1998 年美國聯邦貿易委員會（Federal Trade Commission, FTC）開展對網路隱私政策的調查以來，國外有關隱私政策的研究日益增多，大致可以分為以下幾個方面。

第一，隱私政策是否合乎自律規範，是否與資料處理的實際情況相符。早期的大部分研究都以「公平資訊處理原則」（Fair Information Practices, FIPs）為基準，考察不同類型網站（包括電子商務網站、線上酒店、全球大學網站等）的隱私政策是否為消費者提供了通知（notice）、選擇（choice）、安全（security）、訪問（access）等四

個方面的權利（Culnan, 2000; Kuzma, 2011; Liu & Arnett, 2002; Milne & Culnan, 2002）。近期研究多針對移動 App 的隱私政策，如馬聘宇和劉乾坤（2020）對具隱私性的身體／健康資訊的移動健康應用程式進行了研究。他們選取安卓應用商店內共計 104 款中文移動健康應用程式作爲研究對象，從隱私政策的長度、更新頻率和設計原則，以及個人資訊蒐集、儲存、使用、共用、諮詢與回饋各階段隱私政策相關說明情況等維度出發，對隱私政策內容進行分析和評價，指出目前國內移動健康 App 在隱私保護方面整體表現欠佳，且存在過度蒐集和濫用個人健康隱私資訊的現象。

第二，隱私政策運用了怎樣的話語策略？其實際效果如何？應該如何改善隱私政策的效果？隨著隱私政策的逐漸普及，研究者開始進一步關注隱私政策的實際效果。Pollach（2006）基於不確定性減少（uncertainty reduction）理論，分析了 50 個知名商業網站的隱私政策內容，以期找出提高網路隱私政策品質的切入點。研究表明隱私政策常常忽略重要資訊，無法以透明的方式說明資料處理實踐，建議網站在制訂隱私政策時不僅需要解釋公司從事的資料蒐集和共用行爲，而且還需要解釋公司不參與的那些行爲；並且在隱私政策中選擇更精確的詞彙，增加資料處理實踐的透明度，從而提高用戶信任（Pollach, 2006）。Meier 等人（2020）透過線上實驗的方式證實，看到較短隱私政策的參與者花在閱讀上的總時間更少，但每個單詞花費更長的平均閱讀時間，他們獲得了更多關於社交網站隱私保護的知識（Meier et al., 2020）。

第三，隱私政策對消費者心理或行爲的影響。這一類型的研究主要聚焦於隱私政策對消費者隱私關注（privacy concern）、感知安全（perceived security）、消費者信任（trust）、忠誠度（loyalty）、風險感知（perceptions of risk）、購買意圖（purchase intentions）等變項的影響（Flavián & Guinalíu, 2006; McRobb & Rogerson, 2004; Miyazaki & Fernandez, 2000; Wu et al., 2012）。

　　第四，影響隱私政策的經濟、制度或文化因素。Johnson-Page 和 Thatcher（2001）考察了 149 個 B2C 網站，試圖對公司為什麼選擇在自己的網站上顯示資料隱私政策得出結論。研究發現，在商業法律明確、市場經濟成熟、消費者有更多的網路使用經驗的國家，B2C 網站更傾向於向消費者披露詳細而顯著的資料隱私政策（Johnson-Page & Thatcher, 2001）。但這一類型的研究尚不多見。

　　經過文獻檢閱可以發現目前除了 Zhang 和 Smith（2020）對接觸者追蹤 App 隱私政策的可讀性進行了研究外，尚未發現針對接觸者追蹤 App 隱私政策評價的研究，更缺少從文化維度對隱私政策差異的解讀。基於上述分析，本研究試圖圍繞以下三個方面開展工作：（1）建構一個針對接觸者追蹤 App 隱私政策的評價指標體系；（2）對全球 50 個接觸者追蹤 App 進行內容分析；（3）分析全球接觸者追蹤 App 隱私政策的不同呈現模式及其背後可以解釋的文化因素。

理論框架

資訊生命週期理論

　　資訊生命週期（Information Life Cycle）作為一種學術概念較早出現於資訊資源管理領域，其核心思想就是將對象的整個生命過程劃分為不同的運動階段，根據對象的不同特點採用適宜的管理方式（朱曉峰，2004）。1981 年，美國學者 Levitan（1981）首次將「生命週期」引入資訊管理理論中，提出資訊或資訊資源是一種「特殊商品」，具有生命週期的特徵，包括資訊的生產、組織、維護、增長和分配。1982 年，Taylor 提出，資訊生命週期應該是包含數據、資訊、告知的知識（informing knowledge）、生產性知識（productive knowledge）和實際行動的過程，資訊由低級階段向高級階段的每一次跨越，都離

不開人類的價值創造活動。1985 年，美國學者 Horton 在《資訊資源管理》（*Information Resources Management*）一書中提出，資訊是一種具有生命週期的資源，其生命週期由一系列邏輯上相關聯的階段或步驟組成，並提出了兩種不同形態的資訊生命週期：一是基於人類資訊利用和管理需求的資訊生命週期七階段說；二是基於資訊載體的資訊生命週期十階段說（霍國慶，2001）。2004 年，世界知名的 IT 設備生產商 EMC 公司開始將資訊生命週期管理（Information Lifecycle Management, ILM）引入數位存儲領域，成為霍頓理論的一次「產品級」應用，至此形成了資訊生命週期研究的兩種典型範式：霍頓範式和 EMC 範式（萬里鵬，2009）。

　　進入大數據時代後，各種數據資源的快速增長，數據挖掘和統計分析技術的廣泛應用為個人隱私提出了新的挑戰。Wing（2018）在《數據生命週期》（*The Data Life Cycle*）一文中提出，數據科學不僅僅是數據分析，而是包括了從產生（generation）、蒐集（collect）、處理（processing）、存儲（storage）、管理（management）、分析（analysis）、可視化（visualization）、解釋（interpretation）到人類（human，如政策制定者）的九個階段。在數據生命週期的每一個階段，都應該負責任地、合乎倫理地處理數據。Koo 等人（2020）將大數據生命週期分為蒐集（collect）、存儲（storage）、分析（analytics）、使用（utilization）、銷毀（destruction）五個階段，並對每個階段出現的隱私和安全問題進行了分類。李卓卓等（2016）以數據生命週期為依據比較分析了國內外隱私保護的相關法律規定，將個人隱私資訊涉及的環節分為採集和蒐集數據、組織和處理數據、存儲和維護數據、傳播和共用數據、訪問和利用數據五個環節，以此作為評估移動 App 隱私政策的依據。

霍夫斯泰德的文化維度

「文化之於人類集體，猶如人格之於個體。」（Hofstede, 1980）
文化價值觀是指導態度和行爲的一組堅定信念，即使經濟、政治、技術
和其他外部壓力的變化削弱了國家之間的其他差異，這些信念也往往會
持續下去。Milberg 等人（2000）將霍夫斯泰德（1980, 1991）的四項
文化價值指數：權力距離指數（PDI）、個人主義（IND）、男性文化
（MAS）和不確定性回避指數（UAI）組合成一個文化價值的總體衡量
指標，發現這些指標對各國的資訊隱私問題具有顯著和積極的影響。
研究表明，對資訊隱私的擔憂與 PDI、IND 和 MAS 呈正相關，與 UAI
呈負相關。Milberg 等人（1995, 2000）解釋了這些相關性。儘管高權
力距離指數（PDI）文化容忍更大程度的權力不平等，但分數越高，對
更具權力的群體的不信任越大，因此隱私關注也就越高。低個人主義
（IND）或集體主義社會更容易接受團體，包括組織，可以侵入個人的
私人生活。男性文化（MAS）更強調成就和物質成功，也許還強調使
用私人資訊、關愛關係和生活品質帶來的經濟效益。最後，具有高不確
定性規避指數（UAI）的社會傾向於透過採用明確的書面規則和法規來
減少不確定性，並且更有可能引入更高級別的政府隱私監管。

文化因素同樣也能解釋公民的隱私關注與政府監控之間的緊張關
係。Thompson 等人（2020）研究了文化差異如何對社會成員接受政府
監控或如何制定隱私保護措施產生影響，他們重點關注了個人主義 / 集
體主義和權力距離這兩個維度。研究表明，在高權力距離的文化中，社
會不平等不僅得到了領導人的認可，也得到了主流的認可，因此高權力
距離文化的成員希望被告知該做什麼。人們似乎更容易接受那些在權
威位置蒐集資訊的人（Cao & Everard, 2008），從而削弱了隱私關注對
接受監視的影響。另外，無論是在高權力距離還是低權力距離的文化
中，那些認爲政府監控是必要的人，以及那些信任政府的人，都更有可
能接受監控。

因此，本研究將考察這樣一個理論框架是否適用於接觸者追蹤 App 隱私政策研究，納入考察範圍的文化維度有四個：權力距離、個人主義 / 集體主義、男性化 / 女性化，以及不確定性規避。

研究設計

本研究關注的是接觸者追蹤 App 隱私政策在內容品質上的差異，並在此基礎上考察相關的文化因素。因此，本研究首先從數據生命週期的視角，依據前人研究成果建構評價指標體系，然後用層次分析法確定指標權重，繼而採用內容分析法，分析全球 50 個接觸者追蹤 App 的隱私政策。理論和前人研究在編碼表設計中主要發揮演繹的作用。最後是對文化因素和隱私政策得分進行迴歸分析，其中自變項是國家地區和四種文化維度，因變項是按照評價指標體系進行內容分析後各國接觸者追蹤 App 隱私政策的分數。

維度與指標選取

本研究以 Pollach（2006）、馬騁宇和劉乾坤（2020）、李卓卓（2016）等人建構的指標體系為基礎，參考了 O'Neill 等人（2020）、Koo 等人（2020）、Parker 等人（2020）、Kleinman 等人（2020）、Vitak 和 Zimmer（2020）、Fox 等人（2021）等關於接觸者追蹤的最新研究成果，建構了接觸者追蹤 App 隱私政策評價指標體系，共包括一般屬性、資訊蒐集、資訊使用、資訊留存、資訊共用、用戶權利 6 個一級指標，以及 12 個二級指標和 26 個三級指標，貫穿了數據生命週期的全過程。詳細指標見附錄一。

數據來源與測量方法

　　本研究選取全球 50 個國家接觸者追蹤 App 的隱私政策，根據上述評價指標體系進行系統的內容分析。2020 年 5 月，《麻省理工科技評論》（*MIT Technology Review*）建立了一個名爲 Covid Tracing Tracker 的數據庫，旨在跟蹤世界各地每一個重要的數位接觸者追蹤應用程式。數據庫主要包括五個問題：應用程式的下載和使用是自願的嗎？數據的使用方式是否有限制？數據會在一段時間後被銷毀嗎？數據蒐集是否最小化？透明度怎樣？這是一個允許在線編輯的數據庫，最近的一次更新時間在 2021 年 3 月 16 日。根據這一次統計結果，全球範圍內共有 49 個由各國政府開發或主導的數位接觸者追蹤 App，以及 32 個由美國各州開發的 App（O'Neill et al., 2020）。本研究在美國範圍內選取了用戶最多的華盛頓州採用的 WA Notify，與 49 個其他國家的 App 合併，得到 50 個研究樣本（見附錄二）。50 個樣本中，歐洲國家的 App 爲 21 個，數量最多，亞洲國家的 App 數量爲 19 個，美洲、非洲和大洋洲的 App 合計 10 個，詳細數據見表一。透過在 Google Play 平台上搜索 App 名稱，然後經由頁面底部的「Privacy Policy」連結進入的方式獲取內容分析的樣本。

表一　全球接觸者追蹤 App 樣本的總體分布

	所在地區			是否有獨立的隱私政策	
	App 數量	占比		**App 數量**	占比
亞洲	19	38.00%	是	42	84.00%
歐洲	21	42.00%			
美洲	3	6.00%			
非洲	4	8.00%	否	8	16.00%
大洋洲	3	6.00%			
總計	50	100.00%	總計	50	100.00%

　　本研究採用的研究方法是內容分析法（content analysis）。伯納德·貝雷爾森將內容分析法定義爲「一種對傳播的顯性內容（manifest content）進行客觀的、系統的和定量的描述的研究技巧。」（周翔，2014：9）它透過將內容歸類爲預先定義的類別，從而將定性資訊定量化，其實現方法是將文本轉換爲數位。與其他研究方法，例如話語分析相比較，話語分析更關注的是說了什麼以及怎麼說，而內容分析不僅可以了解傳播內容說了什麼，還可以考察它沒有說什麼（Lacity & Janson, 1994）。

　　研究者將 42 個可獲得的隱私政策保存爲文字檔，同時記錄隱私政策的蒐集網址，以隨時觀察它的原始樣貌，繼而根據評價體系中的三級指標進行打分。若隱私政策披露了三級指標（C1-C26）中的一項，則該項指標得 1 分，否則得 0 分。文字易讀性的測量採用了 Zhang 等人（2020）文中所使用的 WebFX 在線可讀性分析工具 Readability Test Tool。最後按照下文所確定的指標權重，經過加權求和，得到隱私政策的總分（百分制）。爲確保分析的一致性，先由 2 名編碼員分別對 20% 的樣本（8 個）進行測度，結果顯示一致性平均達到 92.3%（24/26）以上，表明分析結果信度較好。所有 42 個隱私政策文本的編碼均在 2021 年 10 月完成。

確定指標權重

　　熵值法是一種客觀賦值法，可用於對指標重要性進行權重分析。根據資訊熵的定義，對於某項指標，可以用熵值來判斷某個指標的離散程度，其資訊熵值越小，指標的離散程度越大，該指標對綜合評價的影響（即權重）就越大，如果某項指標的值全部相等，則該指標在綜合評價中不起作用。因此，本研究藉助 SPSSPRO 在線數據分析平台，計算出各個指標的權重，最終得到如表二所示的評價指標權重計算結果。

表二　接觸者追蹤 App 隱私政策評價指標體系權重表

一級指標	權重	二級指標	權重	三級指標	權重
A1 一般屬性	0.565	B1 可讀性	0.181	C1 文字易讀性	0.003
				C2 要點目錄	0.073
				C3 圖解或影片	0.105
		B2 諮詢回復	0.129	C4 位址	0.064
				C5 電子郵件	0.009
				C6 電話號碼	0.056
		B3 動態性	0.150	C7 更新時間	0.06
				C8 變更通知	0.09
		B4 透明性	0.105	C9 開源代碼	0.105
A2 資訊蒐集	0.218	B5 蒐集意願	0.009	C10 自願性	0.009
		B6 蒐集方式	0.071	C11 採集技術	0.001
				C12 敏感性資料	0.027
				C13 用戶控制	0.043
		B7 蒐集原則	0.138	C14 最小化蒐集	0.027
				C15 不確定性減少	0.027
				C16 保護特殊群體	0.084
A3 資訊使用	0.028	B8 使用目的	0.028	C17 使用目的告知	0.001
				C18 使用目的限制	0.027
A4 資訊留存	0.041	B9 資訊留存	0.041	C19 儲存時限	0.011
				C20 儲存地點	0.011
				C21 安全措施	0.019
A5 資訊共用	0.118	B10 資訊公開	0.006	C22 資訊向他人公開	0.006
		B11 協力廠商共用	0.112	C23 協力廠商共用告知	0.015
				C24 協力廠商共用監管	0.097
A6 用戶權利	0.032	B12 用戶權利	0.032	C25 訪問、修改和刪除	0.017
				C26 註銷帳戶	0.015

文化維度的影響

從霍夫斯泰德官網（Hofstede Insights）查詢得到 42 個國家的四種文化維度指數，分別是權力距離指數（PDI）、個人主義（IND）、男性文化（MAS）和不確定性回避指數（UAI），然後運用迴歸分析來發現哪種文化維度最有可能解釋各社會之間隱私政策內容品質的不同，運用聚類分析來探索各國隱私政策的模式及類型特徵。

資料分析結果

隱私政策評價結果的整體分析

透過對 42 款 App 的隱私政策進行綜合評價發現，接觸者追蹤 App 在用戶隱私保護政策方面表現並不平均（見圖一）。以 100 分為滿分計算得到平均分數為 36.66 分，表明目前隱私政策的效果並未達到良好狀態。得分在 0-60 分的接觸者追蹤 App 有 39 個，占總數的 92.86%，得分在 60-80 分的有 3 個，占總數的 7.14%，得分在 80 分以上的有 0 個。

就各項指標評估得分來看（見表三），評分較低的三級指標包括 C3「是否提供圖解或影片」16.67 分，C9「是否說明開源代碼？」16.67 分；C16「是否說明對未成年人資料蒐集的情況？」23.81 分；C24「是否說明對協力廠商的資料蒐集行為的監管情況？」19.05 分。評分較高的三級指標有 C11「是否說明資訊蒐集使用了什麼技術？」97.62 分；C17「是否告知使用目的」97.62 分。

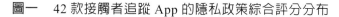

圖一　42 款接觸者追蹤 App 的隱私政策綜合評分分布

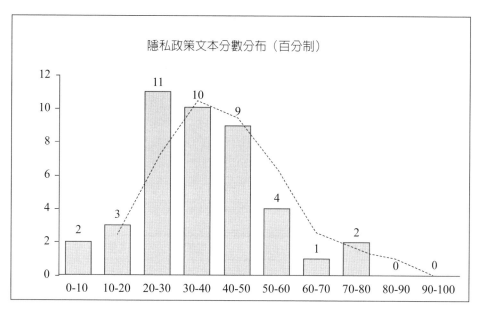

隱私政策文本分數分布（百分制）

表三　App 隱私政策各項指標的統計（百分制）

統計量	最大值	最小值	平均值	標準差	中位數
分值	97.62	16.67	58.58	26.79	64.29

　　就各國評分來看（見表四），評分較高的前 10 個國家為（從高到低）：英國、德國、波蘭、愛爾蘭、澳大利亞、比利時、奧地利、日本、賽普勒斯、丹麥。評分較低的 10 個國家為（從低到高）：科威特、土耳其、義大利、突尼斯、阿拉伯聯合大公國、印度、馬來西亞、巴林、越南、沙烏地阿拉伯。其中，英國、德國、比利時等國的隱私政策文本在系統性、完整性以及可讀性方面都表現較好，例如，它們都力圖用簡潔易懂的語言來與使用者溝通，同時都提供了帶連結的要點目錄，可供有需要的使用者進一步了解詳細情況；除了文字之外，還提供了圖解或影片講解 App 的工作原理和在資料保護方面的努力；英國還

特別注意到閱讀對象的差異，提供了簡單易讀版和青少年版的隱私政策。與之相對照的是，科威特的 Shlonik 幾乎是全球最具隱私侵犯性的 App，其隱私政策中的語言極其傲慢無理，例如，在一項關於隱私政策變更的條款中出現了這樣的語句：「衛生部保留在其認爲合適的任何時候修改這些條款和條件的權利，而不需要提醒或向使用者發出通知，用戶無權反對這些修改，用戶必須定期審查這些條款和條件，而不需要打電話或收到對條款和條件進行修改的通知，其繼續使用 Shlonik 應用程式被視爲接受在其使用該應用程式時適用的條款和條件。」

表四　各國隱私政策分數的統計（百分制）

統計量	最大值	最小值	平均值	標準差	中位數
分值	78.41	3.91	36.66	16.01	35.80

隱私政策各項指標的分析

I. 一般屬性

隱私政策的一般屬性包括文檔名稱、諮詢回饋、更新頻率、條款變更、可讀性等。從文檔名稱來看，比較普遍使用的是 Privacy policy，占比 52.4%，也有一些文檔名稱爲 Privacy notice/Privacy safeguard/Privacy statement/Privacy disclaimer 等，但比例不高；歐洲國家多使用 Personal data/Data protection/Data and protection 等，占比 23.8%。在諮詢回饋方面，83.3% 的隱私政策提供了電子郵件，是最爲常見的聯繫方式，其餘的還包括郵政位址（33.3%）和熱線電話（40.5%），比較好的隱私政策往往提供多種聯繫方式，但也有 4 個隱私政策沒有提供任何聯繫方式。從最近更新時間來看，42 款 App 中，僅 16 款（38.1%）標註了隱私政策動態更新時間，其中 7 款更新時間在 3 個月以內。另外，有 9 款 App（21.4%）明確說明，如果隱私政策有所變更，將通知

用戶並獲取同意。僅有 7 款 App（16.7%）在隱私政策中提供開源代碼，真正做到資訊蒐集的公開、透明。

可讀性是隱私政策重要的衡量標準。本研究透過調查文字易讀性、要點目錄、圖解或影片等反映隱私政策整體的可讀性。在文字易讀性方面，根據 Readability Test Tool 線上工具測量的結果，隱私政策整體可讀性較低（平均值 = 48.8），僅有 6 個國家（紐西蘭、菲律賓、愛爾蘭、英國、丹麥、加拿大）App 的隱私政策可讀性分數高於 65 分（分數範圍為 0-100，分數高則更易於閱讀，65 分是網站給出的普通人閱讀能力的參考值）。此外，隱私政策文本如果過長，會顯得冗長繁雜、晦澀難懂，過短又會影響隱私政策內容的完整性。調查發現，許多隱私政策為了解決這一矛盾，都採用了帶連結的要點目錄形式，並配以圖解或影片加以講解，說明使用者閱讀和理解隱私政策的內容。根據調查，13 款 App（占比 31%）提供了帶連結的要點目錄，7 款 App（16.7%）使用了圖解或影片的形式。

II. 資訊蒐集

接觸者追蹤 App 可能會因追蹤用戶的即時位置、蒐集其個人身分資訊、社交連絡人等引發用戶對隱私問題的關注。透過隱私政策與用戶進行溝通，告知其蒐集資訊的方式，蒐集資訊所使用的技術、工作原理，是否蒐集位置資料、識別個人身分和社交關係等敏感性資料，可以緩解用戶的隱私焦慮，降低其風險感知。調查結果顯示，42 款 App 中有 36 款（占比 85.7%）告知了使用者其蒐集資訊的方式是基於自願的，38 款 App（占比 90.5%）採用了藍牙技術，9 款 App（占比 21.4%）採用了定位技術，2 款 App（占比 4.8%）採用了二維碼技術，僅有 1 款 App（馬來西亞 MyTrace）未在隱私政策中說明採用什麼技術蒐集資訊。42 款 App 中有 26 款（61.9%）遵循了資訊蒐集的「最少夠用原則」，未蒐集使用者敏感資訊，但也有 16 款 App 或多或少蒐集了一些敏感資料，其中蒐集位置資料的有 11 款（占比 26.2%），蒐集個人身

分資料（包括姓名、位址、電話等可識別個人身分的資料）的有 18 款（占比 42.9%），蒐集使用者連絡人資料的有 9 款（占比 21.4%）。為了讓更多用戶放心下載，有 27 款 App（占比 64.3%）明確告知了其不蒐集哪些資訊，一般都是表明不會識別用戶身分、僅蒐集匿名資料，或不會蒐集位置資料等。

III. 資訊使用與留存

如果使用者對資訊的使用目的十分清楚並且理解，並且軟體發展商能夠對資訊存儲的時限、存儲地點以及保護措施作出詳細說明，那麼也能增加用戶對 App 的信任程度。調查結果顯示，42 款 App 中有 41 款（占比 97.6%）告知了資訊使用的目的，但僅有 27 款（占比 64.3%）承諾其使用目的僅限於防疫，或不會用於其他任何目的。有 35 款 App（83.3%）告知了存儲時限，一般是保存 14 天或 30 天，少數 App 表示將保留資料至疫情結束；有 35 款 App（83.3%）對資料存儲的地點進行了說明，一般是保存在用戶手機端或者是中央伺服器；有 31 款 App（73.8%）的隱私政策中包含了一項或多項資訊安全存儲保護措施。比如，COVID Alert SA（南非）明確表示：「為了保護資料免受未經授權的訪問、丟失或濫用，該應用程式使用了各種複雜的技術安全措施（包括加密、假名化、記錄、存取控制和限制）。國家衛生局及其合作夥伴還採用了組織戰略（包括工作人員指令、保密協定、合理的定期檢查），以確保所有的法律要求已經並正在得到遵守。」日本的 COCOA 表明，將採取適當的安全措施，確保所處理的資料不會透過與可識別的特定個人的資訊進行交叉核對而導致識別個人應用程式使用者。

IV. 資訊共用

某些移動 App 會將服務外包給協力廠商，或者與協力廠商機構進行合作，這就涉及到資訊共用問題，增加了資訊洩漏的風險。接觸者追蹤 App 涉及到確診患者的身分資訊，使用者不可避免地會擔憂，App

是否會將自己確診爲陽性的資訊洩漏出去？因此健全的隱私政策應對此有所說明。調查結果顯示，37 款 App（占比 88.1%）明確表示，不會將患者身分透露給其密切接觸者；32 款 App（占比 78.6%）說明了將資料披露或轉讓給協力廠商的情況；8 款 App（占比 19.0%）不僅說明了與協力廠商機構的合作，還說明將透過簽訂合同等方式，對協力廠商的資料蒐集行爲實施監管。

V. 用戶權利

在法律依據方面，有 35 款 App（83.3%）明確表明遵循本國或地區的法律法規，如中國的「防疫健康碼」表示需要按照「中華人民共和國民法典」、「中華人民共和國網路安全法」等國家法律法規的要求來蒐集和使用個人資訊，歐洲國家則須遵守「通用資料保護條例」（GDPR）。法律賦予使用者對自身資訊的控制權，一般包括訪問、修改、刪除資訊的權利，以及登出帳號、刪除所有資料的權利。在 42 款 App 中，有 32 款（76.2%）說明用戶有訪問、修改、刪除資料的權利；有 33 款（78.6%）說明用戶可以註銷帳戶，刪除所有相關資料。在未成年人資料的蒐集方面，僅有 9 款 App（21.4%）提到，未成年人必須獲得父母或監護人的授權才能下載該應用程式。

文化維度的影響

我們使用了三種不同的方法來分析文化價值觀的影響：（1）分別分析每個霍夫斯泰德指數；（2）分析四種霍夫斯泰德指數的同時效應。（3）將霍夫斯泰德指數和隱私政策得分全部作爲變項，對國家進行聚類分析。

在採用第一種方法，對四個指數分別進行一元線性迴歸分析後，發現權力距離指數（PDI）、個人主義指數（IND）、男性文化指數（MAS）作爲自變項，均顯著影響作爲因變項的隱私政策分數，而不

確定性回避指數（UAI）與隱私政策分數相關性不顯著（表五）。其中權力距離與隱私政策得分是負相關關係，個人主義和男性化與隱私政策得分是正相關關係，個人主義對隱私政策得分的影響較大，標準化係數達到 0.474。

表五　文化維度指數與隱私政策得分的一元線性迴歸分析

模型	未標準化係數		標準化係數	t	顯著性
	B	標準錯誤	β		
權力距離	−0.306	.096	−0.464	−3.184	0.003[***]
個人主義	0.338	0.103	0.474	3.274	0.002[***]
男性化	0.286	0.143	0.312	1.996	0.053[*]
不確定性回避	−.020	.126	−.026	−0.159	0.875

因變項：隱私政策得分（[*]$p < 0.1$；[**]$p < 0.05$；[***]$p < 0.01$）

在採用第二種方法，運用前向逐步迴歸法（the forward stepwise method）對四個指數進行分析後，所生成的多元線性迴歸模型只揀選出兩種文化維度，即個人主義（IDV）和男性化（MAS）指數，其餘兩個維度被模型排除（表六）。總的來說，這個迴歸模型是顯著的，$F(2, 36) = 7.891$，$p < 0.05$，$R^2 = 0.305$，調整後的 $R^2 = 0.266$。在被調查的預測變項中，個人主義（$B = 0.325$，$SE = 0.099$，$t(36) = 3.278$，$p < 0.05$）和男性化（$B = 0.260$，$t(36) = 2.037$，$p < 0.05$）是顯著的預測變項，權力距離（$B = -0.324$，$t(36) = -1.570$，$p > 0.05$）和不確定性回避（$B = -0.91$，$t(36) = -0.640$，$p > 0.05$）是不顯著的預測變項。迴歸模型顯示如下：隱私政策得分 $= 6.559 + 0.325$IDV $+ 0.260$MAS（$R^2 = 0.305$，調整後的 $R^2 = 0.266$，$F = 7.891$[***]，$df = 2$）。然而，在我們的數據中，權力距離指數（PDI）和個人主義指數（IND）高度負相關（$r = 0.744$，$p < 0.01$），考慮到多重共線性問題，該模型排除了權力距離指數（PDI）這個自變項，但如果將個人主義指數（IND）作爲控

制變項,則權力距離指數(PDI)與隱私政策得分也存在著顯著的負相關。上述分析表明,相對傾向於個人主義、男性化,或者權力距離較低的社會,隱私政策的內容品質比較好。

表六　文化維度指數與隱私政策得分的逐步線性迴歸分析

	未標準化係數		標準化係數		
	B	標準錯誤	*β*	t	顯著性
(常量)	6.559	8.409		.780	.441
個人主義(IDV)	0.325***	0.099	0.456	3.278	.002
男性化(MAS)	0.260**	0.128	0.284	2.037	.049

因變項:隱私政策得分（$^*p < 0.1$；$^{**}p < 0.05$；$^{***}p < 0.01$）

在採用第三種方法,運用 SPSS 26 進行 K-means 聚類分析後,發現所分析的 42 個國家(其中賽普勒斯、巴林、直布羅陀三個國家無法找到文化維度指數,按缺失值處理)可以分為三個聚類(見表七)。

表七　各國隱私政策聚類分析

最終聚類中心	聚類		
	1	2	3
隱私政策得分 ***	43.4952	45.7961	26.7633
權力距離 ***	32	46	80
個人主義 ***	75	63	30
男性化 ***	42	64	50
不確定性回避 ***	46	76	57
個案數目	11	11	17

$^*p < 0.1$；$^{**}p < 0.05$；$^{***}p < 0.0$

聚類 1 的國家為紐西蘭、澳大利亞、加拿大、愛爾蘭、英國、美國、挪威、丹麥、芬蘭、冰島、愛沙尼亞,主要是英美及北歐國家,特

點是低權力距離、個人主義文化、不確定性規避指數較低。觀察這些國家的隱私政策，可以發現其話語策略通常比較注重溝通說服，非常尊重用戶的個人隱私權利，目的是取得使用者信任，最終促使其使用接觸者追蹤 App。這一類型的隱私政策得分往往較高，內容品質較好，例如，英國採用簡單易懂的語言和多種形式（圖解或影片）、發布多版本的隱私政策，溝通意圖十分明顯。

聚類 2 的國家為瑞士、以色列、南非、奧地利、德國、法國、捷克共和國、比利時、義大利、日本、波蘭，主要是歐盟國家以及部分亞洲國家，特點是偏向於男性化，不確定性規避指數較高。男性文化（MAS）更強調成就和物質成功，因此更強調使用私人資訊帶來的經濟效益，而在不確定性規避高的文化中，人們更傾向於制定詳細的規章制度來防止不確定性。因此這種類型的隱私政策一般強調隱私可以帶來的利益，且形式完整、內容規範，在閱讀感受上類似於法律文書，缺點是冗長而難以理解。

聚類 3 的國家為墨西哥、北馬其頓、卡塔爾、科威特、土耳其、突尼斯、阿聯酋、沙烏地阿拉伯、越南、印度尼西亞、新加坡、印度、馬來西亞、中國、斐濟、菲律賓，這些國家主要分布在亞洲、非洲及南美洲，特點是高權力距離、集體主義文化。這種類型的隱私政策通常對運營者的責任避而不談，而是強調用戶的義務和服從，體現了高權力距離和集體主義的文化特性。例如，科威特的 Shlonik 要求，用戶在註冊時「所提供的資訊必須是正確的、完整的，並且你必須在這些資訊有任何變化時進行更新。」「每個用戶對與他的帳戶有關的所有交易和活動或他在應用程式上進行的操作負有個人責任。」「使用者在使用 Shlonik 應用程式時，不得對任何人造成任何傷害、騷擾或不便。」等等。

最後，結合三個聚類的特徵，本研究將這些國家分為三種類型：溝通說服型、利益規範型、告知服從型。低權力距離和偏個人主義文化的社會，其隱私政策屬於溝通說服型，通常隱私政策得分較高；男性文化和不確定性回避指數較高的社會，其隱私政策屬於利益規範型，通常隱

私政策得分也較高；高權力距離和集體主義文化的社會，其隱私政策屬
於告知服從型，通常隱私政策得分較低。

討論與結論

基於調查結果的討論

本研究建構了一個針對於接觸者追蹤 App 隱私政策的評價指標體
系，並運用熵值法計算出各個指標的權重，進而對 42 個 App 的隱私
政策進行了內容分析。根據本研究的調查結果，接觸者追蹤 App 在用
戶隱私保護政策方面表現效果並未達到良好狀態，以 100 分爲滿分計
算得到平均分數僅爲 36.66 分，而且分數的分布並不平均，最高分爲
78.41 分，最低分爲 3.91 分。42 款 App 中有 36 款（85.7%）告知了使
用者其蒐集資訊的方式是基於自願的；有 16 款 App 蒐集了使用者敏感
資訊，其中蒐集位置資料的有 11 款（26.2%），蒐集個人身分資料（包
括姓名、位址、電話等可識別個人身分的資料）的有 18 款（42.9%），
蒐集使用者連絡人資料的有 9 款（21.4%）。僅有 7 款 App（16.7%）
在隱私政策中提供開源代碼，眞正做到資訊蒐集的公開、透明。雖然有
41 款 App（97.6%）告知了資訊使用的目的，但僅有 27 款（64.3%）承
諾其使用目的僅限於防疫，或不會用於其他任何目的。這些調查結果表
明，用戶對接觸者追蹤 App 存在隱私問題的擔憂是合理的。人們很難
完全相信這些 App 不會誤用，甚至濫用自己的個人資訊，尤其是涉及
到是否感染新冠病毒這樣的敏感資訊。

調查結果還顯示，新冠疫情下接觸者追蹤 App 隱私政策與以往的
隱私政策相比，呈現出多樣化的特徵。前人研究表明，隱私政策所使
用的詞彙是相當同質化的，這導致人們認爲這些隱私政策都是一樣的
（Milne & Culnan, 2004）。但本次研究卻發現，由於疫情形勢特殊和

法律制度迥異等原因，各國的隱私政策在內容、語言、形式上都有較大差異。本研究探討了霍夫斯泰德的文化維度對隱私政策內容品質的影響，發現權力距離指數（PDI）、個人主義指數（IND）、男性文化指數（MAS）均能顯著影響隱私政策分數，而不確定性回避指數（UAI）與隱私政策分數相關性不顯著。

相對而言，低權力距離和偏個人主義文化的社會，其隱私政策屬於溝通說服型，通常隱私政策得分較高；男性文化和不確定性回避指數較高的社會，其隱私政策屬於利益規範型，通常隱私政策得分也較高；高權力距離和集體主義文化的社會，其隱私政策屬於告知服從型，通常隱私政策得分較低。這可能是因為，在低權力距離和偏個人主義文化的社會，個人權利得到充分重視和尊重，隱私政策的功能主要是與公眾溝通，說服他們接受並採用接觸者追蹤 App；在男性文化和不確定性回避指數較高的社會，人們更重視隱私可以交換的利益，隱私政策的功能是制定規則，避免隱私訊息的濫用和無限期的使用；而高權力距離和偏集體主義文化的社會，隱私政策的主要功能是告知而不是說服，這也就可以解釋這種類型的隱私政策通常會告知數據蒐集和使用的目的，但主要是要求服從，很少對公眾作出任何承諾。

目前並沒有實證研究證明隱私政策和文化維度之間的聯繫，本研究在這方面作出了一定的貢獻，它發現文化因素在此方面具有重要的作用。迴歸模型顯示，個人主義／集體主義維度是影響隱私政策內容品質高低的一個顯著因素，其次是男性化／女性化維度。在不考慮其他因素的情況下，個人主義、男性化的社會，其隱私政策得分較高。這正是英國的情況，英國是一個傾向於個人主義、男性化的社會，其隱私政策分數是本次統計的最高分（78.41 分）。

多文化對比有助於我們發現國家和文化之間有不同的模式。雖然在迴歸分析中沒有發現不確定性回避與隱私政策品質有顯著相關關係，但在聚類分析中發現，對於部分個人主義指數相對較低的社會，不確定性回避也可以顯著影響隱私政策。例如，德國和英國都屬於低

權力距離（都是 35）的國家，但德國的個人主義指數（67）低於英國（89），不確定性回避指數（65）高於英國（35），隱私政策分數也較高（76.38）。這可能是因為他們較為重視規則，因而其隱私政策也比較完整和規範。

此外，到目前為止還沒有在較大規模上進行系統研究，大部分研究局限於對幾個國家的對比，這樣的結果就是，文化價值的不同被掩埋在國家間的簡單對比差異之中。本研究將文化維度的四個指數以及隱私政策分數共同作為變項進行聚類分析，發現全球範圍內的國家可以分為三種類型：溝通說服型、利益規範型、告知服從型。從這點看，本研究可以看成是一種良好的嘗試，對隱私政策研究作出了一定的貢獻。

研究局限與拓展方向

本研究的局限之一在於，對樣本的選取來自於《麻省理工科技評論》Covid Tracing Tracker 數據庫的統計結果。首先，該數據庫中的某些 App 實際上並未投入使用或隱私政策無法訪問，這些國家包括伊朗、迦納、匈牙利、保加利亞、泰國、北愛爾蘭、阿爾及利亞和孟加拉。例如 2020 年 3 月，谷歌從官方的 Play Store 中刪除了一款伊朗政府開發的安卓應用 AC-19，原因是該應用程式引發了爭議，一些用戶指責伊朗政府利用 COVID-19 恐嚇誘騙公民安裝該應用程式，然後蒐集電話號碼和實時地理位置數據（Cimpanu, 2020）。其次，該數據庫中的某些 App，其隱私政策經歷了數次修改和更新，例如新加坡的 Trace Together 於 2020 年 4 月 1 日初次發布至 2021 年 3 月 11 日為止，總共進行了 6 次更新，從匿名數據蒐集、身分資訊蒐集、追蹤權杖（Token）的使用，到該應用程式為什麼需要用戶對相機和文件 / 圖像的許可的資訊，如何反映修訂後的《2020 COVID-19（臨時措施）法案》，反映了政府在 COVID-19 期間蒐集和使用個人資訊的社會脈絡，但本研究僅分析了最新版的隱私政策。再次，2020 年 5 月以後，有部分歐盟國家

才開始開發相關的 Apps，這些也未能納入到本研究的範圍之中。

　　另一個局限在於，本研究希望將文化維度作爲自變項引入到跨文化比較分析中，從而對隱私政策研究作出一定的貢獻，其目的在於更加透澈地理解宏觀社會因素對隱私政策的影響，但受篇幅所限，未能探討各國經濟發展、政治制度和疫情的影響。在文化維度方面，僅蒐集到權力距離指數（PDI）、個人主義（IND）、男性文化（MAS）和不確定性回避指數（UAI）這四個指數，另外兩個後來補充的文化維度，即長期／短期取向（LTO/STO）和自我放縱／克制，未能納入研究考量，主要原因是本研究涉及到的國家數量較多，長期／短期取向（LTO/STO）和自我放縱／克制這兩個文化維度的數據缺失值太多，難以保證數據分析的準確性。本研究尙未涉及到的問題是，各國不同的隱私政策可能會產生什麼效果？用戶對這些隱私政策的反饋如何？這些問題均可作爲研究進一步的拓展方向，有待深入探討。

參考文獻

中文部分（Chinese Section）

朱曉峰（2004）。〈生命週期方法論〉。《科學學研究》，第 22 期，頁 6。

李卓卓、馬越、李明珍（2016）。〈數據生命週期視角中的個人隱私訊息保護—— 對移動 app 服務協議的內容分析〉。《情報理論與實踐》，第 39 期，頁 6。

周翔（2014）。《傳播學內容分析研究與應用》。重慶：重慶大學出版社。

徐敬宏、趙珈藝、程雪梅等（2017）。〈七家網站隱私權聲明的文本分析與比較研究〉。《國際新聞界》，第 39 期，頁 129-148。

馬騁宇、劉乾坤（2020）。〈移動健康應用程式的隱私政策評價及實證研究〉。《圖書情報工作》，第 64 期，頁 46。

萬里鵬（2009）。〈資訊生命週期研究範式及理論缺失〉。《中國圖書館學報》，第 5 期，頁 6。

霍國慶（2001）。《企業戰略資訊管理》。科學出版社。

英文部分（**English Section**）

Altmann, S., Milsom, L., Zillessen, H., Blasone, R., Gerdon, F., & Bach, R., et al. *Acceptability of app-based contact tracing for covid-19: Cross-country survey evidence.* Social Science Electronic Publishing.

Basch, C. H., Mohlman, J., Hillyer, G. C., & Garcia, P. (2020). Public health communication in time of crisis: Readability of on-line COVID-19 information. *Disaster Medicine and Public Health Preparedness, 14*(5), 635-637.

Berger, C. R., & Calabrese, R. J. (1975). Some explorations in initial interaction and beyond: Toward a developmental theory of interpersonal communication. *Blackwell Publishing Ltd, 1*(2), 99-112.

Calvo, R. A., Deterding, S., & Ryan, R. M. (2020). Health surveillance during covid-19 pandemic. *The BMJ, 369*(April), 1-3.

Cao, J., & Everard, A. (2008). User attitude towards instant messaging: The effect of espoused national cultural values on awareness and privacy. *Journal of Global Information Technology Management, 11*(2), 30-57.

Cimpanu, C. (2020, March 9). *Spying concerns raised over Iran's official COVID-19 detection app.* ZDNET. https://www.zdnet.com/article/spying-concerns-raised-over-irans-official-covid-19-detection-app/

Cho, H., Ippolito, D., & Yu, Y. W. (2020). Contact tracing mobile apps for COVID-19: Privacy considerations and related trade-offs. In *arXiv [cs.CR].* http://arxiv.org/abs/2003.11511

Cosgrove, L., Karter, J. M., Morrill, Z., & McGinley, M. (2020). Psychology and surveillance capitalism: The risk of pushing mental health apps during the COVID-19 pandemic. *Journal of Humanistic Psychology, 60*(5), 611-625.

Culnan, M. J. (2000). Protecting privacy online: Is self-regulation working? *Journal of Public Policy and Marketing, 19*(1), 20-26.

Culnan, M. J. (2000). Protecting privacy online: Is self-regulation working? *Journal of Public Policy and Marketing, 19*(1), 20-26.

Ferretti, L., Wymant, C., Kendall, M., Zhao, L., Nurtay, A., Abeler-Dörner, L., Parker, M., Bonsall, D., & Fraser, C. (2020). *Quantifying SARS-CoV-2 transmission suggests epidemic control with digital contact tracing.* Science.

Flavián, C., & Guinalíu, M. (2006). Consumer trust, perceived security and privacy policy: Three basic elements of loyalty to a web site. *Industrial Management*

& *Data Systems*, *106*(5), 601-620.

Flavián, C., & Guinalíu, M. (2006). Consumer trust, perceived security and privacy policy: Three basic elements of loyalty to a web site. *Industrial Management & Data Systems*, *106*(5), 601-620.

Fox, G., van der Werff, L., Rosati, P., Takako Endo, P., & Lynn, T. (2021). Examining the determinants of acceptance and use of mobile contact tracing applications in Brazil: An extended privacy calculus perspective. *Journal of the Association for Information Science and Technology*, 1-24. https://doi.org/10.1002/asi.24602

Hofstede insights tools - compare countries. Retrieved October 5, 2021, from https://www.hofstede-insights.com

Hofstede, G. (1980). *Culture's consequences: International differences in work-related values*. Beverly Hills, CA: Sage.

Huckvale, K., Torous, J., & Larsen, M. E. (2019). Assessment of the data sharing and privacy practices of smartphone apps for depression and smoking cessation. *JAMA Network Open*, *2*(4), e192542.

Johnson-Page, G. F., & Thatcher, R. S. (2001). *B2C data privacy policies: Current trends*. Management Decision.

Kamarinou, D., Millard, C., & Kuan Hon, W. (2016). Cloud privacy: An empirical study of 20 cloud providers' terms and privacy policies-Part I. *International Data Privacy Law*, *6*(2), 79-101.

Klein, N. (2020-March 17). Coronovirus capitalism - And how to beat it. *The Intercept*. Retrieved October 8, 2021, from https://theintercept.com/2020/03/16/coronavirus-capitalism/

Kleinman, R. A., & Merkel, C. (2020). Digital contact tracing for COVID-19. *CMAJ : Canadian Medical Association Journal = Journal de l'Association Medicale Canadienne*, *192*(24), E653-E656.

Koo, J., Kang, G., & Kim, Y. G. (2020). Security and privacy in big data life cycle: A survey and open challenges. *Sustainability*, *12*(24), 10571.

Kuzma, J. (2011). An Examination of privacy policies of global university web sites. *Journal of Emerging Trends in Computing and Information Sciences*, *2*(10), 485-491.

Lacity, M. C., & Janson, M. A. (1994). Understanding qualitative data: A framework of text analysis methods. *Journal of Management Information Systems*, *11*(2), 137-155.

Larus, J., Paterson, K., Veale, M., Smart, N., Preneel, B., Cremers, C., Troncoso, C., Fiore, D., Katzenbach, C., Damgaard, I., & Hofmann, J. (2020). Contact tracing joint statement. (n.d.). Kuleuven.Be. Retrieved July 5, 2023, from https://www.esat.kuleuven.be/cosic/sites/contact-tracing-joint-statement/

Levitan, K. B. (1982). Information resources as "goods" in the life cycle of information production, *33*(1), 44-54.

Liu, C., & Arnett, K. P. (2002). An examination of privacy policies in Fortune 500 Web Sites. *Mid-American Journal of Business*, *17*(1), 13-21.

Markel, M. (2005). The rhetoric of misdirection in corporate privacy-policy statements. *Technical communication quarterly*, *14*(2), 197-214.

McRobb, S., & Rogerson, S. (2004). *Are they really listening? An investigation into published online privacy policies at the beginning of the third millennium.* Information Technology & People.

Meier, Y., Schäwel, J., & Krämer, N. C. (2020). The shorter the better? Effects of privacy policy length on online privacy decision-making. *Media and Communication*, 8(2), 291-301.

Milberg, Sandra J., Burke, Sandra J., Smith, H. Jeff, & Kallman, Ernest A. (1995). Values, personal information privacy, and regulatory approaches. *Communications of the ACM*, 38(12), 65-74.

Milberg, Sandra J., Smith, H. Jeff, & Burke, Sandra J. (2000). In-formation privacy: Corporate management and national regulation. *Organization Science*, *11*(1), 35-57.

Milne, G. R., & Culnan, M. J. (2002). Using the content of online privacy notices to inform public policy: A longitudinal analysis of the 1998-2001 U.S. web surveys. *Information Society*, *18*(5), 345-359.

Milne, G. R., & Culnan, M. J. (2004). Strategies for reducing online privacy risks: Why consumers read (or don't read) online privacy notices. *Journal of interactive marketing*, *18*(3), 15-29.

Miyazaki, A. D., & Fernandez, A. (2000). Internet privacy and security: An examination of online retailer disclosures. *Journal of Public Policy and Marketing*, *19*(1), 54-61.

Miyazaki, A. D., & Fernandez, A. (2000). Internet privacy and security: An examination of online retailer disclosures. *Journal of Public Policy and Marketing*, *19*(1), 54-61.

Nissenbaum, H. (2004). Privacy as contextual integrity. *Washington Law Review*,

79, 119-157.

Nissenbaum, H. (2010). *Privacy in context: Technology, policy, and the integrity of social life.* Stanford University Press.

O'Neill, P. H., Ryan-Mosley, T., & Johnson, B. (2020, May 7). A flood of coronavirus apps are tracking us. Now it's time to keep track of them. *MIT Technology Review.* Retrieved October 8, 2021, from https://www.technology review.com/2020/05/07/1000961/launching-mittr-covid-tracing-tracker/

Parker, M. J., Fraser, C., Abeler-Dörner, & Bonsall, D. (2020). Ethics of instantaneous contact tracing using mobile phone apps in the control of the covid-19 pandemic. *Journal of Medical Ethics, 46*(7), 427-431.

Pollach, I. (2006). Privacy statements as a means of uncertainty reduction in WWW interactions. *Journal of Organizational and End User Computing (JOEUC), 18*(1), 23-49.

Readability test tool - Quick and easy way to test the readability of your work. WebFX. https://www.webfx.com/tools/read-able/ [accessed 2022-05-10]

Ryker, R., & Bhutta, M. K. S. (2005). Online privacy policies: An assessment of the Fortune Global 100. *Journal of International Information Management, 14*(1), 15-24.

Sanderson, P. (2020, April 3). Privacy & Pandemics: The Role of Mobile Apps (Chart). Retrieved October 8, 2021, from https://fpf.org/2020/04/03/fpf-charts-the-role-of-mobile-apps-in-pandemic-response-chart/

Sanfilippo, M. R., Shvartzshnaider, Y., Reyes, I., Nissenbaum, H., & Egelman, S. (2020). Disaster privacy/privacy disaster. *Journal of the Association for Information Science and Technology, 71*(9), 1002-1014.

Sharma, T., & Bashir, M. (2020). Use of apps in the COVID-19 response and the loss of privacy protection. *Nature Medicine, 26*(8), 1165-1167.

Taylor, R. S. (1982). Value-added processes in the information life cycle. *Journal of the American Society for Information Science, 33*(5).

Thompson, N., Mcgill, T., Bunn, A., & Alexander, R. (2020). Cultural factors and the role of privacy concerns in acceptance of government surveillance. *Journal of the Association for Information Science & Technology, 71*(9), 1129-1142.

Vitak, J., & Zimmer, M. (2020). More than just privacy: using contextual integrity to evaluate the long-term risks from covid-19 surveillance technologies. *Social Media + Society, 6*(3), 205630512094825.

Wing, J. M. (2018). *The data life cycle.* (2018, January 23). The Data Science

Institute at Columbia University. https://datascience.columbia.edu/news/2018/the-data-life-cycle/

World Health Organization. (2017, May 9). *Coronavirus disease (COVID-19): Contact tracing. (n.d.).* Who.int. Retrieved July 5, 2023, from https://www.who.int/news-room/questions-and-answers/item/coronavirus-disease-covid-19-contact-tracing

Wu, K. W., Huang, S. Y., Yen, D. C., & Popova, I. (2012). The effect of online privacy policy on consumer privacy concern and trust. *Computers in Human Behavior*, *28*(3), 889-897.

Zhang, B., Kreps, S., McMurry, N., & McCain, R. M. (2020). Americans' perceptions of privacy and surveillance in the COVID-19 pandemic. *PloS One*, *15*(12), e0242652.

Zhang, M., Chow, A., & Smith, H. (2020). Covid-19 contact-tracing apps: Analysis of the readability of privacy policies. *Journal of Medical Internet Research*, *22*(12), e21572.

Zuboff, S., & Schwandt, K. (2019). *The age of surveillance capitalism: the fight for a human future at the new frontier of power*. Profile Books.

附錄一　接觸者追蹤 App 隱私政策評價指標體系

一級指標 (6)	二級指標 (12)	三級指標 (26)	解釋說明	文獻來源
一般屬性	可讀性	文字易讀性	透過線上可讀性工具測量	Zhang et al.（2020）
		要點目錄	是否提供帶連結的要點目錄？	馬騁宇、劉乾坤（2020）
		圖解或影片	是否提供圖解或影片？	
	諮詢回復	地址	是否提供通信地址？	Pollach（2006）
		電子郵件	是否提供電子郵件？	
		電話號碼	是否提供電話號碼？	
	動態性	更新時間	是否提供更新時間？	Pollach（2006）
		變更通知	隱私政策變更是否會通知用戶？	
	透明度	代碼開源	是否說明開源代碼？	O'Neill et al.（2020）
資訊蒐集	蒐集意願	自願性	是否說明資訊蒐集是自願？	O'Neill et al.（2020）
	蒐集方式	採集技術	是否說明資訊蒐集使用了什麼技術？	Kleinman et al.（2020）
		敏感性資料	是否明確告知將獲取使用者設備許可權？	李卓卓等（2016）
		用戶控制	是否說明用戶可以隨時取消存取權限？	
	蒐集原則	最小化蒐集	是否符合資訊蒐集的最少夠用原則？	Parker et al.（2020）
		不確定性減少	是否說明不蒐集哪些資訊？	Pollach（2006）
		保護特殊群體	是否說明對未成年人資料蒐集的情況？	馬騁宇、劉乾坤（2020）

一級指標（6）	二級指標（12）	三級指標（26）	解釋說明	文獻來源
資訊使用	使用目的	使用目的告知	是否告知使用目的？	Fox et al. (2021)
		使用目的限制	是否說明蒐集的資訊不用於防疫以外的其他目的？	Parker et al. (2020)
資訊留存	資訊留存	儲存時限	是否說明蒐集的資訊過一段時間後會被刪除？	Parker et al. (2020); Vitak et al. (2020)
		儲存地點	是否說明資訊保存或處理的地點？	Koo et al. (2020)
		安全措施	是否有資訊安全存儲和保護措施？	Koo et al. (2020) 李卓卓等（2016）
資訊共用	資訊公開	資訊向他人公開	是否會將患者身分透露給其密切接觸者？	李卓卓等（2016）
	協力廠商共用	協力廠商共用告知	是否說明將資料披露或轉讓給協力廠商的情況？	Koo et al. (2020)
		協力廠商共用監管	是否說明對協力廠商的資料蒐集行為的監管情況？	李卓卓等（2016）
用戶權利	用戶權利	訪問、修改和刪除	是否說明用戶有訪問、修改和刪除權？	李卓卓等（2016）
		註銷帳戶	使用者是否可以登出帳戶，並刪除所有資訊？	

附錄二　全球接觸者追蹤 **App** 的樣本

序號	國　家	App 名稱	序號	國　家	App 名稱
1	中國	防疫健康碼	26	瑞士	SwissCovid
2	印度	Aarogya Setu	27	保加利亞	ViruSafe
3	印尼	PeduliLindungi	28	泰國	MorChana
4	日本	COCOA	29	新加坡	TraceTogether
5	墨西哥	CovidRadar	30	芬蘭	Koronavilkku
6	菲律賓	StaySafe	31	挪威	Smittestopp
7	越南	BlueZone	32	愛爾蘭	Covid Tracker
8	德國	Corona-Warm-App	33	紐西蘭	NZ COVID Tracer
9	土耳其	Hayat Eve Sı ar	34	科威特	Shlonik
10	伊朗	AC19	35	卡達	Ehteraz
11	法國	TousAntiCovid	36	北馬其頓	StopKorona
12	英國	NHS COVID-19 App	37	北愛爾蘭	StopCOVID NI
13	義大利	Immuni	38	巴林	BeAware
14	波蘭	ProteGO Safe	39	愛沙尼亞	HOIA
15	沙烏地阿拉伯	Tawakkalna	40	賽普勒斯	CovTracer
16	沙烏地阿拉伯	Tabaud	41	斐濟	CareFiji
17	馬來西亞	MyTrace	42	冰島	Rakning C-19
18	迦納	GH COVID-19 Tracker	43	直布羅陀	Beat Covid Gibraltar
19	澳大利亞	COVIDSafe	44	阿爾及利亞	Algeria's App
20	突尼斯	E7mi	45	比利時	Coronalert
21	捷克共和國	eRouska	46	加拿大	COVID Alert
22	匈牙利	VirusRadar	47	丹麥	Smitte|stop
23	阿拉伯聯合大公國	TraceCovid	48	南非	COVID Alert SA
24	以色列	HaMagen 2.0	49	孟加拉	Corona Tracer BD
25	奧地利	Stopp Corona	50	美國華盛頓州	WA Notify

新冠疫情與新冠疫苗

6 風險感知與疫苗猶豫：以台灣新冠肺炎疫情為例

盧鴻毅[1]、林冠承[2]、趙麟宇[3]

摘要

在新冠肺炎疫情蔓延之下，民眾的風險感知如何？以及哪些因素影響台灣民眾接種新冠肺炎疫苗的意願？本研究自 2021 年 5 月 29 日至 6 月 12 日進行台灣地區的網路調查，共有 803 位受訪者完成填答，扣除已經接種疫苗的 104 位，未施打疫苗的有效問卷為 699 份。本研究發現，面對疫情威脅，台灣地區民眾存在「樂觀偏誤」，認為身邊的人比自己容易感染新冠肺炎。本研究並進一步以「計畫行為理論」（TPB）作為基礎，加入其他可能的影響因素，發展成「計畫行為理論延伸模式」（ETPB），試圖了解哪些因素會影響個人疫苗接種意願；透過迴歸分析發現，「對接種疫苗所抱持的態度」及「新聞慎思程度」顯著地預測受訪者接種疫苗的意願。本研究建議，強化民眾對接種疫苗的正向態度有其必要，且未來針對流行疾病的健康宣導內容不應只流於「告知」或「情緒」的內容，應多一些「說服」性訊息，以提升接種的意願。

關鍵詞：新冠肺炎、計畫行為理論、疫苗接種

---

[1] 盧鴻毅，國立中正大學社會科學院傳播系（含電訊傳播碩士班）教授。研究興趣：健康傳播、資訊尋求、媒介效果、家庭溝通。
[2] 林冠承，國立中正大學社會科學院電訊傳播研究所碩士班研究生。研究興趣：健康傳播。
[3] 趙麟宇，戴德森醫療財團法人嘉義基督教醫院骨科部脊椎外科主任、嘉基工會理事長。研究興趣：國際衛生、流行病學。

6 Risk Perception and Vaccine Hesitancy: A Survey Study of the COVID-19 Pandemic in Taiwan

Hung-Yi LU[1], Guan-Cheng LIN[2], Lin-Yu CHAO[3]

Abstract

This study explored risk perception and determinants of vaccine uptake among Taiwanese while facing the spread of COVID-19. An Internet-based survey was conducted in Taiwan from May 29 to June 12, 2021. A total of 803 respondents were recruited to complete the online questionnaire, and 699 cases (of which 104 respondents were vaccinated) were found to be valid and thus used for analysis. The finding of this study shows that the phenomenon of optimistic bias among the respondents was robust while facing the threat of COVID-19, indicating their belief that they are less likely to be infected with COVID-19 than their counterparts. The theory of planned behavior (TPB) was adopted to guide this study, and the extended TPB was developed by

[1] Hung-Yi LU (Professor). Department of Communication and Graduate Institute of Telecommunications, College of Social Sciences, National Chung Cheng University. Research interests: health communication, information-seeking, media effect, family communication.

[2] Guan-Cheng LIN (M. A. Student). Graduate Institute of Telecommunications, College of Social Sciences, National Chung Cheng University. Research interests: health communication.

[3] Lin-Yu CHAO (Director of Spinal Surgery). Department of Orthopaedics, Ditmanson Medical Foundation Chia-Yi Christian Hospital, Chairperson of Ditmanson Medical Foundation Chia-Yi Christian Hospital Corporate Union. Research interests: international health, epidemiology.

adding variables to investigate the determinants of individuals' intention to get vaccinated. The results of regression analysis indicate that the attitude toward vaccination and news elaborations are significantly predictive of individuals' intentions toward vaccine uptake. This study, therefore, suggests that a positive attitude toward vaccination is vital and that the use of persuasive messages will be more effective than informative and emotional messages if medical professionals intend to encourage individuals to get vaccines.

Keywords: COVID-19, theory of planned behavior, vaccine uptake

研究動機與目的

2019 年底爆發新冠肺炎（COVID-19），之後快速擴展到世界各地，截至 2022 年 5 月初，確診病例超過 5 億人，死亡數超過 600 萬人（COVID-19 全球疫情地圖，2022 年 5 月 2 日）。台灣新冠肺炎感染首例則出現於 2020 年 1 月 21 日，原以爲台灣鄰近中國大陸，加上不少台商往返台海兩地之間，應該逃不過病毒的肆虐，但正當美洲、歐洲、亞洲等地區陸續淪爲疫區時，台灣卻一枝獨秀地守住淨土，轉身成爲防疫的世界模範生，並大聲疾呼「台灣可以幫助這個世界」（Taiwan can help）（Su et al., 2020），許多關於台灣防疫觀點的文章還陸續在國際期刊發表（如 Ko & Lee, 2021; Lai et al., 2021; Su et al, 2020），台灣瞬間成爲國際欽羨與學習的熠熠之星。

怎知好景不常，2021 年 5 月份爆發社區感染，新冠肺炎攻擊台灣的態勢如同「遍地開花」一樣，逼得台灣政府宣布進入三級警戒，停課、分流上班、人民自動封城等措施，一夕之間扭轉了台灣人民的生活日常，截至 2021 年 10 月 9 日，全台灣新冠肺炎累計確診人數爲 16,287 人（本土病例 14,582 人；36 例敦睦艦隊；3 例航空器感染；1 例不明及 14 例調查中），死亡人數爲 846 人（衛生福利部疾病管制署，2021 年 10 月 9 日），遠超過「嚴重急性呼吸道症候群」（SARS）時期 73 例的死亡人數（聯合新聞網，2021 年 6 月 11 日），原本自豪的「台灣 No. 1」，反被美國《時代》雜誌嘲諷爲「吹牛破功」（all it took to break down the world's most vaunted COVID-19 defense was a little secret tea）（財訊，2021）。

疫情無法降溫，每個人對於疫情風險感知又不同，台灣上下將抗疫希望放在疫苗接種上。問題是疫苗品牌各不同（包括 AstraZencca、Moderna 及 Pfizer-BioNTech 等），副作用眾說紛紜，加上疫苗數量不足下採取分流施打政策，接種新冠肺炎疫苗一事成了台灣人民「既想要

又怕受傷害」的預防醫學「選擇題」。面對流行疾病風險，爲何有人穩如泰山，有人坐立不安？爲何有些人熱切等待新冠肺炎疫苗，又有人敬而遠之？究竟是哪些因素影響台灣民衆的「疫苗猶豫」（vaccine hesitancy）？如果施打疫苗是有效降低疫情擴散的方法之一（Bellei, Carraro, Castelo, & Granato, 2006; Zhang et al., 2021），「找出影響疫苗接種意願的因素」這件事，對台灣當前的公共衛生實務及流行疾病風險管理格外重要。

關於流行疾病疫苗的相關研究，中外早有相關研究文獻出爐，只是疫病來襲時，醫學臨床研究（例如疾病起因、傳染途徑、疫苗安全性、抗體試驗等議題）通常受到比較多的關注（盧鴻毅、許富盛、侯心雅，2012；Cheng et al., 2020; Ho et al., 2020）；相較之下，健康傳播或是行爲科學等相關研究容易被忽略。

作爲跨越公共衛生及傳播領域的學者，面對新冠肺炎來襲，首先關注的是台灣地區民衆如何看待這場流行疾病風險？當流行疾病爆發，風險感知自然成爲健康傳播及風險管理的重要議題。感知風險會影響一個人的行爲表現，它是人類藉以趨吉避凶的本能之一（Abdulkareem et al. 2020; Li & Lyu, 2021），在新冠肺炎擴散快速、傳染力強以及缺乏有效治療方法的情況下，民衆對它的風險感知相對值得研究（Li & Lyu, 2021）。過去，學者針對許多疾病（包括癌症、禽流感、心臟疾病等）的研究，都發現「樂觀偏誤」（optimistic bias）的心理現象普遍存在民衆心中（盧鴻毅、許富盛、侯心雅，2012；Bränström, Kristansson, & Ullén, 2005; Rozanski et al., 2019）；同樣地，在新冠肺炎來襲之下，台灣地區民衆對它的風險感知如何？這問題像「潘朵拉的盒子」一樣，需要被打開一探究竟。

此外，在台灣社會對疫苗接種仍存爭議的當下，釐清影響接種意願的因素是另一個重要議題。「疫苗猶豫」（指在疫苗不缺之下還是不願或延緩接種）已經被世界衛生組織（WHO）列爲 2019 年世界「十大健康威脅之一」（Wang et al., 2022），本研究於是從健康傳播角度

出發，援用結合社會心理學（social psychological perspectives）及行為科學（behavioral science）等觀點的「計畫行為理論」（theory of planned behavior, TPB）作為基礎，探討影響「疫苗猶豫」的因素，可望補足臨床醫學研究的不足，也為社區公共衛生及健康促進與傳播開啟更多研究想像。

Ajzen（2020）於 1985 年以「理性行為理論」（theory of reasoned action, TRA）作為基底提出 TPB 理論模式之後，曾面對不同的爭議及提問，包括 TPB 與 TRA 有何不同之處？TPB 三個變項的測量方式為何沒有統一版本？或是「行為控制感知」與「自我效能」（self-efficacy）及「內外控傾向」（locus of control）有何不同？但本研究就理論發展及實證研究經驗等相關文獻來看，認為 TPB 的確是當前發展比較成熟、完整且足供本研究參考採用的行為理論，其理由包括：（1）後設研究分析（meta-analysis）（如 McEachan et al., 2011）發現，TPB 理論的三個「前置變項」（antecedent variable）（包括「主觀社會規範」、「態度」及「行為控制感知」）與「行為意願」的關聯性都高達 .40 至 .57 之間，多年來許多關於疫苗注射的研究紛紛以 TPB 作為研究理論基礎（如 Zhang et al., 2021; Zhou et al., 2018），希望藉由此一理論引導，找出影響疫苗接種的主要原因；（2）Ajzen（2020）在近期發表的一篇〈計畫行為理論：常被問及的問題〉（The theory of planned behavior: Frequently asked questions）文章中強調，除了「主觀社會規範」、「態度」及「行為控制感知」三個前置變項外，在沒有概念重複的疑慮下，TPB 理論容許研究者加入其他可能影響意願或真正行為的變項，發展成為 TPB 的延伸理論（extended theory of planned behavior, ETPB），之前 Armitage 與 Conner（2010）曾針對 185 個採用 TPB 所作的調查進行後設分析（meta-analysis）發現，「主觀社會規範」、「態度」及「行為控制感知」三個前置變項對於「行為意願」（behavioral intention）及「真正行為」（real behavior）的解釋能力大約為 39% 及 27%，後來學者（如 Tommasetti et al., 2018; Canova & Manganelli,

2020）進一步針對 TPB 模式進行修正，陸續就不同的研究主題加入「好奇心」（curiosity）、「感知的有用性」（perceived usefulness）之類的變項，的確發現從他們的研究中發展而成的 ETPB 理論提升了對「行為意願」及「真正行為」的預測能力；(3) TPB 理論除了被運用於公共衛生及健康行為領域的研究之外（如 Asare, 2015; Canava & Manganelli, 2020），商業（如 George, 2004）、教育（如 Skoglund et al., 2020）、政治（如 Canova & Manganelli, 2020; Hansen & Jensen, 2007）、運動（如 Ahmad et al., 2014）及資源回收（如 Passafaro, Livi, & Kosic, 2019）等不同領域也相當青睞此一理論，顯示它具有跨領域的實用性。

基於此，本研究著手探討影響台灣民眾施打新冠肺炎疫苗意願時，參考過往的研究文獻（如盧鴻毅、許富盛、侯心雅，2012；吳宜蓁、盧鴻毅、侯心雅，2009），除了保有 TPB 原有的三個前置變項之外，再加入「心理因素」（例如「樂觀偏誤」）、「社會因素」（例如「社會信任」）、「身體健康狀態」及「媒介使用」（例如「新聞注意程度」及「新聞慎思程度」）等變項，以提高 ETPB 模式對於施打疫苗意願的解釋能力。本研究希望此一 ETPB 模式除可望因為加入其他變項以提高對行為意願的預測能力之外，也希望經過調整之後的模式，更貼切地反映影響台灣民眾疫苗接種意願的因素，並作為社區健康促進與傳播學者未來擬定疫苗接種宣導策略的參考。

文獻討論

風險感知：誰比較容易感染流行疾病？

風險感知研究由來已久，每當一項流行疾病爆發，學者就會注意如何啟動不同的感知機制以預防疾病的發生或蔓延（Abdulkareem et al.,

2020）。

　　在風險感知的研究文獻中，健康心理學者經常進一步討論的觀點是「樂觀偏誤」（optimistic bias or unrealistic optimism），它是指個人有一種對風險推估的能力，但在估算過程中，基於自尊（self-esteem）之故，往往低估負面事件發生在自己身上的可能性；也就是說，一般人容易自覺壞事（例如離婚、車禍或是罹癌等）比較不會找上門，相對地一些好事（例如在就業市場上功成名就、小孩聰穎過人等）比較會降臨在自己身上（Sharot, 2011）。神經科學認為，「樂觀偏誤」之所以產生，源自於個人對訊息會產生選擇性的處理，遇到不想要的訊息，大腦即自動降低神經的編碼能力，導致個人無意識地忽略負面的訊息（Beattie et al., 2017），以藉此降低焦慮與壓力（Pascual-Leone et al., 2021）。

　　在「樂觀偏誤」的影響下，個人總覺得壞事離自己很遠，好事「非我莫屬」（Weinstein, 1980; Jefferson, Bortolotti, & Kuzmanovic, 2017）。早在三、四十年前，Weinstein（1982）就曾針對100名大學生進行調查，請他們就50種攸關其健康風險及生命安危的議題進行風險評估，結果當中的34種議題在受訪者的評估結果產生「樂觀偏誤」現象，即受訪者認為這34種涉及個人健康或生命安危的議題，會是身邊的其他人遭遇的風險比較高，相較之下，自己面對的風險比較低。

　　由於學者發現「樂觀偏誤」會影響個人的自我保護及風險規避行為（Miles & Scaife, 2003; Murray, 2011），在 Weinstein 提出此一社會心理學概念後的30年當中，被廣泛運用於吸菸（Arnett, 2000; Popova & Halpern-Felsher, 2016）、食物攝取型態（Miles & Scaife, 2003）、癌症（Bränström et al., 2005; Masiero et al., 2016）、心臟疾病（Masiero et al., 2016; Rozanski et al., 2019）、呼吸疾病（Masiero et al., 2016）、氣候變遷（Beattie et al., 2017）與投資行為（Fabre & Francois-Heude, 2009）等不同領域的研究，這段期間大約有20篇以「樂觀偏誤」作為研究焦點的文章發表在國際期刊中（Jansen,

2016），且這些研究結果發現，「樂觀偏誤」是普遍存在的心理現象。

　　在此情況下，當台灣地區民眾面對新冠肺炎的威脅時，是否也會產生「壞事比較會發生在別人身上」的心理？本研究於是提出以下的研究假設：

　　假設 1：受訪者認為別人比自己容易感染新冠肺炎。

影響疫苗接種意願的因素

I. 從 TPB 模式談起

　　TPB 源自於 TRA 理論，但 Fishbein 與 Ajzen（1975）強調，除了「主觀社會規範」、「態度」兩個變項之外，他們植基於 Bandura 的「自我效能」（self-efficacy），加入「行為控制感知」（個人對自己是否有能力去完成某一件事的感知）這個變項，將這三個變項作為預測個人行為意願及真正行為的「前置變項」。此一理論提出後，受到各界重視，TPB 模式的創始人 Ajzen（2020）在最近發表的一篇文章中便指出，截至目前為止有 2,000 多個實證研究採用 TPB 作為理論基礎，研究議題從「藥物使用」（drug use）、「資源回收」（recycling）、「運動」（physical activity）、「旅遊方式的選擇」（choice of travel mode）、「性安全」（safer sex）、「消費行為」（consumer behavior）、「科技採用」（technology adoption）到「隱私保密」（protection of privacy）等，相當多元。Ajzen（2020）認為 TPB 模式之所以廣泛為各界援用的原因在於：(1)它適合運用在各種不同行為的研究；(2) TPB 各個變項的測量工具都具有一定水準的信度與效度；(3)本身的理論架構清楚，且適用各種統計方法（例如迴歸及結構方程式）的分析；以及 (4) TPB 的理論基礎多年來受到眾多實證研究的支持。

　　健康促進行為研究者多年來也不斷引用 TPB 模式研究影響落實健康促進行為的因素，尤其多年來各種新型流行病問世，疫苗接種成為重

要議題，但疫苗接種往往引來許多負面新聞，讓社會大眾對於疫苗接種一事望之卻步（Miller et al., 2015），許多學者便透過 TPB 作爲理論基礎（如 Agarwal, 2014），或是進一步發展 ETPB 模式（如 Gallagher & Povey, 2006），以研究影響疫苗接種的因素有哪些？

　　學者 Agarwal（2014）便運用 TPB 模式於美國南部的某一所大學進行研究，針對傳播系的大學部學生調查影響他們接受 A/H1N1 疫苗接種意願的因素爲何？其研究結果發現，在控制「副作用」（side effect）、「自我效能」（self-efficacy）、「感知的相對罹病可能性」（perceived comparative susceptibility）等變項的狀況下，「主觀社會規範」、「態度」及「行爲控制感知」顯著地影響受訪大學生接受 A/H1N1 疫苗接種的意願，整個 TPB 模式所包含的變項可以解釋疫苗接種意願 51.70% 的變異量；而學者 Gallagher 與 Povey（2006）則採用 ETPB 模式，在愛爾蘭西南部針對 65 歲以上的長者進行研究，以了解影響流感疫苗接種意願的因素爲何？此一研究除了將原有的 TPB 模式的三個主要前置變項（包括主觀社會規範、態度及感知的行爲控制）納入之外，再加入「過去行爲」（past behavior）及「預期的悔恨」（anticipated regret）兩個變項，一起預測這些變項對行爲意願的影響，結果發現這五個變項總共可解釋當地長者是否接受流感疫苗接種意願的 48.2% 變異量。

　　最近，受新冠肺炎疫情之苦，各國學者也積極想找出哪些因素可能會影響一般民眾接種疫苗的意願。Shmueli（2021）結合「健康信念模式」及「計畫行爲理論」模式作爲研究理論基礎，試圖了解以色列成年人接種新冠肺炎疫苗的意願受到哪些因素的影響？就 TPB 的三個前置變項來看，發現只有「主觀社會規範」正向且顯著地預測受訪者接種疫苗的意願；而 Zhang 等人（2021）透過 TPB 模式針對中國大陸的工廠工人進行的調查便發現，新冠肺炎在中國大陸爆發之後，影響受訪者接受疫苗接種意願的因素主要有包括對接種疫苗抱持正向的「態度」（positive attitudes toward COVID-19 vaccination）以及自己

對接種疫苗的「行為控制感知」（perceived behavioral control to get a COVID-19 vaccination）。

雖然 TPB 模式的三個「前置變項」不見得同時對某一個行為意願產生顯著的預測能力，且 Armitage 與 Conner（2010）針對 TPB 相關研究所進行的後設分析也發現「主觀社會規範」因其測量工具較不周全等因素，使得它成為三個前置變項中對行為意願預測能力最弱的變項；但整體來看，在不同的國家或地區，針對不同流行病（例如流感、新冠肺炎等）的疫苗接種意願的相關研究來看，「主觀社會規範」、「對接種疫苗所抱持的態度」及「行為控制感知」似乎還是具有一定的顯著影響能力。基於此，本研究認為「主觀社會規範」、「態度」及「行為控制感知」對台灣地區民眾是否願意接種新冠肺炎疫苗的意願應該具有顯著的影響力，於是提出下列假設：

假設 2-1：主觀社會規範正向地預測受訪者接種新冠肺炎疫苗的意願。

假設 2-2：對接種疫苗所抱持的態度正向地預測受訪者接種新冠肺炎疫苗的意願。

假設 2-3：行為控制感知正向地預測受訪者接種新冠肺炎疫苗的意願。

II. 樂觀偏誤

所謂「偏誤」（bias）指的是個人「期待」與「結果」之間的落差。1980 及 1990 年代關於「樂觀偏誤」的研究主要以美國地區的研究為主，曾有學者質疑此現象是否有地域差別？後來學者針對加拿大、日本或印度等地區的研究發現，以加拿大地區來說，不管是好事或壞事都有樂觀偏誤現象存在；至於在日本地區的研究則發現，日本人對於負面事件存在樂觀偏誤現象。同樣地，於印度進行的研究也發現，社會經濟地

位越高的人，越存有樂觀偏誤的心態。

近來新冠肺炎疫情甚囂塵上，各國學者也想了解在此一國際流行病盛行之下，面對疾病的「樂觀偏誤」現象是否依然存在？以巴基斯坦爲例，當地學者 Asif 等人（2020）進行一項線上調查，總共完成 440 份有效問卷，研究結果發現，在新冠肺炎疫情的威脅下，受訪的巴基斯坦民眾心中依然存有「樂觀偏誤」心態（覺得別人比自己容易感染新冠肺炎），且此一風險感知的心理認知，完全不受性別、年紀及教育程度的影響。學者在羅馬尼亞及義大利所進行的研究結果也一樣，Druică、Musso 與 Ianole-Călin（2020）在新冠肺炎於歐洲爆發之後進行研究，發現不管是在羅馬尼亞或是義大利的受訪者也是覺得別人比自己容易感染 COVID-19，「樂觀偏誤」現象明顯存在。

從上述的討論來看，面對多年存在的健康促進議題或是當前爆發的新冠肺炎疫情，「樂觀偏誤」無疑是一個跨文化存在的普世現象；若進一步來看，它是否會影響個人的健康促進行爲表現？學者強調，面對世界流行的疾病，必須採取預防行爲，即早接種疫苗，降低面對流行病的不確定感；但是，樂觀偏誤心態一旦存在，個人就會低估自己罹病的風險，最後落得將自己及身邊的人全部扯進感染風險之中（Pascual-Leone et al., 2021）。Park 等人（2021）在美國針對 293 位成人所進行的研究就發現，樂觀偏誤會影響個人的風險感知，越覺得自己不會感染新冠肺炎的受訪者，越不會出現緊張與焦慮的現象，進而影響他們的資訊尋求及預防行爲（例如接種疫苗）。

過去，盧鴻毅等人（2012）在台灣爆發 H1N1 時，便曾針對台灣地區民眾進行一項網路調查，發現受訪民眾對於感染 H1N1 一事，認爲別人比自己的機率來得高；此一研究更發現，樂觀偏誤心態越強，受訪者願意接種疫苗的意願越低。如果再輔以上述各國的相關研究結果來看，本研究認爲在新冠肺炎疫情的威脅下，基於自尊之故，台灣地區的民眾應該也會出現「樂觀偏誤」的心態，認爲別人比自己容易感染新冠肺炎，且此一偏誤心態會進一步影響受訪者接種新冠肺炎疫苗的意

願。於是本研究提出下列假設：

假設 3：「樂觀偏誤」越強的受訪者，接受新冠肺炎疫苗接種
的意願越低。

III. 社會信任

新冠肺炎爆發後，各國政府除了採取邊境管制、自我居家、檢測及
監測等策略之外，最重要的方法之一就是建議接種疫苗；但並非每一
個人都願意接受接種，其不願接種的原因在於對疫苗安全性的信賴不
一，還包括害怕接種疫苗之後產生的副作用，另一個不容忽略的重要原
因在於對國家機器運作信任度不足（Trent et al., 2021）。

何謂「社會信任」（social trust）？它的定義不勝枚舉，它與「慈
悲」（benevolence）、「忠誠」（fidelity）及「道德」（morality）等
概念背後的意義差不多，即個人與他所相信的另一方之間是否存在共享
的價值（Larson et al., 2018），當共享的價值越多，信賴感相對越高。

社會信任是人與人、團體與團體之間建立關係的重要組件，在社會
信任的程度不足之下，一個國家的經濟、社會福利或政治發展也都會
受影響。研究指出，對政府的信任是「社會資本」（social capital）的
重要指標，通常政府的責任在於對抗不確定的因素，以保障人民的安
全。當不確定的狀況發生時，信任是將個人與政府拉在一起的重要關鍵
（Gozgor, 2021），而影響民眾對政府信任感及是否願意參與決策的重
要原因則在於政府的政策是否「透明」（transparency）與政府是否願
意對事「負責」（accountability）（Mabillard, 2021）。

人民對政府的信任度受「個人」及「文化價值」影響（Kim &
Kim, 2021）。長久以來，流行病發生期間，社會信任被視為影響「疫
苗猶豫」重要因素之一。學者於新冠肺炎爆發全球大流行之後，針對
19 個國家進行調查，發現在中國及南韓的受訪者中，一旦他們對國家
政府的信任度越高，其願意接受疫苗接種的意願越高（Lazarus et al.,

2021）。歐洲國家的研究結果也與亞洲地區的研究發現大同小異，例如英國學者針對 1,476 位受訪者進行調查，也發現當受訪者對政府的信任度越低時，他們對於接種新冠肺炎疫苗的意願也跟著降低（Jenning et al., 2021）；同樣地，奧地利、美國及德國的學者於疫情爆發之後，共同針對奧地利的民眾進行一項線上調查，發現受訪者對疫苗安全性及政府能力的不信任，都會阻礙他們接受新冠肺炎疫苗施打的意願（Schernhammer et al., 2021）。至於備受新冠肺炎疫情之苦的美國，這幾年的疫苗接種問題已「政治化」（Latkin et al., 2021），民眾對政府的信任度又落入有史以來的新低（Pew Research Center, 2019），只有美國疾病管制局（CDC）或世界衛生組織（WHO）背書的疫苗，民眾接種的意願才比較高，相對而言，川普（Donald John Trump）總統提出的接種疫苗呼籲，民眾買單的意願不高（Kreps et al., 2020）。

台灣過去幾年也面對一波又一波的流行疾病威脅，從新流感（H1N1）到現在的新冠肺炎，是否應該施打疫苗一事總是爭議不斷。在 2009 年新流感疫情爆發時，一項針對台灣地區民眾所進行的線上調查便發現，民眾對政府的信任度（包括「我覺得政府針對新流感採取的政策是正確的」、「我覺得政府會訂定長遠計畫解決新流感的問題」、「我覺得政府有能力解決新流感的問題」與「我覺得政府提供給人民注射的新流感疫苗是安全的」等）越高，其願意接受 H1N1 疫苗接種的意願也就越高（盧鴻毅、許富盛、侯心雅，2012）。

當新冠肺炎威脅台灣人民的健康時，是否也如之前其他疫情發生時一樣，民眾對政府的信任度會進一步影響他們接種疫苗的意願？基於國外及台灣過往的實證文獻來看，本研究提出下列假設：

假設 4：受訪者對政府的信任度越高，其接種新冠肺炎疫苗的意願越高。

IV. 健康狀態

「健康狀態」並非一個常用或很快就可以理解的名詞，它一向被視為一個醫學專有名詞（jargon）（Burgner & Rothman, 1987）。「健康狀態」是個人針對疾病在他的身上產生的效應所進行的自我表述，也就是一些因為疾病而產生的癥狀、功能限制或生活品質預期的落差等（Rumsfeld, 2020）。當學者探討疫苗接種意願的因素時，健康狀態經常被列為自變項之一。

韓國學者在 21 世紀初就針對一項名為「第四次韓國健康與營養調查」（2007-2009 年）的資料進行分析，受訪者共有 3,567 位 65 歲以上的長者，結果發現自覺身體健康狀態不佳的受訪者，比較願意接種流感疫苗（Kwon, Kim, & Park, 2016）；另外一項針對 5,336 位義大利民眾所進行的調查則發現，受訪者如果罹患糖尿病或心血管疾病，比較願意接種流感疫苗（Barbadoro et al., 2013）；同樣地，西元 2017-2018 年時，美國在因為流感而死亡的個案共 79,400 件，但接受疫苗接種比例依然低於 50% 的情況下，學者針對「自評身體健康狀態」（self-rated health status, SRHS）與「年度疫苗接種」（annual flu vaccination, AFV）之間的關係進行調查，發現受訪者假如覺得自己的健康狀態是「普通」或「不佳」，通常比較願意接種流感疫苗（Watson & Oancea, 2020）。

從亞洲的南韓、歐洲的義大利或美洲的美國等國家的研究調查結果來看，個人的身體健康狀態與接種疫苗之間的確存在顯著性相關，即身體狀況越差的人，其願意接種疫苗的意願或行為相對都比較高。但並非所有的研究結果都支持「身體狀況越差越願意接種疫苗」這回事，在西班牙針對一項調查資料（從 2006 年到 2017 年）所分析的結果卻與上述關於南韓、義大利或美國的研究結果大相逕庭，這項針對 65 歲以上、患有慢性病的西班牙居民所進行的調查發現，膽固醇偏高、罹患癌症的受訪者，反而比較不願接受疫苗接種（de la Cruz & Cebrino, 2020）。

「健康狀態」一直被視爲與個人是否願意接種疫苗有關，研究結果也發現兩者之間存在顯著關聯性；只是它究竟是趨使個人積極或抗拒接種疫苗？從目前得到的研究結果來看，似乎呈現兩極化，此一研究問題值得進一步深究。

由於台灣地區在新冠肺炎疫苗的接種過程中又將患有糖尿病等慢性疾病患者列爲優先施打對象，於是本研究將身體健康狀態區分爲「罹患慢性病」及「自覺身體健康狀態」兩個層面，一個是具體的事實，另一個是個人心理自覺的狀態，依次提出下列兩個研究問題：

研究問題 1-1：罹患慢性病的受訪者接種新冠肺炎疫苗的意願如何？

研究問題 1-2：自覺身體健康狀態較差的人接種新冠肺炎疫苗的意願如何？

V. 媒介使用

Eveland（2002）近來提出「認知中介模式」（cognitive mediation mode, CMM），此一模式融合「使用與滿足研究」（uses and gratifications research）、「資訊處理研究」（information-processing research）及「認知心理學」（cognitive psychology）等不同領域的概念，作爲解釋個人從新聞學到什麼？以及如何處理學到的資訊（Ho et al., 2017）？也就是說，個人基於他所欲滿足的目的，會主動接收新聞，並從新聞中學習東西，進而產生傳播效果。因此，當傳播研究談到「媒介使用」（media use）時，除了早期傳播研究所關注的「曝露程度」（也就是一般所說的「使用時間」）之外，學者也進一步強調「媒介注意」（media attention）及「媒介慎思」（media elaboration）的重要性。

以媒介「使用時間」爲例，過往不少研究都支持個人的媒介使用時間越多，對他們的行爲影響越大，包括影響個人的環保行爲（Lee &

Cho, 2020）、是否願意採取健康預防行為（Tang & Wang, 2021）以及引發肥胖（Robinson et al., 2017）等。

如以流行疾病為議題來看，近期美國學者特地研究報紙登載建構的新冠肺炎議題以及讀者的新聞曝露狀況對他們接種疫苗的影響為何？該研究發現，受訪的成人如果曝露在流行病相關新聞的時間越多，越不願意接種新冠肺炎疫苗（Xu, Ellis, & Laffidy, 2020）；但不同的研究，往往得到不同的結果，一項針對黎巴嫩（Lebanon）人民的研究卻發現，受訪者的新聞曝露程度越高，越會採取對新冠肺炎的預防措施（Melki et al., 2020）；Liu 等人（2020）針對中國大陸的研究也發現，受訪者曝露於新冠肺炎訊息的時間越多，越會影響他們的「社會道德感知」、「風險感知」及「負面情緒」，進而影響其健康預防行為。

顯然，新聞曝露程度可能會對個人行為產生影響，但產生的是正向或負向影響，可能因不同地區、研究對象而產生不同的結果；此外，過往研究（如 Prior, 2009）也發現，光測量一個人的媒介「使用時間」，量表的設計各有不同，且往往無法得知受訪者對媒介內容的「涉入程度」（involvement）究竟如何？例如受訪者的「自我回答」（self-reported）媒介使用時間也許很長，但如果絕大多數時間他都處於「儀式性」（ritual）的使用行為（例如把收音機打開但漫不經心地收聽），以這樣的測量結果進行分析值得商榷。

傳播學者於是跳脫「使用時間」的思考框架，轉往討論「新聞注意」及「新聞慎思」對個人行為的影響程度。CMM 模式提出時，一些實證研究主要鎖定政治議題，發現個人的「新聞注意」及「新聞慎思」會影響其政治知識的接收；也就是說，個人動機使然，趨使其學習政治知識，當個人願意注意或思考某一新聞時，他就會因此獲取更多的政治知識（Ho et al., 2017）。

傳播學者也試著將 CMM 模式運用在健康傳播議題研究上。新加坡在 H1N1 爆發時針對 1,055 位成人進行調查，發現「新聞注意」及「新聞慎思」是動機與預防行為之間的顯著中介變項（Ho, Peh, & Soh,

2013）；之後，新加坡的學者也將議題延伸到女性的乳癌，他們針對802 位年齡介於 30 至 70 歲的女性進行研究，資料顯示她們對於媒介（報紙、電視及網路）的注意力會影響人際溝通，其中對於報紙及電視新聞的注意力又會影響新聞慎思，新聞慎思又會影響個人對於乳癌所具備的知識（Lee et al., 2016）；另外，當「豬流感」（swine flu）爆發時，台灣也針對 1,409 位受訪者進行調查，探討「資訊處理策略」（information-processing strategies）與「健康知識學習」（learning of health knowledge）之間是否存在顯著的關聯性，分析結果指出受訪者的「新聞注意」及「新聞慎思」都顯著地影響他們對豬流感的相關知識。

　　由上述討論可知，「新聞注意」及「新聞慎思」的確會影響個人的疫苗接種意願。只是，當真實新聞及假新聞（fake news）交雜之下，新聞注意力越強或慎思能力越多，對個人接種疫苗意願的影響如何？與過往的研究相比，是相互呼應或翻轉過往的研究發現？這才是值得關注之處。在此情況下，本研究提出以下假設：

假設 5-1：新聞注意程度會顯著地預測受訪者接種新冠肺炎疫苗的意願。

假設 5-2：新聞慎思程度會顯著地預測受訪者接種新冠肺炎疫苗的意願。

研究方法

研究設計

　　由於疫情期間，無法執行面對面的問卷調查，本研究採用網路問卷蒐集資料，自 2021 年 5 月 29 日至 6 月 12 日止，透過臉書及 LINE 群組等管道分享線上問卷網址（https://forms.gle/

EMdhY85FUh7ppx5j7），由受訪者自行點選連結以填寫問卷。

研究對象

本研究主要針對台灣地區民眾進行網路問卷調查，共有 803 位受訪者完成填答，扣除已經接種疫苗的 104 位以及無效問卷 0 份，未施打疫苗的有效問卷為 699 份（其中男性占 56.90%，女性占 39.80%；如就居住地區來看，北部占 40.80%，中部占 22.60%，南部占 33.80%，東部占 2.70%，以及離島 1.00%；若就年齡而言，最年輕的受訪者 16 歲，最年長的受訪者 73 歲，平均年齡為 33.70 歲）。

測量工具

I. 自變項

1. **主觀社會規範**：「主觀社會規範」主要測量受訪者是否認為身邊大多數人同意其採取的行為以及其對於身邊其他人的看法是否會想辦法去配合遵守。本研究所採用的測量量表主要參考 Chu 與 Liu（2021）所採用的量表，共有三道題項，分別為「大多數的人認為接種新冠肺炎疫苗是正確的」、「大多數的人認為接種新冠肺炎疫苗可以減緩疫情蔓延」及「大多數的人認為接種新冠肺炎疫苗不僅可以保護自己，也保護別人」，此一七等份李克特量表（Likert scale）的答案從「非常不同意」（1）到「非常同意」（7）。

透過因素分析法（principal component analysis），並配合最大變異法進行轉軸，發現「主觀社會規範」的三道題項僅呈現一個因素，且每一個因素負荷量均在 .90 以上，因素的愛根值（Eigen value）為 2.49，可解釋 83% 的變異量，再針對此量表進行信度檢定，其 Cronbach's alpha 值為 .90。基於因素分析及信度檢驗結果，本研究將「主觀社會

規範」量表的三道題項得分加總後除以 3，構成「主觀社會規範」的分數（平均數 = 6.05，標準差 = .97）。

　　2. 對接種疫苗所抱持的態度：「態度」主要測量受訪者對於接種疫苗一事的信念（內在狀態）。在此情況下，本研究參考 Yang（2015）所採用的語意量表進行施測，包括三項語意極端的形容詞「愚蠢的—明智的」、「有害的—有益的」及「負面的—正面的」，此一語意量表分為七等份，數字越大代表受訪者的答案越接近正向的形容詞，數字越小代表受訪者的答案越接近負面的形容詞。

　　本研究透過因素分析法，並配合最大變異法進行轉軸，發現「對接種疫苗所抱持的態度」的三個題項僅呈現一個因素，且每一個因素負荷量均在 .96 以上，因素的愛根值為 2.75，可解釋 91% 的變異量，再針對此量表進行信度檢定，其 Cronbach's alpha 值為 .96。基於因素分析及信度檢驗結果，本研究將「態度」量表的三項題項得分加總後除以 3，構成「對接種疫苗所抱持的態度」的分數（平均數 = 6.24，標準差 = .94）。

　　3. 行為控制感知：「行為控制感知」主要在測量受訪者覺得自己是否具有可以控制自己行為的能力。本研究所用的量表是參考盧鴻毅等人（2012）所發展的量表作為參考基礎，共有三道題項，包括「我相信自己有能力避免感染新冠肺炎」、「我相信自己可以透過各種方法避免感染新冠肺炎」及「我相信自己會採取積極行動避免感染新冠肺炎」，此一七等份李克特量表的答案從「非常不同意」（1）到「非常同意」（7）。

　　經由因素分析法，並配合最大變異法進行轉軸，「行為控制感知」所採用的三個測量題項僅呈現一個因素，且每一個因素負荷量介於 .63 至 .94 之間，因素的愛根值為 2.11，可解釋 70% 的變異量，再針對此量表進行信度檢定，其 Cronbach's alpha 值為 .81。基於因素分析及信度檢驗結果，本研究將「行為控制感知」量表的三道題項得分加總後除以 3，構成「行為控制感知」的分數（平均數 = 5.27，標準差 = 1.15）。

4. **樂觀偏誤**：「樂觀偏誤」測量的是個人判斷壞事發生在別人身上及自己身上的機率差別爲何。過去關於樂觀偏誤的測量方式可以區分爲兩種方式，一種是直接式的提問（請受訪者直接估算自己與他人面臨風險的差異），另一種則是「間接提問」（由受訪者先分別針對自己及他人的風險高低進行提問，再進一步針對兩題的差異進行計算）。由於過往的研究發現「分開提問」較「直接式提問」來得具有建構效度，於是本研究採用間接提問方式進行測驗，採用的題目主要參考盧鴻毅等人（2012）針對新流感（H1N1 flu）的研究所採用的方式，詢問受訪者認爲「自己感染新冠肺炎的可能性」及「身邊其他人感染新冠肺炎的可能性」，測驗問題採用十等份李克特量表，答案範圍從「完全不可能」（0）到「非常可能」（10）；之後，本研究將受訪者對於他人感染新冠肺炎可能性的風險評估得分減掉對自己風險評估的得分，即代表其個人「樂觀偏誤」的程度（10 分到 –10 分），分數越高代表受訪者對於感染新冠肺炎的「樂觀偏誤」程度越高（平均數 = 1.12，標準差 = 1.32）

5. **社會信任**：社會信任所要測量的是受訪者對於台灣政府所採取的疫苗政策是否認爲是「好的」、「公平的」或「信實的」。在此情況下，研究者參考過去盧鴻毅等人（2012）所採用的量表，量表共有三道題項，包括「我認爲政府針對新冠肺炎採取的政策是正確的」、「我覺得政府針對新冠肺炎疫情有長遠的解決方案」及「我認爲政府有能力解決新冠肺炎的疫情」，此一七等份李克特量表的答案從「非常不同意」（1）到「非常同意」（7）。

經由因素分析法，並配合最大變異法進行轉軸，「社會信任」所採用的三個測量題項僅呈現一個因素，且每一個因素負荷量皆高於 .94，因素的愛根值爲 2.65，可解釋 88% 的變異量，再針對此量表進行信度檢定，其 Cronbach's alpha 值爲 .94。基於因素分析及信度檢驗結果，本研究將「社會信任」量表的三道題項得分加總後除以 3，構成「社會信任」的分數（平均數 = 4.00，標準差 = 1.75）。

6. **個人的健康狀態**：「個人的健康狀態」主要包括兩個部分，一

部分是詢問受訪者是否罹患慢性病（包括癌症、心血管疾病及糖尿病等），答案包括「是」與「否」，另一部分則由受訪者自己評估身體健康狀態，答案包括「很差」、「差」、「普通」、「好」及「非常好」。

7. **媒介使用**：有關「媒介使用」這個變項，本研究主要測量受訪者的「新聞注意程度」及「新聞慎思程度」等。

「新聞注意程度」主要測量受訪者平常對於新冠肺炎的關注程度，問題包括「我最近會一直關注報紙上有關新冠肺炎的新聞」、「我最近會一直關注電視上有關新冠肺炎的新聞」與「我最近會一直關注網路上有關新冠肺炎的新聞」等，此一七等份李克特量表的答案從「非常不同意」（1）到「非常同意」（7）。本研究進一步經由因素分析法，並配合最大變異法進行轉軸，發現「新聞注意程度」所採用的三個測量題項僅呈現一個因素，且每一個因素負荷量皆高於 .68，因素的愛根值為 1.69，可解釋 56% 的變異量，再針對此量表進行信度檢定，其 Cronbach's alpha 值為 .60。基於因素分析及信度檢驗結果，本研究將「新聞注意程度」量表的三道題項得分加總後除以 3，構成「新聞注意程度」的分數（平均數 = 4.74，標準差 = 1.35）。

此外，「新聞慎思程度」主要測量受訪者在閱讀、收看或瀏覽新冠肺炎的相關新聞之後，是不是會進一步思考相關問題以及與個人生活的相關連結為何等，此一量表的題項包括「在看過新冠肺炎的相關新聞後，我會思考新冠肺炎的問題」、「我通常會將新聞上看到的新冠肺炎相關資訊與自身的生活經驗進行連結」與「當生活中遇到新冠肺炎的相關討論時，我會想起並思考新聞上有關新冠肺炎的報導」等，此一七等份李克特量表的答案從「非常不同意」（1）到「非常同意」（7）。再經因素分析法，並配合最大變異法進行轉軸，本研究發現「新聞慎思程度」所採用的三個測量題項僅呈現一個因素，且每一個因素負荷量皆高於 .91，因素的愛根值為 2.53，可解釋 84% 的變異量，再針對此量表進行信度檢定，其 Cronbach's alpha 值為 .91。基於因素分析及信度檢驗結果，本研究將「新聞慎思程度」量表的三道題項得分加總後除以 3，

構成「新聞慎思程度」的分數（平均數 = 5.96，標準差 = 1.02）。

8. 人口變項：在本研究中的人口變項包括性別、居住地、年齡、教育程度、收入及政黨傾向等。

(1) 性別：包括「男」、「女」。

(2) 居住地：包括「北部」、「中部」、「南部」、「東部」及「離島」。

(3) 年齡：此一部分由受訪者填具自己的實際年齡，其中最年輕的受訪者 16 歲，最年長的受訪者 73 歲（M = 33.7, SD = 13.19）。

(4) 收入：由受訪者自己填選其家中每個月的收入狀況，答案包括「未滿 10,000 元」、「10,000-30,000 元」、「30,001-50,000 元」、「50,001-70,000 元」、「70,001-90,000 元」及「90,001 元以上」。

(5) 政黨傾向：包括「國民黨」、「民進黨」、「民眾黨」、「時代力量」、「親民黨」、「基進黨」及「無任何政黨傾向」。

II. 依變項

本研究的依變項為「疫苗接種意願」，主要詢問受訪者接種新冠肺炎疫苗的意願如何，答案包括「非常不願意」（1）到「非常願意」（7）。

統計方法

本研究運用 SPSS for windows 15.0 進行統計分析，以 t 檢定（t-test）及多元階層迴歸分析（multiple hierarchical regression analysis）驗證假設及回答研究問題；其中，多元階層迴歸分析部分主要將控制變項及自變項逐一加入迴歸模式的過程中，觀察不同階段迴歸模式的整體解釋力與各個控制變項及自變項解釋力之間的變化。在本研究中，p < .05 代表達到統計顯著水準。

分析結果

研究分析發現，調查截止之前，所有受訪者中有 12.95% 完成疫苗接種。本研究首先採用 t 檢定，以了解疫情之下，「樂觀偏誤」的心理是否存在？統計結果發現，面對持續升溫的疫情，民眾心中的「樂觀偏誤」（$t = -22.39, df = 698, p < .001$）依然存在，顯然一般民眾還是認為感染新冠肺炎這件「壞事」比較容易發生在別人的身上（平均數 = 4.66，標準差 = 1.34），相較之下比較不會發生在自己的身上（平均數 = 3.54，標準差 = 1.54）；假設 1 因此受到支持。

如就回收資料進一步執行迴歸分析發現，在控制「人口變項」（包括「性別」、「居住地」、「年齡」、「教育程度」、「收入」及「政黨傾向」）之下，本研究陸續輸入其他變項，包括「主觀社會規範」、「對接種疫苗所抱持的態度」、「行為控制感知」、「樂觀偏誤」、「社會信任」、「罹患慢性病」、「身體健康狀態」、「新聞注意程度」及「新聞慎思程度」等，最後發現「對接種疫苗所抱持的態度」（$\beta = .70^{***}$）及「新聞慎思程度」（$\beta = .14^{***}$）等變項與疫苗接種意願具有顯著的關係。由此可知，假設 2-2 及假設 5-2 受到支持，其他幾個假設則不受支持；至於研究問題 1-1 及 1-2 部分則發現「罹患慢性病」及「身體健康狀態」兩個因素不影響個人的疫苗接種意願。

整體而言，「人口變項」、「主觀社會規範」、「對接種疫苗所抱持的態度」、「行為控制感知」、「樂觀偏誤」、「社會信任」、「新聞注意程度」、「新聞慎思程度」及「預防行為」等變項總共可以解釋「接種新冠肺炎疫苗意願」56% 的變異量（adjusted $R^2 = .56$）（相關統計結果請見表一）。

表一

自變項	依變項
	疫苗接種意願
第一階層	
性別（女性 = 1，男性 = 0）	.03
居住地（北部 = 1，其他 = 0）	.02
年齡	.01
教育程度	.01
收入	.08**
政黨傾向（民進黨 = 1，其他 = 0）	.03
Adjusted R^2	.03
第二階層	
主觀社會規範	−.04
對接種疫苗所抱持的態度	.70***
行為控制感知	−.05
Incremental adjusted R^2	.51
第三階層	
樂觀偏誤	−.01
社會信任	.02
Incremental adjusted R^2	.00
第四階層	
罹患慢性病	.01
身體健康自我評價	.04
Incremental adjusted R^2	.00
第五階層	
新聞注意程度	.01
新聞慎思程度	.14***
Incremental adjusted R^2	.02
Total adjusted R^2	.56

註：** $p < .01$；*** $p < .001$

討　論

本研究的主要目的爲了解新冠肺炎疫情之下，台灣地區民眾對流行疾病的「風險感知」以及影響「疫苗猶豫」的因素爲何，以作爲政府在防疫及疫苗推動政策的參考。以下將分別就「關於風險感知」及「從影響疫苗猶豫因素談政策方向」兩部分進行討論：

關於風險感知

當疫情發生時，健康心理及傳播的學者往往想知道一般民眾如何看待面臨的健康風險，如何評估自己染病的可能；於是，多年來，「樂觀偏誤」成爲學界關心的議題。由於新冠肺炎是一種新興的流行疾病，面對諸多的不確定，社會大眾理當對它抱持害怕擔憂，但爲何「樂觀偏誤」心態依然存在？其實，得到這樣的結果一點也不意外，學者整理樂觀偏誤的相關研究時便發現，當社會大眾面對 HIV/AIDS 感染、癌症、菸害、藥物濫用或新流感等健康議題時，都逃不過「樂觀偏誤」這一關（如 Chapin, 2000；盧鴻毅、許富盛、侯心雅，2012）。

產生「樂觀偏誤」心態因何而來？心理學研究發現，個人之所以會心存「樂觀偏誤」，與「自尊心」（self-esteem）作祟、「避免焦慮」（avoid anxiety）的不安全感以及「比較判斷產生誤差」（error in comparative judgments）等心理機制有關。以自尊心爲例，個人之所以認爲自己所面對的健康風險比身邊其他人來得低，原因之一是因爲自尊心使然，導致個人寧可進行「向下比較」（downward comparisons），據此產生自我優越感（Gunther & Mundy, 1993; Weinstein, 1987），自信有能力可以應付眼前的風險；同樣地，個人爲何會藉由「樂觀偏誤」的心理機轉，作爲面對疾病風險的方式？主要是此一偏誤的心理，讓個人不用看到或是想起產生心理焦慮的資訊，「鴕鳥心態」讓他們保有一

種「正向的自我印象」（positive self-image），覺得自己有能力挺過當前的健康風險；至於「比較判斷產生誤差」如何影響一個人的風險感知？因為個人會針對個人及身邊的其他人進行風險評估，往往在比較判斷過程中產生諾貝爾獎得主 Daniel Kahneman（2011）所說的「最顯著的認知偏誤」（the most significant of the cognitive biases），當過度高估自己的能力，相對也就低估了身邊其他人的能力，導致自己活在屬於自己想像的雲端中。

從影響疫苗猶豫因素談政策方向

過去研究發現「主觀社會規範」、「行為控制感知」、「樂觀偏誤」、「社會信任」、「個人的健康狀態」，以及「新聞注意程度」都有可能影響一個人的疫苗接種意願，但在本研究的分析結果並未發現這些自變項與接種意願之間具有顯著的相關性，只有「對接種疫苗所抱持的態度」及「新聞慎思程度」兩個變項對於新冠疫苗的接種意願具有顯著性的影響，這樣的統計結果所代表的意義值得進一步分析討論。

探究其背後的原因，可能涉及當前新冠肺炎疫苗均首次問世，品牌多元（包括 BioNTech、Moderna、Medigen 及 AstraZeneca 等不同廠牌所製造的疫苗）、保護力及副作用（包括注射部位疼痛、疲倦、頭痛、肌肉痛、畏寒、關節痛、發燒、血栓及心肌炎等）也不一而足。面對林林總總的新冠肺炎疫苗品牌以及媒體大幅報導的疫苗副作用，使得民眾對疫苗「安全性」充滿不確定性，即便心知感染風險高、對政府的防疫政策滿懷信心等，還是寧可緩打疫苗，靜觀其變，不願成為新冠肺炎疫情下的「實驗白老鼠」（Lin, 2021）。

國內外的研究都發現，民眾對於疫苗「安全性」所抱持的態度及信心，的確成為影響「疫苗猶豫」的重要因素。台灣大學公共衛生學院官晨怡教授針對 67 位台灣民眾所進行的質性研究發現，老年人及慢性病患不願接種疫苗的原因主要是「害怕受不了副作用」；藍領或弱勢者擔

心的是「疫苗副作用導致無法維持生計」；另類療法使用者不願施打的
理由則是「疫苗的不良反應會破壞身體的自然平衡，透過運動提高自身
免疫力是對抗病毒最好的方法」。顯然，民眾對疫苗接種卻步的一大主
因的確是對疫苗安全性心存不安，若此態度無法轉變，接種率自然無法
提升（報導者，2022）；一項跨國研究也發現，台灣地區民眾認為新
冠肺炎的疫苗發展過於迅速、副作用多、疫苗效果不具體、疫苗市場機
制不健全、政治力量介入疫苗市場等因素，是讓他們裹足不前，不願接
受疫苗接種的原因（Wang et al., 2022）。

　　常言道「態度決定高度」，從國內外學者針對台灣地區的研究及本
研究的結果都很明顯地指出，民眾如果對疫苗安全性感到不確定，對接
種疫苗一事抱持負面的態度，「疫苗猶豫」確實不容易找到解套方法。
TPB 曾經被引用針對各種不同的健康行為進行研究，發現「主觀社會
規範」、「態度」及「行為控制感知」等三個變項固然對行為意願或真
正行為具有一定的影響力，但「態度」往往又是三者當中預測能力最
強的因子，例如一項針對 23 項研究所進行的系統性分析便發現，態度
與行為意願之間的相關程度高達 .52，幾乎是其他兩個變項的兩倍之強
（Hausenblas, Carron, & Mack, 1997）；另一項後設分析研究也指出，
態度與行為之間的關聯性高達 .79（Kim & Hunter, 1993）。顯然，態
度在 TPB 的三個主要自變項中扮演強大的預測角色，而本研究的發現
似乎也與過往的研究結果吻合。

　　心理學研究指出，態度是個人對他人或所要採取行為的正面或負面
的心理狀態，如果這種狀態是正向的，就會影響個人採取行動，一旦是
負面的心理狀態，個人就會抗拒採取行動（Fishbein & Ajzen, 1975）。
本研究針對「對接種疫苗所抱持的態度」所採用的量表內容包括「愚蠢
的—明智的」、「有害的—有益的」及「負面的—正面的」三個題項，
可想而知，受訪者如果對接種疫苗一事認為是「明智的」、「有益的」
及「正向的」，其接種疫苗的意願勢必提高。

　　在疫苗安全性莫衷一是的當下，既然「對接種疫苗所抱持的態度」

是一個影響意願的顯著因子，衛政單位對於抗拒接受疫苗接種的人民，可能必須強化其對於疫苗接種的正向態度。未來在訊息的放送內容中，不能只有強調「戴口罩、勤洗手及保持安全距離」等相關訊息，更重要的是仔細針對疫苗的「安全性」進行說明，以取得社會大眾對於接種疫苗的正面信任態度，當社會大眾覺得接種疫苗是「有益的」、「明智的」，或許可以提高疫苗的接種率。

至於另一個顯著影響受訪者是否有意願接種疫苗的因素是「新聞慎思程度」。早期，傳播研究探討媒介對於行為的影響時，傾向以「使用時間」作為測量的標準，但後來學者發現觀看的時間越長，並非意味閱聽眾越注意或思考所接收的媒介訊息，對某些人來說，觀看或收聽媒介的內容，或許只是一種儀式性的行為（ritual behavior）（Knobloch-Westerwick, 2014），如果想要透過訊息影響一個人的行為，可能必須深入探討閱聽眾是否把媒介所傳遞的內容加以「審慎思考」（例如將從媒體所接收的新冠肺炎報導內容與自己的生活加以連結），進而影響其行為表現。

正因如此，在「媒介使用」這個變項，本研究特別提出兩個不同層面的測量工具，包括「新聞注意程度」及「新聞慎思程度」，結果發現「慎思程度」對接種疫苗的意願具有顯著的預測能力。這意味，一個人光是觀看、收聽或是瀏覽媒介的內容，或是只是注意媒介的內容等，都還不足以影響其疫苗接種的意願，必須在接受新聞報導資訊後，願意進一步審慎思考接種疫苗的意義及重要性等議題，才有可能觸動其接種疫苗的意願；換言之，宣導新冠肺炎疫苗接種的健康訊息，不能只停留在「告知」或「情緒」層面，必須往「說服」的方向邁進，社會大眾才會仔細思考接種疫苗這回事，宣導的訊息才能發揮具體的行為促動功能。

如同過去研究新流感的成果所指陳，受訪者的「新聞慎思」會影響他們的「新流感相關知識」（羅文輝、蘇蘅，2011）；當一個人願意針對某一個健康議題加以深思討論，相對地他對於該議題的知識也會提高，一旦具備比較完整或正確的健康知識，涉入感（involvement）就

跟著提升，進一步影響他的健康行為。

研究貢獻、限制與未來研究建議

研究貢獻

I. 理論部分

　　TPB 在行為科學的研究受到極大的支持與肯定，此研究結果再度支持 TPB 理論在行為研究科學領域的重要性，而本研究在「主觀社會規範」、「對接種疫苗所抱持的態度」、「行為控制感知」等三個變項之外所加入的其他變項（例如「樂觀偏誤」、「社會信任」、「身體健康狀態」等），也提升了 TPB 對接種疫苗行為意願的解釋能力，顯示靈活運用 ETPB 理論是未來健康傳播研究可以多加嘗試的方向。

　　如同 TPB 理論源自於 Theory of Reasoned Action（TRA）一樣，因為加入了「行為控制感知」這個變項之後，使得 TPB 對於行為的預測能力比原本的 TRA 理論來得更強（Ajzen, 2020）。一項後設分析（meta-analysis）研究指出，TPB 的三個自變項大略可以解釋行為意願 40-49% 的變異量，進一步可以解釋行為 26-36% 的變異量（McEachan et al., 2016）；而本研究所發展的 ETPB 模式，可以解釋疫苗接種意願 56% 的變異量。可知加入其他變項後的 ETPB 模式，的確提升了預測新冠肺炎疫苗接種意願的能力。

II. 實務部分

　　從研究結果來看，衛政工作者在宣導疫苗接種時，可能必須考量目標對象心理層面的感受，包括被宣導者的自尊、判斷的誤差以及情緒狀況等，才能防止其對健康風險的感知產生「樂觀偏誤」的心態；此外，

宣導訊息不應該只流於告知或是情緒層面，而是要具有說服的元素，讓人民在接受訊息之後願意好好思考接種的必要性。

更重要的是，態度的建立是一場疫苗宣導活動是否可以成功的重要決定因素，宣導的內容可能需要強化接種疫苗的好處，降低社會大眾對接種疫苗的負面情感，當態度正確了，行為也就對了。

研究限制

在此研究進行期間，因為疫情關係，無法進行社會互動，深度訪談或是面對面的問卷調查皆有其實施的困難，在此狀況下，透過網路進行線上調查成為蒐集資料的另一種可行方式；但網路調查也有其研究方法上的限制，例如在無法採用系統性的抽樣方法之下，樣本的代表性比較不夠嚴謹，特別是年長族群的網路使用能力比較缺乏，導致本研究的受訪者年齡分布相對比較年輕化（平均數 = 33.70）。

未來研究建議

新冠肺炎對全球帶來不小衝擊，從「積極對抗」到試圖「和平共存」，這過程中的點點滴滴，提供健康傳播及行為研究者一個研究的絕佳機會。就本研究的經驗，僅提供以下幾個方向供未來對此議題感興趣的學者參考：

(I) 台灣因為面臨疫苗短缺問題，在此研究調查期間，大多數的受訪者並沒有疫苗可接種，於是本研究只能轉向調查受訪者未來接種疫苗的意願。隨著時間遞嬗，疫苗採購也陸續完成，在接種疫苗的人口慢慢增加的情況下，未來或許可以進一步調查其接種行為，並探究接種意願與接種行為之間的關聯性為何。

(II)「疫苗猶豫」是各國推動疫苗接種必然遇到的問題（Machinggaidze & Wiysonge, 2021）。為何不接種疫苗？為何堅持只

願意接種某一品牌的疫苗？其背後涉及各種不同原因，甚至成為政治或國族認同的議題，如果可以採用質性研究進行深度訪談，或許可以梳理出更多有趣的發現，作為政府未來宣導疫苗接種政策的參考。

（III）以台灣為例，當染病人數上揚時，就會發生「搶口罩」、「搶疫苗」或是「搶篩檢劑」的亂象。未來可能需要更多學者投入長期性的研究，針對不同的時間點進行大規模的調查，以了解整個流行病發展過程中，在不同的疫情狀況下，民眾健康行為的表現究竟如何。

（IV）執行跨國合作研究，或許是未來一個更值得注意的焦點。流行病來襲，往往成為全球共同面對的健康議題，不同的文化背景（例如「個人主義」或「集體主義」）對疫苗接種的接受意願或行為，勢必有不同的影響，這也是未來健康傳播與行為學者可以多加著墨之處。

參考文獻

中文部分（Chinese Section）

COVID-19 全球疫情地圖（2022 年 5 月 2 日）。〈COVID-19 即時更新報告〉。取自 https://covid-19.nchc.org.tw/dt_owl.php?dt_name=3

COVID-19 quanqiu yiqing ditu (2022, May 2). COVID-19 jishi gengxin baogao. Retrieved from https://covid-19.nchc.org.tw/dt_owl.php?dt_name=3

吳宜蓁、盧鴻毅、侯心雅（2009）。〈樂觀偏誤及預防行為：台灣民眾對禽流感的反應〉。《台灣公共衛生雜誌》，第 28 期，頁 505-516。

Wu Yizhen, Lu Hongyi, Hou Xinya (2009). Leguan pianwu ji yufang xingwei: Taiwan minzhong dui qinliugan de fanying. *Taiwan gonggong weisheng zazhi*, *28*, 505-516.

財訊（2021 年 5 月 27 日）。〈《時代》批台灣防疫「吹牛」破功！前外交官點出關鍵字：用得很重〉。取自 https://www.wealth.com.tw/home/articles/31921

Caixun (2021, May 27). *Shidai* pi Taiwan fangyi 'chuiniu' pogong! Qian waijiaoguan dianchu guanjianzi: Yongde henzhong. Retrieved from https://www.wealth.com.tw/home/articles/31921

報導者（2022 年 1 月 22 日）。〈首份台灣本土研究出爐：他們，爲什麼不打 COVID-19 疫苗？不同族群疫苗猶豫者卡關在哪裡〉？取自 https://www. twreporter.org/a/covid-19-vaccine-hesitancy-taiwan-research

Baodaozhe (2022, January 22). Shoufen Taiwan bentu yanjiu chulu: Tamen, weishenme buda COVID-19 yimiao? Butong zuqun yimiao youyuzhe kaguan zai nali? Retrieved from https://www.twreporter.org/a/covid-19-vaccinehesit ancy-taiwan-research

衛生福利部疾病管制署（2021 年 10 月 9 日）。〈新增 4 例 COVID-19 確定病例，分別爲 1 例本土及 3 例境外〉。取自 https://www.cdc.gov.tw/Bulletin/ Detail/tpKy6-q-uJHKP82rjnPJ4Q?typeid=9

Weisheng fulibu jibing guanzhi shu (2021, October 9). Xinzeng 4 li COVID-19 queding bingli, fenbie wei 1 li bentu ji 3 li jingwai. Retrieved from https:// www.cdc.gov.tw/Bulletin/Detail/tpKy6-q-uJHKP82rjnPJ4Q?typeid=9

盧鴻毅、許富盛、侯心雅（2012）。〈樂觀偏誤、自我效能、社會信任與新流感疫苗接種意願〉。《傳播與社會學刊》，第 22 期，頁 135-158。

Lu Hongyi, Xu Fusheng, Hou Xinya (2012). Leguan pianwu, ziwo xiaoneng, shehui xinren yu xin liugan yimiao jiezhong yiyuan. *Chuanbo yu shehui xuekan*, *22*, 135-158.

聯合新聞網（2021 年 6 月 11 日）。〈最新疫情統計〉。取 https://topic.udn. com/event/COVID19_Taiwan

Lianhe xinwen wang (2021, June 11). Zuixin yiqing tongji. Retrieved from https:// topic.udn.com/event/COVID19_Taiwan

羅文輝、蘇蘅（2011）。〈媒介曝露與資訊處理策略對新流感相關知識的影響〉。《新聞學研究》，第 107 期，頁 173-206。

Luo Wenhui, Su Heng (2011). Meijie pulu yu zixun chuli celüe dui xin liugan xiangguan zhishi de yingxiang. *Xinwenxue yanjiu*, *107*, 173-206.

英文部分（English Section）

Abdulkareem, S. A., Augustijn, E.-W., Filatova, T., Musial, K., & Mustafa, Y. T. (2020). Risk perception and behavioral change during epidemics: Comparing models of individual and collective learning. *PLoS ONE*, *15*(1), e0226483.

Agarwal, V. (2014). A/H1N1 vaccine intentions in college students: An application of the theory of planned behavior. *Journal of American College Health*, *62*(6), 416-424.

Ahmad, M. H., Shahar, Z., Mohd., N. I., Teng, F., Manaf, Z. A., Sakian, N. I. M., & Omar, B. (2014). Applying theory of planned behavior to predict exercise maintenance in sarcopenic elderly. *Clinical Interventions in Aging*, *9*, 1551-1561.

Ajzen (2020). The theory of planned behavior: Frequently asked questions. *Human Behavior and Emerging Technologies*, *2*, 314-324.

Armitage, C. J., & Conner, M. (2010). Efficacy of the theory of planned behavior: A meta-analytic review. *British Journal of Social Psychology*, *40*(4), 471-499.

Arnett, J. J. (2000). Optimistic bias in adolescent and adult smokers and nonsmokers. *Addictive Behaviors*, *25*(4), 625-632.

Asare, M. (2015). Using the theory of planned behavior to determine the condom use behavior among college students. *American Journal of Health Studies*, *30*(1), 43-50.

Asif, M., Ghazal, S., Kazim, M., Idress, M., & Zaheer, U. A. (2020). Optimistic bias about COVID-19 infection susceptibility across demographics in Pakistan. *Journal of Research in Psychology*, *2*(2), 19-23.

Barbadoro, P., Marigliano, A., Tondo, E. D., Chiatti, C., Di Stanislao, F., D'Errico, M. M., & Prospero, E. (2013). Determinants of influenza vaccination uptake among Italian healthcare workers. *Human Vaccines & Immunotherapeutics*, *9*(4), 911-916.

Beattie, G., Marselle, M., McGuire, L., & Litchfield, D. (2017). Staying overoptimistic about the future: Uncovering attentional biases to climate change messages. *Semiotica*, *218*, 21-64.

Bellei, N. C. J., Carraro, E., Castelo, A., & Granato, C. F. H. (2006). Risk factors for poor immune response to influenza vaccination in elderly people. *The Brazilian Journal of Infectious Diseases*, *10*(4), 269-273.

Bränström, R., Kristansson, S., & Ullén, H. (2005). Risk perception, optimistic bias, and readiness to change sun related behavior. *European Journal of Public Health*, *16*(5), 492-497.

Burgner, M., & Rothman, M. L. (1987). Health status measures: An overview and guide for selection. *Annual Review of Public Health*, *8*, 191-210.

Canova, L., & Manganelli, A. M. (2020). Energy-saving behavior in workplaces: Application of an extended model of theory of planned behavior. *Europe's Journal of Psychology*, *16*(3), 384-400.

Chapin, J. R. (2000). Third-person perception and optimistic bias among urban minority at-risk youth. *Communication Research, 20*(1), 51-81.

Cheng, H.-Y., Jian, S.-W., Liu, D.-P., Ng, T.-C., Huang, W.-T., Lin, H.-H. et al., (2020). Contact tracing assessment of COVID-19 transmission dynamics in Taiwan and risk at different exposure periods before and after symptom onset. *JAMA Internal Medicine, 180*(9), 1156-1163.

Chu, H., & Liu, S. (2021). Integrating health behavior theories to predict American's intention to receive a COVID-19 vaccine. *Patient Education and Counseling, 104*(8), 1878-1886.

de la Cruz, S. P., & Cebrino, J. (2020). Trends, coverage and influencing determinants of influenza vaccination in the elderly: A population-based national survey in Spain (2006-2017). *Vaccine, 8,* 327.

Druicã, E., Musso, F., & Ianole-Cãlin, R. (2020). Optimism bias during the Covid-19 pandemic: Empirical evidence from Romania and Italy. *Games, 11,* 39.

Eveland, Jr. W. P. (2002). News information processing as mediator of the relationship between motivations and political knowledge. *Journalism Quarterly, 79*(1), 26-40.

Fabre, B., & Francois-Heude, A. (2009). Optimism and overconfidence investors' biases: A methodological note. *Finance, 1*(30), 79-119.

Fishbein, M., & Ajzen, I. (1975). *Belief, attitude, intention, and behavior: An introduction to theory and research.* Reading, MA: Addison-Wesley.

Gallagher, S., & Povey, R. (2006). Determinants of older adults' intentions to vaccinate against influenza: A theoretical application. *Journal of Public health, 28*(2), 139-144.

George, J. F. (2004). The theory of planned behavior and Internet purchasing. *Internet Research, 14*(3), 198-212.

Gozgor, G. (2021). Global evidence on the determinants of public trust in governments during the COVID-19. *Applied Research Quality Life, 17*(2), 559-578.

Gunther, A., & Mundy, P. (1993). Biased optimism and the third-person effect. *Journalism Quarterly, 70*(1), 58-67.

Hansen, T., & Jensen, J. M. (2007). Understanding voters' decisions: A theory of planned behavior approach. *Innovative Marketing, 3*(4), 87-94.

Hausenblas, H. A., Carron, A. V., & Mack, D. E. (1997). Application of the theories of reasoned action and planned behavior to exercise behavior: A meta-analysis.

Journal of Sport & Exercise Psychology, 19, 36-51.

Ho, H.-L., Wang, F.-Y., Lee, H.-R., Huang, Y.-L., Lai, C.-L., Jen, W.-C., Hsieh, S.-L., & Chou, T.-Y. (2020). Seroprevalence of COVID-19 in Taiwan revealed by testing anti-SARS-CoV-2 serological antibodies on 14,765 hospital patients. *The Lancet Regional Health, 3*, 100041.

Ho, S. H., Peh, X., & Soh, V. W. L. (2013). The cognitive mediation model: Factors influencing public knowledge of the H1N1 pandemic and intention to take precautionary behaviors. *Journal of Health Communication, 18*(7), 773-794.

Ho, S. S., Yang, X., Thanwarani, A., & Chan, J. M. (2017). Examining public acquisition of science knowledge from social media in Singapore: An extension of the cognitive mediation model. *Asian Journal of Communication, 27*(2), 193-212.

Jansen, L. A. (2016). The optimistic bias and illusions of control in clinical research. *IRB: Ethics & Human Research, 38*(2), 8-17.

Jefferson, A., Bortolotti, L., & Kuzmanovic, B. (2017). What is unrealistic optimism? *Consciousness and Cognition, 50*, 3-11.

Jenning, W., Stoker, G., Bunting, H., Valgarðsson, V. O., Gaskell, J., Devine, D., McKay, L., & Mills, M. C. (2021). Lack of trust, conspiracy beliefs, and social media use predict COVID-19 vaccine hesitancy. *Vaccines, 9*(6), 593.

Kahneman, D. (2011). *Thinking, fast and slow*. NY: Farrar, Straus and Giroux.

Kim, M.-S., & Hunter, J. E. (1993). Relationships among attitudes, behavioural intentions, and behavior: A meta-analysis of past research, part 2. *Communication Research, 20*(3), 331-364.

Kim, S. H., & Kim, S. (2021). Social trust as an individual characteristics or societal property? *International Review of Public Administration, 26*(1), 1-17.

Knobloch-Westerwick, S. (2014). The selective exposure self- and affect-management (SESAM) model: Applications in the realms of race, politics, and health. *Communication Research, 42*(7), 959-985.

Ko, P.-S., & Lee, J.-Y. (2021). Analysis of Taiwan's mask collection and plan evasion during the COVID-19 pandemic. *International Journal of Environmental Research and Public Health, 18*, 4137.

Kreps, S., Prasad, S., Brownstein, J. S., Hswen, Y., Garibaldi, B. T., Zhang, B., & Kriner, D. L. (2020). Factors associated with US adults' likelihood of accepting COVID-19 vaccination. *JAMA Network Open, 3*(10), e2025594.

Kwon, D. S., Kim, K., & Park, S. M. (2016). Factors associated with influenza vaccination coverage among the elderly in South Korea: The Fourth Korean National Health and Nutrition Examination Survey. *BMJ Open, 6*, e012618. doi:10.1136/bmjopen-2016-012618

Lai, C.-C., Yen, M.-Y., Lee, P.-I., & Hsueh, P.-R. (2021). How to keep COVID-19 at bay: A Taiwanese perspective. *Journal of Epidemiology and Global Health, 11*(1), 1-5.

Larson, H. J., Clarke, R. M., Jarrett, C., Eckersberger, E., Levine, Z., Schulz, W. S., & Paterson, P. (2018). Measuring trust in vaccination: A systematic review. *Human, Vaccine, & Immunotherapeutics, 14*(7), 1599-1609.

Latkin, L. A., Dayton, L., Yi, G., Konstantopoulos, A., & Boodram, B. (2021). Trust in COVID-19 vaccine in the U.S.: A social-ecological perspective. *Social Science & Medicine, 270*, 113684.

Lazarus, J. V., Ratzan, S. C., Palayew, P. A., Gostin, L. O., Larson, H., Rabin, K., Kimball, S., & El-Mohandes, A. (2021). A global survey of potential acceptance of a COVID-19 vaccine. *Nature Medicine, 27*, 225-228.

Lee, E. W., Shin, M., Kawaja, A., & Ho, S. S. (2016). The augmented cognitive mediation model: Examining antecedents of factual and structural breast cancer knowledge among Singaporean women. *Journal of Health Communication, 21*(5), 583-592.

Lee, J., & Cho, M. (2020). The effects of consumers' media exposure, attention, and credibility on pro-environmental behaviors. *Journal of Promotion Management, 26*(3), 434-455.

Li, X., & Lyu, H. (2021). Epidemic risk perception, perceived stress, and mental health during COVID-19 pandemic: A moderated mediating model. *Frontiers in Psychology, 11*, 563741.

Lin, C. C.-H. (2021). Nocebo effects from COVID-19 and vaccination hesitancy: The question of to be or not to be vaccinated. *Taiwanese Journal of Psychiatry, 35*(4), 157-159.

Liu, L., Xie, J., Li, K., & Ji, S. (2020). Exploring how media influence preventive behavior and excessive preventive intention during the COVID-19 pandemic in China. *International Journal of Environmental Research and Public Health, 17*(21), 7990.

Mabillard, V. (2021). Trust in government: Assessing the impact of exposure to information in a local context. *International Journal of Public Administration, 45*(9), 687-696.

Machinggaidze, S., & Wiysonge, C. S. (2021). Understanding COVID-19 vaccine hesitancy. *Nature Medicine*, 27, 1338-1339.

Masiero, M., Riva, S., Oliveri, S., Fioretti, C., & Pravettoni, G. (2016). Optimistic bias in young adults for cancer, cardiovascular and respiratory diseases: A pilot study on smokers and drinkers. *Journal of Health Psychology, 23*(5), 645-656.

McEachan, R., Taylor, N., Harrison, R., Lawton, R., Gardner, P., & Conner, M. (2016). Meta-analysis of the reasoned action approach (RAA) to understanding health behaviors. *Annual Behavior Medicine*, 50, 592-612.

McEachan, R. R. C., Conner, M., Taylor, N., & Lawton, R. J. (2011). Prospective prediction of health-related behaviors with the theory of planned behavior: A meta-analysis. *Health Psychology Review*, 5, 97-144.

Melki, J., Tamim, H., Hadid, D., Farhat, S., Makki, M., Ghandour, L., & Hitti, E. (2020). Media exposure and health behavior during pandemics: The mediating effect of perceived knowledge and fear on compliance with COVID-19 prevention measures. *Health Communication, 37*(5), 586-596.

Miles, S., & Scaife, V. (2003). Optimistic bias and food. *Nutrition Research Reviews, 16*, 3-19.

Miller, E. R., Moro, P. L., Cano, M., & Shimabukuro, T. (2015). Deaths following vaccination: What does the evidence show? *Vaccine, 33*(29), 3288-3292.

Murray, A. L. (2011). The implication of the optimistic bias for nursing and health. *Journal of Nursing*, 20, 2588-2590.

Park, T., Ju, I., Ohs, J. E., & Hinsley, A. (2021). Optimistic bias and preventive behavioral engagement in the context of COVID-19. *Research in Social and Administrative Pharmacy, 17*(1), 1859-1866.

Pascual-Leone, A., Cattaneo, G., Maciá, D., Solana, J., Tormos, J. M., & Bartrés-Faz, D. (2021). Beware of optimism bias in the context of the COVID-19 pandemic. *Annals of Neurology, 89*(3), 423-425.

Passafaro, P., Livi, S., & Kosic, A. (2019). Local norms and the theory of planned behavior: Understanding effects of spatial proximity on recycling in intentions and self-reported behavior. *Frontiers in Psychology, 10*, 744.

Pew Research Center. (2019, June 6). *Public trust in government: 1958-2019*. Retrieved July 14, 2022, from https://www.pewresearch.org/politics/2019/04/11/public-trust-in-government-1958-2019/

Popova, L., & Halpern-Felsher, B. L. (2016). A longitudinal study of adolescents' optimistic bias about risks and benefits of cigarette smoking. *American*

Journal of Health Behavior, *40*(3), 341-351.

Prior, M. (2009). Improving media effects research through better measurement of news exposure. *The Journal of Politics*, *71*(3), 893-908.

Robinson, T. N., Banda, J. A., Hale, L., Lu, A. S., Fleming-Milici, F., Calvert, S. L., & Wartella, E. (2017). Screen media exposure and obesity in children and adolescents. *Pediatrics*, *140*(Supplement 2), S97-101.

Rozanski, A., Bavishi, C., Kubzansky, L. D., & Cohen, R. (2019). Association of optimism with cardiovascular events and all-cause mortality: A systematic review and meta-analysis. *JAMA Network Open*, *2*(9), e1912200.

Rumsfeld, J. S. (2020). Health status and clinical practice. *Circulation*, *106*(1), 5-7.

Schernhammer, E., Weitzer, J., Laubichler, M. D., Birmann, B. M., Bertau, M., Zenk, L., Caniglia, G., Jäger, C. C., & Steiner, G. (2021). Correlates of COVID-19 vaccine hesitance in Austria: Trust and the government. *Journal of Public Health*, *44*(1), e106-e166.

Sharot, T. (2011). The optimism bias. *Current Biology*, *21*(23), R941-R945.

Shmueli, L. (2021). Predicting intention to receive COVID-19 vaccine among the general population using the health belief model and the theory of planned behavior model. *BMC Public Health*, *21*, 804.

Skoglund, E. S., Fernandez, J., Sherer, J. T., Coyle, E. A., Garey, K. W., Fleming, M. L., & Sofjan, A. K. (2020). Using the theory of planned behavior to evaluate factors that influence PharmD students' intention to attend lectures. *American Journal of Pharmaceutical Education*, *84*(5), 572-581.

Su, V. Y.-F., Yen, Y.-F., Yang, K.-Y., Su, W.-J., Chou, K.-T., Chen, Y.-M., & Perng, D.-W. (2020). Masks and medical care: Two keys to Taiwan's success in preventing COVID-19 spread. *Travel Medicine and Infectious Disease*, *38*, 101780.

Tang, L., & Wang, J. (2021). Effects of new media use on health behaviors: A case study in China. *Iranian Journal of Public Health*, *50*(5), 949-958.

Tommasetti, A., Singer, P., Troisi, O., & Maione, G. (2018). Extended theory of planned behavior (ETPB): Investigating customers' perception of restaurants' sustainability by testing a structural equation model. *Sustainability*, *10*, 2580.

Trent, M., Seale, H., Chughtai, A. A., Salmon, D., & MacIntyre, C. R. (2021). Trust in government intention to vaccinate and COVID-19 vaccine hesitancy: A comparative survey of five large cities in the United States, United Kingdom, and Australia. *Vaccine*, *40*(17), 2498-2505.

Wang, C.-W., de Jong, E. P., Faure, J. A., Ellington, J. L., Chen, C.-H. S., & Chan, C.-C. (2022). A matter of trust: A qualitative comparison of the determinants of COVID-19 vaccine hesitancy in Taiwan, the United States, the Netherlands, and Haiti. *Human Vaccines & Immunotherapeutics*, *18*(5), 2050121.

Watson I., & Oancea, S. C. (2020). Does self-rated health status influence receipt of an annual flu vaccination? *Preventive Medicine*, *131,* 105949.

Weinstein, N. (1982). Unrealistic optimism about susceptibility to health problems. *Journal of Behavioral Medicine*, *5*, 441-460.

Weinstein, N. D. (1980). Unrealistic optimism about future life events. *Journal of Personality and Social Psychology*, *39*, 806-820.

Weinstein, N. D. (1987). Unrealistic optimism about susceptibility to health problems: Conclusions from a community-wide sample. *Journal of Behavioral Medicine*, *10*(5), 481-500.

Xu, Z., Ellis, L., & Laffidy, M. (2020). News frames and news exposure predicting flu vaccination uptake: Evidence from U.S. newspapers, 2011-2018 using computational methods. *Health Communication*, *37*(1), 74-82.

Yang, Z. J. (2015). Predicting young adults' intentions to get the H1N1 vaccine: An integrated model. *Journal of Health Communication*, *20*(1), 69-79.

Zhang, K. C., Fang, Y., Cao, H., Chen, H., Hu, T., Chen, Y., Zhou, X., & Wang, Z. (2021). Behavioral intention to receive a COVID-19 vaccination among Chinese factory workers' cross-sectional online survey. *Journal of Medical Internet Research*, *23*(3), e24673.

Zhou, M., Zhao, L., Kong, N. Campy, K. S., Wang, S., & Qu, S. (2018). Predicting behavioral intentions to children vaccination among Chinese parents: An extended TPB model. *Human Vaccines & Immunotherapeutics*, *14*(11), 2748-2758.

7 新冠疫苗接種意願的影響機制研究：一項基於保護動機理論的實踐

鄒霞 [1]、劉蒙閩 [2]、劉煥 [3]、謝金文 [4]

摘要

本文以保護動機理論爲基礎，透過對杭州、無錫、西安、重慶四地的問卷調查和數據蒐集，研究個人資訊源、威脅評估、應對評估和主觀規範對新冠疫苗接種意願的影響機制。透過數據分析我們發現：（1）網路接觸對感知嚴重性、自我效能、反應效能、主觀規範具有顯著正向影響，對感知易感性和反應成本的影響不顯著；（2）人際接觸對感知易感性、自我效能、反應效能、反應成本、主觀規範具有顯著正向影響；（3）主觀規範、自我效能、反應效能對新冠疫苗接種意願具有顯著正向影響，其中自我效能的影響最大，其次爲主觀規範，最後爲反應效能；反應成本對新冠疫苗接種意願具有顯著負向影響；感知易感性和感知嚴重性對新冠疫苗接種意願的影響不顯著；（4）網路接觸對新冠疫苗接種意願具有積極顯著的影響，人際接觸對新冠疫苗接種意願的影響不顯著。

關鍵詞：網路接觸、人際接觸、主觀規範、威脅評估、效應評估

---

1 鄒霞（通訊作者），西安交通大學新聞與新媒體學院新聞系講師。研究興趣：健康傳播、國際傳播。
2 劉蒙閩，西安交通大學新聞與新媒體學院新媒體系講師。研究興趣：新媒體數據分析、健康傳播、國際傳播。
3 劉煥，西安交通大學新聞與新媒體學院傳播系副教授。研究興趣：政務新媒體傳播、環境傳播。
4 謝金文，上海交通大學媒體與傳播學院傳播系教授。研究興趣：社會信任、新媒體。

7 Study on the Influence Mechanism of COVID-19 Vaccination Intention: An Application of Protection Motivation Theory

Xia ZOU[1], Mengque LIU[2], Huan LIU[3], Jinwen XIE[4]

Abstract

Based on protection motivation theory, this study conducted a questionnaire survey and data collection in Hangzhou, Wuxi, Xi'an, and Chongqing to study the influence mechanism of personal information sources, threat appraisal, coping appraisal, and subjective norms on intentions to vaccinate against COVID-19. Through data analysis, we obtained the following findings: (1) Internet exposure had a positive significant effect on perceived severity, self-efficacy, response efficacy, and subjective norms but no significant effect on perceived susceptibility and response cost. (2) Interpersonal exposure had a positive significant effect on perceived susceptibility, self-efficacy,

[1] Xia ZOU (Lecturer, corresponding author). Department of Journalism, School of Media and Journalism, Xi'an Jiaotong University. Research interest: health communication, international communication.

[2] Mengque LIU (Lecturer). Department of New Media, School of Media and Journalism, Xi'an Jiaotong University. Research interest: data analysis of new media, health communication, international communication.

[3] Huan LIU (Associate Professor). Department of Communication, School of Journalism and New Media, Xi'an Jiaotong University. Research interests: government social media communication, environmental communication.

[4] Jinwen XIE (Professor). Department of Communication, School of Media and Communication, Shanghai Jiaotong University. Research interests: social trust, new media.

response efficacy, response cost, and subjective norms. (3) Subjective norms, self-efficacy, and response efficacy had significant effects on COVID-19 vaccination intention, of which self-efficacy had the greatest influence, followed by subjective norms, and then response efficacy. Moreover, response cost had a negative effect on COVID-19 vaccination intention, and the effects of perceived susceptibility and perceived severity on COVID-19 vaccination intention were not significant. (4) Internet exposure had a positive significant effect on COVID-19 vaccination intention, whereas interpersonal exposure had no significant effect on COVID-19 vaccination intention.

Keywords: Internet exposure, interpersonal exposure, subjective norms, threat appraisal, coping appraisal

研究動機與研究目的

新冠病毒具有較強的感染性，近距離的飛沫、接觸都可能引發感染（中國搜索，2020）。最新出現的阿爾法病毒（Alpha）、德爾塔病毒（Delta）等表明，新冠病毒在不斷變異且變異後的新冠病毒傳染性更強。全球疫情即時大資料顯示，截至 2021 年 4 月 18 日，國外現有確診病例約 2,237 萬人，累計確診約 1.4 億人；中國現有確診病例 529 人，累計確診病例約 10.3 萬人（百度，2021）。

新冠病毒不僅具有較強的傳染性，還會對人體產生一定的危害。中國國家衛生健康委員會提出感染新冠病毒的個體在發病後一般有發熱、咳嗽、咽痛、嗅覺和味覺喪失、身體疼痛等症狀（中國搜索，2020）。嚴重者出現急性呼吸窘迫症候群、感染性休克、代謝性酸中毒、凝血功能障礙和多器官功能障礙症候群（Wadman, 2020）。世界衛生組織公布的數據顯示感染新冠病毒的個體死亡率約為 0.6%，而且隨著年齡增長，死亡率會急劇上升（中國新聞網，2020）。

除了新冠肺炎，人類歷史上還出現過幾次大範圍的傳染病（如黑死病、甲型 H1N1 型流感），這些傳染病嚴重威脅著人類生命健康安全。為此，人類一直在尋求預防它們的方法。而疫苗的發現被認為是預防傳染病的理想形式，是「醫學界最偉大的救命者」（Holmberg et al., 2017, p. 741-743）。面對來勢洶洶的新冠病毒，新冠疫苗的健康價值不言而喻（Yamey et al., 2020）。

當前中國雖然本土疫情基本得到控制，但還面臨著較大的境外新冠病毒輸入壓力。因此，在中國大範圍地進行新冠疫苗接種工作，形成「免疫屏障」非常有必要。2020 年以來中國新冠疫苗研發工作有了重要突破，目前已有五個生產企業的新冠疫苗批准附條件上市和緊急使用。截至 2021 年 4 月 16 日，中國國家衛生健康委員會公布的資料顯示 31 個省（自治區、直轄市）和新疆生產建設兵團累計接種新冠疫苗

約 18,737 萬劑次（中國經濟網，2021）。這意味著，未來還需要幾億人完成新冠疫苗接種才能建成「安全牆」。

然而，製造疫苗是一回事，說服公眾接種疫苗則是另一回事（Ward et al., 2020）。一般而言，候選疫苗通常需要經過數年時間的研發才能上市，然而迫於現實需要，新冠疫苗以歷史最快速度被研發出來（Lurie et al., 2020）。這使得部分人對新冠疫苗的安全性和益處持猶豫或懷疑態度（Figueiredo et al., 2020），出現了「疫苗猶豫」（vaccine hesitancy）現象（MacDonald, 2015）。疫苗猶豫指人們雖然有條件進行疫苗接種，但是他們決定推遲或拒絕接種（Callaghan et al., 2019）。調查顯示有 25% 至 50% 的美國人出現了新冠疫苗猶豫（Neergaard & Fingerhut, 2020），目前在中國同樣存在著這樣的現象。要提高疫苗接種率，需要有針對性的衛生傳播策略（Goldstein et al., 2015）。因此有必要從中國國情出發，評估新冠疫苗的接受程度，了解新冠疫苗接種意願的影響機制（Machida et al., 2021）。

當前國際上對於新冠疫苗接種意願的研究已經起步，主要集中在對影響因素的探討上，包括種族（Wortham et al., 2020）、性別（Callaghan et al., 2021）、疫苗特性（Motta, 2021）、財政激勵（Higgins, Klemperer & Coleman, 2021）等。中國對於新冠疫苗接種意願的研究較少，在中國知網以「新冠疫苗＋接種意願」為關鍵字進行搜索發現，對新冠疫苗接種意願影響因素的研究主要集中於對人口統計學的考察（王志偉、李智、黃惠民、楊智聰、呂嘉春，2021；趙春豔、石晶、張國峰、劉波，2021）。透過以上分析可以發現目前學界針對新冠疫苗接種意願影響因素的研究已經取得了一定成果，但對於資訊來源以及社會、心理、文化等因素的考察較少。

隨著數位技術的迅速發展，網路已經成為人類生活的重要場域（牛耀紅，2021），它是個人獲取健康資訊的重要管道（李鳳萍，2019）。涵化理論提到個人的認知和態度受到大眾媒介資訊的影響。自新冠疫情爆發以來，網路充斥著各類新冠疫情資訊。網路資訊對比大

眾媒介資訊具有數量多、開放、雙向的特點，那麼網路資訊接觸是否以及如何對個體新冠疫苗接種意願產生影響？另外，人生存的基本事實是彼此關聯著的人，人無法逃避與他人發生聯繫（熊偉，1997；Koerner & Fitzpatrick, 2002）。人際間的資訊往來較為直接，往往包含著愛與關心等情感因素。新冠疫苗接種關係著個體及其周邊人的生命健康安全，其他人（如家人、醫師、朋友等）出於關心和愛的需要，在與個體的資訊交流中往往包含著較強的觀點暗示和控制意圖。那麼人際接觸是否以及如何對新冠疫苗接種意願產生影響？目前這部分有待研究。

除了個人資訊源外，個體所處的情境同樣可能對個體行為意願產生影響。亞洲（包括中國）具有推崇集體意識的歷史傳統（Cho & Lee, 2015）。「集體主義」經過漫長的歷史積澱，已經發展成為一種文化傳統和社會規範，如同「軌道交通」等基礎設施一樣鋪展在整個社會的文化心理結構之中，突出表現為人們相信只有相互依賴並盡力服從集體（群體）意志，才能求得更好的發展（梁漱溟，2011）。這導致集體主義者往往強調聯繫、共性、社會背景和關係（Nakashima et al., 2013）。他們以情境為中心，並根據社會背景形成和改變自己的行為和意願（Chiu, 1972）。規範性壓力在集體主義情境中對個體意願和行為有著重要影響。由此引出的問題在於，這些規範性壓力是否也影響著個體新冠疫苗接種意願？這個問題回應著東方社會的文化傳統，對於研究中國新冠疫苗接種意願具有較強的現實意義。

保護動機理論是健康傳播常用理論之一，它提出資訊源會影響個體的風險認知，進而對保護動機產生影響，Tanner 等（1991）補充了社會價值和社會規範對認知過程的影響。除保護動機理論外，健康信念模式也常被用於健康意圖的研究，然而它既沒有將個人資訊源納入考察，又忽略了社會規範因素。對比而言，保護動機理論注重對個人資訊源、風險認知等因素的綜合考察，較為契合本文的研究。然而透過分析我們發現，借鑑保護動機模型進行新冠疫苗接種意願的相關研究，普遍忽略了將個人資訊源以及社會規範性因素納入模型進行綜合考察。

據此，本文借鑑保護動機理論研究個人資訊源（包括網路新冠資訊接觸、人際新冠資訊接觸，簡稱網路接觸和人際接觸）、認知變項（應對評估、威脅評估）是否以及如何對新冠疫苗接種意願產生影響，並在原有認知變項的基礎上嘗試加入變項——主觀規範，關注社會情境的影響作用。希望透過這些研究形成本土化解釋，並在一定程度上擴展保護動機理論，豐富和深化中國新冠疫苗接種意願問題的研究。

理論基礎

保護動機理論（Protection Motivation Theory）由羅傑斯（Rogers）在 1983 年提出（見圖一），主要由三個要素構成，分別是個人資訊源、認知中介過程和應對模式。其中個人資訊源包括口頭說服（verbal persuasion）、觀察學習（observation learning）、先前經驗（prior experience）和人格變項（personality variables）。認知中介過程包括威脅評估（threat appraisal）、應對評估（coping appraisal）和保護動機（protection motivation）。威脅評估包括內在獎勵（intrinsic rewards）、外在獎勵（extrinsic rewards）、易感性（vulnerability）和嚴重性（severity），其中嚴重性和易感性是對危險因素的認識，而內在獎勵和外在獎勵則是對採取危險行為帶來好處的認識。應對評估指對採取保護性措施的有效性以及個人作出回應能力的認識，由自我效能（self-efficacy）、反應效能（response efficacy）和反應成本（response costs）構成。應對模式分為行動（action）和限制行動（action inhibition）。根據保護動機理論，這些要素處於一定的影響關係中，即威脅評估和應對評估受到個人資訊源的顯著影響，威脅評估和應對評估對保護動機有顯著影響，保護動機顯著影響個體的應對行為。

圖一 保護動機理論模型

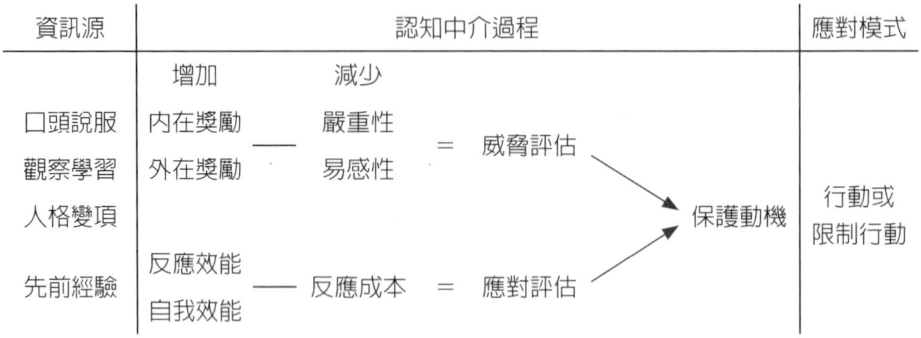

資訊源	認知中介過程			應對模式
	增加	減少		
口頭說服	內在獎勵	嚴重性		
觀察學習	外在獎勵	易感性 ＝ 威脅評估		行動或
人格變項		→ 保護動機		限制行動
先前經驗	反應效能 自我效能	反應成本 ＝ 應對評估		

註：翻譯自 Rogers（1983）

　　保護動機理論被廣泛運用於預測健康意圖或者行為的研究中（Ch'ng & Glendon, 2014; Lwin, Stanaland, & Chan, 2010），大量研究表明保護動機理論在解釋及預測個體疫苗接種意願方面具有較好的應用價值（Ansari-Moghaddam et al., 2021; Camerini et al., 2019; Ling, Kothe, & Mullan, 2019）。它涵蓋了從個人資訊源到保護意願的完整過程，特別注重認知因素在其中的作用，對於研究個體的保護動機特別是新冠疫苗接種意願具有較好的適用性。然而羅傑斯提出的保護動機理論忽略了將社會情境納入考察。之後 Tanner 等（1991）在保護動機模型基礎上提出有序保護動機模型（Ordered Protection Motivation Schema），強調社會準則和價值對整個認知過程的影響。

　　由此，本文借鑑保護動機理論研究個人資訊源是否以及如何對新冠疫苗接種意願產生影響。另外，參照秩序保護動機理論模型中的認知中介過程受到社會準則和價值等社會因素的影響以及計畫行為理論中關於主觀規範會影響人的行為和意願的設定。我們在認知變項「威脅評估」和「應對評估」的基礎上，增加變項「主觀規範」，將其納入新冠疫苗接種意願模型中進行綜合考察。

研究假設

網路接觸、人際接觸對威脅評估的影響

根據保護動機理論，個人資訊源會顯著影響威脅評估，威脅評估包括感知易感性、感知嚴重性、內在獎勵和外在獎勵。考慮到內在獎勵和外在獎勵一般用於非良性行為，如酗酒、吸毒等方面的研究，而新冠疫苗接種屬於良性行為，因此我們剔除變項「內在獎勵」和「外在獎勵」，僅考察個人資訊源對感知嚴重性和感知易感性的影響。感知易感性指個體對自身曝露於風險可能性的認知判斷，這裡的風險指新冠病毒的威脅。感知嚴重性指個體對風險可能引發嚴重後果的認知判斷，本文指個體對自身遭受新冠病毒威脅可能引發嚴重後果的認知。

一般而言，個人會透過對各類健康資訊的綜合判斷形成風險感知，即判斷風險在多大程度上會加諸己身（Lee, 2009）。在中國，網路已經成為獲取健康資訊的重要管道（李鳳萍，2019），網路資訊接觸會顯著影響個體對病毒的關鍵態度和認知（Brewer & Fazekas, 2007）。McRee 等（2010）的研究發現個體透過網路獲取病毒資訊越多，認為自己遭受人類乳突病毒侵害的可能性就越大。郭小安和王天翊（2020）的研究發現，女大學生接觸網站資訊會正向影響其對人類乳突病毒引發嚴重後果的認知判斷。

除網路接觸外，人際接觸也是個體獲取健康風險資訊的重要來源（Avery, 2010），個體可以透過人際接觸來完善風險認知（郭沁，2019）。有研究發現，與醫師（閆岩、溫婧，2020）、朋友（Kim, 2018）的資訊接觸會顯著提升個體對自身遭受病毒侵害可能性的認知判斷。此外，人際接觸還對個體關於病毒可能引發嚴重後果的認知判斷產生積極顯著的影響。MacArthur（2017）的研究發現，對健康服務資訊來源的信任對個體關於人類乳突病毒的嚴重性感知具有積極影響。Benavidez 等（2020）透過對年輕人的調查發現，來源於家人的資訊

與個體關於人類乳突病毒引發嚴重後果的認知判斷顯著正相關。基於此，我們提出以下研究假設：

假設 1（H1）：網路接觸（1a）、人際接觸（1b）與感知易感性呈現顯著正相關。

假設 2（H2）：網路接觸（2a）、人際接觸（2b）與感知嚴重性呈現顯著正相關。

網路接觸、人際接觸對主觀規範的影響

主觀規範指個體採取某項特定行為所感受到的社會壓力，這裡指新冠疫苗接種行為。資訊壓力理論認為個體在接受資訊時（特別是對於不確定的資訊）會感受到壓力，這些壓力會對個體的認知、行為產生影響。長期來看，中國一直是具有集體主義傳統的國家。在集體主義文化中，個人感受到的規範性壓力則更加強烈（Choi & Geistfeld, 2004），特別是當這些規範與風險行為相關時（Maxwell, 2002）。在新冠疫情期間，面對未知和不確定，家人、醫師、朋友和同學是個人重要的新冠資訊來源。人際間的資訊交流具有表述和解釋、論證和勸說、提供情緒化支援、講述故事和解釋資訊等目的（Greene, 2003），且經常伴隨著觀點暗示和控制意圖。Bynum 等（2012）的研究發現影響疫苗接種意願的顯著性因素包括父母對子女接種疫苗的接受度。由此，我們認為人際接觸會對個體新冠疫苗接種意願產生一定的規範性壓力。

另外，網路資訊接觸（特別是在疫情期間有關疫苗接種的資訊），可能會影響個體對疫苗接種行為的認知和態度（Wiyeh et al., 2019）。網路接觸往往在發生物理空間和語言形式上與人際接觸有一定區別，一般而言其形成的規範性壓力較小。然而當前背景下，尊重他人的健康決定（如選擇不接種疫苗）只是一個廣泛的、倫理上的責任，從網路提供的資訊來看，不接種疫苗的決定往往會讓個體面臨集體安全和個人自由

的強烈衝突（Tilburt et al., 2008）。基於此，我們提出以下假設：

> 假設 3（H3）：網路接觸（3a）、人際接觸（3b）與主觀規範
> 　　　　　　　呈現顯著正相關。

網路接觸、人際接觸對應對評估的影響

　　反應效能指個體對採取保護性措施有效性的認知，這裡的保護性措施指新冠疫苗接種行為。有研究發現個體透過網路了解的疫苗資訊越多則感知到的疫苗預防效果越好（Jones et al., 2012）。除了網路接觸，人際接觸同樣會顯著影響個體對疫苗的反應效能（陳雯，2017）。郭小安和王天翊（2020）的研究發現與家人、朋友的資訊接觸對人類乳突疫苗預防效果評價具有正向影響。

　　自我效能作為健康決策的主要預測因數，一直以來是健康研究關注的焦點。自我效能指對自身是否能夠成功地進行某一成就行為的主觀判斷，在本文主要指對自身是否有能力完成疫苗接種的認知評價。擴展平行過程理論（Extended Parallel Process Model）提出接觸與疾病相關的風險資訊可觸發個體的自我效能感。當前網路已經成為年輕人獲取新冠資訊的首選媒體（Bilgin, 2019），有研究發現網路疾病資訊接觸有助於提升個體的自我效能（Bass et al., 2006）。除網路外，醫師、家人等人際管道也是個體獲取疾病類資訊的常見來源（Avery, 2010）。班杜拉（Bandura, 1986）透過研究發現自我效能受到言語勸說的影響，特別是基於自我直接經驗和替代性經驗基礎上的勸說。人際接觸在言語勸說方面具有天然優勢，有研究顯示親代和祖代間的新冠疫情風險資訊交流對防疫自我效能具有顯著積極影響（楊洸、巢乃鵬，2021）。

　　反應成本指個體對採取保護性措施需要付出成本的評價。本文的反應成本指向個體對接種新冠疫苗需要付出代價的判斷，這裡的代價是一種可感知的疫苗缺陷（Floyd, Prentice-Dunn, & Rogers, 2000）。有研

究發現資訊來源會影響個體關於疫苗缺陷的認知評價，其中網路作為健康資訊來源受到了相當大的關注（Moorhead et al., 2013）。Jones 等（2012）的研究發現網路接觸越多，則個體認為接種疫苗需要付出的安全成本越多。除網路接觸外，人際接觸對反應成本同樣具有積極顯著的影響。有研究發現與家人、朋友、醫師的資訊接觸越多，個體越傾向於認為接種疫苗需要付出較高代價（MacArthur, 2017; Rosen et al., 2017）。基於此，我們提出以下研究假設：

假設 4（H4）：網路接觸（4a）、人際接觸（4b）與反應效能呈現顯著正相關。

假設 5（H5）：網路接觸（5a）、人際接觸（5b）與自我效能呈現顯著正相關。

假設 6（H6）：網路接觸（6a）、人際接觸（6b）與反應成本呈現顯著正相關。

感知嚴重性、感知易感性對接種意願的影響

根據保護動機理論，威脅評估（包括感知嚴重性和感知易感性）對個體處理風險的意圖具有積極顯著的影響，即當個體感知到風險或威脅時，保護自己免遭風險或威脅的動機將會增加（申琦，2017）。

感知嚴重性作為個體對新冠病毒引發嚴重後果的認知評價，有研究發現認為感染新冠病毒後果嚴重的個體更傾向於接種新冠疫苗（Coe et al., 2021; Li et al., 2021）。除感知嚴重性，感知易感性是影響威脅評價的另一個重要因素。Cho 和 Lee（2015）的研究發現認為自身易感染 H1N1 病毒的個體，其接種疫苗的意願更強烈。基於此，我們提出以下研究假設：

假設 7（H7）：感知易感性（7a）、感知嚴重性（7b）與接種
意願呈現顯著正相關。

主觀規範對接種意願的影響

主觀規範是促成人們採取健康行為或意願的心理因素之一，它指
個體在決定是否執行某些特定行為時感知到的社會壓力，反映了重要
他人或團體對個人行為和意願的影響（Ajzen, 1991）。這裡的主觀規
範指個體決定是否接種新冠疫苗時感受到的社會壓力。有研究發現個
人接種新冠疫苗的決定受到社會規範積極顯著的影響（Agranov et al.,
2021）。疫苗接種被認為是個人或家庭的決定，而不是對公共衛生和
更廣泛好處的回應（Deml et al., 2019）。基於此，我們提出以下研究
假設：

假設 8（H8）：主觀規範與接種意願呈現顯著正相關。

反應效能、自我效能、反應成本對接種意願的影響

反應效能作為個體對接種新冠疫苗是否起保護和預防作用的認知評
價，它是影響接種意願的關鍵預測因數（Brewer & Fazekas, 2007）。
Coe 等（2021）透過研究發現個體對新冠疫苗預防效果的認知對其接種
意願有積極顯著的影響。

自我效能指向個體對自身是否有能力完成新冠疫苗接種的認知，它
對個人新冠疫苗接種意願具有積極顯著的影響。Ansari-Moghaddam 等
（2021）的研究表明自我效能越高，個體新冠疫苗接種意願越高，自
我效能對接種意願具有顯著積極的影響。

除了自我效能和反應效能外，保護動機理論中的應對評估還包括反
應成本。反應成本主要表現為個體對新冠疫苗副作用和安全隱患的擔憂

（Trent et al., 2021）。有研究發現對接種疫苗可能引發的併發症和死亡率的擔憂會減弱個體疫苗接種意願（Ashkenazi et al., 2020）。基於此，我們提出以下研究假設：

假設 9（H9）：自我效能（9a）、反應效能（9b）與接種意願呈現顯著正相關，反應成本（9c）與接種意願呈現顯著負相關。

網路接觸、人際接觸對接種意願的影響

社會認知理論提出媒介資訊接觸、人際討論等會影響個人的行為和態度。新冠疫苗作為新事物，人們對其有許多未知和不確定，網路接觸和人際接觸有助於減少未知和不確定，對個體新冠疫苗接種意願具有積極影響。Goel 和 Nelson（2021）的研究發現個體在網路上獲得的新冠資訊越多，則其新冠疫苗接種意願越高。除了網路接觸外，人際接觸（如與家庭成員、醫師的資訊交流）也會對個體疫苗接種意願產生積極顯著的影響（Caskey et al., 2009; Kim & Jung, 2017）。基於此，我們提出以下研究假設：

假設 10（H10）：網路接觸（10a）、人際接觸（10b）與接種意願呈現顯著正相關。

透過理論基礎和研究假設部分的內容，我們提出本文的概念模型（見圖二）。

圖二　概念模型圖

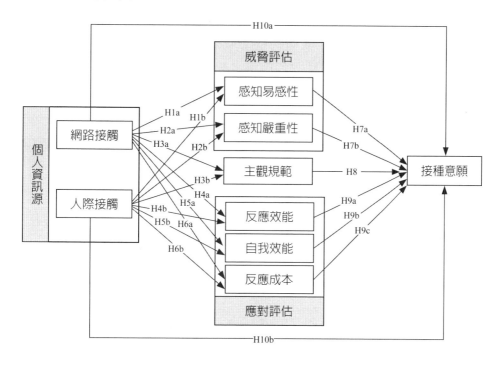

資料來源和變項設置

資料獲取與研究樣本

為了確保問卷的信度和效度，研究者在無錫和西安組織了前測，共發放 120 份問卷，剔除無效問卷 23 份後，最後的有效回收率為 80.83%。透過信度和效度檢驗剔除前測問卷中信度、效度不佳的題項，修正後的問卷信度、效度均較好。

研究遵循地理區域均衡分布的原則，選擇東部的杭州和無錫、西部的重慶和西安為調查地點。選取這四個城市作為資料蒐集地，主要是因為它們在經濟、人口規模等方面具有一定的優勢，卻又存在地域、輸入風險方面的差異。其中杭州作為浙江省會城市，第七次全國人口普查

結果顯示常住人口約 1,193 萬（國務院第七次全國人口普查領導小組辦公室，2021）。其作為沿海城市，外貿經濟發達，面臨著較高的新冠病毒輸入風險。無錫是江蘇省的重要城市，常住人口約 746 萬人，經濟發達但不臨海，工業是其支柱產業，新冠病毒輸入風險較小，相對安全。西安作為西北地區的重要城市，地處內陸，擁有常住人口約 1,295 萬，新冠病毒境外輸入的風險較小。重慶作為西南地區的經濟中心，擁有約 3,205 萬常住人口，主要以汽車產業、電子資訊業為支撐，靠近邊界省份——雲南，存在一定的新冠病毒輸入風險。

　　為了對四個不同地點進行問卷調查，研究者在當地共招募到 6 名調查者，其中無錫 2 名，杭州 1 名，重慶 1 名，西安 2 名。在正式調研之前，研究者對他們進行了培訓，並要求他們在 2021 年 3 月 1 到 3 月 28 日間進行問卷調查工作。選取該時段，主要是因為這期間新冠疫苗接種處於全國普及的初期，且大多數人已經返校和返回工作崗位，便於問卷的發放和回收。另外本文的內容決定了研究對象需要具備一定的網路資訊獲取能力且擁有上網條件，因此本文的研究對象以具有一定知識背景且年齡在 50 歲以下的個體為主。本研究採用便利抽樣法和滾雪球法，儘量按照性別、職業、收入均衡分布的原則進行問卷蒐集。調查採用實地發放和網路發放的方式同時進行，實地發放主要在高校、沿街商鋪、企事業單位等場所，網路發放則透過線上邀請的形式。每位被調查者在填寫完一份問卷後便可以得到 10 元酬勞。此次調查共發放問卷 1,072 份，回收問卷 986 份，在剔除錯填、漏填、有規律填寫的無效問卷後，得到有效問卷 922 份，有效回收率為 86.01%。

資料加權、最終分析樣本量與樣本基本情況

　　2021 年第七次全國人口普查資料結果顯示，中國全國人口達到 14.1 億，其中男性人口約 7.2 億，占總人口的 51.24%，女性人口約 6.9 億，占總人口的 48.76%，男女比例約為 51：49。西安、重慶、無錫、

杭州的性別比與全國人口的性別比接近，重慶男女性別比爲 102.21，西安爲 104.39，無錫爲 106.52，杭州爲 108.67（新浪財經，2021）。考慮到男女樣本的分布情況，我們保留了全部的男性樣本，隨機從女性樣本較多的無錫、西安刪減了 86 個女性樣本。最終得到與總人口比例較爲一致的調查樣本，合併構成分析樣本 836 份。由於本文對研究對象年齡和教育背景的設定，因此僅對性別進行加權處理，經過統計後得到總體樣本的人口統計學情況如表一所示。

表一　人口統計學情況

分類	數量與比例
性別	男性 428 人約占 51.2%（杭州：123 人；無錫：87 人；重慶：113 人；西安：105 人）； 女性 408 人約占 48.8%（杭州：104 人；無錫：87 人；重慶：114 人；西安：103 人）
年齡	20 歲以下 181 人約占 21.7%；20-30 歲 297 人約占 35.5%；31-40 歲 270 人約占 32.3%；41-50 歲 66 人約占 7.9%；50 歲以上 22 人約占 2.6%
學歷	初中及以下 138 人約占 16.5%；高中及中專 338 人約占 40.4%；大專及以上 360 人約占 43.1%
職業	學生 221 人約占 26.4%；工人 93 人約占 11.1%；黨政機關和事業單位 38 人約占 4.5%；企業／公司職員 209 人約占 25%；專業技術人員 66 人約占 7.9%；農民 16 人約占 1.9%；個體和自由職業 103 人約占 12.3%；其他 90 人約占 10.9%
月收入	2,000 元以內 212 人約占 25.4%；2,000-5,000 元以內 291 人約占 34.8%；5,000-10,000 元以內 205 人約占 24.5%；10,000 元及以上 128 人約占 15.3%

變項設置與測量

研究共設置九個主要變項，分別爲網路接觸、人際接觸、感知嚴重性、感知易感性，主觀規範、反應效能、自我效能、反應成本和接種意願，所有變項的測量（除網路接觸外）均借鑑前人成果。研究共設置 28 個測項，均採用李克特五級量表進行測量，「1」爲非常不同意，

「5」為非常同意，具體設置如表二所示。

表二 變項設置和測量

變項設置		測項	測項數	引用
網路接觸	Q1	我從網路了解最新的新冠病毒和疫苗資訊。	3	/
	Q2	我目前對新冠病毒和疫苗資訊的了解主要來源於網路。		
	Q3	網路是我獲取新冠病毒和疫苗資訊的首選管道。		
人際接觸	Q4	我從家人處了解最新的新冠病毒和疫苗資訊。	3	郭小安、王天翊（2020）
	Q5	我從朋友和同學處了解最新的新冠病毒和疫苗資訊。		
	Q6	我從醫師處了解最新的新冠病毒和疫苗資訊。		
感知嚴重性	Q7	如果得了新冠肺炎，後果是十分可怕的。	4	Zhou, Acevedo Callejas, & MacGeorge（2020）
	Q8	如果得了新冠肺炎，會對生活帶來嚴重的影響。		
	Q9	如果得了新冠肺炎，身體會出現較為嚴重的不適。		
	Q10	如果得了新冠肺炎，澈底康復的可能性很低。		
感知易感性	Q11	我周圍的環境讓我容易曝露在新冠病毒的威脅中。	3	Kahlor（2010）
	Q12	從目前的情況來看，我有可能會感染新冠病毒。		
	Q13	新冠病毒在我這個年齡的感染性較強。		
主觀規範	Q14	我注重其觀點的人支持我去接種新冠疫苗。	3	Lu（2015）
	Q15	我注重其意見的人希望我去接種新冠疫苗。		
	Q16	我所在的工作或學習單位希望我去接種新冠疫苗。		

變項設置	測項	測項數	引用
反應效能	Q17 我認為接種新冠疫苗可以有效預防新冠病毒。	3	
	Q18 我認為接種新冠疫苗可以使我得到保護。		
	Q19 我認為接種新冠疫苗能夠讓我確信自己是安全的。		
反應成本	Q20 我認為接種新冠疫苗對我的身體可能有未知風險。	3	Mcmath & Prentice-Dunn（2005）
	Q21 我認為接種新冠疫苗會帶來一些副作用。		
	Q22 我認為接種新冠疫苗對我的身體可能會產生一定的傷害。		
自我效能	Q23 接種新冠疫苗對我來說很容易達成。	3	
	Q24 對我來說完成新冠疫苗接種是比較簡單的事情。		
	Q25 我不害怕接種新冠疫苗。		
接種意願	Q26 我願意接種新冠疫苗。	3	郭小安、王天翊（2020）
	Q27 我計畫接種新冠疫苗。		
	Q28 我想我一定會接種新冠疫苗。		

資料分析與量化結果

效度與信度分析

I. 結構效度檢驗

對主要變項的 Kaiser-Meyer-Olkin（KMO）測定和 Bartlett 球形檢驗發現，KMO 值為 .80，大於 .70，Barlett 檢驗 p 值為 .00，說明該問卷具有顯著的內部相關性。接著做探索性因數分析（Exploratory Factor Analysis），結果顯示可以提取九個因數，累計解釋變異數為 76.85%，

除 Q9 小於 .60 外，其餘各測項載荷係數均大於 .60，去除 Q9 後量表呈現出更好的結構效度。

II. 量表信度檢驗

利用 SPSS 19.0 對問卷的選項進行信度分析，對問卷內部一致性進行檢查，結果顯示「網路接觸」、「人際接觸」、「感知嚴重性」、「感知易感性」、「反應效能」、「反應成本」、「自我效能」、「主觀規範」、「接種意願」的 Cronbach's α 分別是 .90、.82、.83、.83、.93、.92、.90、.91 和 .94，說明量表信度較好。

III. 聚合效度和判別效度檢驗

利用驗證性因子分析（Confirmatory Factor Analysis）進行內斂效度和判別效度檢驗。研究結果發現觀測項與其所測量的潛變項之間的標準載荷係數均大於 .50（見表三），其對應的組合信度（Composite Reliability, CR）值均大於 .70，各變項的平均變異抽取量（Average Variance Extracted, AVE）均大於 .50，說明問卷的收斂性比較好。如表四所示，各變項 AVE 的平方根均大於對應潛變項與其他所有潛變項相關係數的絕對值，表明各潛變項間具有較好的判別效度。

表三　驗證性因子分析

變項	觀測項	標準載荷	t 值	AVE	CR
網路接觸	Q1	.85	N/A	.75	.90
	Q2	.90	22.19		
	Q3	.84	20.56		
人際接觸	Q4	.80	N/A	.58	.80
	Q5	.79	15.32		
	Q6	.69	13.65		

變項	觀測項	標準載荷	t 值	AVE	CR
感知嚴重性	Q7	.80	N/A	.63	.83
	Q8	.87	15.52		
	Q10	.70	14.03		
感知易感性	Q11	.67	N/A	.63	.84
	Q12	.91	13.91		
	Q13	.79	13.91		
自我效能	Q14	.80	N/A	.75	.90
	Q15	.86	20.18		
	Q16	.94	21.63		
反應效能	Q17	.93	N/A	.84	.94
	Q18	.94	33.87		
	Q19	.87	27.95		
反應成本	Q20	.87	N/A	.80	.92
	Q21	.94	26.02		
	Q22	.87	23.75		
主觀規範	Q23	.74	N/A	.78	.91
	Q24	.94	19.84		
	Q25	.95	19.93		
接種意願	Q26	.89	N/A	.80	.92
	Q27	.90	26.91		
	Q28	.90	27.08		

表四　判別效度

變項	1	2	3	4	5	6	7	8	9
1. 網路接觸	**.87**								
2. 人際接觸	.15	**.76**							
3. 感知嚴重性	.32	.17	**.79**						

變項	1	2	3	4	5	6	7	8	9
4. 感知易感性	.14	.33	.08	**.79**					
5. 自我效能	.21	.40	.11	.15	**.87**				
6. 反應效能	.31	.48	.15	.18	.22	**.92**			
7. 反應成本	−.05	−.09	−.03	−.03	−.04	−.05	**.90**		
8. 主觀規範	.17	.52	.12	.18	.18	.27	−.05	**.88**	
9. 接種意願	.26	.56	.17	.23	.58	.51	−.24	.53	**.96**

註：對角線上的數值為 $\sqrt{AVE}$，其餘的數值均為相關係數。

主要變項的平均值、標準差和相關係數

表五　主要變項的平均值（Mean, M）、標準差（Standard Deviation, SD）和 Pearson 相關係數

變項	M	SD	1	2	3	4	5	6	7	8	9
1. 網路接觸	4.17	.81	1								
2. 人際接觸	3.16	.93	.13[**]	1							
3. 感知嚴重性	4.37	.73	.27[**]	.11[**]	1						
4. 感知易感性	2.76	.97	.12[*]	.29[**]	.25[**]	1					
5. 自我效能	3.88	.85	.18[**]	.25[**]	.13[**]	.10[*]	1				
6. 反應效能	4.08	.79	.26[**]	.34[**]	.31[**]	.17[**]	.58[**]	1			
7. 反應成本	3.10	.88	−.03	−.05	.07	.27[**]	−.14[**]	−.27[**]	1		
8. 主觀規範	3.91	.78	.14[*]	.39[**]	.17[**]	.17[**]	.50[**]	.57[**]	−.18[**]	1	
9. 接種意願	3.92	.89	.20[**]	.37[**]	.20[**]	.14[**]	.66[**]	.67[**]	−.31[**]	.65[**]	1

註：* $p < .05$；** $p < .01$；*** $p < .001$

路徑分析及研究假設檢驗

本研究透過 AMOS 24.0 對模型進行估計，輸出結果顯示 χ^2 值為 536.32，df 值為 295（$\chi^2/df = 1.82$），卡方值與自由度之比為 1.82（介

於 1 和 3 之間）。除 AGFI 略小於 .90 外，GFI、CFI、IFI、TLI、NFI 數值均大於 .90，RMSEA 值小於 .08。以上資料均表明模型擬合度較好（具體見表六），這意味著模型是可以接受的，模型路徑係數如圖三所示。

表六　模型估計值

擬合指數	df	χ^2	GFI	AGFI	CFI	IFI	TLI	NFI	RMSEA
結果	295	536.32	.92	.89	.97	.97	.97	.94	.04

圖三　模型路徑係數圖

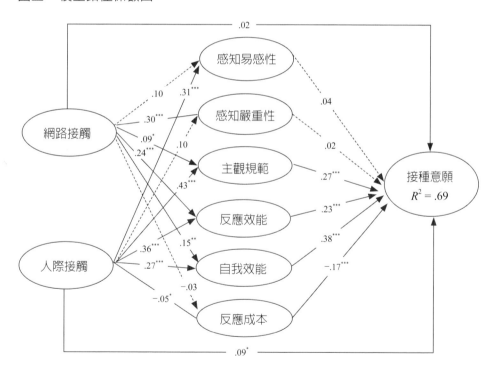

註：$^*\,p < .05$；$^{**}\,p < .01$；$^{***}\,p < .001$

　　結果顯示，網路接觸對感知易感性（$\beta = .10, p > .05$）的影響不顯著，假設 1a 沒有得到驗證。人際接觸對感知易感性（$\beta = .31, p < .001$）具有顯著正向的影響，假設 1b 得到驗證。網路接觸對感知嚴重性（$\beta = .30, p < .001$）具有顯著正向的影響，假設 2a 得到驗證。人際接觸對感知嚴重性（$\beta = .10, p > .05$）的影響不顯著，假設 2b 沒有得到驗證。網路接觸對主觀規範（$\beta = .09, p < .05$）具有顯著正向的影響，假設 3a 得到驗證。人際接觸對主觀規範（$\beta = .43, p < .001$）具有顯著正向的影響，假設 3b 得到驗證。網路接觸對反應效能（$\beta = .24, p < .001$）具有顯著正向的影響，假設 4a 得到驗證。人際接觸對反應效能（$\beta = .36, p < .001$）具有顯著正向的影響，假設 4b 得到驗證。網路接觸對自我效能（$\beta = .15, p < .001$）具有顯著正向的影響，假設 5a 得到驗證。人際接觸對自我效能（$\beta = .27, p < .001$）具有顯著正向的影響，假設 5b 得到驗證。網路接觸對反應成本（$\beta = -.03, p > .05$）的影響不顯著，假設 6a 沒有得到驗證。人際接觸對反應成本（$\beta = -.05, p < .05$）具有顯著負向的影響，假設 6b 沒有得到驗證。感知嚴重性對接種意願（$\beta = .02, p > .05$）的影響不顯著，假設 7a 沒有得到驗證。感知易感性對接種意願（$\beta = .04, p > .05$）的影響不顯著，假設 7b 沒有得到驗證。主觀規範對接種意願（$\beta = .27, p < .001$）具有顯著正向的影響，假設 8 得到驗證。反應效能對接種意願（$\beta = .23, p < .001$）具有顯著正向的影響，假設 9a 得到驗證。自我效能對接種意願（$\beta = .38, p < .001$）具有顯著正向的影響，假設 9b 得到驗證。反應成本對接種意願（$\beta = -.17, p < .001$）具有顯著負向的影響，假設 9c 得到驗證。網路接觸對接種意願（$\beta = .02, p > .05$）的影響不顯著，假設 10a 沒有得到驗證。人際接觸對接種意願具有顯著正向的影響（$\beta = .09, p < .05$），假設 10b 得到驗證。

　　另外透過圖三可以發現模型的 R^2 達到 69%，說明該模型解釋了 69% 接種意願的差異。

假設檢驗結果

表七　假設檢驗結果

假設		影響路徑		檢驗結果
H1a	網路接觸	⟶	感知易感性	不成立
H1b	人際接觸	⟶	感知易感性	成立
H2a	網路接觸	⟶	感知嚴重性	成立
H2b	人際接觸	⟶	感知嚴重性	不成立
H3a	網路接觸	⟶	主觀規範	成立
H3b	人際接觸	⟶	主觀規範	成立
H4a	網路接觸	⟶	反應效能	成立
H4b	人際接觸	⟶	反應效能	成立
H5a	網路接觸	⟶	自我效能	成立
H5b	人際接觸	⟶	自我效能	成立
H6a	網路接觸	⟶	反應成本	不成立
H6b	人際接觸	⟶	反應成本	不成立
H7a	感知易感性	⟶	接種意願	不成立
H7b	感知嚴重性	⟶	接種意願	不成立
H8	主觀規範	⟶	接種意願	成立
H9a	反應效能	⟶	接種意願	成立
H9b	自我效能	⟶	接種意願	成立
H9c	反應成本	⟶	接種意願	成立
H10a	網路接觸	⟶	接種意願	不成立
H10b	人際接觸	⟶	接種意願	成立

結論與討論

本文以保護動機理論為基礎，希望透過對西安、重慶、無錫和杭州四地的調查，研究網路接觸和人際接觸是否以及如何對威脅評估、應對評估、主觀規範產生影響，進而影響個體新冠疫苗接種意願。

面對突發的新冠疫情，人們為了減少不確定性，會透過獲取各種管道的資訊來減少資訊弱勢，降低風險，並形成對新冠病毒的認知，進而指導自己的行為（Li & Liu, 2020）。研究發現網路接觸越多越能有效提升個體對新冠病毒嚴重性後果的認知。可能的解釋是充斥網路的新冠病毒資訊容易引發恐懼心理，從而強化和提升個人對新冠病毒可能引發嚴重後果的評價。這表明網路在傳遞病毒知識上具有較好的效果，有助於個體完善風險評價。網路接觸對感知易感性的影響不顯著，這可能與中國新冠疫情控制得當和相關資訊公開及時有關。當前在網路中，官方媒體能夠及時通報各地出現的零星病例以及針對這些病例的嚴格管控措施，以往經驗表明病例通常會在較短時間內被清空，不會造成大範圍的感染。因此中國的民眾安全感普遍較高，對自身感染新冠病毒可能性的認知、判斷不易受到網路資訊的影響。

研究還發現人際接觸對感知易感性具有積極顯著的影響。來自家人、醫師、同學和朋友管道的新冠資訊，往往包含著愛、關心等情感，他們為了喚起個體對自我保護的重視，往往會放大個體感染新冠病毒的可能性，並不斷進行強化控制。另有研究顯示當健康風險增加時，個體往往更加依賴人際管道（Hu & Zhang, 2014）。因而導致人際接觸越多，個體越容易放大自身感染新冠病毒的可能性。人際接觸對感知嚴重性的影響不顯著，這與之前的研究結果不一致。可能的解釋是中國新冠疫情主要分布在武漢，西安、重慶、杭州、無錫的絕大多數居民沒有直接接觸新冠病人和發病的經驗。他們對於新冠病毒可能引發的後果類資訊的交流主要基於二手資訊，而長期相對安全的生存環境容易使

他們放鬆警惕。這使得人際接觸對感知嚴重性的影響不顯著。

網路接觸和人際接觸越多則感受到的規範性壓力越強烈。然而二者引發的程度有一些區別，即人際接觸比網路接觸對主觀規範的影響更大。與家人、醫師、同學和朋友的資訊交流往往建立在較強的信任度和親密度基礎上，因此也更容易對個體是否願意接種新冠疫苗構成壓力。特別是在具有集體主義歷史傳統的國家，隨著身邊疫苗接種人數的增加，個體在其中很容易感知到接種自由與社會、家庭安全之間的劇烈衝突，這對個體接種意願會形成強大的規範性壓力。

網路接觸和人際接觸對自我效能具有積極顯著的影響作用。網路在傳遞新冠疫苗有關的國家政策（如接種地點、接種費用、接種條件）具有優勢，而對這些資訊了解得越多越全面，越有助於個體提升對自身能夠完成疫苗接種能力的評價。與網路接觸相比，人際接觸對接種意願的促進作用更大。班杜拉（Bandura, 1986）提到影響自我效能的一個重要因素是口頭說服。從家人、醫師、朋友和同學管道了解到的關於接種新冠疫苗的費用、地點和疼痛程度類資訊更加直接和具有針對性。人際接觸對於幫助個體完成自身能否進行新冠疫苗接種的能力評估具有更強的影響。因此，要擅於發揮基層社區人員、醫師、教師等的作用，他們與個體直接的資訊交流對提升個體的自我效能具有較好的效果。

網路接觸和人際接觸對反應效能均具有積極顯著的提升作用。反應效能是個體對接種新冠疫苗是否起作用的認知。對個體而言，要對新冠疫苗預防效果進行評估需要具備一定的知識。網路具有較高的知識共用度、便捷的資訊檢索性和互動性等特點，在普及和傳遞疫苗的作用機制、免疫效應以及疫苗最新研究進展等方面有著突出的優勢（沈秋坦、周榮庭、任傑，2013）。因此，透過網路學習到滅活類疫苗的知識越多越全面，越會提高個體對中國新冠疫苗防禦效果的評價。與網路接觸相比，人際接觸對反應效能的促進作用更大。對於知識水準較低的人群，人際接觸可以有效地減少教育差異帶來的影響（Rimal et al., 2013）。與家人、醫師、朋友和同學等的溝通和交流往往簡單和直

接，可以最大程度地降低因專業知識不足導致的認知門檻，從而使得部分文化程度較低的個體也能了解到更多關於新冠疫苗預防效果的知識。這部分知識了解越多，越能提升個體對新冠疫苗預防效果的評價。

人際接觸對反應成本具有消極影響，這與之前的結論相反（MacArthur, 2017）。透過資料分析我們發現，人際接觸越多則對新冠疫苗安全性評價越高。可能的解釋是人際管道的資訊接觸有助於減少對於新冠疫苗副作用的擔憂。隨著中國新冠疫苗接種工作的不斷推進，周邊的家人、醫師、同學和朋友等透過分享自身經歷的方式消除了個體對新冠疫苗副作用的擔心。網路接觸對反應成本的影響不顯著，可能的解釋是當前網路中關於中國新冠疫苗副作用的資訊極少。個體對新冠疫苗安全隱患的擔憂主要依靠私下的人際接觸，這導致網路接觸對反應成本的影響不顯著。

自我效能是預測接種意願最有效的認知變項。自我效能是個體對自身完成新冠疫苗接種能力的評估。自我效能對個體努力實現健康意圖具有較強的促進作用（Strecher et al., 1986）。因此，為個體接種疫苗提供便利的條件如就近接種和上門接種，提供可能的補貼、專業指導等，這些對促進個體新冠疫苗接種意願具有較好的效果。

反應效能是影響接種意願的另一個重要認知變項，這與之前的研究結果較為一致（Coe et al., 2021）。個體認知到的新冠疫苗預防效果越好，則其接種新冠疫苗的意願更強烈。因此未來加強新冠疫苗研發工作，披露更多新冠疫苗效用資料，回應個體對預防效果方面的疑慮，這些對於將來推廣新冠類疫苗同樣具有較好的促進作用。

反應成本對接種意願具有顯著消極影響，這與之前的研究結果同樣沒有區別（Alqudeimat, 2021）。新冠疫苗作為新事物，一方面對疫苗穩定性和效用的不確定加劇個體對接種新冠疫苗的恐懼；另一方面對新冠疫苗副作用的擔心容易引發猶豫情緒。因此有必要披露更多客觀真實的臨床資料以及接種工作中出現的有關副作用方面的資訊，積極回應大眾對新冠疫苗副作用的擔心，以免造成疫苗猶豫。

感知嚴重性和感知易感性對接種意願的影響不顯著，這與之前的研究結果不一致（Cho & Lee, 2015; Li et al., 2021）。出現這樣的差異可能與中國較為安全的生存環境有關。目前世界多數國家存在大量的新冠病人，面臨著巨大的感染壓力，然而中國只有零星病例，且火神山、雷神山等傳染病醫院的建造以及多地的嚴管措施，讓中國民眾的安全感較強。在這種情況下，多數人的注意力聚焦到如何恢復正常生活以及疫苗接種上，他們更願意減少對新冠病毒的關注，以免引發心理不適和焦慮情緒（Case et al., 2005）。

主觀規範對接種意願具有重要促進作用，這個結果反映了中國集體主義文化傳統對個人行為意願的強大影響。當前，隨著中國國家衛生健康委員會等官方機構不斷重申新冠疫苗接種的重要戰略意義，接種人數快速增長。個體拒絕接種新冠疫苗需要面對較大的社會壓力。而面對這些壓力，多數人更願意響應國家號召，與他人保持一致，這樣就可以避免自己受到特殊關注或遭受損失。

本研究的理論價值在於將網路和人際接觸視為個體獲取新冠資訊的重要管道，研究了二者如何透過反應效能、威脅評估、主觀規範對接種意願產生影響。綜觀之前的研究我們不難發現，對新冠疫苗接種意願的相關研究主要考察了認知因素（威脅評估和效應評估）的影響作用，忽略了對不同資訊來源的考察。而資訊來源會對處於不確定性情境／脈絡中的個體認知產生重要影響，這些認知又會形成或者改變個體的行為、態度。在此意義上，本文對網路和人際資訊源的研究，為之後研究新冠疫苗接種意願及其影響機制提供了一條比較完整的路徑。另外，本文還在認知變項的基礎上，創新性地將社會情境因素加入模型進行綜合考察。眾所周知，中國地處亞洲，集體主義在中國具有悠久的歷史和文化傳統，個人的選擇意願和社會行為容易受到社會情境的影響。本文在驗證主觀規範對中國個體疫苗接種意願產生重要影響的基礎上，還發現人際接觸和網路接觸均會對個體產生規範性壓力。這一研究表明網路資訊接觸並不因在感官上減少了個體被孤立的感覺，就不會對個體產生規

範性壓力。

本研究的現實意義在於能夠爲有效提升新冠疫苗接種意願，避免出現「疫苗猶豫」提供一定的借鑑和參考。眾所周知，新冠病毒已經成爲世界性的問題，全人類正面臨巨大的感染風險。隨著新冠患者數量的增加、新冠病毒的變異，未來新冠疫苗接種可能成爲常態。當前中國多個省份陸續推出了新冠「加強針」疫苗，該疫苗正處於接種初期，截至2021 年 11 月，接種數量約爲 4,000 萬針（中研網，2021），未來還需要更多人進行「加強針」接種。本研究爲新冠疫苗及之後加強類新冠疫苗接種提供了一些思考和啟發，即當前中國民眾存在對新冠疫苗副作用的擔憂，然而選擇不接種疫苗需要面臨巨大的社會壓力。這些壓力會抵消個體對疫苗副作用的顧慮，並最終導致個體選擇接種新冠疫苗以免受排擠或者懲罰。同時，完善個體的自我效能、反應效能對提升其接種意願同樣具有較好的作用。

此外，本文的研究還對個體資訊來源與風險認知、疫苗接種意願的關係有一定的啟發意義。即當個體面臨新冠病毒威脅時，網路接觸爲完善個體風險認知提供即時資訊，而人際接觸爲個體風險認知提供觀點和情感支援，對接種意願具有直接的影響作用。

研究局限與未來展望

本文的局限主要表現在以下幾個方面：（1）由於資金所限，調查地的選擇主要集中在長江流域（無錫、杭州、重慶）和黃河流域（西安），不夠均衡；（2）研究忽略了可能存在的調節因素（如人格）以及中介因素（如情感反應）等，這部分還有待深度挖掘；（3）研究主要借鑑了保護動機理論模型中的影響路徑，而忽略了探索「感知易感性」、「感知嚴重性」、「主觀規範」、「反應效能」、「自我效能」與「反應成本」等變項之間可能存在的關聯。

據此，未來的研究可以從以下幾方面進行展望：（1）增加資金投入，將珠江三角洲（如廣州、深圳）納入調查範圍，增加樣本數量；（2）可以考慮在模型中加入調節變項——大五人格，考察不同人格的個體是否存在差異，另外也可以在應對評估、威脅評估與接種意願中加入中介變項——情感反應，考察消極情感反應和積極情感反應在其中的作用；（3）進一步挖掘「感知易感性」、「感知嚴重性」、「主觀規範」、「反應效能」、「自我效能」與「反應成本」等變項之間可能存在的影響關係。

參考文獻

中文部分（Chinese Section）

中國搜索（2020 年 1 月 28 日）。〈國家衛健委：新型冠狀病毒可通過接觸傳播〉。上網日期：2021 年 11 月 1 日，取自 https://baijiahao.baidu.com/s?id=1656979925221700673&wfr=spider&for=pc

Zhongguo sousuo (2020, January 28). Guojia Weijianwei: Xinxing guanzhuang bingdu ke tongguo jiechu chuan bo. Retrieved November 1, 2021, from https://baijiahao.baidu.com/s?id=1656979925221700673&wfr=spider&for=pc

中國新聞網（2020 年 12 月 14 日）。〈世衛組織：感染新冠病毒後的死亡率約爲 0.6%〉。上網日期：2021 年 11 月 1 日，取自 https://www.chinanews.com.cn/gj/2020/10-13/9311274.shtml

Zhongguo xinwen wang (2020, December 14). Shiweizuzhi: Ganran xinguan bingdu hou de siwanglü yue wei 0.6%. Retrieved November 1, 2021, from https://www.chinanews.com.cn/gj/2020/10-13/9311274.shtml

中國經濟網（2021 年 4 月 18 日）。〈我國已接種新冠病毒疫苗 18736.8 萬劑次〉。上網日期：2021 年 4 月 18 日，取自 https://baijiahao.baidu.com/s?id=1697273194625785722&wfr=spider&for=pc

Zhongguo jingji wang (2021, April 18). Woguo yi jiezhong xinguan bingdu yimiao 18736.8 wan jici. Retrieved April 18, 2021, from https://baijiahao.baidu.com/s?id=1697273194625785722&wfr=spider&for=pc

中研網（2021 年 11 月 12 日）。〈鍾南山提醒疫苗接種半年後補加強針 中國

疫苗接種人數統計〉。上網日期：2021 年 11 月 12 日，取自 https://www.chinairn.com/hyzx/20211112/091706592.shtml

Zhongyanwang (2021, November 12). Zhong Nanshan tixing yimiao jiezhong bannian hou bu jiaqiangzhen, Zhongguo yimiao jiezhong renshu tongji. Retrieved November 12, 2021, from https://www.chinairn.com/hyzx/20211112/091706592.shtml

牛耀紅（2021）。〈線索民族誌：網路傳播研究的新視角〉。《新聞界》，第 4 期，頁 62-72。

Niu Yaohong (2021). Xiansuo minzuzhi: Hulianwang chuanbo yanjiu de xin shijiao. *Xinwen jie*, 4, 62-72.

王志偉、李智、黃惠民、楊智聰、呂嘉春（2021）。〈廣州市居民對新型冠狀病毒疫苗的認知與接種意願調查〉。《現代預防醫學》，第 4 期，頁 732-737。

Wang Zhiwei, Li Zhi, Huang Huimin, Yang Zhicong, Lü Jiachun (2021). Guangzhoushi jumin dui xinxing guanzhuang bingdu yimiao de renzhi yu jiezhong yiyuan diaocha. *Xiandai yufang yixue*, 4, 732-737.

申琦（2017）。〈風險與成本的權衡：社交網路中的「隱私悖論」——以上海市大學生的微信移動社交應用（APP）爲例〉。《新聞與傳播研究》，第 8 期，頁 55-69。

Shen Qi (2017). Fengxian yu chengben de quanheng: Shejiao wanglu zhong de 'yinsi beilun'—Yi Shanghaishi daxuesheng de Weixin yidong shejiao yingyong (APP) weili. *Xinwen yu chuanbo yanjiu*, 8, 55-69.

百度（2021 年 4 月 18 日）。〈疫情即時大資料報告〉。上網日期：2021 年 4 月 18 日，取自 https://voice.baidu.com/act/newpneumonia/newpneumonia/?from=osari_aladin_banner

Baidu (2021, April 18). Yiqing jishi da ziliao baogao. Retrieved April 18, 2021, from https://voice.baidu.com/act/newpneumonia/newpneumonia/?from=osari_aladin_banner

沈秋坦、周榮庭、任傑（2013）。〈淺析網路科普在健康傳播中的優勢〉。《科普研究》，第 3 期，頁 19-24。

Shen Qiutan, Zhou Rongting, Ren Jie (2013). Qianxi wanglu kepu zai jiankang chuanbo zhong de youshi. *Kepu yanjiu*, 3, 19-24.

李鳳萍（2019）。〈數位鴻溝對癌症知溝的影響研究——基於北京、合肥癌症與健康資訊調查的分析〉。《國際新聞界》，第 7 期，頁 27-40。

Li Fengping (2019). Shuwei honggou dui aizheng zhigou de yingxiang yanjiu—

Jiyu Beijing, Hefei aizheng yu jiankang zixun diaocha de fenxi. *Guoji Xinwenjie*, 7, 27-40.

陳雯（2017）。《媒介接觸與子宮頸癌防治的認知與態度研究——以廣州市年輕女性爲例》。暨南大學新聞與傳播學院碩士學位論文。

Chen Wen (2017). *Meijie jiechu yu zigongjingai fangzhi de renzhi yu taidu yanjiu— Yi Guangzhoushi nianqing nüxing wei li.* Jinan daxue xinwen yu chuanbo xueyuan shuoshi xuewei lunwen.

郭沁（2019）。〈健康行爲的社會規範性影響和從眾心理〉。《浙江大學學報（人文社會科學版）》，第 1 期，頁 80-92。

Guo Qin (2019). Jiankang xingwei de shehui guifanxing yingxiang he congzhong xinli. *Zhejiang daxue xuebao (renwen shehui kexue ban)*, 1, 80-92.

郭小安、王天翊（2020）。〈新媒體接觸、健康信念與 HPV 疫苗接種意向〉。《新聞與傳播研究》，第 6 期，頁 58-74。

Guo Xiaoan, Wang Tianyi (2020). Xinmeiti jiechu, jiankang xinnian yu HPV yimiao jiezhong yixiang. *Xinwen yu chuanbo yanjiu*, 6, 58-74.

梁漱溟（2011）。《中國文化要義》。上海：上海人民出版社。

Liang Shuming (2011). *Zhongguo wenhua yaoyi.* Shanghai: Shanghai renmin chubanshe.

閆岩、溫婧（2020）。〈新冠疫情早期的媒介使用、風險感知與個體行爲〉。《新聞界》，第 6 期，頁 50-61。

Yan Yan, Wen Jing (2020). Xinguan yiqing zaoqi de meijie shiyong, fengxian ganzhi yu geti xingwei. *Xinwenjie*, 6, 50-61.

國務院第七次全國人口普查領導小組辦公室（2021 年 5 月 11 日）。〈2020 年第七次全國主要人口普查主要資料〉。上網日期：2021 年 10 月 20 日，取自 http://www.stats.gov.cn/tjsj/pcsj/

Guowuyuan di qi ci quanguo renkou pucha lingdao xiaozu bangongshi (2021, May 11). 2020 nian di qi ci quanguo zhuyao renkou pucha zhuyao ziliao. Retrieved October 20, 2021, from http://www.stats.gov.cn/tjsj/pcsj/

楊洸、巢乃鵬（2021）。〈健康不平等的代際差異：新冠疫情風險資訊接觸和個人心理認知的影響〉。《現代傳播（中國傳媒大學學報）》，第 7 期，頁 95-102。

Yang Guang, Chao Naipeng (2021). Jiankang bu pingdeng de daiji chayi: Xinguan yiqing fengxian zixun jiechu he geren xinli renzhi de yingxiang. *Xiandai chuanbo (Zhongguo chuanmei daxue xuebao)*, 7, 95-102.

新浪財經（2021 年 7 月 29 日）。〈35 大城市性別比：東南高東北低 東莞找對

象最難？〉。上網日期：2021 年 7 月 29 日，取自 https://baijiahao.baidu.com/s?id=1706590321777072980&wfr=spider&for=pc

Xinlang caijing (2021, July 29). 35 da chengshi xingbie bi: Dongnan gao dongbei di, Dongguan zhao duixiang zui nan?. Retrieved July 29, 2021, from https://baijiahao.baidu.com/s?id=1706590321777072980&wfr=spider&for=pc

趙春艷、石晶、張國峰、劉波（2021）。〈北京通州區中小學生家長爲子女接種新冠疫苗意願及影響因素〉。《中國學校衛生》，第 3 期，頁 371-374。

Zhao Chunyan, Shi Jing, Zhang Guofeng, Liu Bo (2021). Beijing Tongzhouqu zhongxiaoxuesheng jiazhang wei zinü jiezhong xinguan yimiao yiyuan ji yingxiang yinsu. *Zhongguo xuexiao weisheng*, *3*, 371-374.

熊偉（1997）。《存在主義哲學資料選輯（上卷）》。北京：商務印書館。

Xiong Wei (1997). *Cunzai zhuyi zhexue ziliao xuanji (shangjuan)*. Beijing: Shangwu yinshu guan.

英文部分（**English Section**）

Agranov, M., Elliott, M., & Ortoleva, P. (2021). The importance of social norms against strategic effects: The case of Covid-19 vaccine uptake. *Economics Letters*, *206*(3), 109979.

Ajzen, I. (1991). The theory of planned behavior. *Organizational Behavior and Human Decision Processes*, *50*(2), 179-211.

Alqudeimat, Y., Alenezi, D., Alhajri, B., Alfouzan, H., & Ziyab, A. H. (2021). Acceptance of a COVID-19 vaccine and its related determinants among the general adult population in Kuwait. *Medical Principles and Practice*, *30*(3), 262-271.

Ansari-Moghaddam, A., Seraji, M., Sharafi, Z., Mohammadi, M., & Okati-Aliabad, H. (2021). The protection motivation theory for predict intention of COVID-19 vaccination in Iran: A structural equation modeling approach. *BMC Public Health*, *21*(1), 1-9.

Ashkenazi, S., Livni, G., Klein, A., Kremer, N., Havlin, A., & Berkowitz, O. (2020). The relationship between parental source of information and knowledge about measles/measles vaccine and vaccine hesitancy. *Vaccine*, *38*(46), 7292-7298.

Avery, E. (2010). Contextual and audience moderators of channel selection and message reception of public health information in routine and crisis situations. *Journal of Public Relations Research*, *22*(4), 378-403.

Bandura, A. (1986). *Social foundations of thought and action: A social cognitive theory*. Englewood Cliffs, NJ: Prentice-Hall.

Bass, S. B., Ruzek, S. B., Gordon, T. F., Fleisher, L., McKeown-Conn, N., & Moor, D. (2006). Relationship of Internet health information use with patient behaviour and self-efficacy: Experiences of newly diagnosed cancer patients who contact the National Cancer Institute's Cancer Information Service. *Journal of Health Communication, 11*(2), 219-236.

Benavidez, G., Asare, M., Lanning, B., Ylitalo, K., & Mamudu, H. M. (2020). Young adults' human papillomavirus-related knowledge: Source of medical information matters. *Public Health, 182*, 125-130.

Bilgin, N. C., Kesgin, M. T., Gucuk, S., & Ak, B. (2019). Assessment of internet usage for health-related information among clients utilizing primary health care services. Nigerian *Journal of Clinical Practice, 22*(11), 1467-1474.

Brewer, N. T., & Fazekas, K. I. (2007). Predictors of HPV vaccine acceptability: A theory-informed, systematic review. *Preventive Medicine, 45*(2-3), 107-114.

Bynum, S. A., Brandt, H. M., Annang, L., Friedman, D. B., & Sharpe, P. A. (2012). HPV vaccine acceptance among African American college females: The influence of health beliefs, distrust, and racial pride. *Journal of Health Psychology, 17*, 217-226.

Callaghan, T., Moghtaderi, A., Lueck, J. A., Hotez, P., Strych, U., Dor, A., Fowler, E. F., & Motta, M. (2021). Correlates and disparities of intention to vaccinate against COVID-19. *Social Science & Medicine, 1*, 113638.

Callaghan, T., Motta, M., Sylvester, S., Trujillo, K. L., & Blackburn, C. C. (2019). Parent psychology and the decision to delay childhood vaccination. *Social Science & Medicine, 238*, 1-8.

Camerini, A. L., Diviani, N., Fadda, M., & Schulz, P. J. (2019). Using protection motivation theory to predict intention to adhere to official MMR vaccination recommendations in Switzerland. *Journal of Population Health, 7*, 1-11.

Case, D. O., Andrews, J. E., Johnson, J. D., & Allard, S. L. (2005). Avoiding versus seeking: The relationship of information seeking to avoidance, blunting, coping, dissonance, and related concepts. *Journal of the Medical Library Association, 93*(3), 353-362.

Caskey, R., Lindau, S. T., & Alexander, G. C. (2009). Knowledge and early adoption of the HPV vaccine among girls and young women: Results of a national survey. *Journal of Adolescent Health, 45*(5), 453-462.

Chiu, L. H. (1972). A cross-cultural comparison of cognitive styles in Chinese and American children. *International Journal of Psychology*, *7*(4), 235-242.

Ch'ng, J. W., & Glendon, A. I. (2014). Predicting sun protection behaviors using protection motivation variables. *Journal of Behavioral Medicine*, *37*(2), 245-256.

Cho, H., & Lee, J. S. (2015). The influence of self-efficacy, subjective norms, and risk perception on behavioral intentions related to the H1N1 flu pandemic: A comparison between Korea and the US. *Asian Journal of Social Psychology*, *18*(4), 311-324.

Choi, J., & Geistfeld, L. V. (2004). A cross cultural investigation of consumer e-shopping adoption. *Journal of Economic Psychology*, *25*, 821-838.

Coe, A. B., Elliott, M. H., Gatewood, S. B., Goode, J. V. R., & Moczygemba, L. R. (2021). Perceptions and predictors of intention to receive the COVID-19 vaccine. *Research in Social and Administrative Pharmacy*, *4*, 1-7.

Deml, M. J., Notter, J., Kliem, P., Buhl, A., Huber, B. M., & Pfeiffer, C., Burton-Jeangros, C., & Tarr, P. E. (2019). "We treat humans, not herds!": A qualitative study of complementary and alternative medicine (cam) providers' individualized approaches to vaccination in Switzerland. *Social Science & Medicine*, *240*, 112556.

Figueiredo, A. D., Simas, C., Karafillakis, E., Paterson, P., & Larson, H. J. (2020). Mapping global trends in vaccine confidence and investigating barriers to vaccine uptake: A large-scale retrospective temporal modelling study. *The Lancet*, *396*(10255), 898-908.

Floyd, D. L., Prentice-Dunn, S., & Rogers, R. W. (2000). A meta-analysis of research on protection motivation theory. *Journal of Applied Social Psychology*, *30*(2), 407-429.

Goel, R. K., & Nelson, M. A. (2021). COVID-19 internet vaccination information and vaccine administration: Evidence from the United States. *Journal of Economics and Finance*, *45*(4), 716-734.

Goldstein, S., MacDonald. N. E., Guirguis, S., & the SAGE Working Group on Vaccine Hesitancy. (2015). Health communication and vaccine hesitancy. *Vaccine*, *33*(34), 4212-4214.

Greene, J. C. (2003). *Handbook of communication and social interaction skills*. Mahwah, NJ: Lawrence Erlbaum Associates.

Higgins, S. T., Klemperer, E. M., & Coleman, S. R. (2021). Looking to the empirical literature on the potential for financial incentives to enhance adherence with COVID-19 vaccination. *Preventive Medicine*, *145*, 106421.

Holmberg, C., Blume, S., & Greenough, P. (2017). *The politics of vaccination: A global history*. Manchester, UK: Manchester University Press.

Hu, B., & Zhang, D. (2014). Channel selection and knowledge acquisition during the 2009 Beijing H1N1 flu crisis: A media system dependency theory perspective. Chinese *Journal of Communication*, *7*(3), 299-318.

Jones, A. M., Omer, S. B., Bednarczyk, R. A., Halsey, N. A., Moulton, L. H., & Salmon, D. A. (2012). Parents' source of vaccine information and impact on vaccine attitudes, beliefs, and nonmedical exemptions. *Advances in Preventive Medicine*, *2012*, Article ID 932741, 1-8.

Kahlor, L. (2010). PRISM: A planned risk information seeking model. *Health Communication*, *25*(4), 345-356.

Kim, J. (2018). The relationship of health beliefs with information sources and HPV vaccine acceptance among young adults in Korea. *International Journal of Environmental Research & Public Health*, *15*(4), 673.

Kim, J., & Jung, M. (2017). Associations between media use and health information-seeking behavior on vaccinations in South Korea. *BMC Public Health*, *17*(1), 1-9.

Koerner, A. F., & Fitzpatrick, M. A. (2002). Toward a theory of family communication. *Communication Theory*, *12*(1), 70-91.

Lee, C. J. (2009). The role of Internet engagement in the health-knowledge gap. *Journal of Broadcasting & Electronic Media*, *53*(3), 365-382.

Li, L., Wang, J., Nicholas, S., Maitland, E., & Liu, R. (2021). The intention to receive the Covid-19 vaccine in China: Insights from protection motivation theory. *Vaccines*, *9*(5), 445.

Li, X., & Liu, Q. (2020). Social media use, e-health literacy, disease knowledge, and preventive behaviors in the Covid-19 pandemic: Cross-sectional study on Chinese netizens. *Journal of Medical Internet Research*, *22*(10), e19684.

Ling, M., Kothe, E. J., & Mullan, B. A. (2019). Predicting intention to receive a seasonal influenza vaccination using protection motivation theory. *Social Science & Medicine*, *233*, 87-92.

Lu, H. (2015). Burgers or tofu? Eating between two worlds: Risk information seeking and processing during dietary acculturation. *Health Communication*, *30*(8), 758-771.

Lurie, N., Saville, M., Hatchett, R., & Halton, J. (2020). Developing Covid-19 vaccines at pandemic speed. *New England Journal of Medicine*, *382*(21), 1969-1973.

Lwin, M. O., Stanaland, A. J. S., & Chan, D. (2010). Using protection motivation theory to predict condom usage and assess HIV health communication efficacy in Singapore. *Health Communication*, *25*(1), 69-79.

MacArthur. K. R. (2017). Beyond health beliefs: The role of trust in the HPV vaccine decision-making process among American college students. *Health Sociology Review*, *26*(3), 321-338.

MacDonald, N. E. (2015). Vaccine hesitancy: Definition, scope and determinants. *Vaccine*, *33*(34), 4161-4164.

Machida, M., Nakamura, I., Kojima, T., Saito, R., Nakaya, T., Hanibuchi, T., Takamiya, T., Odagiri, Y., Fukushima, N., Kikuchi, H., Amagasa, S., Watanabe, H., & Inoue, S. (2021). Acceptance of a COVID-19 vaccine in Japan during the COVID-19 Pandemic. *Vaccines*, *9*(3), 210.

Maxwell, K. A. (2002). Friends: The role of peer influence across adolescent risk behaviors. *Journal of Youth and Adolescence*, *31*(4), 267-277.

Mcmath, B. F., & Prentice-Dunn, S. (2005). Protection motivation theory and skin cancer risk: The role of individual differences in responses to persuasive appeals. *Journal of Applied Social Psychology*, *35*(3), 621-643.

Mcree, A. L., Brewer, N. T., Reiter, P. L., Gottlieb, S. L., & Smith, J. S. (2010). The Carolina HPV immunization attitudes and beliefs scale (chias): Scale development and associations with intentions to vaccinate. *Sexually Transmitted Diseases*, *37*(4), 234-239.

Moorhead, S. A., Hazlett, D. E., Harrison, L., Carroll, J. K., Irwin, A., & Hoving, C. (2013). A new dimension of health care: Systematic review of the uses, benefits, and limitations of social media for health communication. *Journal of Medical Internet Research*, *15*(4), e1933.

Motta, M. (2021). Can a COVID-19 vaccine live up to Americans' expectations? A conjoint analysis of how vaccine characteristics influence vaccination intentions. *Social Science & Medicine*, *272*, 113642.

Nakashima, K., Yanagisawa, K., & Ura, M. (2013). Dissimilar effects of taskrelevant and interpersonal threat on independent-interdependent self-construal in individuals with high self-esteem. *Asian Journal of Social Psychology*, *16*(1), 50-59.

Neergaard, L., & Fingerhut, H. (2020, May 27). AP-NORC poll: Half of Americans would get a COVID-19 vaccine. Retrieved September 10, 2021, from https://www.usnews.com/news/business/articles/2020-05-27/ap-norcpoll-half-of-americans-would-get-a-covid-19-vaccine

Rimal, R. N., Limaye, R. J., Roberts, P., Brown, J., & Mkandawire, G. (2013). The role of interpersonal communication in reducing structural disparities and psychosocial deficiencies: Experience from the Malawi BRIDGE Project. *Journal of Communication*, *63*(1), 51-71.

Rogers, R. W. (1983). Cognitive and physiological processes in fear appeals and attitude change: A revised theory of protection motivation. *Social Psychophysiology*, *19*, 469-479.

Rosen, B. L., Shew, M. L., Zimet, G. D., Ding, L., Mullins, T. L., & Kahn, J. A. (2017). Human Papillomavirus vaccine sources of information and adolescents' knowledge and perceptions. *Global Pediatric Health*, *4*, 1-10.

Strecher, V. J., McEvoy DeVellis, B., Becker, M. H., & Rosenstock, I. M. (1986). The role of self-efficacy in achieving health behavior change. *Health Education Quarterly*, *13*(1), 73-92.

Tanner Jr, J. F., Hunt, J. B., & Eppright, D. R. (1991). The protection motivation model: A normative model of fear appeals. *Journal of Marketing*, *55*(3), 36-45.

Tilburt, J. C., Mueller, P. S., Ottenberg, A. L., Poland, G. A., & Koenig, B. A. (2008). Facing the challenges of influenza in healthcare settings: The ethical rationale for mandatory seasonal influenza vaccination and its implications for future pandemics. *Vaccine*, *26*, D27-D30.

Trent, M., Seale, H., Chughtai, A. A., Salmon, D., & MacIntyre, C. R. (2021). Trust in government, intention to vaccinate and Covid-19 vaccine hesitancy: A comparative survey of five large cities in the United States, United Kingdom, and Australia. *Vaccine*, *40*(17), 2498-2505.

Wadman, M. (2020, May 20). How does coronavirus kill? Clinicians trace a ferocious rampage through the body, from brain to toes. *Science*. Retrieved May 1, 2021, from https://www.science.org/content/article/how-doescoronavirus-kill-clinicians-trace-ferocious-rampage-through-body-brain-toes

Ward, J. K., Alleaume, C., Peretti-Watel, P., Seror, V., Cortaredona, S., Launay, O., Raude, J., Verger, P., Beck, F., Legleye, S., Haridon, O., & Ward, J. (2020). The French public's attitudes to a future COVID-19 vaccine: The politicization of a public health issue. *Social Science & Medicine*, *265*, 113414.

Wortham, J. M., Lee, J. T., Althomsons, S., Latash, J., & Reagan-Steiner, S. (2020).

Characteristics of persons who died with Covid-19-United States, February 12-May 18, 2020. *MMWR. Morbidity and Mortality Weekly Report*, *69*(28), 923-929.

Yamey, G., Schäferhoff, M., Hatchett, R., Pate, M., Zhao, F., & McDade, K. K. (2020). Ensuring global access to COVID-19 vaccines. *The Lancet*, *395* (10234), 1405-1406.

Zhou, Y., Acevedo Callejas, M. L., & MacGeorge, E. L. (2020). Targeting perceptions of risk from injudicious antibiotic use: An application of the risk information seeking and processing model. *Journal of Health Communication*, *25*(5), 345-352.

8 疫情虛假資訊如何影響公眾的疫苗接種態度：基於北京市的實證研究

金兼斌[1]、魏然[2]、郭靖[3]

摘要

本研究探討新冠疫情相關虛假資訊接觸影響公眾的疫苗接種態度的機制。基於理論和文獻探討，並結合中國社會的特點，我們提出了虛假資訊接觸以錯誤觀念為中介，影響公眾疫苗接種態度的路徑模型。此外，我們將民眾的政府信任程度納入分析框架中，認為後者在公眾的疫苗接種問題上可能對虛假資訊的影響具有沖抵效應。研究數據基於 2021 年 8 月委託專業調查公司對北京市進行的一次大型線上配額調查，有效樣本量為 1,033。研究發現，疫情相關虛假資訊接觸對人們疫苗接種態度的影響分直接影響和間接影響，而以錯誤觀念為中介的間接影響要顯著大於虛假資訊接觸對疫苗負面態度的直接影響。政府信任與公眾的負面疫苗態度顯著負相關，顯示虛假資訊接觸和制度信任對公眾疫苗接種態度的競爭性影響。我們對相關研究結果的理論和現實啟發性進行了討論。

關鍵詞：虛假資訊接觸、錯誤觀念、疫苗負面態度、政府信任、疫苗猶豫

---

[1] 金兼斌，清華大學新聞與傳播學院教授。研究興趣：科學傳播、新媒體研究。

[2] 魏然，香港浸會大學傳理學院講座教授，香港中文大學新聞與傳播學院退休教授。研究興趣：媒介效果、傳播科技、移動傳播。

[3] 郭靖，香港中文大學新聞與傳播學院博士研究生。研究興趣：政治傳播、新媒體研究。

8   Examining the Impact of Exposure to COVID-19 Misinformation on Vaccine Hesitancy Among Beijing Residents

Jianbin JIN[1], Ran WEI[2], Jing GUO[3]

Abstract

This study attempts to explore how COVID-19 misinformation exposure affects the attitudes and behavioral intentions of people toward COVID-19 vaccination. On the basis of the review of relevant studies, we propose a theoretical framework in which misinformation beliefs and negative attitudes toward the vaccine are treated as mediating variables in the effect of misinformation exposure on vaccine hesitancy. Government trust is also included in our model to reflect the fact that institutional trust might function as a counterweighing factor in the vaccination decision making of an individual. The data are collected from a large-scale online survey in Beijing in August 2021, which yielded a sample of 1,033 respondents. Findings show that exposure to COVID-19 misinformation has both direct and indirect

[1] Jianbin JIN (Professor). School of Journalism and Communication, Tsinghua University. Research interest: science communication, new media studies.

[2] Ran WEI (Chair Professor). School of Communication, Hong Kong Baptist University. He is a retired Professor at School of Journalism and Communication, The Chinese University of Hong Kong. Research interests: media effects, communication technology, mobile communication.

[3] Jing GUO (Ph.D. Student). School of Journalism and Communication, The Chinese University of Hong Kong. Research interests: political communication, new media studies.

effects on negative attitudes toward the vaccine and that the size of indirect effects, as mediated by misinformation beliefs, is significantly bigger than that of the direct effect. Meanwhile, the counterweighing function of government trust is also verified, as it is negatively associated with the negative attitudes of the respondents toward COVID-19 vaccination. The social and theoretical implications of our findings are discussed accordingly.

Keywords: misinformation exposure, misinformation beliefs, negative attitudes of vaccine, trust in government, vaccine hesitancy

前　言

　　2019 年底爆發的新冠疫情已經深刻且不可逆轉地改變了世界的形態和人們的日常生活。就其波及的規模和死亡人數而言，這場全球公共衛生危機堪稱人類歷史上所遭遇過的最嚴重危機之一（"Coronavirus 'Most Severe Health Emergency' WHO Has Faced"）（BBC News, 2020）。面對疫情，全球不同國家採用了多種防控策略和應對模式。其中，疫苗接種是各國疫情防控策略中不可或缺的組成部分（Mathieu et al., 2021）。

　　然而，人們對新冠疫苗接種的看法和態度卻不盡相同。一方面，在不少國家，科學界乃至社會的主流輿論認為，世界想要從根本上結束疫情帶來的方方面面的「窘境」，達到群體免疫，回歸到疫情前的「正常」生活，疫苗的大範圍接種乃至人群基本覆蓋將是終極手段（Schaffer DeRoo, Pudalov, & Fu, 2020）。但另一方面，對疫苗的有效性存疑、對疫苗接種猶豫和排斥的群體也大有人在（Khubchandani et al., 2021）。新冠肺炎疫情的全球傳播既讓人們真切地感受到了什麼是「人類命運共同體」，增強了人們休戚與共的感覺，但也引發了人們在疫苗接種等一系列問題上的看法和選擇差異。事實上，疫苗猶豫（vaccine hesitancy）成為一些國家在抗疫過程中面臨的重要問題（Chou & Budenz, 2020）。

　　所謂疫苗猶豫，是指「在可獲得接種疫苗服務的情況下對接種疫苗的遲疑或拒絕」（MacDonald, 2015, p. 4161）。透過疫苗接種來抵抗流行病是近現代科學發展最重要的成果之一，堪稱現代科學應對各種瘟疫災害的殺手鐧。然而，部分民眾的疫苗猶豫卻可能削弱疫苗接種的社會整體抗疫效果，導致多種疾病持續流行，如 Gangarosa 等人（1998）發現，反疫苗運動導致免疫計畫被迫擱淺的國家，其百日咳發病率，比疫苗接種率較高的國家高 10 至 100 倍。無獨有偶，2019 年，就在新冠

疫情爆發之前，世界衛生組織（WHO）將疫苗猶豫列為「2019年全球衛生面臨的10項威脅」之一（WHO, 2019）。顯然，在當下新冠疫情仍在世界上許多國家肆虐而疫苗猶豫現象也廣泛存在的雙重背景下，討論公眾的疫苗接種態度的影響機制，無論是對於人類克服新冠肺炎疫情，還是防範下一次可能到來的公共衛生危機，都具有重要的意義。

在當今社會化媒體時代，人們健康觀念的形成很大程度上受其日常資訊消費的影響。事實上，以虛假資訊（misinformation）為主要特徵的資訊疫情（infodemic），往往伴隨公共衛生問題一同出現。在新冠肺炎疫情中，資訊疫情成為困擾人們精神和心理健康並切實影響抗疫進程的一個嚴重問題。正如世界衛生組織總幹事譚德塞所說：「我們不僅在對抗一場流行病疫情，我們也同時在對抗一場資訊疫情。」（United Nations, 2020）資訊疫情反映了人們在危機狀態下面對不確定性的恐慌心理。而在今天，社會化媒體大大增加了人們對疫情相關的各種不確定性訊息特別是虛假資訊的接觸機會。如在中國疫情初期的一項五座城市的調查中，有87%的受訪者認為網上疫情相關謠言「有一些」或「很多」（張洪忠等，2020）。因此，本文對人們疫苗態度的影響機制進行研究，將重點關注虛假資訊接觸在其疫苗負面認知和態度中的作用。

另一方面，疫苗接種涉及到人們對疫苗有效性和潛在副作用的考量和評估，而這種考量和評估涉及大量極為專業和前沿的知識，超出大部分民眾的知識和能力範圍，因此接種與否本質上是一個對政府和專業群體（如科學家）的制度信任問題。在公共衛生領域，特別是中國情境／脈絡下，政府的決策往往具有決定性的作用，能夠引領民眾的抗疫行為和配合意願。因而，對政府的信任能夠影響人們對於風險的感知，從而對公眾的態度和行為形成廣泛的影響（Balog-Way & McComas, 2020）。特別是在社會化媒體帶來的各種虛假資訊氾濫的背景下，我們有理由相信，民眾對政府的制度性信任可能有助於抵消虛假資訊對其在一系列健康觀念上的誤導，因此需要在考察疫苗接種態度問題時納入考慮。

簡而言之，本研究將探討虛假資訊接觸和政府信任這兩項重要因

素對人們疫情防控認知和行為的影響。我們將重點探討這兩類「相生相剋」的因素影響人們在疫苗接種問題上的認知和態度、行為的具體機制和過程。雖然此前已經有諸多有關虛假資訊導致疫苗猶豫的研究（Carrieri, Madio, & Principe, 2019; Kricorian, Civen, & Equils, 2022），但本研究提出了錯誤觀念在疫苗負面態度形成中的中介作用，並把政府信任視作一種沖抵虛假資訊接觸帶來的負面影響的因素，以此揭示公共衛生危機中人們的態度形成和轉變之機制，使得本研究具有了理論上的創新性和現實指導意義。

下面我們將透過文獻和理論梳理，探討虛假資訊接觸和政府信任影響人們疫苗接種態度的可能路徑，並在此基礎上提出我們的研究假設和總體分析框架。

相關理論文獻探討

虛假資訊接觸對行為和認知的影響

影響人們疫苗接種態度乃至疫苗猶豫行為的一個重要影響因素是其對虛假資訊的接觸。在社會化媒體時代，低傳播門檻使得人人皆有在網路空間發聲的能力，同時也造成了大量低品質資訊甚至虛假資訊充斥網路空間之局面（劉海龍，2012）。Vosoughi 等人（2018）基於推特平台數據開展的大規模實證研究表明，虛假資訊在社會化媒體上的傳播較真實訊息更遠、更快、更深、更廣。可以說，虛假資訊氾濫已經成為了社會化媒體時代的一個嚴重問題。

就新冠肺炎疫情而言，虛假資訊接觸會危害民眾對新冠疫情的認知和行為。認知方面，虛假資訊接觸會使受眾產生消極情緒（Featherstone & Zhang, 2020）、導致錯誤觀點（Tandoc & Kim, 2022）、降低科學知識水平等（Gerosa et al., 2021）。行為方面，虛

假資訊接觸會進一步導致虛假資訊分享（Rossini et al., 2021），令民眾牴觸科學有效的防疫措施（Lee et al., 2020），加劇疫苗猶豫（Dror et al., 2020）等。而 Thorson（2016）更發現，即便虛假資訊得到更正，這種負面的影響仍然會持續存在。

本文主要探討虛假資訊接觸對疫苗猶豫的影響，以及錯誤觀念在其中的中介作用。

錯誤觀念的產生以及對疫苗猶豫的影響

接觸虛假資訊會導致錯誤的認知。根據既有研究，新聞接觸能夠令受眾學習更多的相關知識，而在新聞學習的過程中，注意力和資訊處理發揮著重要的中介作用（Eveland, Seo, & Marton, 2002）。相關理論已經在健康傳播和政治傳播領域得到廣泛證實（例如：Eveland, 2001; Eveland, Seo, & Marton, 2002; Lo, Wei, & Su, 2013）。

隨著社交媒體的發展，品質參差不齊的健康資訊在公眾的社交網路傳播，如果受眾能夠去偽存真，仍能達到積極的學習效果。然而，若虛假資訊氾濫，在公眾的辨識意識和能力又很有限的情況下，「接受錯誤觀念」（acceptance of false belief）就會成為接觸虛假資訊之後的另一種認知結果。在本研究中，「錯誤觀念」定義為對虛假資訊信以為真的認知結果，換言之，是公眾對虛假資訊的接受。

研究表明，虛假資訊接觸能夠導致對其內容的相信，形成錯誤觀念，且這種影響難以消除（Chou, Gaysynsky, & Vanderpool, 2021）。在一項實驗中，Pennycook 等人（2018）發現只需接觸一次 Facebook 上的假新聞標題，就能提升被試者對於其內容真實性的感知，這一效果不僅存在於接觸假新聞標題之時，在一週後仍舊存在。也就是說，對虛假資訊的接觸，可能會使人形成長期的錯誤觀念。

此外，虛假資訊接觸還可以透過不斷重複來提升其可信度（Allport & Lepkin, 1945）。因此，人們接觸虛假資訊的頻率越高，就越可能信

以爲眞。如 Gerosa 等人（2021）的研究發現，虛假資訊接觸是錯誤觀念的解釋變項，頻繁的虛假資訊接觸會導致「知識鴻溝」（knowledge gap），即接觸虛假資訊越多，越容易相信此類資訊，越容易對疫苗的有效性存疑，也更不願進行疫苗接種。

虛假資訊接觸不僅會使受眾形成錯誤觀念，也將透過錯誤觀念提升他們對疫苗的負面認知，從而導致疫苗猶豫。已有研究透過實驗證實了虛假資訊接觸與疫苗猶豫之間的因果關聯（Carrieri, Madio, & Principe, 2019）。Carrieri 等人（2019）基於 2012 年義大利法院裁決的虛假資訊文本，發現虛假資訊傳播越多的地區，兒童免疫接種率越低。然而，虛假資訊接觸與疫苗接種率之間因果關聯背後的機制仍有待釐清。

儘管缺乏直接對這種機制的研究，但綜合各種相關證據，我們認爲這種機制可能較爲複雜。具體而言，對虛假資訊的接觸不僅能夠直接導致疫苗猶豫，也能以對疫苗的態度爲中介，間接影響疫苗猶豫，甚至透過在人群中形成錯誤觀念影響對疫苗的態度，從而導致疫苗猶豫。

首先，虛假資訊接觸能夠導致對疫苗的負面態度（anti-vaccine belief）。Hwang（2020）對美國成年人的調查顯示，以醫學專業人士、醫學期刊、報紙新聞報導爲資訊源的受訪者更可能認爲流感疫苗有效從而接種疫苗，而以虛假資訊較多的社會化媒體爲資訊源的受訪者則相反；對醫學專業人士更爲重視的受訪者更可能認爲流感疫苗是安全的，從而更可能接種疫苗，而對社會化媒體、家人或朋友、廣告更爲重視的受訪者則相反。在這裡，有效性和安全性就是人們對於疫苗感知的兩個具體維度，而之所以社會化媒體在這兩個維度上都呈現出了這樣的負面效果，很可能是因爲其利於傳播相關虛假資訊的屬性，這一屬性已經得到了學術界的大量關注（如張櫟元，2021；Liu et al., 2020; Neyazi & Muhtadi, 2021）。

另一個證據來自於 Dixon（2020）對美國成年人樣本的線上實驗。其結果顯示，儘管對來自惡意虛假資訊活動（disinformation campaign）的反流感疫苗評論的接觸本身不會改變人們對疫苗的看法

或討論疫苗的意願，但原本支持疫苗的受試者在接觸這些評論後，會認爲報導相關內容的新聞機構和記者的可信度降低。儘管實驗本身沒有發現對這些內容的接觸會導致對疫苗感知的改變，但對於新聞機構和記者的感知可信度降低，從長期看也可能導致對其所報導內容的質疑。

其次，負面的疫苗態度，作爲虛假資訊接觸的衍生品，可能降低民眾疫苗接種的意願，助長了疫苗猶豫的產生，成爲全球有效疫情防控的嚴重阻力。如前所述，疫苗猶豫是指「在可獲得接種疫苗服務的情況下對接種疫苗的遲疑或拒絕」（MacDonald, 2015, p. 4161）。有關新冠疫苗副作用的不實報導和誇張言論可能會使民眾錯誤地認爲接種疫苗的風險大於感染新冠病毒的風險，從而拒絕疫苗接種（McKinley & Lauby, 2021）。而以往的研究也表明，一旦一個人自己對疫苗接種產生負面態度，還會勸說身邊的人不要接種疫苗（Smith, 2017）。因此，我們有理由認爲，接觸新冠疫情虛假資訊可以直接造成疫苗猶豫，並透過形成的錯誤觀念與負面疫苗態度來導致疫苗猶豫。

政府信任對錯誤觀念和疫苗接種的影響

前文提到，由於政府決策在公共衛生領域往往具有決定性的作用，政府信任對於公眾在相關問題上的態度和行爲都有著重要的影響。仍以新冠疫情爲例，一項在新加坡開展的三輪調查（Kim & Tandoc, 2022）顯示，在新冠肺炎疫情中，政府信任能夠在時序上導致支持性的社會規範（supportive norm，即把佩戴口罩視爲一種社會規範）以及對有效預防方式的採納（adoption of preventive measures）。起初，新加坡要求感覺不適者必須佩戴口罩，之後改爲所有人必須佩戴口罩。這種政策的改變導致了人們的困惑和不配合，但高政府信任能夠抵消這種負面作用。也有來自中國的證據。如 Min 等人（2020）發現，在中國對抗疫情的過程中，民眾的防疫措施和積極防疫行爲都和政府信任有關。因此我們合理假設，政府信任程度與在新冠疫情方面的錯誤觀念呈負相關。

在疫苗猶豫問題上，公眾的政府信任也能影響其態度和行為。Masiello 等人（2020）從科學傳播實踐者的角度出發指出：「建立和鞏固信任是風險傳播的基礎，缺乏信任將會直接影響公眾對於新冠疫苗的態度。」（p. 754）具體而言，政府信任對於疫苗猶豫的影響主要存在兩條路徑。其一是直接影響疫苗猶豫，其二是透過影響人們對疫苗的感知間接影響疫苗猶豫。

針對第一條路徑，目前已經存在較為確鑿的證據。一般認為，對政府的信任有助於降低疫苗猶豫。Vinck 等人（2019）在剛果民主共和國發現，面對伊波拉疫情，對政府越信任，民眾越可能採取防護措施，包括接種疫苗和尋求正規的醫療服務。而在同一場疫情中，對醫療系統的不信任則可能導致對於疫苗注射人員的攻擊（Woskie & Fallah, 2019）。

不過，同時也存在一些證據表明政府信任和疫苗猶豫之間可能的正向聯繫。Wong 和 Jenson（2020）透過焦點小組討論發現，對政府的高信任可能導致個體對風險的低估，從而忽視個人防護的重要性。倘若如此，政府信任則可能降低接種疫苗在人們心中的感知重要性，從而導致疫苗猶豫。

除此之外，政府信任也能以人們對疫苗的感知為中介影響疫苗猶豫。Kreps 等人（2020）在新冠肺炎的背景下針對 1,971 名美國成年人方便樣本進行了調查，結果發現，美國產疫苗相較於其他國家生產的疫苗帶來了更高的接種意願；美國疾病管制暨預防中心（CDC）和 WHO 的推薦相較於時任美國總統唐納・川普的推薦（作為基準）具有更高的接種意願。比起他國的疫苗，美國民眾更願意接種美國的疫苗，在一定程度上體現了對自己國家政府的信任。對本國政府的信任可能會導致對疫苗的正面感知，從而提升其接種意願；而對於別國政府的不信任則可能導致對疫苗的負面感知，帶來疫苗猶豫。此外，唐納・川普推薦的疫苗受歡迎度較低，也表明對特定政治人物的信任能夠影響對疫苗的感知。

基於上述討論，我們提出本研究的理論模型如下（圖一）：

圖一　本研究的理論模型

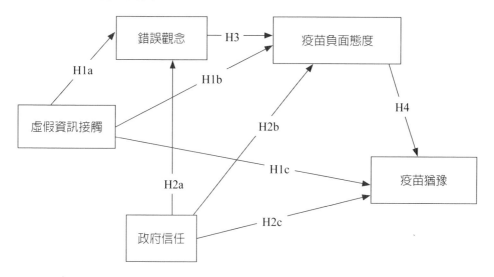

上述理論模型包含了下列研究假設：

H1a：對新冠疫情相關虛假資訊的接觸可以顯著預測新冠病毒
　　　的錯誤觀念。

H1b：對新冠疫情相關虛假資訊的接觸可以顯著預測疫苗負面
　　　態度。

H1c：對新冠疫情相關虛假資訊的接觸可以顯著預測疫苗猶豫。

H2a：政府信任可以顯著負向預測對新冠疫情的錯誤觀念。

H2b：政府信任可以顯著負向預測疫苗負面態度。

H2c：政府信任可以顯著負向預測疫苗猶豫。

H3：對新冠疫情的錯誤觀念可以顯著負向預測疫苗負面態度。

H4：疫苗負面態度可以顯著預測疫苗猶豫。

H5a：錯誤觀念會中介影響新冠疫情相關虛假資訊接觸與新冠
　　　疫苗負面態度間的關係。

H5b：錯誤觀念會中介政府信任與疫苗負面態度間的關係。

H6：疫苗負面態度會中介新冠疫情相關虛假資訊接觸與疫苗猶

豫間的關係。

H7：錯誤觀念和疫苗負面態度先後中介新冠疫情相關虛假資訊
　　接觸和疫苗猶豫間的關係。

<h1 style="text-align:center">研究設計</h1>

我們從抽樣、關鍵概念測量和數據分析策略三方面來說明本研究的
設計和具體執行過程。

抽樣方法

本研究屬於針對亞洲四個地區（香港、台灣、中國大陸，以及新加
坡）的一項大型比較研究的一部分。本文基於北京地區的調查資料來
檢驗我們所提出的上述理論框架。作為中國的政治和文化中心，北京在
落實國家有關新冠疫情的各項防控政策和措施方面，具有引領性和代表
性。另一方面，北京作為中國首都，既有大量土生土長的北京人，也匯
集了大量各具特色、背景各異的各方面人才，人口構成十分多元。鑒於
北京在中國無與倫比的政治和政策影響力，了解北京民眾如何看待疫情
和疫苗接種問題，不僅本身具有足夠的現實意義，而且也有助於我們更
好理解中國其他城市乃至全中國民眾對抗疫和疫苗接種問題的看法。

本研究的數據委託品牌調查公司 Dynata（http://dynata.com）基於
其線上調查平台蒐集，調查對象是北京 18 到 74 歲成年人，調查時間
是 2021 年 8 月 4 日至 18 日。調查採用分層配額抽樣方式進行，配額
基於性別和年齡層這兩個人口變項，對應北京市最新人口普查報告中的
人口特徵（北京市統計局、北京市第七次全國人口普查領導小組辦公
室，2021）。我們對所得樣本基於其答題時間和邏輯一致性檢測進行
品質檢查，篩去不合格答題者，得到最終有效樣本量 1,033 份。

　　從年齡分布看，樣本中 33.98%（N=351）是 35 歲以下的年輕人，35 歲到 44 歲年齡段占 27.78%（N=287），45 歲到 54 歲年齡段占 23.81%（N=246），55 歲及以上占 14.42%（N=149），其中包括 27 名超過 60 歲的被訪者。從性別比例看，49.27% 是男性（N=509）。如上所述，樣本的年齡結構和性別比例是和調查時北京市成年人口的最新統計結果對應的。

　　作爲配額抽樣樣本，樣本在其他人口統計指標上未必與總體北京人口的相對指標一致。事實上，本樣本的教育程度偏高，樣本中接受過大學或以上教育的被訪者約占三分之二（64.67%，N=668），其他學歷人群包括非學歷教育和技校（22.7%，N=234）、初高中和小學文化程度（12.68%，N=131）比例相對較低。就家庭收入情況而言，收入水準的眾數是家庭每月 10,000 到 20,000 元（占 27.78%，N=287）。

關鍵概念測量

　　本研究主要探究虛假資訊接觸和政府信任如何影響人們的疫苗態度，包括疫苗負面態度和疫苗猶豫，而我們在考察虛假資訊接觸影響疫苗態度時，將與虛假資訊接觸相關的錯誤觀念作爲中介變項。以下我們對這些關鍵概念進行操作性定義。

I. 虛假資訊接觸（misinformation exposure）

　　虛假資訊接觸的測量設計必須結合所考察議題的具體情況。在本研究中，我們主要基於兩個途徑來確定虛假資訊接觸這一概念的具體測量：一是透過前期的焦點小組訪談和個別訪談，蒐集和了解民眾曾經接觸到的與新冠疫情相關的各種虛假資訊和傳聞；二是透過本項目研究團隊基於疫情期間出現在新浪微博平台上的各種疫情相關虛假資訊的內容發掘和梳理。在這些前期工作基礎上，我們向被訪者詢問「以下這些曾在媒體上出現的虛假資訊，你是否經常在網路或社交媒體上

接觸到？」（1—「從未」，2—「很少」，3—「有時」，4—「經常」），包括五個指標：「蚊蟲可以傳播新冠病毒」；「5G信號塔可以傳播新冠病毒」；「喝酒可以殺死新冠病毒」；「非滅活類的新冠疫苗會改變人類基因」；「亞洲人更容易感染新冠病毒」。五個指標的平均得分即爲虛假資訊接觸這一變項的分值（平均數 = 2.15，標準差 = 0.82）。結果顯示，總體而言，民眾在社交媒體上接觸到疫情相關的虛假資訊並不多（在「很少」和「有時」之間）。我們對該測量的信效度進行了初步檢驗。透過探索性因數分析，五個指標析出單一公因數（特徵值 3.34，解釋原始指標總變異數 66.78%），而指標間的一致性程度也達到適合進行加總平均處理的通常要求（Cronbach's α = .88），顯示我們提出的測量方案信效度良好。

II. 錯誤觀念（misinformation beliefs）

在本研究中，我們提出錯誤觀念這個概念來探測人們在認知層面上對虛假資訊中所涉及的錯誤觀念的認同程度。如我們前面所分析的，理論上，人們的虛假資訊接觸可能會導致其在相應問題上持有錯誤觀念。我們透過詢問被訪者「你在多大程度上認爲下列對新冠病毒的說法是正確的？」（1—完全錯誤，5—完全正確）來進行測量，包含五個指標：「新冠病毒可以透過 5G 信號塔傳播」；「喝消毒水可以殺死新冠病毒」；「使用大蒜可以有效阻止感染新冠病毒」；「接種新冠疫苗會影響生育能力」；「接種新冠疫苗會改變人們的基因」。

需要說明的是，爲減少受眾在回答「虛假資訊接觸」的相關問題時，意識到相關資訊可能是錯誤的，從而影響了「錯誤觀念」的測量結果，我們在問卷順序上作出了特別調整，即讓受訪者先回答「錯誤觀念」的相關問題，之後回答一系列其他問題，在問卷結束之前再回答「虛假資訊接觸」的相關問題，以減少社會期望（social desirability）對作答的影響。此外，「錯誤觀念」測量中，五個指標中有三個指標異於此前「虛假資訊接觸」測量指標。

我們用這五個指標的平均得分作為錯誤觀念變項的分值（平均數 = 1.85，標準差 = 1.06），結果顯示民眾總體上是能夠辨析出錯誤觀念的。我們同樣對該測量的信效度進行了初步檢驗。透過探索性因數分析，五個指標析出單一公因數（特徵值 3.92，解釋原始指標總變異數 78.38%），而指標間的一致性程度也達到適合進行加總平均處理的通常要求（Cronbach's α = .93），顯示我們提出的測量方案信效度良好。

III. 政府信任（trust in government）

政府信任是一個多維度指標，反映民眾對政府部門及其公職人員在社會治理和公共服務提供方面的能力、操守德行、透明廉潔程度的認知和期待（Bakker et al., 2018）。在本研究中，我們主要關注民眾對政府在疫情防控方面的能力和努力程度的評價。基於文獻中類似研究場景對該概念的測量（如 Huang et al., 2017; Mayer, Davis, & Schoorman, 1995），在本研究中，我們透過詢問被訪者「在多大程度上同意以下有關政府部門的陳述」（1—非常不同意，5—非常同意）來測量，包含三個陳述：「疫情期間，政府可以高效完成他們想要做的工作」；「疫情期間，我有信心政府具有抗疫所需要的技能」；「疫情期間，政府可以勝任防疫工作」。我們用這三個指標的平均得分作為政府信任變項的分值（平均數 = 4.09，標準差 = .67），結果顯示民眾對政府總體上信任程度較高，且這種認識的一致性也比較高。我們同樣對該測量的信效度進行了初步檢驗。透過探索性因數分析，五個指標析出單一公因數（特徵值 1.75，解釋原始指標總變異數 58.27%），指標間的一致性程度（Cronbach's α = .62）基本達到適合進行加總平均處理的要求。

IV. 疫苗負面態度（anti-vaccine attitudes）

疫苗負面態度的測量指標基於文獻中比較成熟的疫苗陰謀論量表（vaccine conspiracy beliefs scale）（Shapiro et al, 2016）改造而來。我們詢問被訪者對以下三個有關新冠疫苗的陳述的同意程度（1—非常

不同意，5—非常同意）：「有關新冠疫苗有效性的說法是騙人的」；
「有關新冠疫苗有效性的數據是編造的」；「有關新冠疫苗安全的說法
是騙人的」。與其他概念的測量類似，我們也對三個指標的得分取平均
來表示人們在疫苗負面態度上的得分（平均數 = 2.10，標準差 = 1.24），
顯示民眾總體上並不認同對疫苗的負面評價，即負面態度不強。透過因
數分析，三個指標析出單一公因數（特徵值 2.64，解釋原始指標總變異
數 88.02%），且指標間一致性也較高（Cronbach's α = .93）。

V. 疫苗猶豫（vaccine hesitancy）

關於疫苗猶豫，本研究透過直接詢問被訪者的新冠疫苗接種情況來
測量，包括五個選項：1—「是的，已經接種了第一劑」；2—「是的，
已經接種了第二劑」；3—「是的，已經接種了第三劑」；4—「尚未
接種，但是準備接種」；5—「尚未接種，也不準備接種」。由於上述
指標順序所反映的接種意願和行為在方向上並不一致，我們對上述指標
進行了賦值調整，即用 1 代表已經接種第三劑，2 代表已經接種了第二
劑，3 代表已經接種了第一劑，4 代表尚未接種但打算接種，5 代表尚
未接種也不準備接種，使該變項成為一個定序變項（並在實際上視作一
個定距變項），即分值越大對接種疫苗越猶豫（平均數 = 2.09，標準差
= 0.67）。描述性統計分析顯示，截至調查時（2021 年 8 月）為止，
樣本中 94.4% 的受訪者已經接種了疫苗，84.6% 的受訪者接種兩劑以
上，只有 5.6% 的受訪者表示不願接種。後面我們將對樣本在疫苗猶豫
問題上的高同質表現及其對我們研究分析框架的影響進行討論。

VI. 控制變項

本研究在探究虛假資訊接觸和政府信任對人們疫苗接種態度的影響
時，將對一些可能影響它們之間關係的其他相關因素進行控制，包括兩
類變項。一類是人口變項，包括性別、年齡、教育程度以及家庭月收入
等。另外一類是人們在新聞網站和社交媒體上接觸新冠疫情相關資訊情

況，以排除這些因素對我們擬檢驗的關係所帶來的可能干擾。其中，對人們在新聞網站和社交媒體上接觸新冠相關資訊情況的測量，是透過詢問其在疫情爆發以來透過網上新聞或社交媒體閱讀新冠疫情相關新聞的頻率，測量採取四點量表（1－從未，2－很少，3－有時，4－經常）。結果顯示，人們比較經常透過新聞網站（平均數 = 3.61，標準差 = 0.63）和社交媒體（平均數 = 3.52，標準差 = 0.62）來了解新冠疫情相關情況。

數據分析方法

為了探測本研究各關鍵變項之間的關係，我們首先對各變項進行雙變項相關分析，進行初步觀察，然後在此基礎上對所提出的假設進行檢驗。我們透過一系列基於最小平方法的線性迴歸分析來檢驗虛假資訊接觸、政府信任對疫苗錯誤觀念、疫苗負面態度、疫苗猶豫的影響，完成對相關研究假設的檢驗。

為了進一步檢驗虛假資訊接觸和政府信任在影響人們疫苗接種態度過程中的路徑機制，即檢驗錯誤觀念和疫苗負面態度在虛假資訊接觸、政府信任影響疫苗猶豫中的中介效應，我們對所提出的分析框架進行了基於結構方程模型的整體檢驗，分析採用基於最大概似估計的 Mplus 軟體進行。在對我們所提出的結構模型進行檢驗之前，我們對各控制變項進行了相應的處理，以排除控制變項對各因變項的影響。

資料分析結果

我們的數據分析從檢查各主要變項之間的兩兩簡單相關性的探測開始，結果見表一。可以看出，虛假資訊接觸、錯誤觀念和疫苗負面態度之間關聯緊密，初步顯示這些在概念內涵上各不相同但在理論上應該彼

此關聯的概念，在實證上也確實顯著相關且相關度比較高。

另一方面，作為模型因變項的疫苗猶豫，都和另外幾個關鍵解釋變項相關度比較低或不相關。從前面對疫苗猶豫的描述性分析可以發現，就北京市的民眾而言，在調查執行之時，各行各業以及各社區中，疫苗接種率已經比較高（平均數 = 2.09，標準差 = 0.67）。按照我們的指標所定義的疫苗猶豫情況，在樣本人群中同質程度較高，顯示出其可能主要受我們考察範圍之外的其他因素影響。至於政府信任，本研究認為其對疫苗猶豫的影響可能部分透過錯誤觀念和疫苗負面態度中介。上面的相關性結果也支持此基本分析。

表一　關鍵變項間的兩兩簡單相關性

	1	2	3	4	5
1—虛假資訊接觸	1				
2—錯誤觀念	$.47^{***}$	1			
3—疫苗負面態度	$.46^{***}$	$.66^{***}$	1		
4—政府信任	.01	$-.09^{**}$	$-.12^{***}$	1	
5—疫苗猶豫	$-.08^{*}$	$-.04$	$-.07^{*}$	$-.09^{**}$	1

註：$^{*}p < .05$；$^{**}p < .01$；$^{***}p < .001$；雙尾檢驗。

接著我們透過分層迴歸對有關研究假設進行檢驗。我們把人口變項作為變項組 1，線上新聞接觸和社交媒體接觸作為變項組 2，本研究的主要變項放在變項組 3 中。如前所述，變項組 1 和 2 作為我們檢驗本研究主要變項之間關係時的控制變項。模型 1、模型 2、模型 3 分別對應以錯誤觀念、疫苗負面態度、疫苗猶豫作為因變項時的迴歸模型。分析結果見表二。

表二　虛假資訊接觸對錯誤觀念、疫苗負面態度和疫苗猶豫影響的分層迴歸分析

	模型 1 錯誤觀念	模型 2 疫苗負面態度	模型 3 疫苗猶豫
變項組 1			
性別	$-.09^{***}$	.01	$-.03$
年齡	.02	$.06^{*}$	.05
受教育程度	$-.07^{*}$	$-.02$	.04
收入	$.07^{*}$	$.13^{***}$	$-.18^{***}$
變項組 2			
線上新聞接觸	$-.10^{***}$	$-.07^{***}$	$.12^{***}$
社交媒體接觸	$-.03$	$-.03$	$-.06$
變項組 3			
虛假資訊接觸	$.43^{***}$	$.16^{***}$	$-.01$
錯誤觀念	--	$.54^{***}$	.01
政府信任	$-.08^{**}$	$-.08^{***}$	$-.09^{**}$
疫苗負面態度	--	--	$-.02$
常數	2.21^{***}	1.28^{***}	2.30^{***}
$\triangle R^2$	.21	.42	.01
總 R^2	.26	.50	.06

註：$^{*}p < .05$；$^{**}p < .01$；$^{***}p < .001$；表格中為標準化後的係數。

　　從表二中可以看出，有關新冠肺炎的虛假資訊接觸和錯誤觀念顯著正相關（$\beta = .43, p < .001$），和疫苗負面態度也顯著正相關（$\beta = .16, p < .001$），因此，假設 H1a 和 H1b 成立。但疫情相關的虛假資訊接觸和疫苗猶豫並無顯著關聯（$\beta = -.01, p > .05$），因此拒絕假設 H1c。

　　從政府信任這個因素看，政府信任與錯誤觀念（$\beta = -.08, p < .001$）、疫苗負面態度（$\beta = -.08, p < .001$）、疫苗猶豫（$\beta = -.09, p < .01$）都顯著負相關，假設 H2a、H2b 和 H2c 成立。但值得注意的是，就其關聯強度而言，這三組變項間的相關性都較小。

　　另一方面，疫情相關的錯誤觀念和疫苗負面態度顯著正相關（β = .54, $p < .001$），因此假設 H3 得到證實。疫苗負面態度和疫苗猶豫則並無顯著關係，因此拒絕假設 H4。

　　除了探討上述關鍵因素之間的相互關係，本研究的一個重點是試圖對虛假資訊接觸如何影響人們的疫苗接種態度作出理論闡述。為此我們透過理論和文獻分析，提出錯誤觀念和疫苗負面態度對疫苗猶豫具有中介效應，並且認為這是虛假資訊接觸影響疫苗接種態度的主要路徑，其重要性可能大於虛假資訊接觸對疫苗猶豫的直接影響。在此過程中，政府信任作為可能「沖抵」虛假資訊接觸影響的一種因素被納入到我們的分析框架中。為了對上述理論分析進行驗證，我們需要對相應的理論模型進行整體檢驗。我們用 Mplus 對該模型進行結構分析，模型檢驗結果的主要指標包括：模型整體介面卡方值 0.48（$p = .79$, $df = 2$），RMSEA = .000，CFI = 1.00，TLI = 1.01，SRMR = .005。模型各路徑標準化係數及顯著度見圖二。

圖二　虛假資訊接觸影響疫苗猶豫的結構模型檢驗（模型 A）

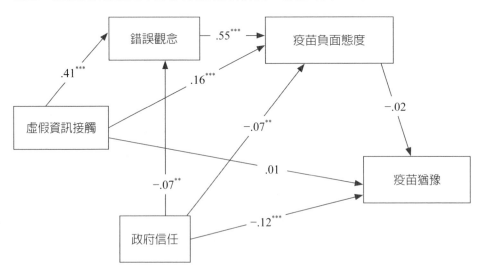

註：** $p < .01$；*** $p < .001$

　　透過以上結構方程模型檢驗，就模型整體的適配效果而言，各指標顯示模型擬合良好。就虛假資訊接觸對疫苗猶豫的影響路徑而言，雖然虛假資訊透過錯誤觀念對疫苗負面態度有顯著的間接影響，並大於虛假資訊接觸對疫苗負面態度的直接影響，但由於疫苗負面態度對疫苗猶豫並無顯著影響，說明虛假資訊接觸透過錯誤觀念、疫苗負面態度影響疫苗猶豫的假設不成立；同樣政府信任雖然對疫苗猶豫有直接影響，但透過疫苗負面態度中介而產生的間接影響，則因為疫苗負面態度與疫苗猶豫的無關，而中斷或不存在。因此，假設 H6 和 H7 都予以拒絕。

　　根據此前文獻探討，疫苗負面態度理應能夠直接影響疫苗猶豫。然而，本文數據無法支持相關假設，這在很大程度上和我們對疫苗猶豫的操作性定義有關。基於我們的觀察，在本次調查執行的時間點，北京市民的疫苗接種率已經較高，且這種高接種率並不完全基於市民個體的自主選擇，很大程度上也受到包括市民所在單位或社區的動員、號召之影響，是多種因素綜合作用的結果。換言之，疫苗猶豫作為一種參與疫苗接種的行為，在北京算不上是一個明顯的社會問題，且在民眾間差異不大。這些，都影響了把疫苗猶豫作為終極因變項的合理性和有效性。為更好地探索虛假資訊接觸對疫苗接種的影響，我們認為與其糾結於實際接種行為，不如聚焦其對人們認知影響的層面，即對「疫苗負面態度」的影響。因此，我們對模型進行了調整，即把疫苗猶豫從模型中去掉，而把疫苗負面態度作為虛假資訊接觸所最終影響的因變項，考察在政府信任同時存在的情況下，虛假資訊接觸以錯誤觀念作為中介，如何對人們的疫苗接種態度產生影響。調整後的模型及其路徑係數見圖三。

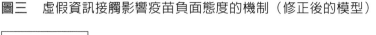

圖三　虛假資訊接觸影響疫苗負面態度的機制（修正後的模型）

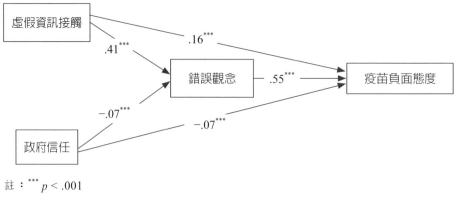

註：*** p < .001

　　根據 Hu 和 Bentler（1999）對結構方程模型整體檢驗結果的解讀，上述修正模型和數據的整體適配度達到基本要求（卡方值 0.193，p > .05，自由度 df = 1，CFI = 1.000，TLI = 1.008，RMSEA = .000，SRMR = .005）。透過 PROCESS Model 4 對以上模型的中介效應分別進行檢驗，結果顯示，虛假資訊接觸可透過增強錯誤觀念來提升對疫苗的負面態度（β = .2339, SE = .0225, 95% CI = [.1902, .2784]），假設 H5a 得到支持。政府信任可透過降低錯誤觀念對疫苗的負面態度進行反向間接影響（β = −.0442, SE = .0163, 95% CI = [−.0762, −.0130]），假設 H5b 得到支持。政府信任程度與錯誤觀念及疫苗負面態度顯著負相關，顯示了政府信任在人們對新冠疫情的認知和疫苗的態度形成中，的確部分對沖或消解了虛假資訊接觸所帶來的負面影響。

結論與討論

　　在虛假資訊日益成為某種社會公害的社會化媒體時代，在疫苗接種被視作世界範圍內遏制新冠疫情繼續肆虐的關鍵手段但疫苗猶豫仍大量存在的當下，研究疫情相關虛假資訊接觸如何影響人們的疫苗接種態

度，便具有了特殊的現實意義。另一方面，雖然文獻中不乏探討虛假資訊接觸和疫苗猶豫關係的研究，但探討兩者之間關聯機制的深入研究仍然缺乏。本研究正是基於這樣的認識來定位和設計其研究問題和研究重點。

基於對北京市民眾的調查數據，本研究發現，疫情相關虛假資訊接觸，會顯著影響人們的疫苗接種態度，導致他們對疫苗接種形成更加負面的看法，而這種影響，從其影響機制和路徑而言，有間接影響和直接影響兩種方式。其中，以「錯誤觀念」作為中介變項的間接影響是主要的，虛假資訊接觸對疫苗負面態度的直接影響相對間接影響要小一半〔(0.23 − 0.15) / 0.15 = 53%〕左右，顯示出人們在接觸虛假資訊後，到底是否會使其對疫苗接種持更為負面的態度，很大程度上取決於其對虛假資訊的辨識、判斷和抵禦能力，即是否會因此形成某種相應的錯誤觀念。顯然這和一個人的科學素養和媒介素養有關。本研究的這一發現，也突顯了提升民眾科學素養、資訊素養和媒介素養的重要性。

政府信任是人們在形成疫苗接種態度時另外一個非常重要的影響因素。本研究發現，政府信任作為一種制度信任，的確成為一種提升疫情正確認知、堅定民眾的疫苗信心、有效沖抵疫情虛假資訊帶來的疫苗負面態度的關鍵因素。從我們的修正模型（圖三）中可以看出，虛假資訊接觸和政府信任在民眾的錯誤觀念形成中產生某種「正面碰撞」直接博弈，共同影響了錯誤觀念這一在疫苗負面態度形成路徑中的關鍵因素。在人們對某些超越其直接認知能力的議題形成某種態度時，基於信任的「邊緣路徑」常常成為一種重要的態度形成機制。因此，民眾的政府信任，成為民眾在疫苗接種態度形成過程中與可能的虛假資訊影響並存的影響因素，兩者共同影響其疫苗接種態度。這一研究結論再次突顯了在諸如公共衛生安全保障等方面，政府的能力和公信力，在民眾面對諸如疫苗接種的不確定性後果時，是能發揮重要作用的。

本研究的學術貢獻主要體現在兩個方面。首先，本研究透過梳理虛假資訊接觸影響疫苗負面態度的具體路徑和機制，深化了我們對公共衛

生危機防控背景下，虛假資訊接觸和態度形成乃至行動傾向之間關係的理解。雖然已有研究證實了虛假資訊接觸對於疫苗猶豫的影響，卻並未從實證的角度深究其中的作用機制。本研究在打開這個影響機制的「黑箱」方面提供了一個有效的解釋框架。透過文獻梳理和理論探討，本研究提出錯誤觀念和疫苗負面態度這兩個常被提及，但其作用在特定情境／脈絡下並不清晰的關鍵概念。以錯誤觀念為例，現有文獻只是對於虛假資訊導致錯誤觀念的一般效果進行了分析（如 Pennycook, Cannon, & Rand, 2018），卻沒有在新冠肺炎疫情的特殊情境／脈絡下對其進行過考察。對於疫苗負面態度這一變項，在理論上，其對疫苗猶豫的作用是不言而喻的，但也少見現有研究將其與疫苗猶豫行為進行嚴格的區分。從本研究的結果來看，這一區分是有必要的。本研究在理論層面上對這兩個變項在整個作用機制中的位置進行了闡明，並在實證層面上對提出的理論框架進行了驗證，最終確認了錯誤觀念在疫苗負面態度形成中的中介作用，豐富了我們對於疫苗猶豫形成機制的理解。

其次，本研究為虛假資訊接觸和政治信任對於疫苗接種態度的影響，提供了新的來自中國的重要證據。既有文獻中固然有關於虛假資訊和政治信任對疫苗猶豫影響的研究，但無論是考察的社會場景還是所涉及的疫情性質和類型，和本研究並不完全相同，其有關研究發現是否適合諸如中國社會這樣的場景，是有待實證檢驗的。如 Carrieri 等人的研究（2019）透過準實驗較為令人信服地發現了虛假資訊接觸與疫苗猶豫之間的因果關係。不過，得出這一結論的數據來源於義大利，而義大利顯然與中國的政治制度、訊息環境和社會環境存在著多方面的差異，包括兩國民眾的政府信任水準方面的巨大差異（愛德曼，2020）。本研究所進行的迴歸分析顯示，錯誤觀念和疫苗負面態度一方面與虛假資訊接觸有關，另一方面卻無關一般社交媒體接觸，這正體現了中國情境／脈絡下人們接觸虛假資訊方式的特殊性。誠然，社交媒體虛假資訊傳播已是全球各大平台面臨的共性問題，但在中國，網路平台受到政府強監管，政府部門與網路企業合作，對虛假資訊的滋生和傳播起到了一定

的抑制作用。因此，主要透過社交媒體獲取新冠肺炎疫情資訊，並不必然意味著虛假資訊的接觸。相反，社交媒體新聞使用已經是廣大民眾的主流新聞使用方式。虛假資訊的接觸和傳播，往往更易存在於社交網絡的分享、討論等互動過程中（Olmstead, Mitchell, & Rosenstiel, 2011; Rossini et al., 2021; Valenzuela et al., 2019）。

此外，Wong 和 Jensen（2020）基於新加坡的研究發現，高政府信任是一把雙刃劍，可能會使得民眾過於依賴政府的防疫舉措，而疏忽個人防護措施。他們的研究正是基於社交媒體數據和焦點小組訪談開展的，而疫苗接種顯然是一種重要的個人防護措施。這樣推理，高政府信任可能會導致疫苗猶豫。但本研究的結果表明，至少在接種新冠疫苗方面，高政府信任會降低民眾的疫苗猶豫而非提升。所以，就虛假資訊接觸和政治信任對於疫苗接種態度的影響而言，提供來自中國的實證證據，不僅確認了現有理論中關鍵變項間的關係，也由此進一步深化了我們對相關理論在各種不同社會場景中適用性的認識。

本研究也存在著不足和可改進之處。首先，我們透過面板數據檢驗提出的中介模型，雖然模型擬合度和顯著性支持了模型假設，但在推斷因果關係方面，仍需要進一步透過實驗，或長期追蹤調查進行驗證。其次，本研究的樣本選擇時，雖然對北京市總體人口基於性別和年齡結構進行了配額控制，但總體上仍不是代表性樣本，因此樣本群體在教育程度、家庭收入、職業等方面，可能和北京市的整體人口情況有顯著差異，由此也會影響到本研究中所報告的某些結果，特別是樣本的描述性結果的外部效度。

此外，在模型設定方面，我們一開始選取疫苗猶豫作為因變項，而把疫苗負面態度作為虛假資訊接觸影響疫苗猶豫的中介變項，沒有考慮到在北京乃至整個中國大陸地區，疫苗接種工作在某種程度上已經成為一種組織或社區宣導下具有一定群體壓力的「非典型自願行為」。同時，我們透過直接詢問被訪者的新冠疫苗接種情況來測量疫苗猶豫，其實並不是一種直接測量猶豫態度的確切方法，而是基於結果來反推疫苗

猶豫的一種間接測量，這多少會影響這個關鍵概念測量的信效度。這可能部分導致按照我們的測量指標所得到的疫苗猶豫狀況在研究樣本中具有高度的同質性（不願接種的人只占 5.6%），並且在整體上和本研究的其他關鍵變項關聯不大。未來研究可把受眾對新冠疫苗有效性、安全性態度的測量和疫苗接種的意向和實際行為結合起來，以綜合考察疫苗猶豫背後的影響機制，特別是虛假資訊對疫苗猶豫的影響。

所幸本研究在進行理論探討和模型設定時，對疫苗接種是從態度和行為兩個層面來考慮的。儘管世界範圍內，新冠疫苗猶豫現象仍大量存在；但在中國，總體上疫苗接種工作進展順利。但這種行為上對疫苗接種呼籲的遵從和配合，和民眾個體內心的真實意願和態度，可能存在著微妙的差異。根據有關資料和我們的觀察，在包括北京在內的中國大陸各地，較高的疫苗接種意願和接種率，和民眾對政府在抗疫防疫方面的高信任有關，和民眾所在的機構、組織或社區的積極動員組織有關，也和人們感受到的群體壓力有關，即一個沒有進行疫苗接種的個體在參加集體活動或社會活動時，被視作對他人健康和安全具有潛在威脅的人，並從某種意義上被視作是一個缺乏公共道德和集體意識的人，而中國社會在其現代化過程中，就 Hofstede（2011）對一個社會文化特徵的集體主義─個人主義描述維度言，仍是一個重視他人感受的集體主義價值取向的社會。既然在中國特殊的疫情防控政策和文化背景下疫苗猶豫不適合作為我們現行框架中的因變項，我們對模型進行了調整，選擇更加反映民眾個人內心真實認知和看法的疫苗負面態度作為因變項。我們相信，考察疫情相關的各種虛假資訊接觸如何影響人們對疫苗接種的信念、看法和態度，仍具有現實意義。

參考文獻

中文部分（Chinese Section）

北京市統計局、北京市第七次全國人口普查領導小組辦公室（2021 年 5 月 20 日）。〈北京市第七次全國人口普查公報——人口性別、年齡構成情況〉。取自 http://beijing.qianlong.com/2021/0520/5805885.shtml

Beijing shi tongjiju, Beijing shi di qi ci quanguo renkou pucha lingdao xiaozu bangongshi (2021, May 20). Beijing shi di qi ci quanguo renkou pucha gongbao—Renkou xingbie, nianling goucheng qingkuang. Retrieved from http://beijing.qianlong.com/2021/0520/5805885.shtml

張洪忠、何康、賈全鑫、段澤寧（2020 年 1 月 28 日）。〈有關新型冠狀病毒肺炎疫情的謠言分析〉。《新京報》。取自 https://m.bjnews.com.cn/detail/158019396215232.html

Zhang Hongzhong, He Kang, Jia Quanxin, Duan Zening (2020, January 8). Youguan xinxing guanzhuang bingdu feiyan yiqing de yaoyan fenxi. *Xinjingbao*. Retrieved from https://m.bjnews.com.cn/detail/158019396215232.html

張礫元（2021）。〈新冠肺炎大流行下的中介溝通：媒體科技對日常生活的影響〉。《資訊社會研究》，第 41 期，頁 1-18。

Zhang Liyuan (2021). Xinguan feiyan da liuxing xia de zhongjie goutong: Meiti keji dui richang shenghuo de yingxiang. *Zixun shehui yanjiu*, 41, 1-18.

愛德曼（2020 年 5 月 20 日）。〈2020 年愛德曼信任度調查中國報告〉。取自 https://www.edelman.cn/insights/2020-edelman-trustbarometer-cn

Aideman (2020, May 20). 2020 nian Aideman xinrendu diaocha Zhongguo baogao. Retrieved from https://www.edelman.cn/insights/2020-edelman-trustbarometer-cn

劉海龍（2012）。〈從傳播學角度看：微博流言的特徵〉。《新聞與寫作》，第 5 期，頁 20-23。

Liu Hailong (2012). Cong chuanboxue jiaodu kan: Weibo liuyan de tezheng. *Xinwen yu xiezuo*, 5, 20-23.

英文部分（English Section）

Allport, F. H., & Lepkin, M. (1945). Wartime rumors of waste and special privilege: Why some people believe them. *The Journal of Abnormal and Social*

Psychology, 40(1), 3-36.

Bakker, M. H., van Bommel, M., Kerstholt, J. H., & Giebels, E. (2018). The influence of accountability for the crisis and type of crisis communication on people's behavior, feelings and relationship with the government. *Public Relations Review, 44*(2), 277-286.

Balog-Way, D. H. P., & McComas, K. A. (2020). COVID-19: Reflections on trust, tradeoffs, and preparedness. *Journal of Risk Research, 23*(7-8), 838-848.

BBC News (2020, July 27). *Coronavirus "most severe health emergency" WHO has faced.* Retrieved from https://www.bbc.com/news/world-53557577.

Carrieri, V., Madio, L., & Principe, F. (2019). Vaccine hesitancy and (fake) news: Quasi-experimental evidence from Italy. *Health Economics, 28*(11), 1377-1382.

Chou, W.-Y. S., & Budenz, A. (2020). Considering emotion in COVID-19 vaccine communication: Addressing vaccine hesitancy and fostering vaccine confidence. *Health Communication, 35*(14), 1718-1722.

Chou, W.-Y. S., Gaysynsky, A., & Vanderpool, R. C. (2021). The COVID-19 misinfodemic: Moving beyond fact-checking. *Health Education & Behavior, 48*(1), 9-13.

Dixon, G. (2020). Undermining credibility: The limited influence of online comments to vaccine-related news stories. *Journal of Health Communication, 25*(12), 943-950.

Dror, A. A., Eisenbach, N., Taiber, S., Morozov, N. G., Mizrachi, M., Zigron, A., Sroji, S., & Sela, E. (2020). Vaccine hesitancy: The next challenge in the fight against COVID-19. *European Journal of Epidemiology, 35*(8), 775-779.

Eveland, W. P. (2001). The cognitive mediation model of learning from the news: Evidence from nonelection, off-year election, and presidential election contexts. *Communication Research, 28*(5), 571-601.

Eveland, W. P., Seo, M., & Marton, K. (2002). Learning from the news in campaign 2000: An experimental comparison of TV news, newspapers, and online news. *Media Psychology, 4*(4), 353-378.

Featherstone, J. D., & Zhang, J. (2020). Feeling angry: The effects of vaccine misinformation and refutational messages on negative emotions and vaccination attitude. *Journal of Health Communication, 25*(9), 692-702.

Gangarosa, E., Galazka, A., Wolfe, C., Phillips, L., Miller, E., Chen, R., & Gangarosa, R. (1998). Impact of anti-vaccine movements on pertussis control:

The untold story. *The Lancet, 351*(9099), 356-361.

Gerosa, T., Gui, M., Hargittai, E., & Nguyen, M. H. (2021). (Mis) informed during COVID-19: How education level and information sources contribute to knowledge gaps. *International Journal of Communication, 15*, 2196-2217.

Hofstede, G. (2011). Dimensionalizing Cultures: The Hofstede Model in Context. *Online Readings in Psychology and Culture, Unit 2*. Retrieved from http://scholarworks.gvsu.edu/orpc/vol2/iss1/8

Hu, L., & Bentler, P. M. (1999). Cutoff criteria for fit indexes in covariance structure analysis: Conventional criteria versus new alternatives. *Structural Equation Modeling: A Multidisciplinary Journal, 6*(1), 1-55.

Huang, Y.-H. C., Ao, S., Lu, Y., Ip, C., & Kao, L. (2017). How trust and dialogue shape political participation in mainland China. *International Journal of Strategic Communication, 11*(5), 395-414.

Hwang, J. (2020). Health information sources and the influenza vaccination: The mediating roles of perceived vaccine efficacy and safety. *Journal of Health Communication, 25*(9), 727-735.

Khubchandani, J., Sharma, S., Price, J. H., Wiblishauser, M. J., Sharma, M., & Webb, F. J. (2021). COVID-19 vaccination hesitancy in the United States: A rapid national assessment. *Journal of Community Health, 46*(2), 270-277.

Kim, H. K., & Tandoc Jr., E. C. (2022). Wear or not to wear a mask? Recommendation inconsistency, government trust and the adoption of protection behaviors in cross-lagged TPB models. *Health Communication, 37*(7), 833-841.

Kreps, S., Prasad, S., Brownstein, J. S., Hswen, Y., Garibaldi, B. T., Zhang, B., & Kriner, D. L. (2020). Factors associated with US adults' likelihood of accepting COVID-19 vaccination. *JAMA Network Open, 3*(10), e2025594.

Kricorian, K., Civen, R., & Equils, O. (2022). COVID-19 vaccine hesitancy: Misinformation and perceptions of vaccine safety. *Human Vaccines & Immunotherapeutics, 18*(1), 1950504.

Lee, J. J., Kang, K. A., Wang, M. P., Zhao, S. Z., Wong, J. Y. H., O'Connor, S., Yang, C. S., & Shin, S. (2020). Associations between COVID-19 misinformation exposure and belief with COVID-19 knowledge and preventive behaviors: Cross-sectional online study. *Journal of Medical Internet Research, 22*(11), e22205.

Liu, Z., Shan, J., Delaloye, M., Piguet, J.-G., & Glassey Balet, N. (2020). The role of public trust and media in managing the dissemination of COVID-19-related news in Switzerland. *Journalism and Media*, *1*(1), 145-158.

Lo, V.-H. Wei, R., & Su, H. (2013). Self-efficacy, information-processing strategies, and acquisition of health knowledge. *Asian Journal of Communication*, *23*(1), 54-67.

MacDonald, N. E. (2015). Vaccine hesitancy: Definition, scope and determinants. *Vaccine*, *33*(34), 4161-4164.

Masiello, M. M., Harton, P., & Parker, R. M. (2020). Building vaccine literacy in a pandemic: How one team of public health students is responding. *Journal of Health Communication*, *25*(10), 753-756.

Mathieu, E., Ritchie, H., Ortiz-Ospina, E., Roser, M., Hasell, J., Appel, C., Giattino, C., & Rodés-Guirao, L. (2021). A global database of COVID-19 vaccinations. *Nature Human Behaviour*, *5*(7), 947-953.

Mayer, R. C., Davis, J. H., & Schoorman, F. D. (1995). An integrative model of organizational trust. *The Academy of Management Review*, *20*(3), 709-734.

McKinley, C. J., & Lauby, F. (2021). Anti-vaccine beliefs and COVID-19 information seeking on social media: Examining processes influencing COVID-19 beliefs and preventative actions. *International Journal of Communication*, *15*, 4252-4274.

Min, C., Shen, F., Yu, W., & Chu, Y. (2020). The relationship between government trust and preventive behaviors during the COVID-19 pandemic in China: Exploring the roles of knowledge and negative emotion. *Preventive Medicine*, *141*, 106288.

Neyazi, T. A., & Muhtadi, B. (2021). Selective belief: How partisanship drives belief in misinformation. *International Journal of Communication*, *15*, 1286-1308.

Olmstead, K., Mitchell, A., & Rosenstiel, T. (2011). Navigating news online: Where people go, how they get there and what lures them away. *PEW Research Center's Project for Excellence in Journalism*, *9*, 1-30.

Pennycook, G., Cannon, T. D., & Rand, D. G. (2018). Prior exposure increases perceived accuracy of fake news. *Journal of Experimental Psychology: General*, *147*(12), 1865-1880.

Rossini, P., Stromer-Galley, J., Baptista, E. A., & Veiga de Oliveira, V. (2021). Dysfunctional information sharing on WhatsApp and Facebook: The role of political talk, cross-cutting exposure and social corrections. *New Media & Society*, *23*(8), 2430-2451.

Schaffer DeRoo, S., Pudalov, N. J., & Fu, L. Y. (2020). Planning for a COVID-19 vaccination program. *JAMA*, *323*(24), 2458.

Shapiro, G. K., Holding, A., Perez, S., Amsel, R., & Rosberger, Z. (2016). Validation of the vaccine conspiracy beliefs scale. *Papillomavirus Research*, *2*, 167-172.

Smith, T. C. (2017, July). Vaccine rejection and hesitancy: A review and call to action. In *Open Forum Infectious Diseases* (Vol. 4, No. 3). Oxford University Press.

Tandoc Jr., E. C., & Kim, H. K. (2022). Avoiding real news, believing in fake news? Investigating pathways from information overload to misbelief. *Journalism*, 14648849221090744.

Thorson, E. (2016). Belief echoes: The persistent effects of corrected misinformation. *Political Communication*, *33*(3), 460-480.

United Nations. (2020, March 31). *UN tackles 'infodemic' of misinformation and cybercrime in COVID-19 crisis*. Retrieved November 23, 2020, from https://www.un.org/en/un-coronavirus-communications-team/un-tackling-%E2%80%98infodemic%E2%80%99-misinformation-and-cybercrimecovid-19

Valenzuela, S., Halpern, D., Katz, J. E., & Miranda, J. P. (2019). The paradox of participation versus misinformation: Social media, political engagement, and the spread of misinformation. *Digital Journalism*, *7*(6), 802-823.

Vinck, P., Pham, P. N., Bindu, K. K., Bedford, J., & Nilles, E. J. (2019). Institutional trust and misinformation in the response to the 2018-19 Ebola outbreak in North Kivu, DR Congo: A population-based survey. *The Lancet Infectious Diseases*, *19*(5), 529-536.

Vosoughi, S., Roy, D., & Aral, S. (2018). The spread of true and false news online. *Science*, *359*(6380), 1146-1151.

WHO. (2019). *Ten health issues WHO will tackle this year*. Retrieved October 11, 2021, from https://www.who.int/news-room/spotlight/ten-threats-to-global-health-in-2019

Wong, C. M. L., & Jensen, O. (2020). The paradox of trust: Perceived risk and public compliance during the COVID-19 pandemic in Singapore. *Journal of Risk Research*, *23*(7-8), 1021-1030.

Woskie, L. R., & Fallah, M. P. (2019). Overcoming distrust to deliver universal health coverage: Lessons from Ebola. *BMJ*, *366*, l5482.

新冠疫情與虛假資訊傳播

9 知識水準、負面情緒與新冠虛假資訊的第三人效果：一項來自新加坡的研究

張曉[1]、魏然[2]、邱林川[3]

摘要

新冠疫情伴隨虛假資訊的廣泛傳播，成爲國際社會面臨的重要挑戰。從第三人效果假設出發，本研究探討新冠虛假資訊接觸所產生的對自己／他人影響的認知，以及該認知如何預測反疫苗態度與對抗虛假資訊之行動。研究透過分層隨機抽樣訪問了 1,025 位新加坡市民，結果顯示個人對新冠虛假資訊的接觸能夠透過知識水準，進而透過負面情緒影響疫情虛假資訊「對自己影響的認知」及「對他人影響的認知」。同時，「對自己影響的認知」能夠顯著預測反疫苗態度和對抗虛假資訊之行動；「對他人影響的認知」能夠顯著預測對抗虛假資訊之行動。研究發現拓展了第三人效果研究文獻並增進對新冠虛假資訊所產生的媒介效果以及相關機制的理解。

關鍵詞：新冠虛假資訊、風險認知、第三人效果、反疫苗態度、對抗虛假資訊之行動

---

1 張曉，香港樹仁大學新聞與傳播學系助理教授。研究興趣：社交媒體研究、媒介效果、行銷傳播、跨境媒介消費及健康傳播。
2 魏然，香港浸會大學傳理學院講座教授，香港中文大學新聞與傳播學院退休教授。研究興趣：媒介效果、傳播科技、移動傳播。
3 邱林川，新加坡南洋理工大學黃金輝傳播與信息學院邵氏基金會媒體技術講座教授。研究興趣：資訊和通訊技術、資訊技術與社會發展、數位勞工、比較媒體系統、亞洲及全球南方媒體。

9 Knowledge, Negative Emotion and the Third-person Effect of COVID-19 Misinformation: A Study in Singapore

Grace Xiao ZHANG[1], Ran WEI[2], Jack Linchuan QIU[3]

Abstract

The outbreak of the COVID-19 pandemic accompanied by the widespread dissemination of misinformation has become a significant challenge for the global society. From the perspective of the third-person effect, this research aimed to explore how exposure to COVID-19 misinformation affects individuals' perceived influence on theirselves versus that on others, and the effect of such perceived influence on anti-vaccine attitudes and actions against misinformation. The study interviewed 1,025 Singaporeans through an online survey, and the results reveal that COVID-19 misinformation exposure could affect individuals' perceived influence on theirselves and on others through

---

[1] Grace Xiao ZHANG (Assistant Professor). Department of Journalism and Communication, Hong Kong Shue Yan University. Research interests: social media studies, media effects, marketing communication, cross-regional media consumption, and health communication.

[2] Ran WEI (Chair Professor). School of Communication, Hong Kong Baptist University. He is a retired Professor at School of Journalism and Communication, The Chinese University of Hong Kong. Research interests: media effects, communication technology, mobile communication.

[3] Jack Linchuan QIU (Shaw Foundation Professor in Media Technology). Wee Kim Wee School of Communication and Information, Nanyang Technology University, Singapore. Research interests: information and communication technologies, ICT for development, digital labor, comparative media systems, media in Asia and the Global South.

knowledge and negative emotions. Perceived influence on the self was also found to be a significant predictor of both anti-vaccine attitudes and actions to counter misinformation, while perceived influence on others only significantly predicts actions against misinformation. These findings enrich the literature on third-person effect and enhance the understanding of broad media effects and related mechanisms of responses to COVID-19 misinformation during the pandemic.

Keywords: COVID-19 misinformation, risk perception, third-person effect, anti-vaccine attitudes, actions against misinformation

研究動機

Kucharski（2016）在其發表於 *Nature* 的文章中提及，「虛假資訊」（misinformation）藉由社交網絡的分享與傳染病的傳播及演進存在諸多相似之處：二者皆由社會互動所塑造。在傳播科技令社會互動日漸便利的時代，自新冠病毒席捲全球以來，與疫情相關的虛假資訊亦透過我們賴以保持聯繫和知情的媒體管道侵襲而來，衍生為一場「資訊流行病」（infodemics）（WHO, 2020）。新冠資訊流行病挾裹著爆炸性增長的恐懼、偏見、歧視標籤和虛假資訊蔓延於線上與線下空間（WHO, 2020）。虛假資訊指未經確認是否具有誤導意圖的非事實性資訊，包括捏造的新聞、篡改或編造的影片／圖片、未經核實的突發資訊以及片面的事實資訊等（Koo et al., 2021; Zhou & Zafarani, 2020）。新冠虛假資訊涵蓋了疫情起源、病毒傳播途徑、預防感染的方法以及疫苗安全性等多方面（Featherstone & Zhang, 2020; Sun et al., 2022）。在虛假資訊充斥媒介空間的情況下，理解其對個人產生的影響尤為重要。

當虛假資訊與流行病一樣衍生自社會感染（social contagion）（Kucharski, 2016），「個人」與「他者」的角色時刻嵌入於相互影響的連結之中，比以往更加密不可分。第三人效果假設（the third-person effect hypothesis）同時考慮「個人」與「他者」的直接效果與間接效果，能夠為理解虛假資訊效果提供獨特的視角。根據第三人效果假設，個人傾向於認為媒介資訊會對他人（第三人）產生較大影響，而會對自己產生較小影響；而當面對虛假資訊這類社會讚許性（social desirability）較低的資訊時尤其如此（Davison, 1983; Sun, Pan, & Shen, 2008）。有鑒於此，個人行為不僅是基於媒介資訊「對自己影響的認知」所產生的直接效果，亦是基於「對他人影響的認知」所產生的間接效果（Davison, 1983; Perloff, 1999）。從這一視角出發，媒介資訊對其接觸者的勸服不再是其產生效果的必要條件，即使媒介資訊（如

虛假資訊）未能勸服某一資訊接觸者，但仍然可能透過「認知性影響」（perceived influence）產生效果，這也解釋了部分態度與行為結果產生的原因（Gunther & Storey, 2003; Lo et al., 2016）。

本研究試圖建立一個新冠虛假資訊第三人效果的結構方程模型（structural equation modelling），以期從直接效果與間接效果視角增進對新冠疫情期間個人資訊處理方式的理解，並透過探討「對自己影響的認知」和「對他人影響的認知」與態度和行為之間的關係，以達到豐富第三人效果研究的目標。本研究嘗試從虛假資訊接觸者的視角切入，一方面旨在探討接觸新冠虛假資訊後「對自己影響的認知」與「對他人影響的認知」的產生機制，理解新冠知識水準和對新冠虛假資訊的負面情緒在這一關係中扮演的角色；另一方面嘗試檢視「對自己影響的認知」與「對他人影響的認知」分別對於反疫苗態度與對抗新冠虛假資訊之行動有著怎樣的影響。研究結果能夠豐富對於第三人效果研究中關於虛假資訊所產生的直接效果與間接效果間的比較，亦能夠為理解新冠虛假資訊流行病提供重要視角，突出了新冠知識水準的重要性。

文獻綜述

虛假資訊與第三人效果

網路媒體去中心化伴隨著虛假資訊盛行，因此全球社會亟須了解虛假資訊的傳播機制與效果，以利於控制其傳播（Bode & Vraga, 2015; Koo et al., 2021）。除透過大數據從制度層面對虛假資訊進行系統更正，民眾亦可發起對抗並糾正虛假資訊，而第三人效果為理解民眾以行動對抗虛假資訊的動機提供了重要角度（Koo et al., 2021）。第三人效果聚焦個人對媒介效果的評估與看法——傾向認為媒介資訊對他人影響較大，而對自己影響較小。這種對自己與他人媒介效果認知差異亦稱

「第三人效果認知」（third-person perception）；它能影響個人態度與行為（Davison, 1983; Perloff, 1999; Sun, Pan, & Shen, 2008）。認定個人能將媒體對自我和他人影響的感知進行清晰區分，這是第三人效果的基本假設。除了媒介資訊的說服力，第三人效果將他人對媒介資訊的反應納入預期並因此表現出不同的態度和行為（Davison, 1983; Perloff, 1999）。

根據自我提升（self-enhancement）這一解釋第三人效果認知的重要機制，個人為了維持和增強積極的自我形象，往往傾向於認為他人較易為媒介資訊所勸服，而自己較為不易受到媒介資訊的影響（Perloff, 1999; Zhao & Cai, 2008）。而在面對社會讚許性較低的資訊例如暴力、色情、假新聞等時尤為如此（Boyle, McLeod, & Rojas, 2008; Lo & Wei, 2002; Zhao & Cai, 2008）。

具有明顯不良特徵的假新聞、誤導性資訊及虛假資訊的第三人效果在近年來逐漸成為學界焦點（Baek, Kang, & Kim, 2019; Corbu et al., 2020; Koo et al., 2021）。未經證實的新冠虛假資訊作為一種社會讚許性較低的資訊，更易令個人傾向於高估這類資訊對他人的影響並低估其對自己的影響。多項研究發現，受訪者對不同類虛假資訊存在第三人效果認知，且關於虛假資訊的第三人效果認知與線上及線下的糾正性行為有關（Koo et al., 2021; Rojas, 2010）。在新冠疫情背景之下，Liu 與 Huang（2020）研究顯示，受訪者認為新冠相關誤導性資訊對他人影響大於對自己影響，且當受訪者在社交網站上接觸到新冠相關誤導資訊時，其第三人效果認知差距最大。類似地，Yang 與 Tian（2021）研究發現，人們傾向於認為新冠相關假新聞對他人影響較大，對自己影響較小。據此，本研究提出受訪者在面對新冠虛假資訊時存在第三人效果認知。

假設 1：個人傾向於認為新冠虛假資訊對自己的影響較小、對他人的影響較大。

　　此外，作爲第三人效果認知層面的兩大構成要素，「對自己影響的認知」與「對他人影響的認知」之間亦存在聯繫（Park, 2005）。根據「第二人效果假說」（second-person perception），個人對媒介資訊對自我及他人的影響的評估之間存在聯繫，在面對媒介資訊時，「對自己影響的認知」與「對他人影響的認知」可能同時增加（Baek, Kang, & Kim, 2019; Neuwirth & Frederick, 2002）。換言之，當個人認爲媒介資訊對自己產生了一定的影響時，可能會更傾向於認爲他人受到了該資訊的影響。而 Wei、Liu 與 Liu（2019）也指出，當媒介資訊涉及與個人相關的風險時，個人主要會受到「對自己影響的認知」驅動。因此，當個人面對新冠虛假資訊時，會以資訊「對自己的影響」作爲基準點，再去衡量資訊如何作用於不同社會距離下的他者。相應地，本研究提出，個人關於新冠虛假資訊「對自己影響的認知」能夠正向預測其關於新冠虛假資訊「對他人影響的認知」。

　　假設 2：新冠虛假資訊「對自己影響的認知」能夠正向預測「對他人影響的認知」。

理解第三人效果認知層面：知識水準與負面情緒的角色

　　過往的第三人效果及預設媒介影響研究大多關注「第三人效果認知差距」和「對他人影響的認知」在不同情境／脈絡中對態度與行爲的影響（如 Gunther & Storey, 2003; Jang & Kim, 2018; Tewksbury, Moy, & Weis, 2004），但透過「第三人效果認知差距」無法準確衡量「對自己／他人影響的認知均高」與「對自己／他人影響的認知均低」情況之間的差異（Wei, Lo, & Zhu, 2019）。比較虛假資訊「對自己影響的認知」及「對他人影響的認知」究竟如何預測行爲的相關研究仍然有限。目前聚焦新冠疫情虛假資訊的第三人效果研究中，仍需更多探討涉及「對自己影響的認知」與「對他人影響的認知」的影響因素，以及分析二者對

態度與行爲結果的預測力。因此本文分別探討新冠虛假資訊「對自己影響的認知」和「對他人影響的認知」以及二者如何預測態度及行爲。

在第三人效果研究中，知識與情緒受到日漸廣泛的關注（如 Ham & Nelson, 2016; Huh & Langteau, 2007; Wei, Lo, & Golan, 2017）。知識與情緒分別涉及個人資訊處理的理性與感性路徑，都能影響個人對外界刺激的認知和行爲回應（Mou & Lin, 2014）。從認知學習理論（cognitive learning theory）出發，知識作爲儲存在腦海中的資訊能夠隨時根據外界刺激作出反應；而從評價傾向理論（appraisal tendency theory）來看，情緒作爲個人對刺激的情感性回應，能夠引發特定的認知評估，並進而影響個人對外界刺激作出的認知和行爲反應（Lerner & Keltner, 2000; Mou & Lin, 2014; Ormrod, 2008）。

客觀知識（objective knowledge）是精確儲存於個人記憶中的資訊，而主觀知識水準則指個人對其自身知識水準的認知（subjective knowledge），不同類型的媒介資訊能對個人的客觀與主觀知識水準產生不同影響（Ham & Nelson, 2016; Yang & Tian, 2021）。報紙與電視新聞曾在部分情境中被證實能夠提升實際知識水準（Yang & Tian, 2021），而虛假資訊等有害資訊卻扮演相反角色。一組學者對約旦居民進行新冠知識調查發現，以醫師和科學期刊爲主要資訊來源的受訪者相較於其他受訪者（例如以社交媒體等作爲主要資訊來源的受訪者）而言，比較不會認同關於新冠的虛假資訊，其中包括「新冠病毒是生化武器」、「5G 網路傳播新冠病毒」及「新冠是一場神的考驗」；且研究結果顯示認同上述新冠虛假資訊的受訪者比其他受訪者具有更低的客觀新冠知識水準（Sallam et al., 2020）。也就是說，接觸新冠虛假資訊可能令人認同及相信部分虛假資訊，進而對客觀知識水準產生負面影響。

同時根據過往文獻，主觀及客觀知識水準能直接或間接預測「對自己影響的認知」與「對他人影響的認知」，且既有研究多聚焦主觀知識水準如何導致第三人效果認知，對於客觀知識水準的探討較爲有限（Ham & Nelson, 2016）。Huh 與 Langteau（2007）研究發現，具有更

高客觀知識水準的專家比其他受訪者更傾向於認為媒介資訊會對他人產生更大影響。學者們指出，從自我提升動機這一角度理解，當個人對特定議題具有更多客觀知識，會更易令其認為自己擁有的知識能夠令自身更妥善應對這類資訊，因此傾向認為媒介資訊對他人影響較大、對自己影響較小，且自我提升動機的解釋尤其適用於涉及偏頗資訊或具有勸服性資訊的情境（Ham & Nelson, 2016; Huh & Langteau, 2007）。據此，有更高客觀新冠知識水準的受訪者，更可能會認為自己能夠較好應對新冠虛假資訊，因此可能認為自己不太會受到新冠虛假資訊的影響，即客觀新冠知識水準能夠影響新冠虛假資訊「對自己影響的認知」。同時，這類具有更高知識水準的受訪者在日常瀏覽媒介資訊時更易辨識出新冠虛假資訊，亦可能會因此憂慮此類虛假資訊的盛行對他人所產生的影響，即客觀新冠知識水準能夠影響新冠虛假資訊「對他人影響的認知」。

情緒在虛假資訊傳播過程中也扮演著相當重要的角色。虛假資訊能帶來憤怒、恐懼等負面情緒（Featherstone & Zhang, 2020）。美國實驗發現，受訪者若接觸關於新冠疫苗的陰謀論虛假資訊（例如政府與醫藥企業欺騙民眾以獲取利益）就會出現更強烈的憤怒與恐懼（Featherstone & Zhang, 2020）。因此，當面對新冠虛假資訊時，個人資訊接觸越頻繁，就越會產生負面情緒。與此同時，情緒也被發現能夠在認知層面影響個人對媒介資訊效果對他人影響的評估（Dillard & Nabi, 2006; Luo & Cheng, 2021; Wei, Lo, & Golan, 2017）。Wei、Lo 與 Golan（2017）證實了對新聞報導的負面情緒能預測「對他人影響的認知」。另一項研究也發現，憤怒、焦慮等負面情緒能影響新冠虛假資訊「對他人影響的認知」（Luo & Cheng, 2021）。因此，本研究提出，受訪者對新冠虛假資訊的負面情緒越高，其對新冠虛假資訊「對他人影響認知」的評估會越高。

第三人效果假說關注個人對媒介效果的評估，而相關研究指出，這種媒介效果評估存在著顯著的自我／他人差異（Chapin, 2000）。這種

差異源自於心理距離（psychological distance）（Perloff, 1999）。具體而言，個人在評估媒介資訊對他人的影響時主要受到自尊的驅動，其次才受到知識和認知性因素（cognitive factor）的驅動，而個人在評估媒介資訊對自己的影響時則主要依據知識和認知性因素（Chapin, 2000）。鑒於過往研究指出「負面情緒可以作為評估媒介資訊影響的認知性機制」（Wei, Lo, & Golan, 2017, p. 2969），那麼個人在評估媒介資訊對自己的影響時也可能會由於負面情緒影響其認知狀態而受到影響。相應地，本研究提出，受訪者對新冠虛假資訊的負面情緒越高，其對新冠虛假資訊「對自己影響認知」的評估亦會越高。

此外，個人知識水準被證實能夠影響其情緒反應，但過往研究在不同情境中發現，知識水準可能抑制或加強情緒反應（Dillard & Nabi, 2006; Mou & Lin, 2014）。Dillard 與 Nabi（2006）提出在面對癌症類疾病時，知道如何針對疾病採取適應性行為，可減少威脅及相應恐懼，因此知識水準能減低負面情緒。但也有研究發現，知識水準可正向預測出現負面情緒的程度：受訪者對食品安全議題的知識水準越高，其因食品安全事故所產生的負面情緒程度越高（Mou & Lin, 2014）。本研究認為，在接觸新冠虛假資訊後，並非所有人都能即時辨認出自己接觸到的資訊屬於虛假資訊；而當個人新冠知識水準較高時，在接收資訊過程中對虛假資訊有較高辨識度，從而可能強化其對虛假資訊相關的恐懼、憤怒、焦慮等負面情緒。因此本研究提出，新冠知識水準能夠正向預測受訪者對虛假資訊的負面情緒。綜上所述，個人對新冠相關虛假資訊接觸能夠透過影響知識水準，進而透過負面情緒影響虛假資訊「對他人影響的認知」和「對自己影響的認知」。

假設 3a：個人對新冠相關虛假資訊的接觸能夠透過知識水準，進而透過負面情緒影響疫情虛假資訊「對自己影響的認知」。

假設 3b：個人對新冠相關虛假資訊的接觸能夠透過知識水準，

進而透過負面情緒影響疫情虛假資訊「對他人影響的認知」。

預測反疫苗態度與限制虛假資訊之行動：「對自己／他人影響的認知」的中介作用

在公共衛生層面，疫苗被認爲是減少危險傳染性疾病傳播的最重要工具之一（Fridman, Gershon, & Gneezy, 2021; WHO, 2019）。世界衛生組織指出，面對可透過疫苗預防的疾病，許多民眾仍不願或拒絕接種疫苗——這種現象被定義爲疫苗猶豫（vaccine hesitancy）。而在新冠疫情發生前，疫苗猶豫就已成爲 2019 年十大全球健康威脅之一（WHO, 2019）。許多公共衛生專家指出，民眾對新冠疫苗的態度相當重要（Featherstone & Zhang, 2020; Luo et al., 2021; Ruiz & Bell, 2021）。虛假資訊能增加民眾對疫苗風險的看法，進而令其對疫苗產生更消極的態度（Featherstone & Zhang, 2020）。反疫苗態度主要體現爲不信任與擔憂疫苗的有效性及安全性等（Paul, Steptoe, & Fancourt, 2020）。

知識水準是預測疫苗態度的重要變項之一（Ruiz & Bell, 2021）。針對美國民眾的調查顯示，受訪者對新冠疫苗的知識水準越低，其接種新冠疫苗的傾向越低。而對不傾向接種新冠疫苗的受訪者而言，擔心疫苗存在副作用、擔心自身對疫苗過敏以及認爲疫苗無效是三項最主要原因。其他原因包括認爲自身足夠健康故感染風險較低等（Ruiz & Bell, 2021）。相應地，如若個人新冠知識水準較低，代表其對於新冠易感性；對病毒傳播途徑、致死率及疫苗相關資訊較缺乏準確、深入了解。這樣的人更容易產生反疫苗態度。換言之，個人新冠知識水準可以負向預測反疫苗態度。

據前文所述，既有文獻指出知識水準能夠影響個人對媒介資訊效果的評估（Dillard & Nabi, 2006; Luo & Cheng, 2021; Wei, Lo, & Golan, 2017），即知識水準能夠預測「對他人影響的認知」和「對自己影響

的認知」。而個人對媒介資訊影響的認知能影響其自身對相關議題的態度（Gunther & Storey, 2003; Kim, 2014; Lo et al., 2015）。

　　「對自己影響的認知」和「對他人影響的認知」在不同情境中對個人態度具有不同的預測力。Gunther 與 Storey（2003）研究了尼泊爾一檔關於提升醫務工作者服務水準的廣播節目。受訪者認為這檔節目可對其他人（醫務工作者）產生影響，而這種「對他人影響的認知」能預測受訪者對醫務工作者的態度。Lo 等人（2015）則發現，台灣受訪者關於美國進口牛肉議題的新聞「對自己影響的認知」能夠顯著預測其對政府進口美國牛肉政策的態度（Lo et al., 2015）。上述研究結果說明，在預測與他人直接相關的議題之態度時（如對醫務工作者的態度），「對他人影響的認知」能有效預測其個人態度；在預測與自身直接相關議題之態度時（如對進口牛肉政策的態度），「對自己影響的認知」能有效預測其個人態度。反疫苗態度與自身直接相關，但同時個人的疫苗態度也可能影響接種比例進而影響其他人，因此「對自己影響的認知」與「對他人影響的認知」均可能影響個人的反疫苗態度。即在面對新冠虛假資訊時，認為虛假資訊對自己／他人影響越大的受訪者，越可能認為自己及他人缺乏準確且充分的資訊對疫苗有效性及安全性進行判斷，因而導致其反疫苗態度越高。綜上所述，本研究提出，新冠虛假資訊「對自己／他人影響的認知」是新冠知識水準與反疫苗態度之間的中介變項。

　　假設 4a：「對自己影響的認知」能夠中介知識水準與反疫苗態度之間的關係。

　　假設 4b：「對他人影響的認知」能夠中介知識水準與反疫苗態度之間的關係。

　　在新冠疫情中，對抗虛假資訊的行動主要表現為透過發布、分享正確資訊以糾正虛假資訊的負面影響。採取對抗虛假資訊之行動，關係到

虛假資訊的傳播路徑及公共健康策略的成敗（Long et al., 2021）。在第三人效果研究的行為層面，此類糾正性行為是第三人效果研究長期關注的焦點之一（Lim, 2017; Sun, Pan, & Shen, 2008）。在 Rojas（2010）的研究中，受訪者關於大眾媒介資訊「對自己影響的認知」和「對他人影響的認知」的總和能夠顯著預測其採取糾正性行為的意願。類似地，另一項研究發現，新聞「對自己影響的認知」能夠促使個人採取糾正性行為（Lo et al., 2015）。在目前研究情境／脈絡中，風險社會（Beck, 1992）下全球流行的新冠疫情使任何人都無法「置身事外」。因此，本研究認為，「對自己影響的認知」與「對他人影響的認知」均能顯著預測糾正虛假資訊負面影響的對抗虛假資訊之行動。

此外，對媒介資訊的情緒反應亦是媒介效果研究的長期焦點，負面情緒被證實能夠影響媒介資訊「對他人影響的認知」（Wei, Lo, & Golan, 2017）。Wei、Lo 與 Golan（2017）的研究從情感功能理論（functional emotion theory）（Nabi, 1999 & 2003）出發，指出新聞「對他人影響的認知」能中介負面情緒與行為間關係。類似地，近期實證研究也發現，疫情相關錯誤資訊「對他人影響的認知」是焦慮、憤怒情緒與糾正性行為之間的中介變項（Luo & Cheng, 2021）。有鑑於此，本研究認為，新冠虛假資訊「對他人影響的認知」能夠中介新冠虛假資訊帶來的負面情緒與對抗虛假資訊之行動間的關係。儘管過往研究較少探討負面情緒與「對自己影響的認知」及行為意願之間的關係，但根據認知─功能模型（cognitive-functional model），憤怒和恐懼等負面情緒能夠驅動對資訊的關注以促進更深層的資訊處理（Nabi, 2002）。因此，疫情虛假資訊帶來的負面情緒可引發對相關資訊的深度思考，由此能預測其「對自己影響的認知」，進而影響個人採取糾正性行為對抗虛假資訊的傾向。綜上所述，本研究提出，新冠虛假資訊「對自己／他人影響的認知」是對新冠虛假資訊的負面情緒與對抗虛假資訊之行動間的中介變項。

假設 5a：「對自己影響的認知」能夠中介對虛假資訊的負面情
　　　　緒與採取對抗虛假資訊之行動間的關係。

假設 5b：「對他人影響的認知」能夠中介對虛假資訊的負面情
　　　　緒與採取對抗虛假資訊之行動間的關係。

圖一　研究模型

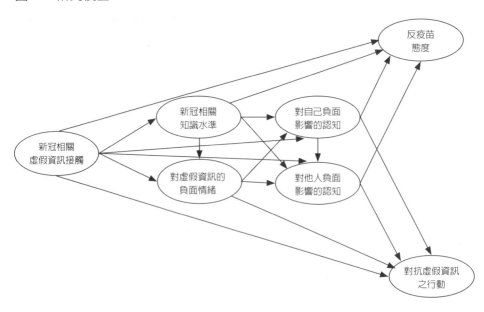

研究方法

研究背景

　　作為城邦國家，新加坡是典型的「政府中心、自上而下取向」
（state-centred top-down approach），公權力對疫情資訊實行全面管
控，並對散布虛假資訊者採取強硬的行政與法律行動（Wong & Wu,

2021, pp. 11-12）。疫情初期，新加坡政府的有效管控一度贏得國際讚揚。直到 2020 年 4 到 8 月，新冠病毒在居住環境擁擠的移民「客工」之間廣泛傳播（Tandoc & Lee, 2022）。經過多輪「阻斷措施」（circuit breaker），感染人數在一年多內維持低位。然而疫苗接種率超過八成以後，2021 年 9 月開始，新加坡第二次出現感染個案大幅飆升。與許多國家相似，新加坡疫情爆發伴隨著虛假資訊氾濫，內容涵蓋公共場所出現疑似病例及防治新冠的家庭療法等，令許多新加坡民眾對社會秩序深感憂慮（Long et al., 2021; Tandoc & Lee, 2022）。也有學者發現，基於個人效能、人際關係與議題相關度評估的不同，新加坡民眾對新冠虛假資訊會採取不同行動（Tandoc, Lim, & Ling, 2020）。這都為研究虛假資訊對個人產生的媒介效果奠定基礎。因此，本研究立足新加坡，旨在更好理解當地新冠虛假資訊的效果及傳播模式。

抽樣方法及樣本構成

本研究對 18 歲及以上的新加坡市民進行了網路問卷調查。調查委託 Dynata 公司進行，按照新加坡 2020 年人口普查數據中的年齡、性別、教育程度分布進行分層隨機抽樣，共回收 1,025 份有效問卷。問卷為英文。前測問卷發放時間為 2021 年 6 月，正式問卷調查於 2021 年 7 月至 2021 年 8 月進行。

受訪者年齡範圍為 18 至 85 歲，平均年齡為 42.70 歲（標準差 = 14.46），其中 51.12% 的受訪者為男性，48.88% 的受訪者為女性。在族裔方面，華裔占 74.05%，馬來裔占 13.66%，印度裔占 7.61%，其他族裔占 4.68%。該人口學分布與新加坡 2020 年人口普查結果基本吻合（Department of Statistics Singapore, 2021）。

研究變項

I. 新冠相關虛假資訊接觸

參考 Featherstone 與 Zhang（2020）的研究，本研究選取了一系列新冠相關的虛假資訊，並詢問受訪者透過網路或社交媒體對下列虛假資訊的接觸頻率：(1)「蚊蟲可以傳播新冠病毒」；(2)「5G 信號塔可以傳播新冠病毒」；(3)「喝酒可以殺死新冠病毒」；(4)「非滅活類的新冠疫苗會改變人類基因」；(5)「亞洲人更容易感染新冠病毒」。上述五則新冠相關虛假資訊經由 Blackdot 選出。受訪者的回答從 1 分「從未」到 4 分「經常」。受訪者上述題項得分的平均數構成其新冠相關虛假資訊接觸變項的得分（平均數 = 1.70，標準差 = 0.81，Cronbach's Alpha = .90）。

II. 新冠相關知識水準

參照過往研究（Sallam et al., 2020），本研究請受訪者對於新冠相關的知識性問題進行作答以衡量其知識水準，具體包括下列六項題目：(1)「在對抗新冠病毒全球大流行期間，誰是世界衛生組織總幹事？」(2)「新冠病毒的死亡率大概是多少？」(3)「截至目前為止，下列哪個數字最接近全球新冠病毒的確診人數？」(4)「為獲得最佳接種效果，注射兩劑新冠疫苗最好間隔多久？」(5)「為保證新冠疫苗在全球的公平分配，世界衛生組織成立了一個全球計畫鼓勵富國與窮國分享疫苗。請問這個疫苗計畫的名字叫什麼？」(6)「根據世界衛生組織發布的新冠病毒變異病毒命名方式，以下哪一個不是已經發現的新冠肺炎變種病毒？」每題答案中只有一個正確選項，受訪者在各題項中選擇正確答案則計 1 分，否則計 0 分。受訪者在上述題項中的得分相加構成新冠相關知識水準變項的得分，得分範圍為 0 至 6 分（平均數 = 2.31，標準差 = 1.57）。

III. 對虛假資訊的負面情緒

參考 Wei、Lo 與 Golan（2017）的研究，本研究詢問受訪者對下列四項陳述的同意程度：(1)「我對新冠疫情虛假資訊可能的後果感到擔憂」；(2)「我對新冠疫情虛假資訊可能的後果感到困擾」；(3)「我對新冠疫情虛假資訊可能的後果感到生氣」；(4)「我對新冠疫情虛假資訊可能的後果感到焦慮」（1 =「非常不同意」，5 =「非常同意」）。受訪者上述題項得分的平均數構成其對虛假資訊的負面情緒得分（平均數 = 3.80，標準差 = 0.79，Cronbach's Alpha = .86）。

IV. 對自己負面影響的認知

在過往研究的基礎上（Lo et al., 2015），本研究詢問受訪者接觸新冠相關虛假資訊會在多大程度上影響自己：(1)「自己對疫情現狀的理解」；(2)「自己對疫情發展的理解」；(3)「自己對新冠病毒的知識」（1 =「完全沒有影響」，5 =「有非常大的影響」）。受訪者在上述題項得分的平均數構成其對個人負面影響的認知得分（平均數 = 2.87，標準差 = 1.07，Cronbach's Alpha = .93）。

V. 對他人負面影響的認知

在過往研究的基礎上（Lo et al., 2015），本研究詢問受訪者接觸新冠相關虛假資訊在多大程度上影響一般民眾的下列方面：(1)「一般民眾對疫情現狀的理解」；(2)「一般民眾對疫情發展的理解」；(3)「一般民眾對新冠病毒的知識」（1 =「完全沒有影響」，5 =「有非常大的影響」）。上述題項得分的平均數構成受訪者對他人負面影響的認知得分（平均數 = 3.31，標準差 = 0.86，Cronbach's Alpha = .90）。

VI. 反疫苗態度

反疫苗態度的測量是透過詢問受訪者在多大程度上同意以下有關新

冠疫苗的陳述：(1)「有關新冠疫苗有效的說法是騙人的」；(2)「有關新冠疫苗有效性的數據是編造的」；(3)「有關新冠疫苗安全的說法是騙人的」（1 =「非常不同意」，5 =「非常同意」）。上述題項得分的平均數構成受訪者在反疫苗態度變項上的得分（平均數 = 3.09，標準差 = .92，Cronbach's Alpha = .82）。

VII. 對抗虛假資訊之行動

為測量對抗虛假資訊之行動，本研究詢問受訪者在接觸到新冠虛假資訊後採取以下行為的頻率：(1)「發布資訊提醒他人有關新冠疫情的虛假資訊」；(2)「發布資訊駁斥有關新冠疫情的虛假資訊」；(3)「發布資訊更正有關新冠疫情的虛假資訊」；(4)「發布資訊分享對新冠疫情虛假資訊的批評」；(5)「核實有關新冠疫情的虛假資訊」；(6)「分享世界衛生組織提供的正確資訊」；(7)「分享醫學專家提供的正確資訊」；(8)「分享查證後的正確資訊」。受訪者的回答從 1 分「從未」到 4 分「經常」。受訪者在上述題項得分的平均數構成其在對抗虛假資訊之行動變項上的得分（平均數 = 2.52，標準差 = .77，Cronbach's Alpha = .92）。

控制變項

本研究將受訪者的年齡、性別、教育程度、收入及族裔作為控制變項。

數據分析

假設驗證

　　研究假設 1 預測個人傾向於認爲新冠虛假資訊對自己的影響較小，對他人的影響較大。爲驗證這一假設，本研究進行了成對樣本 t 檢驗（paired-sample t-test）。檢驗結果顯示，受訪者對新冠虛假資訊「對自己影響的認知」與其「對他人影響的認知」存在顯著差異（$t = -14.56$, $p < .001$）。具體而言，受訪者對新冠虛假資訊「對他人影響的認知」（平均數 = 3.31，標準差 = 0.86）高於「對自己影響的認知」（平均數 = 2.87，標準差 = 1.07）。假設 1 獲得支持。

　　研究假設 2 提出新冠虛假資訊「對自己影響的認知」能夠正向預測「對他人影響的認知」。階層迴歸分析（hierarchical regression analysis）結果顯示（見表一模型四），受訪者關於虛假資訊「對自己影響的認知」能夠顯著預測虛假資訊「對他人影響的認知」（$\beta = .40$, $p < .001$），認爲虛假資訊對自己影響越大的受訪者，越傾向認爲虛假資訊對他人影響越大。假設 2 獲得支持。

　　爲驗證新冠相關虛假資訊對於「對自己影響的認知」及「對他人影響的認知」之直接與間接效果，本研究進行了階層迴歸分析以及 PROCESS 中介效應分析（mediation analysis）。在階層迴歸分析中，本研究將年齡、性別、教育程度、收入及族裔納入控制變項。本研究假設 3a 及假設 3b 預測個人對新冠相關虛假資訊的接觸能夠透過知識水準，進而透過負面情緒分別影響疫情虛假資訊「對自己影響的認知」及「對他人影響的認知」。表一顯示階層迴歸分析結果，虛假資訊接觸可以顯著預測新冠相關知識水準，即受訪者越頻繁接觸虛假資訊，其新冠知識水準越低。新冠相關知識水準亦顯著預測受訪者對新冠虛假資訊的負面情緒：新冠相關知識水準越高的受訪者，越會對新冠虛假資訊產生負面情緒。新冠虛假資訊的負面情緒能顯著預測「對自己影響的認

知」：受訪者對虛假資訊負面情緒越高，越傾向認為虛假資訊對自己影響更大。同時，該負面情緒可顯著預測「對他人影響的認知」：受訪者負面情緒越高，越傾向於認為虛假資訊對他人影響更大。

表一　預測知識水準、負面情緒、對自己影響的認知、對他人影響的認知之階層迴歸分析

	模型一 知識水準 β	模型二 負面情緒 β	模型三 對自己影響的認知 β	模型四 對他人影響的認知 β
第一階層				
性別	$-.15^{***}$	$-.07^{*}$	.02	.02
年齡	$.20^{***}$	.03	$-.18^{***}$	$-.08^{*}$
教育程度	$.15^{***}$	$-.01$	.01	.03
收入	$.11^{***}$	$.10^{**}$	$.13^{***}$	$.14^{***}$
種族（馬來裔）	$-.16^{**}$	.05	$.19^{**}$	$.19^{**}$
種族（華裔）	$-.04$	$-.08$	.06	.07
種族（印度裔）	$-.07$	$-.03$	$.09^{*}$	.09
Adjusted R^2	13.50%	2.20%	7.30%	4.70%
第二階層				
新冠虛假資訊接觸	$-.18^{***}$	.06	$.27^{***}$	$.21^{**}$
Adjusted R^2	2.70%	0.30%	6.50%	3.80%
第三階層				
知識水準		$.07^{*}$	$-.14^{***}$	.03
Adjusted R^2		0.40%	1.60%	0.00%
第四階層				
負面情緒			$.27^{***}$	$.44^{***}$
Adjusted R^2			6.90%	18.80%

	模型一 知識水準 β	模型二 負面情緒 β	模型三 對自己影響的認知 β	模型四 對他人影響的認知 β
第五階層				
對自己影響的認知				$.40^{***}$
Adjusted R^2				12.40%
Total adjusted R^2	16.20%	2.90%	22.30%	39.40%

註：$^*p < .05$；$^{**}p < .01$；$^{***}p < .001$；$N = 1,025$

　　表二顯示了進一步 PROCESS 中介效應分析（Model 6）的結果，受訪者對新冠虛假資訊的接觸能夠直接影響「對自己影響的認知」（$B = .35$, $SE = .04$, 95% CI $= .28 - .43$）。此外，受訪者對新冠虛假資訊的接觸會透過三條間接途徑對「對自己影響的認知」產生作用：（1）虛假資訊接觸透過影響知識水準進而作用於「對自己影響的認知」（$B = .04$, $SE = .01$, 95% CI $= .02 - .06$）；（2）虛假資訊接觸透過影響負面情緒進而預測「對自己影響的認知」（$B = .04$, $SE = .01$, 95% CI $= .01 - .06$）；（3）虛假資訊接觸影響知識水準，進而透過負面情緒再對「自己影響的認知」產生作用（$B = -.01$, $SE = .01$, 95% CI $= -.01 - -.001$）。95% 置信區間均未包含 0，假設 3a 獲得支持。

表二　新冠虛假資訊接觸與「對自己影響的認知」之關係的中介效應分析

中介變項：知識水準、負面情緒	B	SE	LLCI	ULCI
直接效果 虛假資訊（+）→對自己影響的認知	.35	.04	.28	.43
間接效果 虛假資訊（-）→知識水準（-） →對自己影響的認知	.04	.01	.02	.06
間接效果 虛假資訊（+）→負面情緒（+） →對自己影響的認知	.04	.01	.01	.06

中介變項：知識水準、負面情緒	B	SE	LLCI	ULCI
間接效果 虛假資訊（−）→知識水準（＋）→負面情緒（＋） →對自己影響的認知	−.01	.01	−.01	−.001

註：B = unstandardized effect size. Bootstrap resamples = 5,000；N=1,025

　　表三呈現的中介分析（Model 6）結果亦顯示，受訪者對新冠虛假資訊的接觸能夠直接影響「對他人影響的認知」（B = .22, SE = .03, 95% CI= .16–.28）。且受訪者對新冠虛假資訊的接觸會透過兩條間接途徑作用於「對他人影響的認知」：(1)虛假資訊接觸透過影響負面情緒進而預測「對他人影響的認知」（B = .05, SE = .02, 95% CI = .02–.08）；(2)虛假資訊接觸影響知識水準，進而透過負面情緒對「對他人影響的認知」產生作用（B = −.01, SE = .01, 95% CI = −.015–−.002）。上述路徑的 95% 置信區間均未包含 0，假設 3b 獲得支持。

表三　新冠虛假資訊接觸與「對他人影響的認知」之關係的中介效應分析

中介變項：知識水準、負面情緒	B	SE	LLCI	ULCI
直接效果 虛假資訊（＋）→對他人影響的認知	.22	.03	.16	.28
間接效果 虛假資訊（−）→知識水準（＋） →對他人影響的認知	.01	.01	−.01	.01
間接效果 虛假資訊（＋）→負面情緒（＋） →對他人影響的認知	.05	.02	.02	.08
間接效果 虛假資訊（−）→知識水準（＋）→負面情緒 (+) →對他人影響的認知	−.01	.01	−.015	−.002

註：B = unstandardized effect size. Bootstrap resamples = 5,000；N=1,025

　　假設 4a 預測「對自己影響的認知」能夠中介知識水準與反疫苗態度之間的關係。階層迴歸分析結果表明（見表一及表四），新冠相關知識水準亦能負向預測反疫苗態度。同時新冠相關知識水準可以負向預測「對自己影響的認知」，而「對自己影響的認知」能正向預測反疫苗態度，即新冠知識水準越高，反疫苗態度也越弱。此外，新冠知識水準越高的受訪者，越傾向認為虛假資訊「對自己影響」較小。同時，認為虛假資訊「對自己影響」越小的受訪者，反疫苗態度越弱。

　　進一步的 PROCESS 中介效應分析（Model 4）結果顯示（見表五），由新冠知識水準到反疫苗態度存在顯著的直接效果（$B = -.07$, $SE = .02$, 95% CI $= -.10--.04$）。同時，由新冠知識水準透過「對自己影響的認知」對反疫苗態度的間接效果亦達到統計顯著水準（$B = -.05$, $SE = .01$, 95% CI $= -.07--.03$），95% 置信區間未包含 0，表明中介效應成立。換言之，受訪者新冠知識水準既能夠直接負向影響反疫苗態度，也能夠透過「對自己影響的認知」產生間接負向影響。假設 4a 獲得支持。

　　假設 4b 預測「對他人影響的認知」能夠中介知識水準與反疫苗態度之間的關係。階層迴歸分析結果表明（見表一及表四），新冠相關知識水準亦能負向預測反疫苗態度，但新冠相關知識水準不能顯著預測「對他人影響的認知」，「對他人影響的認知」亦無法顯著預測反疫苗態度。

　　進一步的 PROCESS 中介效應分析（Model 4）結果顯示（見表五），由新冠知識水準到反疫苗態度存在顯著的直接效果（$B = -.12$, $SE = .02$, 95% CI $= -.15--.08$）；但由新冠知識水準透過「對他人影響的認知」對反疫苗態度的間接效果未達統計顯著水準（$B = -.01$, $SE = .01$, 95% CI $= -.01-.01$），95% 置信區間包含 0，表明中介效應不成立。即受訪者的新冠知識水準能夠直接負向影響反疫苗態度，但無法透過「對他人影響的認知」產生間接負向影響。假設 4b 未獲支持。

表四 預測反疫苗態度與對抗虛假資訊之行動的階層迴歸分析

	模型一 反疫苗態度 β	模型二 對抗虛假資訊之行動 β
第一階層		
性別	$-.07^*$	$-.08^*$
年齡	$-.13^{***}$	$-.05$
教育程度	$.03$	$.05$
收入	$.05$	$.14^{***}$
種族（馬來裔）	$.22^{***}$	$.12^*$
種族（華裔）	$.15^*$	$.03$
種族（印度裔）	$.1^*$	$.11^*$
Adjusted R^2	4.20%	.80%
第二階層		
新冠虛假資訊接觸	$.30^{***}$	$.32^{***}$
Adjusted R^2	8.40%	9.40%
第三階層		
知識水準	$-.17^{***}$	$.04$
Adjusted R^2	2.10%	.10%
第四階層		
負面情緒	$.15^{***}$	$.43^{***}$
Adjusted R^2	2.00%	18.10%
第五階層		
對自己影響的認知	$.32^{***}$	$.25^{***}$
Adjusted R^2	7.90%	4.80%
第六階層		
對他人影響的認知	$.01$	$.12^{***}$
Adjusted R^2	.01%	.80%
Total adjusted R^2	24.60%	38.00%

註：$^* p < .05$；$^{**} p < .01$；$^{***} p < .001$；N=1,025

表五 「對自己影響的認知」與「對他人影響的認知」對知識水準與反疫苗態度之關係的中介效應分析

中介變項：對自己影響的認知	*B*	*SE*	LLCI	ULCI
直接效果 知識水準（−）→反疫苗態度	−.07	.02	−.10	−.04
間接效果 知識水準（−）→對自己影響的認知（+） →反疫苗態度	−.05	.01	−.07	−.03

中介變項：對他人影響的認知	*B*	*SE*	LLCI	ULCI
直接效果 知識水準（−）→反疫苗態度	−.12	.02	−.15	−.08
間接效果 知識水準（+）→對他人影響的認知（+） →反疫苗態度	−.01	.01	−.01	.01

註：*B* = unstandardized effect size. Bootstrap resamples = 5,000；*N*=1,025

　　假設 5a 預測「對自己影響的認知」可中介對虛假資訊的負面情緒與採取對抗虛假資訊行動之間的關係。階層迴歸分析結果表明（見表一及表四），負面情緒能夠正向預測受訪者採取對抗行動的頻繁程度，同時負面情緒能夠正向預測「對自己影響的認知」，而「對自己影響的認知」能夠正向預測受訪者採取對抗行動的頻繁程度。

　　進一步的 PROCESS 中介效應分析（Model 4）結果顯示（見表六），由對新冠虛假資訊的負面情緒到採取對抗新冠虛假資訊的行動間存在顯著的直接效果（*B* = .37, *SE* = .03, 95% CI = .32 − .42）；同時，負面情緒到對抗行動之間亦存在顯著的間接效果（*B* = .09, *SE* = .01, 95% CI = .06 − .12），95% 置信區間未包含 0，表明中介效應成立。也就是說，受訪者對虛假資訊的負面情緒既能夠直接正向影響其採取對抗行動的頻率，也能夠對採取對抗行動的頻率產生間接的正向影響。假設 5a 獲得支持。

表六 「 對自己影響的認知」與「對他人影響的認知」對負面情緒與對抗虛假資訊的行動之關係的中介效應分析

中介變項：對自己影響的認知	*B*	*SE*	LLCI	ULCI
直接效果 負面情緒（+）→對抗虛假資訊的行動	.37	.03	.32	.42
間接效果 負面情緒（+）→對自己影響的認知（+） →對抗虛假資訊的行動	.09	.01	.06	.12

中介變項：對他人影響的認知	*B*	*SE*	LLCI	ULCI
直接效果 負面情緒（+）→對抗虛假資訊的行動	.33	.03	.27	.39
間接效果 負面情緒（+）→對他人影響的認知（+） →對抗虛假資訊的行動	.13	.02	.10	.16

　　假設 5b 預測「對他人影響的認知」可以中介對虛假資訊的負面情緒與採取對抗虛假資訊之行動之間的關係。階層迴歸分析結果表明（表一及表四），對虛假資訊的負面情緒能夠正向預測受訪者採取對抗虛假資訊行動的頻率，同時對虛假資訊的負面情緒能夠正向預測「對他人影響的認知」，而「對他人影響的認知」能夠正向預測受訪者採取對抗行動的頻率。即對新冠虛假資訊的負面情緒越強的受訪者，採取對抗行動的頻率越高。此外，對新冠虛假資訊負面情緒越強的受訪者，越傾向認為虛假資訊對他人影響更大，且認為虛假資訊對他人影響越大的受訪者，其採取對抗虛假資訊之行動的頻率越高。

　　進一步的 PROCESS 中介效應分析（Model 4）結果顯示（見表六），由對新冠虛假資訊的負面情緒到採取對抗新冠虛假資訊的行動之間存在顯著的直接效果（*B* = .33, *SE* = .03, 95% CI = .27 − .39）；同時，負面情緒到採取對抗行動之間亦存在顯著的間接效果（*B* = .13, *SE* = .02, 95% CI = .10 − .16），95% 置信區間未包含 0，表明中介效應成

立。也就是說，負面情緒既能直接正向影響對抗行動的頻率，也能透過「對他人影響的認知」產生間接的正向影響。假設 5b 獲得支持。

模型檢驗

　　為進一步檢驗研究模型，本研究使用 AMOS 24.0 進行了結構方程模型分析。結構模型適配度檢定結果顯示，$\chi^2 = 2225.66$, $df = 387$, $\chi^2/df = 2.88$, $p < .001$。鑒於較大的樣本量能夠導致卡方檢驗中 $p < .05$，上述結果符合可接受標準。同時，檢定結果顯示 TLI = .95；CFI = .96；RMSEA = .04。根據 Hu 與 Bentler（1999）的標準，本研究的模型結構適配度良好。

　　圖二顯示了模型分析結果，新冠相關虛假資訊接觸可以顯著預測新冠相關知識水準（$\beta = -.20, p < .001$）、對虛假資訊的負面情緒（$\beta = .13, p < .001$）、「對自己影響的認知」（$\beta = .27, p < .001$）、「對他人影響的認知」（$\beta = .10, p < .001$）及反疫苗態度（$\beta = .23, p < .001$）和對抗虛假資訊之行動（$\beta = .38, p < .001$）。

　　新冠相關知識水準能夠顯著預測對負面情緒（$\beta = .15, p < .001$）、「對自己影響的認知」（$\beta = -.24, p < .001$）、「對他人影響的認知」（$\beta = .07, p < .05$）及反疫苗態度（$\beta = -.14, p < .001$）。對新冠虛假資訊的負面情緒能夠顯著預測「對自己影響的認知」（$\beta = .32, p < .001$）、「對他人影響的認知」（$\beta = .36, p < .001$）及對抗虛假資訊之行動（$\beta = .38, p < .001$）。

　　「對自己影響的認知」的確可以顯著預測反疫苗態度（$\beta = .36, p < .001$）和對抗虛假資訊之行動（$\beta = .13, p < .001$）；而「對他人影響的認知」則可顯著預測對抗虛假資訊之行動（$\beta = .14, p < .001$），但對預測反疫苗態度無顯著預測力（$\beta = .01, p > .05$）。上述結果為本研究的假設 2、假設 3a、假設 3b、假設 4a、假設 5a 及假設 5b 提供了進一步支持。

圖二　預測反疫苗態度及對抗虛假資訊之行動的結構方程模型

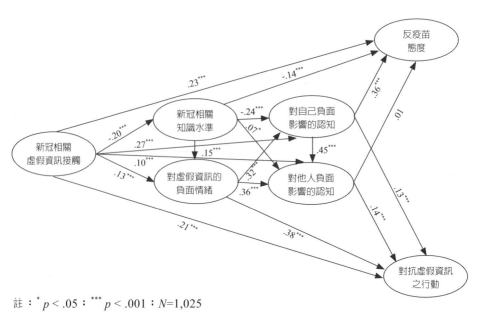

註：* $p < .05$；*** $p < .001$；N=1,025

研究結論與建議

　　本研究檢驗了在新冠虛假資訊背景下「對自己影響的認知」及「對他人影響的認知」背後的作用因素，及二者對於態度和行為的效果，並探討了知識水準與負面情緒所扮演的角色。研究結果表明，個人對新冠相關虛假資訊的接觸能夠透過知識水準，進而透過負面情緒預測虛假資訊「對自己影響的認知」及「對他人影響的認知」。同時，在比較「對自己影響的認知」及「對他人影響的認知」對態度及行為的預測力方面，「對自己影響的認知」是預測反疫苗態度和對抗虛假資訊之行動的顯著變項；而「對他人影響的認知」是預測對抗行動的顯著變項，但不是預測反疫苗態度的顯著變項。換言之，個人的反疫苗態度主要受到「對自己影響的認知」之影響，而個人採取對抗虛假資訊行動的頻率同

時受到「對自己影響的認知」及「對他人影響的認知」之雙重作用。這樣的發現表明，在新冠疫情的情境／脈絡中，個人的自身態度主要基於媒介資訊對自己的影響；而個人的行為則可能由於同時受到利己與利他動機的驅動，同時考慮媒介資訊對自己及對他人的影響而作出抉擇。這樣的發現也呼應了過往的研究（如 Bernhard & Dohle, 2014），即個人可能並不會因為「對他人影響的認知」改變自身的態度，但卻可能出於利他動機而因應「對他人影響的認知」而調整自己的行為。

　　本研究也進一步證實了新冠虛假資訊接觸帶來的負面效果。虛假資訊接觸能夠導致反疫苗態度的提升：一方面，虛假資訊接觸可降低個人知識水準，而知識水準越低，反疫苗態度越強；另一方面，虛假資訊接觸可直接和間接強化虛假資訊「對自己影響的認知」，而自我評估受到新冠虛假資訊影響越大的受訪者，其反疫苗態度也越強。

　　本研究也發現，接觸到新冠虛假資訊的受訪者會傾向於採取行動對抗虛假資訊。接觸虛假資訊令人產生憤怒、焦慮等負面情緒，而這種情緒令個人傾向於採取對抗行動。在此過程中，「對自己影響的認知」及「對他人影響的認知」均扮演重要角色，兩種認知的提升均能使人更頻繁參與對抗虛假資訊的行動。這說明，受訪者採取對抗行動不僅是為自己，亦是為他人。此研究結果呼應了過往文獻發現，民眾採取行動對抗虛假資訊目的是為糾正公共領域中潛在的偏見性內容（Koo et al., 2021; Rojas, 2010）。

　　上述發現為從資訊流行病的角度理解新冠疫情提供了參考。第一，人們對媒介資訊效果的評估在新冠虛假資訊接觸與態度行為之間扮演了重要的角色。第二，減少新冠虛假資訊接觸以及提升新冠知識水準，都能有效減弱民眾的反疫苗態度。第三，新冠知識水準較高的人在接觸虛假資訊後，更容易對虛假資訊產生的負面影響感到擔憂，也更容易參與對抗虛假資訊之行動。他們可為民眾自發修正公共空間潛在偏見提供重要資源。

　　第四，特別值得注意的是，在新加坡受訪者中，年齡越低的受訪

者，新冠客觀知識水準越低且反疫苗態度越高。這可能與社交媒體環境有利於虛假資訊大規模傳播有關，而年輕人正是主要依賴社交媒體獲取訊息的（Chung & Kim, 2021）。Tandoc 與 Lee（2022）的質性研究發現，部分新加坡青年受訪者表示相較於擔心自己，他們對於新冠虛假資訊對家中長輩的影響更為擔心。這顯示了部分新加坡青年可能低估了新冠虛假資訊對自己的影響，其新冠知識水準值得關注。另一方面，政策制定者在致力從制度與技術層面減少新冠虛假資訊的同時，也應致力加強媒介素養教育、增加社交媒體管道中的新冠知識宣傳，進而提升民眾的新冠知識水準。

跳出新冠疫情情境／脈絡，本研究豐富了對第三人效果理論的檢驗。首先，本研究結果顯示，在第三人效果認知對態度的影響方面，「對自己影響的認知」能夠同時預測態度與行為，而「對他人影響的認知」僅對行為具有預測力，這也呼應了過去的研究發現（Lo et al., 2015）。其次，過往探討第三人效果認知與糾正性行為的研究大多檢驗受訪者採取行為的意願而非實際行為（如 Koo et al., 2021; Rojas, 2010; Sun, Pan & Shen, 2008），本研究檢驗了第三人效果認知對於受訪者實際採取對抗行為頻率的影響。再次，在探討虛假資訊接觸與第三人效果認知層面的關係時，本研究將實際知識水準及對虛假資訊負面情緒的角色納入了討論，豐富了對虛假資訊接觸與第三人效果認知間關係的理解。

研究局限方面，第一，本研究透過單次問卷調查進行數據蒐集，屬於橫斷面設計（cross-sectional design），無法排除因果關係的替代性解釋。未來研究可選用實驗法或進行縱向設計（longitudinal design）的問卷調查，以進一步檢驗模型中的因果關係。第二，本研究以新加坡市民作為調查對象，未來研究應在更多不同的社會中檢驗及比較本文的理論模型。第三，本研究僅透過定量方法來分析新冠虛假資訊接觸對態度與行為的直接與間接效果，未來研究應結合定性研究以進一步了解反疫苗態度與對抗虛假資訊行為背後的原因。

儘管存在一定的局限，本研究比較了「對自己影響的認知」及「對

他人影響的認知」對態度與行為的預測力，從而豐富了第三人效果研究。本文的研究發現能夠增進理解新冠虛假資訊之媒介效果及其相關機制。

參考文獻

Baek, Y. M., Kang, H., & Kim, S. (2019). Fake news should be regulated because it influences both "others" and "me": How and why the influence of presumed influence model should be extended. *Mass Communication and Society*, *22*(3), 301-323.

Beck, U. (1992). From industrial society to the risk society: Questions of survival, social structure and ecological enlightenment. *Theory, Culture & Society*, *9*(1), 97-123.

Bernhard, U., & Dohle, M. (2014). Do even journalists support media restrictions? Presumed political media influences and the consequences. *Journalism & Mass Communication Quarterly*, *91*(2), 250-271.

Bode, L., & Vraga, E. K. (2015). In related news, that was wrong: The correction of misinformation through related stories functionality in social media. *Journal of Communication*, *65*(4), 619-638.

Boyle, M. P., McLeod, D. M., & Rojas, H. (2008). The role of ego enhancement and perceived message exposure in third-person judgments concerning violent video games. *American Behavioral Scientist*, *52*(2), 165-185.

Chapin, J. R. (2000). Not like me: Self vs. other distinctions in first-person perception. *Communication Research Reports*, *17*(3), 320-330.

Chung, M., & Kim, N. (2021). When I learn the news is false: How fact-checking information stems the spread of fake news via third-person perception. *Human Communication Research*, *47*(1), 1-24.

Corbu, N., Oprea, D. A., Negrea-Busuioc, E., & Radu, L. (2020). "They can't fool me, but they can fool the others!" Third person effect and fake news detection. *European Journal of Communication*, *35*(2), 165-180.

Davison, W. P. (1983). The third-person effect in communication. *Public Opinion Quarterly*, *47*(1), 1-15.

Department of Statistics Singapore. (2021, June). *Singapore census of population*

2020, statistical release 1: Demographic characteristics, education, language and religion. Retrieved June 28, 2022, from https://www.singstat.gov.sg/-/media/files/publications/cop2020/sr1/cop2020sr1.ashx

Dillard, J. P., & Nabi, R. L. (2006). The persuasive influence of emotion in cancer prevention and detection messages. *Journal of Communication, 56*, 123-139.

Featherstone, J. D., & Zhang, J. (2020). Feeling angry: The effects of vaccine misinformation and refutational messages on negative emotions and vaccination attitude. *Journal of Health Communication, 25*, 692-702.

Fridman, A., Gershon, R., & Gneezy, A. (2021). COVID-19 and vaccine hesitancy: A longitudinal study. *PloS one, 16*(4), e0250123.

Gunther, A. C., & Storey, J. D. (2003). The influence of presumed influence. *Journal of Communication, 52*(2), 199-215.

Ham, C. D., & Nelson, M. R. (2016). The role of persuasion knowledge, assessment of benefit and harm, and third-person perception in coping with online behavioral advertising. *Computers in Human Behavior, 62*, 689-702.

Hu, L. T., & Bentler, P. M. (1999). Cutoff criteria for fit indexes in covariance structure analysis: Conventional criteria versus new alternatives. *Structural Equation Modeling: A Multidisciplinary Journal, 6*(1), 1-55.

Huh, J., & Langteau, R. (2007). Presumed influence of DTC prescription drug advertising: Do experts and novices think differently? *Communication Research, 34*(1), 25-52.

Jang, S. M., & Kim, J. K. (2018). Third person effects of fake news: Fake news regulation and media literacy interventions. *Computers in Human Behavior, 80*, 295-302.

Kim, H. (2014). Impact of perception: Third-person perception, anxiety, and attitude change. *Communication Research Reports, 31*(2), 154-162.

Koo, A. Z. X., Su, M. H., Lee, S., Ahn, S. Y., & Rojas, H. (2021). What motivates people to correct misinformation? Examining the effects of third-person perceptions and perceived norms. *Journal of Broadcasting & Electronic Media, 65*(1), 111-134.

Kucharski, A. (2016). Study epidemiology of fake news. *Nature, 540*(7634), 525.

Lerner, J. S., & Keltner, D. (2000). Beyond valence: Toward a model of emotionspecific influences on judgment and choice. *Cognition & Emotion, 14*, 473-493.

Lim, J. S. (2017). The third-person effect of online advertising of cosmetic surgery: A path model for predicting restrictive versus corrective actions. *Journalism & Mass Communication Quarterly, 94*(4), 972-993.

Liu, P. L., & Huang, L. V. (2020). Digital disinformation about COVID-19 and the third-person effect: Examining the channel differences and negative emotional outcomes. *Cyberpsychology, Behavior, and Social Networking*, *23*(11), 789-793.

Lo, V. H., & Wei, R. (2002). Third-person effect, gender, and pornography on the Internet. *Journal of Broadcasting & Electronic Media*, *46*(1), 13-33.

Lo, V. H., Wei, R., Lu, H. Y., & Hou, H. Y. (2015). Perceived issue importance, information processing, and third-person effect of news about the imported US beef controversy. *International Journal of Public Opinion Research*, *27*(3), 341-360.

Lo, V. H., Wei, R., Zhang, X., & Guo, L. (2016). Theoretical and methodological patterns of third-person effect research: A comparative thematic analysis of Asia and the world. *Asian Journal of Communication*, *26*(6), 583-604.

Long, V. J., Koh, W. S., Saw, Y. E., & Liu, J. C. (2021). Vulnerability to rumours during the COVID-19 pandemic in Singapore. *Annals of the Academy of Medicine, Singapore*, *50*(3), 232-240.

Luo, S., Xin, M., Wang, S., Zhao, J., Zhang, G., Li, L., Li, L., & Lau, J. T. F. (2021). Behavioral intention of receiving COVID-19 vaccination, social media exposures, and peer discussions in China. *Epidemiology & Infection*, *149*, 1-9.

Luo, Y., & Cheng, Y. (2021). The presumed influence of COVID-19 misinformation on social media: Survey research from two countries in the global health crisis. *International Journal of Environmental Research and Public Health, 18*(11), 5505-5520.

Mou, Y., & Lin, C. A. (2014). Communicating food safety via the social media: The role of knowledge and emotions on risk perception and prevention. *Science Communication*, *36*(5), 593-616.

Nabi, R. L. (1999). A cognitive-functional model for the effects of discrete negative emotions on information processing, attitude change, and recall. *Communication Theory*, *9*(3), 292-320.

Nabi, R. (2002). Anger, fear, uncertainty, and attitudes: A test of the cognitivefunctional model. *Communication Monographs*, *69*(3), 204-216.

Nabi, R. L. (2003). Exploring the framing effects of emotion: Do discrete emotions differentially influence information accessibility, information seeking, and policy preference? *Communication Research*, *30*(2), 224-247.

Neuwirth, K., & Frederick, E. (2002). Extending the framework of third-, first-, and second-person effects. *Mass Communication & Society*, *5*(2), 113-140.

Ormrod, J. (2008). *Human learning* (5th ed.). Upper Saddle River, NJ: Pearson Education.

Park, S. Y. (2005). The influence of presumed media influence on women's desire to be thin. *Communication Research*, *32*(5), 594-614.

Paul, E., Steptoe, A., & Fancourt, D. (2020). Anti-vaccine attitudes and risk factors for not agreeing to vaccination against COVID-19 amongst 32,361 UK adults: Implications for public health communications. *SSRN Journal*.

Perloff, R. M. (1999). The third person effect: A critical review and synthesis. *Media Psychology*, *1*(4), 353-378.

Rojas, H. (2010). "Corrective" actions in the public sphere: How perceptions of media and media effects shape political behaviors. *International Journal of Public Opinion Research*, *22*(3), 343-363.

Ruiz, J. B., & Bell, R. A. (2021). Predictors of intention to vaccinate against COVID-19: Results of a nationwide survey. *Vaccine*, *39*(7), 1080-1086.

Sallam, M., Dababseh, D., Yaseen, A., Al-Haidar, A., Taim, D., Eid, H., Ababnel, N. A., Barkri, F. G., & Mahafzah, A. (2020). COVID-19 misinformation: Mere harmless delusions or much more? A knowledge and attitude cross-sectional study among the general public residing in Jordan. *PloS One*, *15*(12), e0243264.

Sun, Y., Oktavianus, J., Wang, S., & Lu, F. (2022). The role of influence of presumed influence and anticipated guilt in evoking social correction of COVID-19 misinformation. *Health Communication*, *37*(11), 1368-1377.

Sun, Y., Pan, Z., & Shen, L. (2008). Understanding the third-person perception: Evidence from a meta-analysis. *Journal of Communication*, *58*(2), 280-300.

Tandoc Jr, E. C., & Lee, J. C. B. (2022). When viruses and misinformation spread: How young Singaporeans navigated uncertainty in the early stages of the COVID-19 outbreak. *New Media & Society*, *24*(3), 778-796.

Tandoc Jr, E. C., Lim, D., & Ling, R. (2020). Diffusion of disinformation: How social media users respond to fake news and why. *Journalism*, *21*(3), 381-398.

Tewksbury, D., Moy, P., & Weis, D. S. (2004). Preparations for Y2K: Revisiting the behavioral component of the third-person effect. *Journal of Communication*, *54*(1), 138-155.

Wei, R., Liu, X. S., & Liu, X. (2019). Examining the perceptual and behavioural effects of mobile internet fraud: A social network approach. *Telematics and*

Informatics, *41*, 103-113.

Wei, R., Lo, V. H., & Golan, G. (2017). Examining the relationship between presumed influence of US news about China and the support for the Chinese government's global public relations campaigns. *International Journal of Communication*, *11*, 2964-2981.

Wei, R., Lo, V. H., & Zhu, Y. (2019). Need for orientation and third-person effects of the televised debates in the 2016 US presidential election. *Mass Communication and Society*, *22*(5), 565-583.

Wong, W., & Wu, A. (2021-online first). State or civil society—What matters in fighting COVID-19? A comparative analysis of Hong Kong and Singapore. *Journal of Comparative Policy Analysis Research and Practice*.

WHO. (2019). *Ten threats to global health in 2019*. Retrieved Oct 1, 2021, from https://www.who.int/news-room/spotlight/ten-threats-to-global-health-in-2019

WHO. (2020, September 23). *Managing the COVID-19 infodemic: Promoting healthy behaviours and mitigating the harm from misinformation and disinformation*. Retrieved June 1, 2021, from https://www.who.int/news/ item/23-09-2020-managing-the-covid-19-infodemic-promoting-healthy-behaviours-and-mitigatingthe-harm-from-misinformation-and-disinformation

Yang, J., & Tian, Y. (2021). "Others are more vulnerable to fake news than I am": Third-person effect of COVID-19 fake news on social media users. *Computers in Human Behavior*, *125*, 106950.

Zhao, X., & Cai, X. (2008). From self-enhancement to supporting censorship: The third-person effect process in the case of Internet pornography. *Mass Communication and Society*, *11*(4), 437-462.

Zhou, X., & Zafarani, R. (2020). A survey of fake news: Fundamental theories, detection methods, and opportunities. *ACM Computing Surveys (CSUR)*, *53*(5), 1-40.

10 新冠疫情虛假資訊的接觸頻率、預設影響，與香港市民對虛假資訊的態度與行為

路淼[1]、羅文輝[2]、魏然[3]

摘要

新冠疫情爆發以來，虛假資訊成為香港社會日益關切的焦點議題。結合「預設影響之影響」與「資訊處理理論」，本文旨在探究香港市民對新冠疫情虛假資訊的媒介接觸、思考、預設影響，與他們對虛假資訊的態度與行為之間的關係。本研究採用問卷調查法，共訪問 1,017 位香港市民。研究結果發現，新冠疫情虛假資訊的接觸頻率既可以直接預測市民的三種態度與行為模式，包括對限制虛假資訊的支持、對虛假資訊的糾正，以及對正確資訊的推廣，也可以透過「對虛假資訊的思考」與「對他人的預設影響」來間接預測這三種態度與行為模式。此外，本研究發現對虛假資訊的思考可以預測虛假資訊對他人的預設影響，進而影響市民的態度與行為。本研究不僅拓展了預設影響之影響模型與資訊處理理論的適用範疇，還為政府應對、管理疫情虛假資訊提供了參考性建議。

關鍵詞：虛假資訊、接觸頻率、預設影響之影響、資訊處理、抗疫行為策略

---

[1] 路淼，香港嶺南大學文化研究系助理教授。研究興趣：數位文化與社會。
[2] 羅文輝，香港浸會大學傳理學院訪問教授。研究興趣：媒介效果、健康傳播。
[3] 魏然，香港浸會大學傳理學院講座教授，香港中文大學新聞與傳播學院退休教授。研究興趣：媒介效果、傳播科技、移動傳播 。

10 Countering COVID-19 Misinformation: An Influence of Presumed Influence Study in Hong Kong

Miao LU[1], Ven-Hwei LO[2], Ran WEI[3]

Abstract

Since the outbreak of COVID-19, there has been a growing concern over misinformation and its potential impacts on the Hong Kong public. Combining "the influence of presumed influence" model and "information-processing theory", this study aims to explore the relationships among misinformation exposure, elaboration on misinformation, the influence of presumed influence, and Hong Kong citizens' attitudinal and behavioural responses to misinformation about COVID-19. Based on an online survey of 1,017 Hong Kong citizens, this study finds that exposure to COVID-19 misinformation not only can directly predict three types of attitudinal and behavioural responses—restrictive, corrective, and promotional, but also can indirectly predict these attitudes and behaviours through elaboration on misinformation. This study also finds that elaboration on misinformation can predict the

---

[1] Miao LU (Assistant Professor). Department of Cultural Studies, Lingnan University. Research interests: digital culture and society.

[2] Ven-Hwei LO (Visiting Professor). School of Communication, Hong Kong Baptist University. Research interests: media effects, health communication.

[3] Ran WEI (Chair Professor). School of Communication, Hong Kong Baptist University. He is a retired Professor at School of Journalism and Communication, The Chinese University of Hong Kong. Research interests: media effects, communication technology, mobile communication.

influence of presumed misinformation influence on others. This study extends the application scope of the influence of presumed influence framework and information-processing theory by examining them in the context of COVID-19 misinformation, and discusses policy implications for governments to manage misinformation.

Keywords: misinformation, exposure, influence of presumed influence, information-processing theory, behavioural strategy

研究動機與目的

伴隨著新冠疫情席捲全球各地，大量有關疫情的虛假資訊（misinformation）也藉助各類媒介平台迅速擴散，引發一場「資訊疫情」（infodemic）（WHO, 2020），給各國的疫情防控帶來巨大挑戰。在香港，虛假資訊並非新現象，但在新冠疫情期間變得更為嚴重，使其成為政府及社會各界日益關注的焦點議題（香港立法會，2021；楊瀅瑋，2021）。

廣義而言，「虛假資訊」指具有誤導性、不能準確反映真實現狀的資訊，而不管傳播者是否具有惡意（參見：Freelon & Wells, 2020; Wardle & Derakhshan, 2018）。虛假資訊不僅會干擾人們對正確資訊的接收，影響人們對疫情的認知，還可能引起恐慌與懷疑，進而觸發一些態度與行為改變。例如，受內地生產線停工的謠言影響，香港市民曾多次搶購衛生紙等生活用品。[1] 香港浸會大學關於香港市民「疫苗猶豫」（vaccine hesitancy）的報告中，將接觸新冠疫苗的錯誤資訊視為一個重要的影響因素。[2] 在疫情資訊紛繁複雜、真假難辨的情況下，香港市民如何應對虛假資訊？接觸虛假資訊會如何影響對他人影響的感知，進而影響他們對虛假資訊的態度與行為？目前尚未有研究對這些問題進行深入探討，本研究試圖透過對香港市民的問卷調查來回答上述問題。

借鑑「預設影響之影響」模型（influence of presumed influence，簡稱 IPI）與「資訊處理理論」（information processing theory），本文提出一個新的整合研究，嘗試探究新冠疫情虛假資訊的媒介接觸、思考、預設影響如何影響香港市民對虛假資訊的態度與行為。本文有兩個主要研究目的。第一是考察虛假資訊的接觸頻率如何影響香港市民對他人影響的認知，進而影響自身對虛假資訊的態度與行為策略。鑒於新冠病毒是一種呼吸道傳染病（respiratory infectious disease），可透過飛沫或者接觸傳播，在社會交往密切的大都市，他人如何行動往往會波及

到自身。當人們在面對不確定的疫情與資訊來制定行動決策時，通常
會將他人的可能反應也納入考慮範圍之內（Cheng & Luo, 2020）。因
此，本研究認爲，香港市民所感知的虛假資訊對他人的影響會影響他們
自身在疫情期間的態度與行爲。本研究的第二個目的是探討虛假資訊的
接觸頻率如何影響香港市民對虛假資訊的思考，如何影響對他人影響的
認知，以及自身對虛假資訊的態度與行爲。

　　透過整合 IPI 與資訊處理理論，本研究不僅拓展了這兩個理論的適
用範疇，也爲理解人們在虛假資訊環境中的認知與行爲提供了新的分
析路徑與解釋視角。此外，現有對虛假資訊的態度與行爲效果研究主要
集中在對虛假資訊的限制（restriction）與糾正（correction）（Baek,
Kang, & Kim, 2019; Ho, Goh, & Leung, 2020; Koo et al., 2021; Sun,
Chia, & Lu, 2020），大多數研究關注其中一種或兩種態度與行爲效
果，而較少關注對正確資訊的推廣（promotion）。在本研究中，我們
同時考察了上述三種態度與行爲策略，這不僅可以拓展對虛假資訊可能
引起的態度與行爲效果的研究範圍，也可爲政府應對、管理疫情虛假資
訊提供更多的政策性建議。

文獻回顧與研究假設

預設影響之影響

　　在傳播學領域，Davison（1983）提出的「第三人效果」（third-
person effect）假設常被用來解釋媒介資訊對人們認知與行爲的間接影
響。該假設認爲，人們傾向相信媒介資訊對他人的影響較大，對自己的
影響較小；而這種第三人認知偏差可能會促使人們採取某些行動。大
量後續的研究表明，「第三人效果」在感知（perceptual）層面普遍得
到驗證，而在行爲（behavioural）層面則結論不一，仍存爭議（Chung

& Moon, 2016; Lo & Wei, 2002; Perloff, 2009; Schmierbach et al., 2011; Sun, Pan, & Shen, 2008; Xu & Gonzenbach, 2008）。例如，雖然大量研究證實，有關媒介暴力或色情內容的第三人效果感知可以有效預測人們是否支持媒介審查（Hoffner & Buchanan, 2002; Lo & Wei, 2002），但當研究者拓展到媒介審查以外的話題或領域時，第三人效果感知對人們的行為則不一定會有顯著的預測力：有些研究發現第三人效果感知對行為只有部分或有限的影響，有些研究甚至發現沒有影響（Sun, Pan, & Shen, 2008; Xu & Gonzenbach, 2008）。有鑒於此，Gunther 與Storey（2003）提出「預設影響之影響」理論模型，他們認為，人們預設媒介資訊會對他人產生影響，進而根據這種預設影響調整自己的態度或行為。在這一模型中，媒介資訊對接觸者自身的影響與第三人效果感知不再是產生媒介效果的必要條件。他們認為，在某些情況下，即使人們未被某一資訊勸服，即使他們所感知的「對他人的影響」未能大於「對自己的影響」，但只要人們覺得別人有可能會被影響，他們就有可能因此調整、改變自己的態度或行為。也就是說，IPI 理論模型將「對他人影響的感知」（perceived effects on others）作為預測行為的主要顯著變項。相較於「第三人效果」假設，IPI 理論模型更加簡潔、邏輯性更強，因而被廣泛地用來研究間接媒介效果，尤其是關於資訊對人們行為層面的影響。

I. IPI 與三種態度／行為模式

大量研究表明，IPI 可以在多種社會場景下預測人們的態度與行為，如對媒介審查的支持（Tal-Or et al., 2010）、環保態度與行為（Liao, Ho, & Yang, 2016; Yang, Wei, & Ho, 2021）、吸菸行為（Gunther et al., 2006）、青少年飲酒行為（Ho ct al., 2014）、策略性投票（strategic voting）（Cohen & Tsfati, 2009），以及對政府全球公關戰略的支持（Wei, Lo, & Golan, 2017）等。

根據 Sun、Shen 和 Pan（2008）的分析，預設影響之影響所引發

的態度與行為變化主要包括三種類型：限制性（restrictive）、糾正性（corrective）以及推廣性（promotional）。限制性態度或行為是指對負面或有害內容的限制或審查，這是第三人效果研究關注最多的一種態度與行為模式，如對暴力、色情內容審查的支持等（Hoffner & Buchanan, 2002; Lo & Wei, 2002）。糾正性行為指當人們感知到媒介資訊會產生某種不好的後果時，他們會透過線上或線下的活動來糾正這種偏差或者錯誤（Barnidge & Rojas, 2014; Rojas, 2010）。例如，當選民感知到公共輿論偏離他們所預期的方向時，他們會積極參與政治討論（political talk），以期扭轉公共領域的輿論導向（Barnidge & Rojas, 2014）。推廣性行為一般針對正確資訊或正向行為；當人們感知到這類資訊在公共領域中的影響不足或未達預期時，他們有可能會對其進行推廣和宣傳（Sun, Shen, & Pan, 2008）。例如，當人們感知到有關預防愛滋病的公益資訊對身邊朋友以及公眾的影響並未達到預期的效果時，他們可能會透過宣傳、推廣這些公益資訊來擴大其影響力。上述這些研究發現對於探究虛假資訊環境中人們的態度與行為變化具有重要參考價值。

II. IPI 與虛假資訊

作為亞洲重要的商業與金融中心，香港資訊發達，媒體種類繁多。其中，網路平台尤其是社交媒體是香港市民最常用的資訊來源，使用比例高達 85%；[3] 與此同時，網路與社交媒體亦被視為是散播虛假資訊的主要管道。益普索公司（Ipsos）在 2019 年的調查表明，64% 的香港網民曾在網路上接觸過假新聞，58% 的受訪者曾在社交媒體上看過假新聞。[4]

大量媒介效果的研究表明，接觸特定媒介內容（media exposure）可以直接或間接地影響人們的態度與行為（羅文輝、蘇蘅，2011；Lo & Wei, 2005; Wei & Lo, 2008; Wei, Lo, & Lu, 2008）。例如，一項有關台灣的研究發現，在新冠疫情爆發初期，台灣民眾對政府資訊的接觸

越多，他們對政府效能的感知越強，也更願意採取預防性措施，從而減少了對疫情的擔憂（Chang, 2020）。另一項關於美國成年人的實驗研究發現，接觸疫苗虛假資訊會增加人們對疫苗風險的感知，從而降低他們對疫苗的支持度（Featherstone & Zhang, 2020）。由於 2019 年的新冠病毒是一種新型病毒，人們對它的了解非常有限，在正確資訊缺乏的背景下，對虛假資訊的接觸可能會直接影響人們的態度、決策與行為，造成一定的社會後果。例如，Bursztyn 等人（2020）研究了美國不同地區對福克斯新聞網（Fox News）兩檔新聞類節目的媒介接觸，發現，在疫情早期接觸到更多淡化、否定新冠病毒危害性的資訊的美國地區，出現了更多的確診與死亡病例。有鑒於此，我們認為，當人們在媒介平台上接觸到有關疫情的虛假資訊時，考慮到這類資訊的潛在社會後果，他們可能會直接調整自身對虛假資訊的態度並採取多種行動來限制、糾正或預防虛假資訊可能產生的社會後果。

據此，本研究提出第一組研究假設：

假設 1：新冠疫情虛假資訊的接觸頻率可以預測受訪者 (1) 支持政府限制虛假資訊；(2) 糾正虛假疫情資訊的行為；以及 (3) 推廣正確疫情資訊的行為。

此外，已有研究也證實，媒介接觸會影響人們對他人的預設影響，進而間接引發態度與行為變化。例如，Wei 等人（2008）的研究發現，對禽流感新聞的媒介接觸不僅可以預測這類新聞對受訪者自身的影響，也可以預測受訪者對於他人的預設影響，並促使他們進一步去尋找有關禽流感疫苗的資訊。Wang 與 Kim（2020）關於新聞網站上不文明留言的實驗研究也證實，相較於對照組，接觸到不文明留言的實驗參與者更傾向認為他人會受到此類留言的影響，從而更願意支持評論審查。關於媒介接觸如何引發對他人的預設影響（presumed influence），目前較為信服的解釋是透過增強對他人所預設的媒介接觸（presumed exposure）（Cho, Shen, & Peng, 2021; Eveland et al.,

1999; Gunther et al., 2006; Hoffner & Cohen, 2015; Hong, 2021）。也就是說，當人們對某一媒介資訊的接觸頻率越高時，會對他人預設更多的媒介接觸，而更多的預設媒介接觸可以預測更多的預設影響（Hong, 2021）。結合相關文獻與 IPI 理論模型，本研究認為，在新冠疫情的情境／脈絡下，人們對疫情虛假資訊的接觸越多，他們越傾向於預設虛假資訊會對他人產生越大的影響。據此，本研究提出第二個研究假設：

> 假設 2：新冠疫情虛假資訊的接觸頻率可以預測受訪者所預設
> 的虛假資訊對他人的影響。

近年來，越來越多研究關注假新聞（fake news）、陰謀論（conspiracy theory），與虛假或錯誤資訊（mis/dis-information）的社會影響。這些研究已經初步證實，人們會根據所感知到的虛假資訊對他人的影響來調整自己的態度與行為（Baek, Kang, & Kim, 2019; Ho, Goh, & Leung, 2020; Koo et al., 2021; Sun, et al., 2020; Lo et al., 2022）。例如，Ho、Goh 與 Leung（2020）對新加坡科學家的研究表明，當科學家們預設虛假科學新聞會對其他科學家以及公眾產生更大影響時，他們會傾向於支持政府透過立法或者教育項目來限制虛假新聞的傳播，減輕虛假資訊的社會危害。類似地，Baek、Kang 與 Kim（2019）的研究揭示，韓國民眾對假新聞的預設影響可以預測他們對相應法規的支持，以管制假新聞的創作者與分享者。這些研究說明，人們所預設的虛假資訊對他人的影響會促使他們支持相關部門對這類資訊進行限制。不過，學者們對虛假資訊糾正性行為的研究發現卻不一致。例如，Koo 等人（2021）的研究發現，第三人效果感知能夠激發美國民眾採取行動去糾正網路虛假資訊，不僅包括糾正他人發布的虛假資訊，也包括糾正自己曾經發布的虛假資訊。而 Sun 等人（2020）對美國疫苗支持者的調查卻發現，受訪者所感知的「反疫苗」（anti-vaccination）虛假資訊對他人的影響可以預測他們對這類資訊的限制性態度與行為，卻不能預測糾正性行為。一個可能的解釋是，有關疫苗的

議題涉及大量專業知識，而普通民眾可能沒有足夠信心保證他們對相關疫苗資訊的糾正準確無誤，不會誤導他人。這些研究結果顯示，虛假資訊對糾正性行為的影響是一個複雜過程，有待進一步探究。

此外，目前對虛假資訊的預設影響研究主要集中在限制與糾正這兩種類型，較少有研究關注對正確資訊的推廣性行為。而香港政府與社會各界人士在應對虛假資訊的舉措中，不僅包括促請政府立法打擊、限制虛假資訊（香港立法會，2021），設立事實核查（fact-checking）機制來糾正虛假資訊，還包括利用多種媒介平台（官方或非官方）宣傳、推廣正確疫情資訊。[5] 不過，這些舉措多集中在機構層面（如政府或新聞媒體），而較少關注個人層面市民的感知與行為。而要有效應對疫情虛假資訊，市民在個人層面的理解、配合與行動也不容忽視。依據 IPI 理論在其他場景中的研究發現，本研究推測，當人們預設疫情虛假資訊會對他人產生影響時，他們可能會調整自己的態度與行為來對抗、扭轉潛在的有害後果，這不僅包括支持政府限制虛假資訊，也可能包括糾正虛假資訊以及推廣正確資訊等。因此，本研究提出以下假設：

假設 3：人們所預設的虛假資訊對他人的影響可以預測受訪者
　　　　(1) 支持政府限制虛假資訊；(2) 糾正虛假疫情資訊的
　　　　行為；以及 (3) 推廣正確疫情資訊的行為。

資訊處理理論

「資訊處理理論」源自於認知心理學，這個理論將人們視為一個資訊處理系統，能夠主動選擇環境中的資訊，並經由內在的心智活動進行處理和儲存，以備需要時檢索和提取（Lang, 2000）。根據這一理論，人們在日常生活中會發展出較為穩定的「資訊處理策略」（information processing strategy），以應對所遇到的種類繁多、數量龐大的資訊，並利用這些資訊作出決策和指導自己的行為（Fleming, Thorson, &

Zhang, 2006; Kosicki & McLeod, 1990）。傳播學研究，尤其是關於「從新聞中學習」（learning from the news）這一研究取向（Eveland, 2001; Kosicki & McLeod, 1990; Wei & Lo, 2008），廣泛借鑑了資訊處理理論。

I. 思考作為一種資訊處理策略

Eveland（2001, 2003）整合認知心理學、教育心理學與傳播學研究，提出「認知中介模型」（cognitive mediation model），重點關注兩種資訊處理策略——「注意」（attention）與「思考」（elaboration）。「注意」指的是受眾對於媒介內容的注意程度，強調的是受眾的腦力集中程度；而「思考」則更進一步，強調受眾將新的資訊內容與記憶中已有知識或過往經驗建立關聯的能力（Eveland, 2001, 2002）。透過這種關聯，新的資訊內容變得更容易提取，因而會產生更佳的記憶與學習效果。從理論上來講，人們的思考行為通常發生在注意某些資訊後，因為注意可以促使人們對資訊進行進一步思考，而思考直接影響著資訊處理的「深度」（depth）（Eveland, 2002）。相關實證研究也發現，思考比注意能更直接、有效地預測特定公共事務的知識（李宗亞、羅文輝、盧鴻毅、魏然，2019；Wei & Lo, 2008）。因此，本研究認為，思考作為一種資訊處理策略會在人們對虛假資訊的認知處理過程中起到重要的中介作用。

II. 媒介接觸、思考與預設影響

早期的傳播研究常以「媒介接觸量」（時間、頻率）作為檢視媒介效果的主要預測變項，但批評者認為更多的媒介接觸並不必然帶來更多的學習與效果（Fleming, Thorson, & Zhang, 2006），而是需要考慮受眾的認知與資訊處理過程。換句話說，媒介接觸除了可能直接引發媒介效果外，還可能透過多種資訊處理策略——如「注意」、「思考」等——來間接產生效果。例如，Wei 與 Lo（2008）對美國 2006 年中期

選舉的研究發現，媒介接觸不僅可以直接影響美國民眾的選舉知識，還可以透過新聞注意與思考來間接影響選民的知識。此外，Fleming、Thorson 和 Zhang（2006）對密蘇里居民的調查也發現，思考性活動在媒介接觸與公眾對食品安全的關注度之間起到認知中介作用：媒介接觸越多，媒介思考越多，人們對食品安全的議題也就越關注。

不過，許多運用資訊處理理論的媒介效果研究往往停留在知識層面，而較少關注知識增長是否會進一步引發態度與行為變化。近年來不少健康傳播的研究發現，當人們對某一健康議題的知識增加之後，相關的態度與行為也會隨之改變（Ho, Peh, & Soh, 2013; Lin, Li, & Bautista, 2016）。比如，在中國大陸，對乳腺癌的相關知識越多的女性更願意進行乳腺癌篩查（Zhang & Yang, 2021）。Ho、Peh 與 Soh（2013）在新加坡進行的研究也發現，市民對於 H1N1 新型流感的新聞注意與思考可以增加他們的流感知識，而獲得更多知識的市民更可能採取流感預防措施。因此，越來越多的學者也在呼籲，「認知中介模型」需要超越對知識層面的單一關注，考慮將行為意圖與變化作為第二個可能的因變項（Ho, Peh, & Soh, 2013; Li et al., 2021; Lo et al., 2022）。

此外，思考不僅可以透過促進知識增長來影響態度與行為，也可能透過對他人的預設影響來引發態度與行為改變。例如，一些有關第三人效果的研究發現，新聞注意與思考的層次越高，受訪者所預設的該資訊對自身以及對他人的影響都會越大（參見：Wei, Lo, & Lu, 2010）。一個可能的解釋是，當受訪者對某則資訊賦予更多思考時，他們更有可能將這些資訊與已有知識或經驗進行連結，也就越有可能去評估這則資訊對自己及他人的潛在影響。比如，在新冠疫情的情境／脈絡下，當香港市民對疫情虛假資訊的思考越多時，他們可能會聯想到香港經歷過的 SARS 疫情以及其他流感疫情，而對疫情更為擔憂，從而預設其他市民可能會被新冠虛假資訊誤導。不過，已有對新冠疫情虛假資訊的第三人效果或 IPI 研究較少關注「思考」這樣的資訊處理變項如何中介「媒介接觸」與「預設影響」以及「態度與行為改變」之間的關係。在這種情

況下，整合 IPI 理論模型與資訊處理變項可以幫助我們進一步探究新冠虛假資訊的複雜認知處理過程。

結合上述文獻，我們推測，在對疫情虛假資訊的認知處理過程中，更多的媒介接觸會引發更多的思考活動；而當人們對某則資訊的思考越多時，他們不僅會獲得更多知識，而且更有可能分析與評判這則資訊對自己及他人的潛在影響。更進一步，這些深度資訊處理過程有可能會在態度與行為層面對人們產生影響。據此，本研究提出以下三個假設：

假設 4：新冠疫情虛假資訊的接觸頻率可以預測「對虛假資訊的思考」。

假設 5：對虛假資訊的思考可以預測受訪者所預設的虛假資訊對他人的影響。

假設 6：對虛假資訊的思考可以預測受訪者 (1) 支持政府限制虛假資訊；(2) 糾正虛假疫情資訊的行為；以及 (3) 推廣正確疫情資訊的行為。

綜上所述，本研究結合預設影響之影響與資訊處理策略，提出一個整合模型，如圖一。

圖一　關於虛假資訊的接觸、思考、預設影響與行為的整合模型

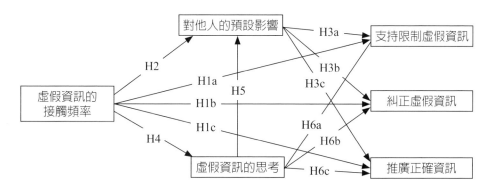

研究方法

抽樣及問卷調查

　　本研究採用網路問卷的方式對 18 歲及以上的香港市民進行配額抽樣（quota sampling）。此項研究的數據屬於我們針對亞洲四個地區（香港、台灣、中國大陸，以及新加坡）的一項大型比較研究的一部分，我們委託國際調查公司 Dynata 執行了此次問卷調查，調查時間為 2021 年 8 月 4 日至 8 月 18 日。在對香港的問卷調查中，Dynata 按照香港特別行政區 2020 年人口普查數據中的性別、年齡、教育程度進行配額抽樣，最終回收 1,017 份有效問卷。其中，男性有 459 人，占 45.13%，女性有 558 人，占 54.87%。問卷參與者平均年齡為 39.48 歲（標準差 = 1.312），其中，18 至 24 歲占 15.83%，25 至 34 歲占 23.80%，35 至 44 歲占 24.18%，45-54 歲占 19.96%，55 歲及以上占 16.22%。就學歷而言，初中學歷及以下占 2.75%，高中學歷占 23.10%，專科學歷占 14.35%，大學學歷占 51.72%，研究生學歷及以上占 8.06%。家庭收入分布為：19,999 港幣及以下（10.82%），20,000-39,999 港幣（26.84%），40,000-59,999 港幣（26.94%），60,000-79,999 港幣（20.64%），80,000-99,999 港幣（8.35%），100,000 港幣及以上（6.39%）。

研究變項與測量方法

I. 對新冠疫情虛假資訊的接觸頻率

　　本研究透過詢問受訪者是否接觸過五則具體的新冠疫情虛假資訊來測量他們對該類資訊的接觸頻率。首先，本研究蒐集了香港地區重要的事實核查（fact-checking）平台如「求驗傳媒」、「傳真社」等刊登

的關於新冠疫情的虛假資訊，並從中挑選出五則傳播較為廣泛的虛假資訊，包括(1)蚊蟲可以傳播新冠病毒；(2)5G 信號塔可以傳播新冠病毒；(3)喝酒可以殺死新冠病毒；(4)非滅活類的新冠疫苗會改變人類基因；和(5)亞洲人更容易感染新冠病毒。在問卷調查中，我們首先告知受訪者這五則是一些曾在媒體上出現的虛假資訊，然後詢問他們是否曾經在網路或者社交媒體上接觸過這些資訊，以此來測量他們對新冠疫情虛假資訊的接觸頻率。測量採用四點李克特量表（4-point Likert scale），答案範圍從「從未」= 1 分，到「經常」= 4 分。

透過運用主成分因素分析（principle component analysis），本研究發現這五個題目呈現一個面向，共可解釋 61.12% 的變異量（Eigen value = 3.06, Cronbach's alpha = .84）。因此，我們把受訪者在這五個題目上的得分加總除以五，建構「新冠疫情虛假資訊的接觸頻率」這一指標（平均數 = 1.72，標準差 = .68）。

II. 對新冠疫情虛假資訊的思考

參照過去的研究（Wei, Lo, & Lu, 2010; Cheng & Luo, 2021），本研究透過詢問受訪者在多大程度上同意以下陳述句，來測量他們對新冠疫情虛假資訊的思考：在接觸到新冠疫情虛假資訊之後，(1)我曾思考過虛假資訊的問題；(2)我曾思考過虛假資訊對疫情的影響；(3)我曾思考過虛假資訊可能造成的後果；(4)我經常思考疫情虛假資訊與我所知的其他疫情資訊的關係。測量採用五點李克特量表，答案範圍從「非常不同意」= 1 分，到「非常同意」= 5 分。透過主成分因素分析，我們發現這四個題目呈現一個面向，共可解釋 62.37% 的變異量（Eigen value = 2.50, Cronbach's alpha = .80）。於是，我們把這四個題目加總除以四，建構「新冠疫情虛假資訊的思考」這一指標（平均數 = 3.59，標準差 = .68）。[6]

III. 新冠疫情虛假資訊對他人的預設影響

本研究透過三個題目來測量受訪者所預設的新冠疫情虛假資訊對他人的影響。具體而言，本研究詢問受訪者，接觸新冠疫情虛假資訊會不會對「一般民眾」的下列方面有所影響：(1)對疫情現狀的理解；(2)對疫情發展的理解；和(3)對新冠病毒的知識。受訪者回答方式為五點李克特量表（從「完全沒有影響」= 1 分，到「有非常大的影響」= 5 分）。主成分因素分析顯示這三個題目呈現同一個面向，可解釋 77.50% 的變異量（Eigen value = 2.33, Cronbach's alpha = .85）。我們進而把這三個題目加總除以三，建構「新冠疫情虛假資訊對他人的預設影響」這一指標（平均數 = 3.50，標準差 = .77）。

IV. 支持政府限制新冠疫情虛假資訊

參照已有研究（Cheng & Luo, 2021），本研究透過詢問受訪者在多大程度上同意以下陳述句，來測量他們是否支持政府限制新冠疫情虛假資訊：(1)支持政府監管新冠疫情虛假資訊；(2)支持政府依法審查新冠疫情虛假資訊；和(3)支持政府制定相關法規來遏制新冠疫情虛假資訊的擴散。測量採用五點李克特量表，答案從「完全不支持」= 1 分，到「非常支持」= 5 分。透過主成分因素分析，我們發現這三個題目呈現同一個面向，可解釋 87.20% 的變異量（Eigen value = 2.62, Cronbach's alpha = .93）。因此，我們把這三個題目加總除以三，構成「支持政府限制新冠疫情虛假資訊」這一指標（平均數 = 3.44，標準差 = 1.12）。

V. 對新冠疫情虛假資訊的糾正行為

本研究透過以下五個問題來測量受訪者對新冠疫情虛假資訊的糾正行為：新冠疫情期間，接觸到新冠疫情虛假資訊之後，您是否經常(1)發布資訊提醒他人有關新冠疫情的虛假資訊；(2)發布資訊駁斥有

關新冠疫情的虛假資訊；（3）發布資訊更正有關新冠疫情的虛假資訊；（4）發布資訊分享對新冠疫情虛假資訊的批評；和（5）核實有關新冠疫情的虛假資訊。

測量採用四點李克特量表，答案範圍從「從未」＝ 1 分，到「經常」＝ 4 分。主成分因素分析顯示這五個題目呈現同一個面向，可解釋 66.50% 的變異量（Eigen value = 3.33, Cronbach's alpha = .87）。於是，我們把這三個題目加總除以三，構成「對新冠疫情正確資訊的對抗」這一指標（平均數 = 2.22，標準差 = .73）。

VI. 對新冠疫情正確資訊的推廣行為

本研究透過以下三個問題來測量受訪者對新冠疫情虛假資訊的推廣行為：新冠疫情期間，接觸到新冠疫情虛假資訊之後，您是否經常（1）分享世界衛生組織提供的正確資訊；（2）分享醫學專家提供的正確資訊；和（3）分享查證後的正確資訊。測量採用四點李克特量表，答案範圍從「從未」＝ 1 分，到「經常」＝ 4 分。主成分因素分析顯示這三個題目呈現同一個面向，可解釋 78.93% 的變異量（Eigen value = 2.37, Cronbach's alpha = .87）。因此，我們把這三個題目加總除以三，構成「對新冠疫情正確資訊的推廣」這一指標（平均數 = 2.40，標準差 = .84）。

VII. 控制變項

本研究測量的人口變項包括性別、年齡、教育程度與家庭收入。這四個變項在迴歸分析中將作為控制變項，因為過去的研究顯示，這些變項可能影響受訪者對虛假資訊的感知與態度。

數據分析

為驗證虛假資訊的接觸與思考對他人預設影響之影響（H2、H4 & H5），我們進行了兩次階層迴歸分析。兩次分析中，第一階層均輸入人口變項，包括性別、年齡、教育程度與收入；第二階層均輸入對虛假資訊的接觸頻率。除此之外，在第二次分析中，我們增加第三階層，並輸入對虛假資訊的思考。

表一　預測虛假資訊的「思考」及「預設影響」之階層迴歸分析

	虛假資訊的思考	對他人的預設影響
預測變項		
第一階層		
性別	.01	−.03
年齡	−.02	.04
教育程度	.13***	.04
收入	.09*	−.03
Adjusted R^2	.04	.01
第二階層		
虛假資訊的接觸頻率	.13***	.12***
Incremental Adjusted R^2	.01	.02
第三階層		
虛假資訊的思考	--	.43***
Incremental Adjusted R^2	--	.17
Total Adjusted R^2	.05	.21

註：(1) 表內資料為標準化迴歸係數。
　　(2) *$p < .05$；**$p < .01$；***$p < .001$。

如表一所示，本研究發現，人口變項中的教育程度（$\beta = .13, p < .001$）與收入（$\beta = .09, p < .05$）可以顯著預測對虛假資訊的思考，教

育程度以及家庭收入更高的受訪者對虛假資訊的思考程度更深。這說明，高收入、高知識人群更有可能對虛假資訊進行深度的資訊處理。此外，虛假資訊的接觸頻率可以顯著預測虛假資訊的思考（$\beta = .13$, $p < .001$）與對他人的預設影響（$\beta = .12$, $p < .001$）；接觸越多，思考越深，越認為他人受到的影響更大，因此，H2 與 H4 得到驗證。另外，在控制人口變項與虛假資訊的接觸之後，虛假資訊的思考對他人的預設影響具有顯著預測力（$\beta = .43$, $p < .001$），H5 得到有力支持。

為驗證虛假資訊的接觸頻率、思考、預設影響對三種行為的影響（H1、H6 & H3），我們進行了三次階層迴歸分析。三次分析中，第一階層均輸入人口變項，包括性別、年齡、教育程度與收入；第二階層均輸入對虛假資訊的接觸頻率；第三階層均輸入對虛假資訊的思考；第四階層均輸入對他人的預設影響。因變項依次為支持政府限制虛假資訊、對虛假資訊的糾正，以及對正確資訊的推廣。

表二　預測三種行為模式之階層迴歸分析

	限制虛假資訊	糾正虛假資訊	推廣正確資訊
預測變項			
第一階層			
性別	−.10*	.01	.00
年齡	.14***	−.12***	−.03
教育程度	−.10*	.02	.00
收入	.04	.05	.05
Adjusted R^2	.02	.05	.02
第二階層			
虛假資訊的接觸頻率	.15***	.37***	.32***
Incremental Adjusted R^2	.04	.17	.13
第三階層			
虛假資訊的思考	.17***	.21***	.18***
Incremental Adjusted R^2	.06	.06	.05

第四階層			
對他人的預設影響	.20***	.10**	.15***
Incremental Adjusted R^2	.03	.01	.02
Total Adjusted R^2	.16	.28	.22

註：(1) 表內資料為標準化迴歸係數。

(2) *p < .05；**p < .01；***p < .001

如表二所示，本研究發現，性別（β = -.10, p < .05）、年齡（β = .14, p < .001）與教育程度（β = -.10, p < .05）等三個人口變項都可以顯著預測對政府限制虛假資訊的支持。具體而言，女性比男性、年長者比年輕人更傾向於支持政府對疫情虛假資訊進行限制；而教育程度越高的人，越不支持政府對虛假資訊進行限制。此外，年齡與糾正性行為成負相關：年齡越大，越不會去糾正有關疫情的虛假資訊。推廣正確資訊的行為與四項人口變項均沒有顯著關係。

此外，迴歸結果發現，對虛假資訊的接觸頻率可以顯著預測三種行為（限制性：β = .15, p < .001；糾正性：β = .37, p < .001；推廣性：β = .32, p < .001），H1 得到驗證。虛假資訊的思考也是三種行為模式的顯著預測變項（限制性：β = .17, p < .001；糾正性：β = .21, p < .001；推廣性：β = .18, p < .001），H6 得到驗證。另外，迴歸結果還發現，對他人的預設影響可以正向預測三種行為模式（限制性：β = .20, p < .001；糾正性：β = .10, p < .01；推廣性：β = .15, p < .001），H3 得到有力支持。不過，相對於限制性行為，對他人的預設影響對糾正性及推廣性行為的預測力度稍弱一些。

結論與討論

基於對香港市民的問卷調查，本研究試圖考察疫情虛假資訊的媒介接觸如何影響對虛假資訊的思考以及對他人的預設影響，並進一步探

究它們可能帶來的態度與行為後果。本研究發現，虛假資訊的接觸頻率既可以直接影響香港市民對虛假資訊的三種態度與行為——對虛假資訊的限制與糾正，以及對正確資訊的推廣，也可以透過「對虛假資訊的思考」與「對他人的預設影響」來間接預測這三種態度與行為。大體而言，受訪者對虛假資訊的接觸頻率越高、思考越深、對他人的預設影響越大，他們就越傾向於支持政府對虛假資訊進行限制，也越可能去糾正虛假資訊以及推廣正確資訊。

　　本研究的主要貢獻是，我們整合「預設影響之影響」與「資訊處理理論」這兩種理論，並將其運用到對新冠疫情虛假資訊的研究中，拓展了這兩個理論的適用範圍。我們的研究證實了人們對虛假資訊的認知處理與反應是一個複雜的過程。接觸頻率雖然是預測態度與行為變化的顯著變項，但它只能提供一部分解釋；實際上，預設影響的認知與資訊處理策略可以中介虛假資訊接觸頻率與態度行為變化之間的關係。

　　本研究證實，對他人的預設影響可以顯著預測香港市民對虛假資訊的三種態度與行為模式。以往對第三人效果以及 IPI 的研究普遍關注負面資訊內容（如暴力、色情、飲酒），因而在態度行為層面多集中討論對這些負面內容的限制與糾正性行為。對此，本研究也有相似發現：當香港市民感知到虛假資訊會對他人產生影響時，他們不僅會支持政府對虛假資訊進行限制，也會試圖去糾正這些虛假資訊。不過，本研究同時發現，對他人的預設影響還可能促使人們去分享與推廣正確的疫情資訊。這可能是由於，當香港市民認為有關疫情的虛假資訊會對公眾造成較大影響時，他們不僅希望限制與糾正疫情虛假資訊，更希望透過分享與推廣正確資訊來進一步扭轉虛假資訊可能帶來的不良社會後果。不管是分享醫學專家、世界衛生組織，或是其他管道發布的正確資訊，香港市民可能希望透過這類推廣性行為來降低，甚至抵消虛假資訊的有害影響。

　　另外，本研究還發現，對虛假資訊的思考可以預測對他人的預設影響，進而影響市民的態度與行為策略。這可能是因為，當人們對虛假資

訊進行深度思考時，他們更可能依據已有的知識與經驗，更進一步思考這些虛假資訊對自己及他人的潛在影響，因而會採取行動。例如，對疫苗虛假資訊的思考可能會引發人們擔憂公眾會被這類資訊誤導，懷疑疫苗的功效，或者擔心疫苗的副作用，從而拒絕注射疫苗。因此，對疫苗虛假資訊的思考與對他人的預設影響可能會促使人們支持政府限制疫苗虛假資訊，或者在社交媒體上糾正有關疫苗的虛假資訊，並推廣正確的疫苗資訊。

上述發現對虛假資訊的政策與管理具有重要啟示。首先，本研究的亮點之一在於證實人們在接觸虛假資訊之後，不僅關注「自身」處境，還會一併思考這類資訊對「他人」的影響，進而調整自己的態度與行為。針對這樣的資訊處理機制，政府在制定相關政策宣導與說服策略時，可採用引發人們「為他人著想」的資訊設計，促使人們思考，身邊的家人和朋友若接觸到這類虛假資訊可能遭受的不良後果，以此增強勸服效果。例如，若想更有效地爭取市民對於新冠疫苗相關謠言與虛假資訊的規範與限制，可以強調這類虛假資訊可能會加劇父母與身邊長者的疫苗猶豫，使得原本就免疫力較低的這一群體在面對新冠時更加脆弱。另外，鑒於並不是所有人都會支持透過立法來規範虛假資訊，政府可以考慮將立法與非立法措施兼行並施。除了透過特定法例來限制、打擊虛假資訊外，還可以考慮非立法性措施，如增加事實核查的平台、拓寬正確資訊的發布管道與範圍，以方便市民對相關資訊進行查驗、糾正、分享與推廣。在宣導疫情資訊事實核查的重要性時，也可以「增進家人、朋友等參考團體對疫情真貌的了解」為訴求，呼籲民眾對查核過的資訊多加支持，並進行轉發與傳播。另外，政府與媒體在發布、分享疫情資訊時，可以運用多媒體形式來提高民眾對其的興趣與注意，進而促進他們對疫情資訊的關注與思考。

此外，本研究發現高收入以及教育程度高的香港市民更可能對虛假資訊進行深度思考，這可能是因為新冠病毒資訊涉及醫學專業知識，教育程度較低的人在資訊處理的過程中可能會遇到一些挑戰。對此，政府

與相關組織可以透過一些公益性、教育性的社會活動來提高一般市民的健康知識與媒介素養。例如，對於老年人或貧困人口比較集中的社區，政府可以增加一些公益講座，普及有關新冠病毒傳播與預防的健康知識，分享鑑別虛假資訊的方法與技能。在設計相關宣傳手冊時，儘量將專業知識轉化爲通俗易懂的平民語言，方便不同教育程度的市民理解自身處境與疫情眞貌。

最後，我們需要指出，本研究存在一些研究局限。首先，我們測量虛假資訊接觸頻率的題目，只選取了五則在香港和亞洲地區較爲常見的疫情虛假資訊，層次較爲單一。未來的研究可以考慮結合其他測量方法多層次地測量虛假資訊的接觸頻率。另外，本研究的理論模型只考察了「思考」這一種資訊處理策略，並未探討其他資訊處理變項是否可能影響虛假資訊的預設影響與行爲模式。未來研究可透過替換或增加新的資訊處理變項（如「注意」）來繼續拓展這一模型。此外，本研究以香港市民爲研究樣本。香港資訊發達、人均收入與受教育水準較高、對政府信任度低，在新冠疫情期間，香港社會採取了多項措施應對疫情以及虛假資訊，這些都可能影響人們對虛假資訊的感知以及行爲反應。因此，本研究的發現能否推論至其他社會不得而知，未來研究可針對不同地區、城市進行比較性研究，不僅包括香港、新加坡、上海這樣的亞洲城市，也可以將亞洲城市與西方社會進行跨文化比較研究。最後，本研究爲橫切面式的調查（cross-sectional survey），分析的結果無法建立變項之間的因果關係，未來的研究可以透過其他方法（如實驗）來探究媒介接觸、思考、預設影響與行爲模式之間的因果關係。

註釋

1. 參見香港 01 新聞報導：https://www.hk01.com/ 社會新聞 /430623/ 武漢肺炎 - 網傳超市缺貨市民搶購廁紙日用品 - 惠康澄清僅屬流言
2. 詳細報告可以參見：https://research.hkbu.edu.hk/f/page/20480/21656/GovDe

bunking_Report01_Xinzhi_chi_v3.pdf

3. 具體可參閱《2020 年路透社研究所數碼新聞報告》：https://www.digitalnewsre
port.org/survey/2020/

4. 詳細報告可參閱：https://www.ipsos.com/en/2019-cigi-ipsos-global-survey-
internet-security-and-trust

5. 詳細資訊可參閱香港政府為新冠病毒設立的官方網站：https://www.coronav
irus.gov.hk/sim/

6. 本研究在最初設計問卷時，統一採用的是五點量尺。不過，根據兩輪前測
（pre-test）之後的反饋，我們將頻率測量的題目調整為四點量尺。這是因
為，此項研究是我們針對亞洲四個地區（香港、台灣、中國大陸以及新加坡）
的一項大型比較研究的一部分。在問卷設計時，我們不僅要考慮測量的一致
性，也要考慮中英文以及簡體、繁體中文之間的對應和連貫。在進行前測之
後，我們得到反饋，關於英文問卷中測量頻率的五個量尺 —— never-rarely-
sometimes-often-always，並不是所有受訪者都清晰懂得「often」與「always」
之間的微妙區別。因此，若採用四點量尺可減少一些不必要的疑惑。因此，
我們根據自己四地比較的研究需求，將頻率測量相關的題目改為了四點量
尺，主要目的是在減少歧義的情況下保持中英文問卷之間的對應性。不過，
儘管量尺不同，但不會影響統計結果。

參考文獻

中文部分（Chinese Section）

李宗亞、羅文輝、盧鴻毅、魏然（2019）。〈資訊處理策略與政治討論對賽局性
知識與實質性知識的影響〉。《中華傳播學刊》，第 36 期，頁 117-155。

Li Zongya, Luo Wenhui, Lu Hongyi, Wei Ran (2019). Zixun chuli celüe yu zhengzhi
taolun dui saijuxing zhishi yu shizhixing zhishi de yingxiang. *Zhonghua
chuanbo xuekan*, 36, 117-155.

香港立法會（2021 年 7 月 21 日）。〈民政事務局局長就「立法打擊網上虛
假資訊」議員議案總結發言〉，GovHK 香港政府一站通。上網日期：
2021 年 9 月 10 日，取自 https://www.info.gov.hk/gia/general/202107/21/
P2021072100709.htm

Xianggang Lifahui (2021, July 21). Minzhengshiwuju juzhang jiu 'lifa daji
wangshang xujia zixun' yiyuan yian zongjie fayan. GovHK Xianggang

Zhengfu yizhantong. Retrieved September 10, 2021, from https://www.info.gov.hk/gia/general/202107/21/P2021072100709.htm

楊瀅瑋（2021 年 4 月 26 日）。〈打擊假新聞，提升全民媒體素養〉，香港01。上網日期：2021 年 9 月 8 日，取自 https://www.hk01.com/ 深度報道/617253/ 打擊假新聞 - 提升全民媒體素養

Yang Yingwei (2021, April 26). Daji jiaxinwen, tisheng quanmin meiti suyang. Xianggang 01. Retrieved September 8, 2021, from https://www.hk01.com/ 深度報道 /617253/ 打擊假新聞 - 提升全民媒體素養

羅文輝、蘇蘅（2011）。〈媒介暴露與資訊處理策略對新流感相關知識的影響〉。《新聞學研究》，第 107 期，頁 173-206。

Luo Wenhui, Su Heng (2011). Meijie baolu yu zixun chuli celüe dui xinliugan xiangguan zhishi de yingxiang. *Xinwenxue yanjiu*, *107*, 173-206.

英文部分（**English Section**）

Baek, Y. M., Kang, H., & Kim, S. (2019). Fake news should be regulated because it influences both "others" and "me": How and why the influence of presumed influence model should be extended. *Mass Communication and Society*, *22*(3), 301-323.

Barnidge, M., & Rojas, H. (2014). Hostile media perceptions, presumed media influence, and political talk: Expanding the corrective action hypothesis. *International Journal of Public Opinion Research*, *26*(2), 135-156.

Bursztyn, L., Rao, A., Roth, C. P., & Yanagizawa-Drott, D. H. (2020). *Misinformation during a pandemic* (NBER Working Paper No. 27417). National Bureau of Economic Research. https://www.nber.org/system/files/working_papers/w27417/w27417.pdf

Chang, C. (2020). Cross-country comparison of effects of early government communication on personal empowerment during the COVID-19 pandemic in Taiwan and the United States. *Health Communication*, 1-14.

Cheng, Y., & Luo, Y. (2021). The presumed influence of digital misinformation: Examining US public's support for governmental restrictions versus corrective action in the COVID-19 pandemic. *Online Information Review, 45*(4), 834-852.

Cho, H., Shen, L., & Peng, L. (2021). Examining and extending the influence of presumed influence hypothesis in social media. *Media Psychology, 24*(3), 413-

435.

Chung, S., & Moon, S. I. (2016). Is the third-person effect real? A critical examination of rationales, testing methods, and previous findings of the third-person effect on censorship attitudes. *Human Communication Research*, *42*(2), 312-337.

Cohen, J., & Tsfati, Y. (2009). The influence of presumed media influence on strategic voting. *Communication Research*, *36*(3), 359-378.

Davison, W. P. (1983). The Third-Person Effect in communication. *Public Opinion Quarterly, 47*(1), 1-15.

Eveland Jr, W. P., Nathanson, A. I., Detenber, B. H., & McLeod, D. M. (1999). Rethinking the social distance corollary: Perceived likelihood of expsoure and the third-person perception. *Communication Research*, *26*(3), 275-302.

Eveland Jr, W. P. (2001). The cognitive mediation model of learning from the news: Evidence from nonelection, off-year election, and presidential election contexts. *Communication Research*, *28*(5), 571-601.

Eveland Jr, W. P. (2002). News information processing as mediator of the relationship between motivations and political knowledge. *Journalism & Mass Communication Quarterly*, *79*(1), 26-40.

Eveland Jr, W. P., Shah, D. V., & Kwak, N. (2003). Assessing causality in the cognitive mediation model: A panel study of motivations, information processing, and learning during campaign 2000. *Communication research*, *30*(4), 359-386.

Featherstone, J. D., & Zhang, J. (2020). Feeling angry: The effects of vaccine misinformation and refutational messages on negative emotions and vaccination attitude. *Journal of Health Communication, 25*(9), 692-702.

Fleming, K., Thorson, E., & Zhang, Y. (2006). Going beyond exposure to local news media: An information-processing examination of public perceptions of food safety. *Journal of health communication*, *11*(8), 789-806.

Freelon, D., & Wells, C. (2020). Disinformation as political communication. *Political Communication*, *37*(2), 145-156.

Gunther, A. C., Bolt, D., Borzekowski, D. L. G., Liebhart, J. L., & Dillard, J. P. (2006). Presumed influence on peer norms: How mass media indirectly affect adolescent smoking. *Journal of Communication*, *56*(1), 52-68.

Gunther, A. C., & Storey, J. D. (2003). The influence of presumed influence. *Journal of Communication*, *53*(2), 199-215.

Ho, S. S., Goh, T. J., & Leung, Y. W. (2020). Let's nab fake science news: Predicting scientists' support for interventions using the influence of presumed media influence model. *Journalism*, 1-19.

Ho, S. S., Peh, X., & Soh, V. W. (2013). The cognitive mediation model: Factors influencing public knowledge of the H1N1 pandemic and intention to take precautionary behaviors. *Journal of Health Communication*, *18*(7), 773-794.

Ho, S. S., Poorisat, T., Neo, R. L., & Detenber, B. H. (2014). Examining how presumed media influence affects social norms and adolescents' attitudes and drinking behavior intentions in rural Thailand. *Journal of Health Communication*, *19*(3), 282-302.

Hoffner, C., & Buchanan, M. (2002). Parents' responses to television violence: The third-person perception, parental mediation and support for censorship. *Media Psychology*, *4*(3), 231-252.

Hoffner, C. A., & Cohen, E. L. (2015). Portrayal of mental illness on the TV series Monk: Presumed influence and consequences of exposure. *Health Communication*, *30*(10), 1046-1054.

Hong, Y. (2021). Extending the influence of presumed influence hypothesis: Information seeking and prosocial behaviors for HIV prevention. *Health Communication*, 1-14.

Koo, A. Z. X., Su, M. H., Lee, S., Ahn, S. Y., & Rojas, H. (2021). What motivates people to correct misinformation? Examining the effects of third-person perceptions and perceived norms. *Journal of Broadcasting & Electronic Media*, *65*(1), 111-134.

Kosicki, G. M., & McLeod, J. M. (1990). Learning from political news: Effects of media images and information-processing strategies. In S. Kraus (Ed.), *Mass communication and political information processing* (pp. 69-83). Hillsdale, NJ: Erlbaum.

Lang, A. (2000). The limited capacity model of mediated message processing. *Journal of Communication, 50*(1), 46-70.

Li, Z., Wei, R., Lo, V. H., Zhang, M., & Zhu, Y. (2021). Cognitive reasoning, risk targets and behavioral responses to COVID-19 outbreaks among Wuhan residents during lockdown. *Asian Journal of Communication*, *31*(5), 355-372.

Liao, Y., Ho, S. S., & Yang, X. (2016). Motivators of pro-environmental behavior: Examining the underlying processes in the influence of presumed media influence model. *Science Communication*, *38*(1), 51-73.

Lin, T. T. C., Li, L., & Bautista, J. R. (2016). Examining how communication and knowledge relate to Singaporean youths' perceived risk of haze and intentions to take preventive behaviors. *Health Communication, 32(6),* 749-758.

Lo, V. H, & Wei, R. (2002). Third-person effect, gender, and pornography on the internet. *Journal of Broadcasting & Electronic Media, 46*(1), 13-33.

Lo, V. H., & Wei, R. (2005). Exposure to Internet pornography and Taiwanese adolescents' sexual attitudes and behavior. *Journal of Broadcasting & Electronic Media, 49*(2), 221-237.

Lo, V. H., Wei, R., Lu, M., Zhang, G., & Qiu, J. L. (2022, May 26-30). *A comparative study of the impact of digital media environments, information processing, and presumed influence on behavioral responses to COVID-19 misinformation in Asia.* The 72nd International Communication Association (ICA) Annual Conference, Paris, France.

Perloff, R. M. (2009). Mass media, social perception, and the third-person effect. In J. Bryant & M. B. Oliver (Eds.), *Media effects: Advances in theory and research* (3rd ed., pp. 252-268). New York, NY: Routledge.

Rojas, H. (2010). "Corrective" actions in the public sphere: How perceptions of media and media effects shape political behaviors. *International Journal of Public Opinion research, 22*(3), 343-363.

Schmierbach, M., Boyle, M. P., Xu, Q., & McLeod, D. M. (2011). Exploring third-person differences between gamers and nongamers. *Journal of Communication, 61*(2), 307-327.

Sun, Y., Chia, S. C., Lu, F., & Oktavianus, J. (2020). The battle is on: Factors that motivate people to combat anti-vaccine misinformation. *Health Communication,* 1-10.

Sun, Y., Pan, Z., & Shen, L. (2008). Understanding the third-person perception: Evidence from a meta-analysis. *Journal of Communication, 58*(2), 280-300.

Sun, Y., Shen, L., & Pan, Z. (2008). On the behavioral component of the third-person effect. *Communication Research, 35*(2), 257-278.

Tal-Or, N., Cohen, J., Tsfati, Y., & Gunther, A. C. (2010). Testing causal direction in the influence of presumed media influence. *Communication Research, 37,* 801-824.

Wang, S., & Kim, K. J. (2020). Restrictive and corrective responses to uncivil user comments on news websites: The influence of presumed influence. *Journal of Broadcasting & Electronic Media, 64*(2), 173-192.

Wardle, C., & Derakhshan, H. (2018). Thinking about "information disorder":

Formats of misinformation, disinformation, and mal-information. In C. Ireton & J. Posetti (Eds.), *Journalism, fake news & disinformation* (pp. 43-54). Paris: UNESCO.

Wei, R., & Lo, V. H. (2008). News media use and knowledge about the 2006 US midterm elections: Why exposure matters in voter learning. *International Journal of Public Opinion Research, 20*(3), 347-362.

Wei, R., Lo, V. H., & Golan, G. (2017). Examining the relationship between presumed influence of US news about China and the support for the Chinese government's global public relations campaigns. *International Journal of Communication, 11*, 2964-2981.

Wei, R., Lo, V. H., & Lu, H. Y. (2008). Third-person effects of health news: Exploring the relationships among media exposure, presumed media influence, and behavioral intentions. *American Behavioral Scientist, 52*(2), 261-277.

Wei, R., Lo, V. H., & Lu, H. Y. (2010). The third-person effect of tainted food product recall news: Examining the role of credibility, attention, and elaboration for college students in Taiwan. *Journalism & Mass Communication Quarterly, 87*(3-4), 598-614.

WHO. (2020, September 23). Managing the COVID-19 infodemic: Promoting healthy behaviours and mitigating the harm from misinformation and disinformation. *World Health Organization*. Retrieved from: https://www.who.int/news/item/23-09-2020-managing-the-covid-19-infodemic-promoting-healthy-behaviours-and-mitigating-the-harm-from-misinformation-and-disinformation

Xu, J., & Gonzenbach, W. J. (2008). Does a perceptual discrepancy lead to action? A meta-analysis of the behavioral component of the third-person effect. *International Journal of Public Opinion Research, 20*(3), 375-385.

Yang, X., Wei, R., & Ho, S. S. (2021). If others care, I will fight climate change: An examination of media effects in addressing the public goods dilemma of climate change Mitigation. *International Journal of Communication, 15*, 3315-3335.

Zhang, L., & Yang, X. (2021). Linking risk perception to breast cancer examination intention in China: Examining an adapted cognitive mediation model. *Health Communication, 36*(14), 1813-1824.

11 新冠疫情中虛假資訊的議題設定：從社群媒體到傳統媒體

陳憶寧 *

摘要

本研究以跨媒體議題設定角度探討新冠肺炎在台灣發展的最初三個月中，傳統與社群媒體的虛假資訊，嘗試分析數量、語調與主題的不同。本研究依照兩家最活躍的事實查核機構所判定的虛假資訊 39 則，蒐集台灣四家主要報紙總共 129 則相關報導，在社群媒體部分由台灣意藍公司開發的軟體 OpView 進行資料蒐集相關的貼文共 11,610 筆。經過內容分析以及社群數據蒐集的語意分析，檢視虛假資訊在社群媒體與傳統媒體的關係，分析顯示社群平台與傳統媒體在第一層級有顯著正相關。在第二層級上，則出現「有力的論證」。在主題上，傳統媒體報導最多的依序是醫學相關的疾病影響、社區傳播、官方機構的作為以及病毒如何傳播。在社群媒體主題依序是疫情衍生出的行為、醫學相關的疾病影響、準備與預防。綜合各項發現，雖然新冠肺炎讓虛假資訊有機會在社群上散播，且虛假資訊也出現在傳統媒體上，但在語調與類型上的呈現顯示傳統媒體有所把關。

關鍵詞：社群媒體、虛假資訊、新冠肺炎、跨媒體議題設定、傳統媒體

---

* 陳憶寧，台灣政治大學傳播學院廣告系特聘教授兼院長。研究興趣：資通訊政策、科學與風險傳播、政治傳播。

11 Agenda Setting and COVID-19: Misinformation from Social Network Sites to Traditional Media

Yi-Ning Katherine CHEN[*]

Abstract

This study used an intermedia agenda setting framework to compare the quantity, tone, and themes of false information as it appeared on traditional and social media during the first three months of the COVID-19 outbreak in Taiwan. Based on 39 major false information items selected by two fact-checking agencies, a total of 129 relevant news articles from the four major newspapers in Taiwan were collected. The data from social media (a total of 11,610 items) were collected via OpView, which was developed by I-Land Company, for analysis. Examined through the lenses of agenda setting, content analysis of news articles, and semantic analysis of social data items, Spearman rank order correlations showed positive relationships between false information as found on various social media platforms and within the bounds of traditional media in both the first and second levels of agenda setting. In thematic terms, traditional media covered the broadest range of subjects in the order of the impact of medical-related diseases, followed by local transmission, the actions of official agencies, and, finally, how the virus spreads. The major themes on social media are the behaviors derived from

---

[*] Yi-Ning Katherine CHEN (Distinguished Professor and Dean). Department of Advertising, College of Communication, National Chengchi University. Research interests: information and communication technology policy, science and risk communication (SRC), political communication.

the pandemic, the impact of medical-related diseases, and preparation for and prevention of the pandemic. Our findings reveal that the COVID-19 pandemic has given fake news an opportunity to spread on social media and for false information to appear in traditional media. Despite this, the tones and types of news items demonstrate that traditional media has a gatekeeping influence on false information.

Keywords: social media, false information, COVID-19, intermedia agenda setting, traditional media

研究背景與動機

新冠疫情發展早期，台灣由於被感染病例有限，被公認是國際上抗疫的模範生。從 2020 年 2 月的首例確診到了 2020 年 4 月之間，台灣三個月內只有零星個案，相當長的一段時間每日本土新增案例為零。但是在疫情開始之初由於民眾對新冠肺炎的不熟悉以及對於疫情發展的恐慌，虛假資訊（misinformation）的傳播活動仍舊推高，也因此似乎有了世界衛生組織（World Health Organization）所稱的傳染病與大量的虛假資訊交雜而形成的「虛假資訊大流行」（infodemic）的現象。過去研究虛假資訊多在選舉或是天然災難的背景下進行研究（Allcott & Gentzkow, 2017; Guptaet al., 2013）。隨著新冠肺炎的大流行，研究開始分析虛假資訊大流行的不同面向，包括虛假資訊的特徵（Cinelli et al., 2020; Cui & Lee, 2020; Singh et al., 2020）、虛假資訊的散播與感染案例傳散模式互相對照（Cui& Lee, 2020; Zhou et al., 2020），以及檢視虛假資訊對公眾認知與行為的影響（Pennycook & Rand, 2020; Swami & Barron, 2021）。而在虛假資訊大流行的討論中，社群媒體是重要角色（Rampersad et al., 2019）。

社群媒體在新冠肺炎流行期間於訊息接收與傳遞上有重要的功能，尤其是在政府與民間倡議「社交距離」後，人際互動受到限制，社群媒體因此取代了更多的親身人際溝通，以對抗 COVID-19 的大流行（Godfrey, 2020）。但由於民眾以社群媒體作為新聞來源的依賴持續增加（Geiger, 2019），因此社群媒體作為資訊來源所造成的負面影響也不能忽視，平台上的虛假資訊在新冠流行之前已經被公認是個嚴重問題，在疫情期間更加影響到個人與社會的安全。社群媒體上虛假資訊散播不僅帶來公共健康風險，還有其他後果，例如在美國陰謀論者主張會將傳播新冠病毒的 5G 基地台摧毀，這對於一個社會中基礎建設的破壞程度也足以讓主張虛假資訊其實是一種言論自由的網路治理專家們，不

得不正視虛假資訊的實質危害。而讓傳播學者認為應該具有守門功能的傳統媒體是否能有效阻絕虛假資訊，在目前看來仍是實務界舉辦論壇的議題，卻少見學術界的理論性檢視。

過往的跨媒體議題設定研究中對於傳統與網路媒體的議題流動，常假設其流動方向為由主流的傳統媒體到新興網路媒體，而虛假資訊的流動方式則在過往研究中發現反轉了議題設定方向（Vargo, Guo, & Amazeen, 2018）。畢竟，虛假資訊的生產源頭常來自網路，而傳統媒體也可能將網路上流傳的各種資訊作為其寫作素材，但其被期許的守門功能在疫情當中是否讓媒體更警覺虛假資訊的存在而能有效阻絕，仍然值得探討。尤其台灣的新聞媒體常被批評為「三器新聞」，即以網路瀏覽器、行車紀錄器、路邊監視器作為報導素材之現象（邱佩慈，2016；蕭彤雯，2017），總而言之，在疫情當中的社群媒體虛假資訊的傳散，是否傳散到傳統媒體、何時傳到主流媒體，以及以何種樣態於主流傳統媒體中呈現，應值得學術界開始關注。

本研究以議題設定探討虛假資訊在傳統媒體及社群媒體之間的關係。議題設定理論最初單純探討了新聞中的哪些議題對閱聽人的議題重要性的影響（McCombs & Shaw, 1972）。第一層級議題設定主張新聞媒體報導對象的頻率（例如重要問題和公眾人物）某程度上可決定閱聽人認定的社會上重要的問題或是人物，第二層級新聞媒體對於報導對象其相關屬性的顯著性決定了公眾是否覺得這個議題某些面向有足夠的重要性（McCombs, 1997, 2005）。當大量的新聞報導專門針對一個問題（例如經濟）報導時，人們認為經濟是一個重要的問題，即使可能對這個問題有不同的看法，例如如何解決經濟問題。在思考虛假資訊的議題設定能力時，這種細微差別至關重要：即使受影響的一方（如傳統媒體的新聞記者）知道資訊是假的，但仍因此認為這個資訊是顯著的，而仍然可能會對其產生議題設定效應，但很有可能基於專業把關，而在屬性上與議題在社群網站上的源頭之表現方法不同。本研究因此藉由新冠疫情在台灣的前三個月中的發展，嘗試分析傳統與社群媒體之間的虛假資

訊流動，預期將看到兩者之間在數量、語調與主題的異同。

文獻探討

社群媒體對傳統媒體的影響力

從社群媒體蓬勃發展以來，學界對於研究社群媒體的社會影響著力甚深，其中就媒體之間的影響的一個角度為功能性的取代，例如較早的研究指出社群媒體較傳統媒體更具對話性、互動性，並且在培養關係面更快（Seltzer & Mitrook, 2007）；在危機發生時，組織運用社群媒體比運用傳統媒體進行危機溝通，研究發現使用社群媒體讓消費者較不會將危機責任歸於組織（Xu, 2020）。而對傳統媒體的影響，Valenzuela 等人（2017）研究記者如何在 Twitter 和廣播電視上報導災難新聞，發現社群媒體與傳統媒體在議題設定過程中，表現出了互惠但不對稱的關係，在這種關係中，電視新聞節目更有可能採用記者在 Twitter 上的議題，反之亦然。社群媒體、論壇和搜索引擎等線上平台可以影響傳統媒體的新聞報導。傳統媒體借助網路上的輿論幫助傳統媒體篩選新聞，充分體現社群媒體與傳統媒體在新聞傳播中的互動與交流。

Su 和 Borah（2019）在探討 Twitter 和報紙在氣候變化的議題設定研究也發現，兩種類型的媒體都能夠在議題設定上影響對手，研究發現報紙在非突發新聞期間的持續討論方面更有可能影響 Twitter，而 Twitter 更有可能在突發新聞發生後立即影響報紙。然而，Rogstad（2016）檢視挪威使用者的 Twitter 和主流媒體的議題，以了解社群媒體與傳統媒體之間的相互影響，發現兩者在許多顯著的議題上是重疊的，Twitter 廣泛關注主流媒體內容，但也發現 Twitter 關注被主流媒體忽視的問題，所以 Twitter 可以使被主流媒體忽視的問題得以納入公共議題中，從而可能塑造更寬廣的政治討論。

跨媒體議題設定

議題設定理論認為新聞媒體會影響公眾輿論，而不同的媒體組織也可能影響彼此的新聞議題，稱為跨媒體議題設定（McCombs, 2004）。Guo 和 Vargo（2020）整理出跨媒體議題設定之存在的理由如下：第一，記者必須經常透過觀察同行的新聞來驗證自己蒐集的資訊是否真有新聞價值，對於小型媒體而言，還是必須得依靠大型媒體來蒐集故事與創意，而後者的新聞判斷也常具有權威性（McCombs, 2004; Denham, 2014）。其次，新聞市場的激烈競爭迫使編輯和記者密切關注其他新聞媒體，以免遺漏任何重要資訊（Lim, 2011; Tuchman, 1978）。第三則是經濟因素，借用其他媒體內容總是比自己生成原始內容較省資源，對於資金有限的小型新聞機構尤其如此（Baum & Groeling, 2008）。有研究指出美國的重要議題往往從《紐約時報》和《華盛頓郵報》等大型精英新聞媒體出發，流向其他媒體（Reese & Danielian, 1989）。

但在社群媒體興盛之後的跨媒體議題設定研究重心已經轉到傳統媒體與社群媒體之間的跨議題設定研究，社群媒體如何在新聞生態圈中扮演角色，更為與現實相關，例如 Harder 等人（2017）針對社群媒體時代的媒體議題設定，他們以 2014 年比利時大選活動為研究對象。結果發現，網路媒體強烈影響其他發布頻率較低的媒體，這項研究中另外亦發現在 Twitter 上的自媒體工作者比其他行為者在議題設定方面的影響力要大得多。相較於 Twitter，傳統媒體如電視、報紙與廣播等有固定的新聞發布時間，是「慢」媒體。相對的，沒有固定發布時間的新聞網站以及社群平台則隨時可以發布新聞，在網路時代有效地成為議題設定者，所以社群平台強烈影響了其他發布頻率較低的媒體。

社群媒體時代的跨媒體議題設定中常有傳統媒體與社群媒體兩者誰是議題設定者的提問。在社群媒體萌芽期的早期多認為社群媒體的公共議題只是延續新聞媒體的討論，不過後來的研究發現兩類媒體可能是

雙向相互影響，端看當時的情境條件。在突發事件中，社群媒體的快速反應讓議題設定能力可能超越傳統媒體。Valenzuela、Puente 和 Flores（2017）以 2010 年 2 月在智利發生的 8.8 級大地震作爲案例，比較了電視新聞和 Twitter 上呈現的主題，發現兩者可互相補足事件的各個面向，但整體而言，社群媒體、網路論壇和搜索引擎等平台會影響傳統媒體的新聞報導，Twitter 特別扮演了議題引導的角色，探討其原因不外乎記者也在 Twitter 上尋找新聞報導的資料。Su 和 Borah（2019）以美國總統川普宣布退出巴黎氣候協定爲主題，發現報紙在川普以 Twitter 發布消息之前一直影響了 Twitter 上的氣候變遷討論，而 Twitter 在川普發布後的五天內卻反而對報紙產生了影響。

在探討 Twitter 到底是延續主流媒體內容還是實際生產原創內容，Rogstad（2016）比對在挪威的熱門推文和傳統媒體頭條新聞的關係，研究發現 Twitter 廣泛關注主流媒體內容，多達 36.9% 的推文直接引用了主流媒體，但是主流媒體提及 Twitter 的內容僅爲 0.6%。但研究也發現 Twitter 另外會關注被主流媒體忽視的問題，此一現象指出 Twitter 實際上擁有獨立的議題設定，將被傳統媒體忽視的議題納入公共空間討論，從而可能塑造更大的政治話語。

以選舉爲情境的跨媒體議題設定研究中，先驅的研究爲 Conway、Kenski 和 Wang（2015）探討 2012 年美國總統候選人於初選時期的 Twitter 與傳統新聞媒體的關係。這項研究企圖回答社群媒體與傳統媒體哪一方才是議題設定者，該年也是 Twitter 的影響力首次在選舉中受到重視。研究發現傳統美國大報對於 Twitter 上的兩黨候選人與政黨的推文有所影響，而 Twitter 上的內容也會吸引媒體關注，成爲傳統媒體記者的寫作題材。

假新聞（Fake News）：定義與爭議

雖然假新聞不是今天才出現，但是在 2016 年美國總統大選以及英

國脫歐公投之後，這個名詞才普遍被政治人物和媒體使用，假新聞這三個字曾普遍出現在德、歐的總理選舉以及加泰隆尼亞的獨立公投，也出現在 2020 年的台灣總統大選。但關於假新聞的範圍有各種主張，包括無心造成的內容錯誤到有意圖的捏造，因此有「misinformation、malinformation、disinformation」的討論。學術界有人主張以較為中性的虛假資訊（misinformation）取代假新聞一詞，而本文同樣採取虛假資訊的說法，但為了延續過去文獻則此節以假新聞為名進行討論。

根據《BBC 中文網》，Rannard（2017）將假新聞區分為三種形式：（1）故意製造錯誤的訊息、圖片或影片，有意傳播並誤導他人；（2）篡改訊息、圖片或影片，以及分享舊照片作為新照片欺騙他人；與（3）沒有惡意卻會愚弄他人的諷刺或編造的故事。學者 Tandoc、Lim 和 Ling（2017）檢視 34 項學術研究對假新聞的定義後主張，依內容真實性（factuality）和欺騙意圖（intention to deceive）的程度高低，可將假新聞區分為六種類型，分別是：新聞嘲諷（news satire）、新聞仿諷（news parody）、負面廣告（negative advertising）、宣傳（propaganda）、操縱（manipulation）和捏造（fabrication）。其中，前兩種（新聞嘲諷和新聞仿諷）同屬欺騙意圖較低的假新聞，後四種（負面廣告、宣傳、操縱和捏造）則同屬欺騙意圖較高的假新聞。

儘管還有更多的分類，在本研究中所討論的假新聞基本上是指錯誤之資訊，也就是虛假資訊（misinformation）。虛假資訊的範疇較假新聞廣闊。虛假資訊的來源包括個人、網軍（劉致昕，2019）、內容農場（為賺取流量，請寫手改寫或無中生有產製新聞）、新聞業（未查核引用不實訊息）、政府（王怡蓁，2018）。虛假資訊的傳播可能會在網路媒體與社群平台，也可透過特定演算法傳送給某些特定的人，甚至主流媒體在未經查證的情況下，也會轉載（葉乃靜，2020）。

虛假資訊的議題設定

Guo 和 Vargo（2020）指出研究者需要對於虛假資訊在環境中的角色進行探討，除過去研究已經探討了虛假資訊對閱聽人的效果外（例如，Allcott & Gentzkow, 2017; Silverman & Singer-Vine, 2016），也需要了解虛假新聞對真實新聞的效果，也就是跨媒體議題設定。透過跨媒體議題設定的觀點有助於檢視虛假資訊在媒體之間的內容轉移。Vargo、Guo 和 Amazeen（2018）研究顯示虛假資訊網站與新聞媒體會相互回應和設定彼此的議題，虛假資訊可以重新引導新聞媒體的注意力，將公眾的注意力從原本可能更重要的問題上轉移開。

不僅是虛假資訊的內容，虛假資訊影響的媒體也值得研究，Vargo 等人（2018）研究虛假資訊和事實查核人員的議題設定能力，該研究顯示虛假資訊可以影響黨派和新興新聞媒體報導的議題，黨派媒體似乎特別容易受到虛假資訊議題的影響，新興新聞媒體也對虛假資訊作出反應，但程度較輕。不過作者也強調，議題設定效應並不意味著媒體報導充斥著同樣錯誤的事實，在許多情況下，新聞媒體較可能反而是以虛假資訊中的議題來反駁虛假資訊本身。

分析虛假資訊的議題設定：第一層級、第二層級以及主題差異

議題設定的第一與第二層級可以用來檢視虛假資訊的議題設定效果，分別在虛假資訊本身（第一層級）以及虛假資訊的屬性（第二層級）從社群媒體擴散到傳統媒體。關於屬性的分析最常見的是語氣（tones）。

另外，也有研究指出一則新聞不論真假，在主題上為選擇性地強調訊息中的某些特定環節（Driedger, 2008），在網路科技普及後，許多網路使用者成功地讓大眾聚焦到他們認為需要被關注的議題上（Liu, 2010），可成功挑戰傳統媒體對主題走向的控制，由此可見，

藉由調查社群媒體與傳統媒體是否擁有強調特定主題的偏好可以幫助我們了解不同媒體對議題的偏向。Shan 等人（2014）證實傳統與社群媒體兩者的確在主題的使用上有顯著的差異，在食品風險傳播中，傳統媒體偏好報導調查進度與司法層面的爭議，另一方面，社群媒體所關注的主題相對多元。因此本研究也嘗試比較兩者的差異。

依據以上文獻探討，本研究因此提出以下的研究問題：

研究問題一：新冠肺炎虛假資訊在社群媒體上的分布狀況如何？

研究問題二：傳統媒體的虛假資訊的報導量、報導類型如何？四家傳統媒體是否有所不同？

研究問題三：新冠疫情的虛假資訊在社群媒體與傳統媒體的主題有何差異？

研究問題四：以議題設定理論為架構，在第一層級與第二層級的新冠疫情虛假資訊在社群媒體與傳統媒體是否相關？

研究方法

本研究檢視從 2020 年 1 月 20 日開始，當天台灣開設中央流行疫情指揮中心，到 2020 年 4 月 19 日發生海軍敦睦艦隊爆發群聚感染共計三個月的虛假資訊議題設定。

由於虛假資訊於 2016 年開始受到台灣社會的極大關注，事實查核組織也相繼成立，主要有四個，包括 Cofacts 真的假的、MyGoPen[1]、蘭姆酒吐司，以及台灣事實查核中心[2]。這四個機構的活躍程度不一，以台灣事實查核中心最為活躍，本研究以最活躍的兩個組織為主，取其虛假資訊之交集。

　　資料蒐集分爲以下三步驟：第一，檢視台灣事實查核中心與 MyGoPen 的有關新冠疫情發生後一百天的查證資料，找到兩家機構共同查證爲錯誤的資訊總共 39 則。第二，在傳統媒體部分，本研究蒐集台灣四家主流報紙《自由時報》、《中國時報》、《聯合報》與《蘋果日報》在三個月中和台灣事實查核中心以及 MyGoPen 所提及虛假資訊主題相符的新聞。第三，在社群媒體部分以台灣事實查核中心以及 MyGoPen 所提到的錯誤資訊之主題查詢，研究者由台灣意藍公司開發的軟體 OpView 進行資料蒐集。

社群媒體樣本

　　本研究採用由台灣意藍公司開發的軟體 OpView 進行資料蒐集。這個軟體擁有以每小時更新一次的速度蒐集的社群媒體上的公開中文文本，包括社群網站（Facebook、YouTube、Instagram、Twitter、Mobile01、Dcard 等等）、討論區（PTT、巴哈姆特哈拉區、Dcard 等）、問答網站（Yahoo 奇摩知識＋）、部落格[3]，這使我們能夠對發布到公共領域的數據進行文本挖掘。資料從 2020 年 1 月 20 日開始，當天台灣開設中央流行疫情指揮中心，到 2020 年 4 月 18 日發生海軍敦睦艦隊爆發群聚感染共計三個月。

　　取樣方式爲先依照台灣事實查核中心以及 MyGoPen 在 2020 年 1 月 20 日至 4 月 19 日期間澄清／查核的虛假資訊，事實查核中心共有 140 則，MyGoPen 共有 91 則，核對兩者重複的虛假資訊共有 39 則[4]，以這 39 則虛假資訊爲主設定關鍵字來尋找所有相關的貼文與回應。此外，本研究也根據語意分析判斷虛假資訊貼文[5]。本研究蒐集和分析圍繞新冠疫情的貼文和回應[6]共 11,610 筆資料，主要平台所蒐集到的虛假資訊數量爲 Facebook 有 8,437 則、YouTube 有 1,815 則、Instagram 有 32 則、PTT 有 752 則、Dcard 有 105 則、Mobile01 有 69 則，剩餘其他平台共有 397 則。

傳統媒體樣本

我們鎖定台灣的四大主流報紙：《蘋果日報》、《中國時報》、《聯合報》，以及《自由時報》。本研究以這 39 則虛假資訊爲主設定關鍵字，分別在四家報紙的新聞網站搜尋區輸入關鍵字，針對研究期間 2020 年 1 月 20 日至 4 月 18 日之新聞，刪除社論、投書、評論及不相關的新聞後，將該則新聞的來源、標題、日期、關鍵字、新聞連結等逐一整理至檔案當中，分析時以每一則虛假資訊爲一分析單位。蒐集到的新聞有：《自由時報》49 則、《聯合報》35 則、《蘋果日報》22 則、《中國時報》23 則，共有 129 則。

傳統媒體新聞內容分析主要變項

I. 報導語調

編碼員檢視每一則媒體報導是否支持假消息而將其歸類爲「正面」、「負面」、「中立」、「難以判斷」。若新聞立場表示支持、認同則被編碼爲正面，若新聞立場表示反對、批判則被編碼爲負面，若沒有明顯立場或是出現部分正面、部分負面的情緒揭露，則該新聞被編碼爲中立，若無法判斷此篇新聞屬於哪一種語調，則被編碼爲難以判斷。

II. 虛假資訊主題

本研究參照牛津大學與路透社新聞研究所合作分析 COVID-19 疫情虛假資訊的九種「虛假資訊主題」，包含：（1）病毒在社區中的傳播：關於病毒如何在國際間、國家內傳播，以及人或團體如何受到影響，從聲稱地理區域首次感染病毒的說法到指責某些種族傳播病毒的內容。（2）官方機構的作爲：關於國家政策、國家行動、國家溝通的主張，以及 WHO 建議的準則和推薦的做法等等。（3）醫學相關、疾病的影響：關於健康療法、自我診斷，以及疾病帶來的影響和症狀。

(4) 名人宣稱或相關活動：關於政治人物、名人或藥品公司的聲明，包括聲稱哪些名人被感染（如果錯誤訊息來自政客或其他名人，則不在此分類中）。(5) 陰謀論：關於病毒是被用來當作生物武器，或聲稱誰是病毒的幕後黑手，或聲稱某某人／書籍／影視作品已經預言過此病毒的出現。(6) 病毒是如何傳播：關於病毒的傳播方式，以及如何阻止病毒傳播，包括如何清潔、使用某些類型的器具或防護裝備等等。(7) 疫苗研發：關於疫苗的研發和進度。(8) 病毒的起源：關於病毒是何時出現、如何出現、在哪裡出現等等。(9) 準備與預防：關於囤積、購買物資及社交距離等訊息，以及遵守或不遵守相關管制措施（Brennen et al., 2020）。為使本研究更貼近台灣本地的虛假資訊的特殊性，研究者參考台灣《鏡傳媒》的資料新聞部門 READr 在分析五千篇全球事實查核報告中，除原本的九個主題外，又多增加的兩項主題[7]，分別是：(1) 因為疫情衍生出的行為：因為新冠肺炎引起的事件。如詐騙、綁架、政治鬥爭等，或是因為人類減少活動，大自然正在恢復平靜。(2) 疫情其實不嚴重：描述新冠疫情其實不嚴重。包括拿流感或其他疾病的死亡率相比，或是空蕩的醫院照片來暗示（李又如，2020）[8]。本研究就上述的 11 種主題進行 39 種虛假資訊主題的分析（附錄一呈現每一個主題下所涵蓋的虛假資訊）。

編碼員信度

本研究有四位具有傳播碩士班背景的編碼員，他們在接受編碼訓練後，分別以占傳統媒體樣本 10% 的報導量進行編碼，以執行編碼者間的信度分析。四人的平均相互同意度為 0.83，複合信度為 0.95，達信度標準。

結　果

研究問題一：新冠肺炎虛假資訊在社群媒體上的分布狀況如何？

　　為探討新冠疫情的虛假資訊在社群媒體的分布情形，我們將社群媒體的虛假資訊參照附錄二的台灣新冠肺炎三個月大事紀一起分析。2020 年 1 月 21 日台灣出現首例確診，病例為一位武漢回台的女性台商，1 月 23 日中國宣布武漢封城後，「新冠肺炎為中國生化武器」的虛假資訊在社群媒體上討論量突然增多，成為第一波虛假資訊，接著「冠狀病毒在 56 攝氏度、30 分鐘就死亡了」的虛假資訊出現。在台灣的病例不斷增加下，「武漢肺炎已經定名為 SARI」的虛假資訊也在醞釀，到了 1 月 26 日在台灣出現第四病例時，社群有 831 則討論聲量。也傳出「北投榮總有確診病患」、「武漢的蝙蝠為疫情源頭」的虛假資訊。中國確診病例不斷延燒下，世界衛生組織在 1 月 31 日將此疫情列為「國際公共衛生緊急事件」，在此之後不斷出現相關抗疫偏方，像是「喝大蒜水抗病毒」、「塗抹芝麻油抗病毒」、「鹽水漱口抗病毒」、「喝茶抗病毒」等。台灣 2 月 6 日開始實施「口罩販售實名制」時，「衛生紙」在社群開始有討論聲量，到了 2 月 8 日達到一個高峰，社群有 199 則討論聲量。同時網傳影片宣稱「中國南方航空從墨爾本到廣州的航班，全是澳洲華人無償捐助的救援物資」也在社群上瘋傳。

　　世界衛生組織 2 月 12 日宣布新冠病毒引發的疾病稱為「COVID-19」，隔日中國確診案例一夕暴增 1.5 萬，「美國早有新冠肺炎」的虛假資訊出現，「病毒是美國流感」的虛假資訊也有討論，而「美軍在武漢軍運會帶來病毒」的虛假資訊更是甚囂塵上，一直持續有討論度。且受到疫情影響，3 月 9 日美股觸發史上第二次熔斷，並在接下來半個月又經歷了 3 次熔斷。同一時間出現「台灣研發出新冠肺炎快篩試劑，中國在 WHO 搶收割」的虛假資訊，此訊息在社群媒體的討論

量極大，3月9日當天有3千多則的討論聲量。

在病毒的擴散之下，世界各地皆傳出疫情，世界衛生組織在3月12日宣布COVID-19是「全球大流行疾病」，台灣在3月18日的確診病例數破百，民眾瘋搶物資，「衛生紙之亂」的虛假資訊又迎來再一次高峰，同時也出現「台灣10日內進入武漢肺炎關鍵期」的虛假資訊。3月20日全球死亡人數破萬，並出現「外國人吐口水在捷運手把上，以此傳播病毒」的虛假資訊。之後，全球疫情未歇，各國防疫政策不斷祭出，平台上出現各地區實施防疫政策的虛假資訊，包含「俄羅斯放獅子禁止大家出門」、「不遵守防疫打腳底板」、「義大利將老年人關起來」等。之後，隨著醫療大國先後投入研究新冠病毒特性的消息傳出，病毒傳播機制的虛假資訊也相繼出現，像是「病毒會在空氣中傳播」、「病毒透過蚊蟲傳播」、「冠狀病毒是毒氣溶膠傳播」等。而台灣在疫情較為趨緩後又於4月18日出現敦睦艦隊的傳染事件，病毒在象徵國防的軍艦上傳播，而官兵在下船休假後未進行管制，導致足跡遍布全台。

研究問題二：傳統媒體的虛假資訊的報導量、報導類型如何？四家傳統媒體是否有所不同？

表一顯示傳統媒體報導量總共129則中出現最多的主題是醫學相關、疾病的影響，39.53%的新聞主要在關注此主題，接著20.16%的新聞關注有關病毒在社區中的傳播的虛假資訊，此外，官方機構的作為（10.08%）和病毒是如何傳播（10.08%）也都各占近一成。在報導語調上（見表二），其中負面語氣最多（66.67%），也就是對於虛假資訊表現出批判、否定、反對等負面情緒，其次是維持中立語氣（26.36%），抱持正面語氣最少（6.98%）。

表一　四家傳統媒體虛假資訊的主題百分比

主題	聯合報 n = 35(%)	自由時報 n = 49(%)	蘋果日報 n = 22(%)	中國時報 n = 23(%)	總數 n = 129 (%)
病毒在社區中的傳播	7(20.00%)	6(12.24%)	9(40.91%)	4(17.39%)	26(20.16%)
官方機構的作為	2(5.71%)	6(12.24%)	3(13.64%)	2(8.70%)	13(10.08%)
醫學相關疾病的影響	16(45.71%)	23(46.94%)	3(13.64%)	9(39.13%)	51(39.53%)
名人宣稱或相關活動	0(0.00%)	0(0.00%)	0(0.00%)	0(0.00%)	0(0.00%)
陰謀論	1(2.86%)	1(2.04%)	0(0.00%)	0(0.00%)	2(1.55%)
病毒是如何傳播	4(11.43%)	6(12.24%)	1(4.55%)	2(8.70%)	13(10.08%)
疫苗研發	1(2.86%)	0(0.00%)	0(0.00%)	0(0.00%)	1(0.78%)
病毒的起源	2(5.71%)	3(6.12%)	4(18.18%)	3(13.04%)	12(9.30%)
準備與預防	1(2.86%)	4(8.16%)	2(9.09%)	3(13.04%)	10(7.75%)
因疫情衍生出的行為	1(2.86%)	0(0.00%)	0(0.00%)	0(0.00%)	1(0.78%)
疫情其實不嚴重	0(0.00%)	0(0.00%)	0(0.00%)	0(0.00%)	0(0.00%)

表二　四家傳統媒體對虛假資訊語調百分比

語調	聯合報 n = 35(%)	自由時報 n = 49(%)	蘋果日報 n = 22(%)	中國時報 n = 23(%)	總數 n = 129(%)
正面	1(2.86%)	4(8.16%)	1(4.55%)	3(13.04%)	9(6.98%)
負面	25(71.43%)	37(75.51%)	15(68.18%)	9(39.13%)	86(66.67%)
中立	9(25.71%)	8(16.33%)	6(27.27%)	11(47.83%)	34(26.36%)

　　在主題分析上，《聯合報》報導最多的主題是醫學相關、疾病的影響（45.71%），其次是病毒在社區中的傳播（20.00%）；《自由時報》與《中國時報》首要關注的主題也都是醫學相關、疾病的影響，分別占46.94%和39.13%。而《蘋果日報》最多的主題是病毒在社區中的傳播（40.91%）。

　　語調分析上，《聯合報》、《自由時報》和《蘋果日報》面對虛假

資訊媒體多給予負面語氣，占報導量約七成，而《中國時報》則以中立的語氣較多（47.83%）。

研究問題三：新冠疫情的虛假資訊在社群媒體與傳統媒體的主題有何差異？

傳統媒體與社群媒體虛假資訊所側重的主題確實不同，如表三所示，傳統媒體報導最多的主題是醫學相關、疾病的影響，共計近四成。接著 20.16% 的新聞關注有關病毒在社區中的傳播，此外，官方機構的作為（10.08%）和病毒是如何傳播（10.08%）也都各占近一成。

表三　傳統媒體與社群媒體虛假資訊主題類別

主題	傳統媒體 n = 129(%)	社群媒體 n = 11,610(%)
病毒在社區中的傳播	26(20.16%)	13(0.11%)
官方機構的作為	13(10.08%)	373(3.21%)
醫學相關、疾病的影響	51(39.53%)	2695(23.21%)
名人宣稱或相關活動	0(0.00%)	2(0.02%)
陰謀論	2(1.55%)	384(3.31%)
病毒是如何傳播	13(10.08%)	98(0.84%)
疫苗研發	1(0.78%)	0(0.00%)
病毒的起源	12(9.30%)	776(6.68%)
準備與預防	10(7.75%)	2205(18.99%)
因為疫情衍生出的行為	1(0.78%)	5064(43.62%)
疫情其實不嚴重	0(0.00%)	0(0.00%)

在社群媒體上討論最多的主題是因疫情衍生出的行為，此主題內包含的虛假資訊為「台灣快篩中國搶收割」，此一虛假資訊就占了 43.62% 的討論量，接著 23.21% 討論醫學相關、疾病的影響，另外有

18.99% 則是準備與預防的主題，此主題內包含的虛假資訊為「衛生紙之亂」占了大多數的討論量。

研究問題四：以議題設定理論為架構，在第一層級與第二層級的新冠疫情虛假資訊在社群媒體與傳統媒體是否相關？

　　探討議題設定效果，必須先看議題時間軸。以時間先後來看，多數的虛假資訊都是先出現在社群媒體上。而其中新聞媒體較早出現的有「攝氏 56 度 30 分鐘殺菌」、「亞崴國家隊口罩機」、「武漢市場」、「武漢古田四路佳興園」、「振興主任病毒不耐熱」，以及「翁啟惠新冠病毒建議」等共 6 則，剩下的 33 則是社群媒體先出現，而後才是傳統媒體，或是傳統媒體並未報導。然這裡必須說明，社群媒體出現較晚並不代表虛假資訊最早出現之處為傳統新聞媒體，非常可能是因為先於即時通訊軟體中傳送，而為新聞媒體所報導，而成為社群媒體的虛假資訊。另外，虛假資訊也常可能因通報或是自我檢查，而遭平台先行取下。

　　在這 39 則虛假資訊中，社群媒體討論度最高的前三名為「台灣快篩中國搶收割」、「假命名 SARI」以及「衛生紙之亂」，分別占 43.62%、19.59% 以及 18.69%；而傳統媒體中報導最多的前三名為「假命名 SARI」、「深圳醫院新冠症狀」以及「武漢蝙蝠源頭」，分別占 24.81%、10.08% 以及 8.53%，顯示「假命名 SARI」不論是在社群媒體還是傳統媒體都受到很高的關注。此外，傳統媒體與社群媒體觸及虛假資訊時，總體來看兩者都以負面較多，其次為中立，正面最少。

　　在議題設定的第一層級，本研究以 39 則虛假資訊在社群媒體的聲量與傳統媒體的則數進行 Spearman rank-order correlation 分析。在第二層級的分析上，則以社群平台與傳統媒體的每一則虛假資訊的正、負與中立語調的量進行分析[9]。圖一顯示在第一層級效果上，以所有平台

總數與四家傳統媒體則數之總數進行分析，兩者並沒有顯著關係（ρ = .30, p = .06, n = 39），但 PTT、Mobile01、YouTube 和 Dcard 與傳統媒體有顯著相關（ρ = .34, p < .05, n = 39; ρ = .40, p < .05, n = 39; ρ = .41, p < .05, n = 39; ρ = .41, p < .05, n = 39）。

在第二層級上，正面語氣與傳統媒體的正面語氣都沒有關係，負面語氣上，PTT、Mobile01、YouTube、Dcard 與傳統媒體的負面語氣有顯著相關（ρ = .41, p < .05, n = 39; ρ = .46, p < .01, n = 39; ρ = .33, p < .05, n = 39; ρ = .44, p < .01, n = 39）。在中立語氣上，六個平台的總量、Facebook、Dcard 以及 Instagram 與傳統媒體的中立語氣有顯著相關（ρ = .31, p < .05, n = 39; ρ = .33, p < .05, n = 39; ρ = .45, p < .01, n = 39; ρ = .44, p < .01, n = 39）。

有趣的是就語氣與總量之間的關係。在圖一中有三條斜對角關係（分別為 A、B、C）顯示出較多的顯著關係。在正面語氣上（A）可以發現 Facebook、PTT、YouTube、Dcard 與 Instagram 有顯著關係（ρ = .34, p < .05, n = 39; ρ = .36, p < .05, n = 39; ρ = .40, p < .05, n = 39; ρ = .38, p < .05, n = 39; ρ = .43, p < .01, n = 39）。在負面語氣上（B），Mobile01 與 Dcard 有顯著關係（ρ = .40, p < .05, n = 39; ρ = .35, p < .05, n = 39）。在中立語氣上（C），PTT、Mobile01、YouTube 與 Dcard 有顯著關係（ρ = .41, p < .05, n = 39; ρ = .36, p < .05, n = 39; ρ = .38, p < .05, n = 39; ρ = .48, p < .01, n = 39）。

若我們考慮虛假資訊的議題設定在媒體上多以負面為主，而不論平台上的語氣，則可以看出 PTT、YouTube 以及 Dcard 的效果是較強的。但若接受媒體對於網路上的虛假資訊也需持平報導，則中立也是一種成功的議題設定，則可以看到 Facebook、Dcard 以及 Instagram 在虛假資訊上都成功地設定議題。

圖一　社群媒體與傳統媒體的虛假資訊第一與第二層級相關性

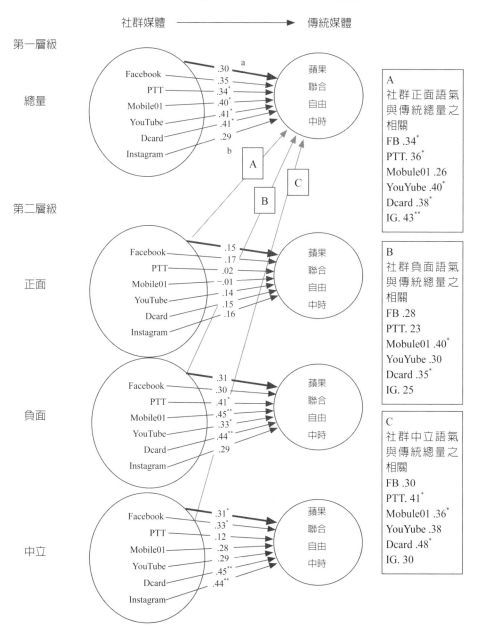

註 a：粗體線為社群平台總量與傳統媒體報導之相關；細線為每一個社群平台與傳統媒體之相關

註 b：灰線為社群平台語調與傳統媒體報導總量之相關

結論與討論

　　本研究分析發現，在疫情開始的三個月內，整體而言社群網站上所討論到的虛假資訊與傳統媒體的內容的確在議題設定的第一層級上，雖然總量上效果並不顯著，但就大型平台來看，幾乎每一個主要社群網站都發生顯著效果。在正面語氣上則都是沒有效果，負面語氣上，則是除了 Facebook 以及 Instagram 之外，主要平台（PTT、Mobile01、YouTube、Dcard）的負面語氣都設定了傳統媒體的負面語氣。中立語氣上與傳統媒體產生顯著相關的則是 Facebook、Instagram 以及 Dcard。整體而言，Facebook 作為台灣最大的社群網站，雖然在第一層級的議題設定有效，但是到了第二層級則效果反而不如 PTT、Mobile01、Dcard 以及 YouTube。不過，關於虛假資訊在語氣上的議題設定必須審慎的考量社群媒體上的負面語氣，可能並不是如傳統媒體上批判、反駁虛假資訊，情緒的類型較為複雜，可能包括哀傷、生氣、謾罵、嘲弄、憂鬱等等，這些負面的情緒不見得會合理地關聯到傳統媒體的負面語氣，也因此，我們對於虛假資訊第二層級的議題設定效果的解釋必須審慎。但若是以第二層級斜對角的「有力的論證」（compelling argument）來看，也就是如何說一個議題也會影響到該議題的重要（圖二），則又會發現正面與中立的情緒會有利於虛假新聞的傳統媒體總量的曝光。

圖二　議題設定中的有力的論證

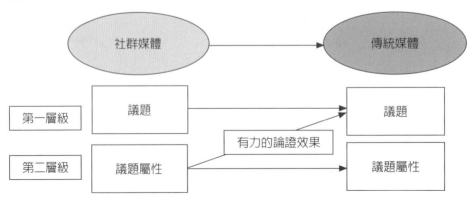

　　本研究重點在於新冠肺炎的虛假資訊從社群到傳統的流動，而議題設定作爲理論框架，本研究的特殊貢獻在於了解在不同社群平台上，其虛假資訊如何與傳統媒體的呈現相關。社群平台的虛假資訊在傳統媒體上是會曝光的，但即使曝光，屬性上卻有所不同，社群媒體要設定第二層級的議題屬性並不容易。值得注意的是如「蝙蝠湯」、「假命名 SARI」、「深圳醫院新冠症狀」等看來半眞半假的虛假資訊容易流傳至傳統媒體，且獲得較多露出；另一方面較容易判別眞僞如「不遵守防疫打腳底板」、「陳敏芳新冠肺炎經歷」、「翁啟惠新冠病毒建議」、「比爾蓋茲公開信」等，則較不明顯地回傳到傳統媒體，或是傳統媒體經專家查證後立即予以否認。

　　在傳統媒體與社群媒體虛假資訊的主題上兩者呈現出差異，傳統媒體較關心醫學相關、疾病的影響，像是防疫的偏方等，以及有關病毒在社區中的傳播的虛假資訊，此外，官方機構的作爲和病毒是如何傳播也是傳統媒體關心的主題。而社群媒體上討論最多的虛假資訊主題是因爲疫情衍生出的行爲，雖然想當然爾對一般民眾而言，疫情中的行爲層面會是比較值得關注的，但細看卻可以發現此主題內包含的主要虛假資訊爲「台灣快篩中國搶收割」，此一虛假資訊就占了 43.6％ 的討論量，由此可知當牽涉到兩岸的議題、中國對台灣的行爲，在社群上會引起相當大的討論，且又以負面情緒占多數。

　　議題設定研究中常提到所謂的附隨條件（contingent conditions），在本研究中，可以發現虛假資訊議題設定的附隨條件，當時間軸上出現較重大的台灣本地事件（如禁止醫療用口罩出口、中港澳人士全面限制入境、台美聯合聲明展開新藥疫苗等六大合作、台灣總病例數破百、民眾瘋搶物資、海軍敦睦艦隊爆發群聚感染），則相對應的社群媒體上的虛假資訊較多，而傳統媒體上也出現較多的相關報導。

　　在台灣事實查核中心的新聞方面，結果可明顯看出，《自由時報》引用最多台灣事實查核中心的內容來報導虛假資訊有 21 則，《蘋果日報》有 2 則，《聯合報》有 1 則，特別的是，《中國時報》完全沒有

提及台灣事實查核中心的新聞。其中澄清最多的虛假資訊主題為醫學相關、疾病的影響，其次是官方機構的作為，以民眾容易相信的主題為主，像是關於新冠肺炎的偏方或政府的新政策等。在這些報導中多是負面語氣，也就是對於虛假資訊呈現出批判、否定、反對等負面情緒，這部分很好理解，因事實查核中心已明確指出是虛假資訊。

另外，本研究的初步分析也發現了立場較偏民進黨的《自由時報》有成立「謠言終結站」專區，專門報導熱門或是事實查核中心查核的虛假資訊，在虛假資訊的刊載上顯著較其他媒體多，其次為《聯合報》，而《中國時報》與《蘋果日報》報導則數差不多，但四家媒體在對虛假資訊報導的主題、語調上並無顯著差異，這顯示傳統媒體在虛假資訊議題上著力有限。但是我們必須了解，在台灣依賴傳統媒體獲取資訊的中老年人往往是受到虛假資訊影響最深的一群廣大人口，期待未來新聞媒體基於社會責任，對於反駁虛假資訊的新聞刊載能更積極。

研究限制

本研究有以下四個研究限制：

第一，社群網站上討論的病毒源頭、時間上的差異可以看出多為社群網站先行，傳統媒體在後，對於其中有六個議題為傳統媒體在先，研究者認為有可能是基於平台自律而先行取下，因此本研究無法撈取。對於這六則虛假資訊的報導之確切來源，研究者推論可能還是來自社群平台或者是通訊軟體。未來研究若需要探討虛假資訊的議題設定，必須注意到即時追蹤與下載，否則以各大平台越來越受到政府對於自律的壓力，可能進行更積極的內容審查。第二，分析類目上，本研究的虛假資訊的主題分類上，研究者參考了台灣《鏡傳媒》的資料新聞部門 READr 所增加的兩項主題，其中「因為疫情衍生出的行為：因為新冠肺炎引起的事件。如詐騙、綁架、政治鬥爭等，或是因為人類減少活動，大自然正在恢復平靜」包含的行為龐雜，小至個人層次，大至社

會、政治，甚至大自然的動態，沒有清楚的概念化以至其是否合理、有效和準確均需要研究者再進一步討論，缺乏清楚的概念與操作也形成了檢視此主題真正意義的困頓，是本研究的限制之一。第三，在社群媒體的「情緒」與傳統媒體的「語調」間的概念差異。情緒判定的方法是語意機器人針對文本中所含有的情緒字詞（opinion word）去作情緒分數的計算，以此得出該篇文本之情緒傾向，與傳統新聞的語調的確有所區分。而本研究的確是關心主流媒體對於虛假資訊的態度（也就是語調上的正面、負面與中立表述），雖然情緒並不等同於語調，但現有機器人的能力只能進行社群內容的情緒判讀，而無法進行態度上支持與否的判斷。某篇社群媒體上的文本的情緒傾向被判定為負向，不一定代表該發言者對於某件事情的立場為否定。現有數據探勘與判讀技術難以確認情緒正負即為立場正負，這的確有概念上的落差。

最後，在四大報的內容分析樣本共蒐集 129 則相關新聞，數量上並不多，顯示在新冠疫情期間主流媒體報導對個別虛假資訊的關心程度並不如想像中高，有可能是個別的虛假資訊本身的新聞價值不足以讓主流媒體有報導的興趣。另外，相當可能是基於媒體把關，若虛假資訊已被查核為假，其影響力必定因此下滑，縱使曾經被關心過，媒體可能就不須因已經被查核而報導。而平台的資料量有 11,610 筆，也非想像中的天量。研究者認為可能顯示客觀上虛假資訊並沒有一般人想像中的多，當然也有可能是在台灣政府打擊假新聞的強力政策宣示下，大型平台業者必須以自律方式，主動將某些虛假資訊先行下架，但這一點難以求證。

未來研究建議

危機以及高風險時期的議題設定一向是能看出媒體效果的好時機，此次研究很可惜的是未能直接調查一般民眾對這些虛假資訊的重要性感知（第一層級）與看法（第二層級）。如此我們可以發現社群媒體因速

度快而產生的影響力，以及傳統媒體若進行虛假資訊的更正的效果。另外，本研究藉由跨議題設定理論探討虛假資訊對眞實新聞的影響，在第一層級上可以發現個別大型平台與傳統媒體彼此互相呼應，到第二層級也有語調上的相關，顯見大型平台呈現虛假資訊可能影響到傳統媒體的報導。另外，第二層級有力的論證效果也可以看出正面與中立的情緒有利於虛假新聞的傳統媒體總量的曝光。由於議題相關性大部分都成立，因此植基於這個研究發現上，未來可以思考的是哪些虛假新聞的特質不容易成爲傳統媒體的議題。

註　釋

1. 根據 MyGoPen 的網頁 https://www.mygopen.com/p/blog-page_19.html 的說明，這個名字來自於台語的「麥擱騙」，成立於 2015 年。MyGoPen 爲由資訊工程師自行組成的民間查證團隊。除了網站 mygopen.com 之外，也建立了 LINE 的傳送謠言機制，民眾也可以透過加入 MyGoPen 的 LINE@ 來回報自己看到的虛假資訊或疑似謠言的文章。在查證新冠疫情虛假資訊上的量僅次於台灣事實查核中心。

2. 根據台灣事實查核中心網頁 https://tfc-taiwan.org.tw/about/oganization 說明，此機構爲由台灣媒體觀察教育基金會與優質新聞發展協會於 2018 年 4 月 19 日共同支持成立。台灣事實查核中心希望藉由專業且嚴謹的團隊來查核不實資訊，重建大眾對於新聞品質的信任。並且在 2019 年與 Facebook、LINE、Yahoo 奇摩、Google 等網路與社群平台合作，能夠更貼近民眾的線上生活。在新冠肺炎疫情期間，此機構進行非常積極的虛假資訊查核，其總量遠高於其他事實查核機構。

3. 筆者在研究過程當中思考過蒐集哪些網路數據是比較適合的，新冠疫情全民關心，相關虛假資訊亦然，所以自然聚集大眾導向的平台，包括 Facebook、Instagram、YouTube 等平台。至於討論區 PPT、Dcard、Mobile01 與巴哈姆特哈拉區，有不同取向，PPT 議題多元，但公共議題的討論相當多，Dcard 在近年的台灣網路輿情分析中已占有一定地位，而 Mobile01 多以數位商品討論，巴哈姆特哈拉區則是電玩遊戲。台灣的公共議題討論不限 Facebook 以及 YouTube，仍有以部落格爲主要場域。本研究蒐集了 29 個部落格平台，包括 WordPress、Blogger.com、Medium 等等，這些部落格仍有相當多的時

事評論，且當中的內容不少有一定的水準，也有相當的瀏覽量。所以決定將這些部落格一起納入。整體來說本研究所處理的社交平台在台灣都是網路使用者進行訊息交流的平台，具有雙向互動功能的平台都具有社交性質，都可能散布虛假資訊，爲求完整，研究者收錄的社群網站和討論區，是以網友能夠發文及回覆，且流量高的平台作收錄（參考 Alexa 及 SimilarWeb 等台灣地區熱門網站排名，類型爲社群網站或討論區，可以發文及回覆者）。確定網站清單後，用爬文機器人派駐到各個不同的網站端進行文本或數據上的爬取蒐集，除了將上述各平台之網友發文及回覆，研究者透過網頁原始碼進行拆解，取出意義相同之欄位例如標題、作者、內容、發文時間等進行對應外，針對各平台上的發文則數進行計算，並且採用均重不加權（equal weight）的方式，將各平台上的數字做加總。雖然網站頁面上顯示的版型、欄位呈現不齊一，但只要透過網站本身的原始碼資訊就可以把不同網站，但實爲雷同相似的欄位資訊進行整理。

4. 本研究之所以提出交集而非聯集，是因爲必須在假新聞確認這個核心分析項目上不會有爭議，所以希望爲主要的事實查核機構共同確認眞假的資訊。這些事實查核機構中，以台灣事實查核中心（TFC）爲最主要，參與核心人物多爲學者與資深記者，所以影響力也非常大，但是爭議也較高，曾被多次貼上爲民進黨政府附隨組織的標籤，被懷疑幫政府進行認知作戰。另外，也被指出與台灣公共廣播集團中的華視合作，以查察假新聞爲名，替對執政的民進黨不利的消息擦脂抹粉，卻對民進黨政治人物的造謠置若罔聞（劉力仁，2018；練鴻慶，2021；黃建豪，2022）。雖然台灣事實查核中心擁有最多查核資料，加上高曝光量，但是本研究爲周延起見，採保守作法，以曝光量次之的 MyGoPen 也進行的假新聞事實查核進行比對，以兩家查核中心都查核的虛假資訊作爲研究標的。

5. 機器在作任何網路文本資料的爬入過程中便會先作「斷詞」上的處理，也就是說系統透過持續性的機器學習去辨識一大段文章該如何從中拆出一個個單體的語詞，其主要的訓練方式主要是先給予機器大量的辭典內容、先行告知有哪些字彙須自成一詞，爾後會在機器自行斷詞的結果上作滾動式的檢驗及修正，再者有了斷詞結果後，系統會接著針對其中帶有情緒的字眼進行情緒分數的給予，也就是說會另外設定兩本分別爲正面及負面的情緒詞字典給機器作字詞的比對辨識及情緒分數的給予。最後，機器就會針對個別文本中所被分配到的正負面情緒分數進行總體情緒分數的運算，以此去判斷出該文本的情緒偏向「正面」或「負面」，亦可能正負面分數都不足夠顯著，則會將文本標記爲「中立」。

6. 「貼文」（post）是指是由某一作者開文撰述的內容，例如某網紅在社群網

站的動態消息、某網友在 PTT 上面撰寫一則貼文等形式，都會被視之爲所謂的貼文，其中此文字類型亦被稱爲主文、發文或是開文；而「回應」（comment）便是緊接在發文底下的留言區中的所有內容，主要的回文是網友針對主文發布的內容所進行的回饋、感想、意見闡述或討論，此類文本數據亦被稱爲回文或留言。另，發文以及回文的區分是透過網站端本身的版型安排，在初始的爬文階段時就會作分類歸納，因此由發文作者所撰寫的內容便會是「貼文」、而貼文底下的網友留言迴響則便會被視之爲「回應」。搜尋範圍是包含主文及回文，兩者都是以則數進行計算，並且採用均重不加權（equal weight）的方式，將兩個數字做加總。

7. READr 是台灣《鏡傳媒》負責產製資料新聞的子品牌（劉雨婷，2019），其成立宗旨在打破傳統的新聞編輯，以分析數據資料的方式，讓讀者參與新聞產製的過程來完成新聞報導。READr 的呈現方式跟傳統的報導形式不同，強調運用各種數位工具所產生的圖表的敘事方式，取代以文字爲主體的傳統新聞（簡信昌，2018）。記者蒐集素材後會先與工程師、設計師討論如何針對不同報導的屬性進行設計，記者再修改內容（簡信昌，2018；游羽棠，2020）。

8. 根據 READr〈五千篇事實查核報告分析：武漢肺炎假訊息戰役〉一文的網頁 https://www.readr.tw/project/covid19-disinformation-vis 說明，這五千篇查核報告，出自「國際事實查核組織聯盟」（International Fact-checking Network: Poynter）的五千篇事實查核報告。這 11 個主題類目抽象程度不一，尤其「疫情其實不嚴重：描述武漢肺炎疫情其實不嚴重」概念化程度顯然低於其他十類，但本研究仍將之納入分析，是因這類目由該機構分析經國際認證的事實查核機構的五千份事實查核報告之大數據產生，爲資料帶出的概念。某程度上，這樣的類目應有其存在意義，也許如此具體程度可顯示出虛假資訊內容有許多非常瑣碎的類似事實的描述。

9. 由於本研究的主題是虛假資訊，虛假資訊的源頭按照常理，主流媒體不太可能發動，而以社群平台爲源頭，所以事實查核組織的目標對象亦是網路平台訊息，因此作者雖考慮過以 cross-lagged correlation 來驗證跨媒體議題設定，但基於主題的特殊性，因此並未以此處理。

參考文獻

中文部分（Chinese Section）

Rannard, G.（2017 年 12 月 31 日）。〈盤點 2017：蹭熱點的假新聞泛濫網絡〉。取自《BBC 中文網》，https://www.bbc.com/zhongwen/trad/world-42527020

Rannard, G. (2017, December 31). Pandian 2017: Ceng redian de jia xinwen fanlan wangluo. *BBC zhongwenwang*. Retrieved from https://www.bbc.com/zhongwen/trad/world-42527020

王怡蓁（2018 年 7 月 27 日）。〈假新聞在東南亞：最大的散播者是政府〉。取自《端傳媒》，https://theinitium.com/article/20180731-g0v-fakenews-asia

Wang Yizhen (2018, July 27). Jia xinwen zai Dongnanya: Zuida de sanbozhe shizhengfu. *Duan chuanmei*. Retrieved from https://theinitium.com/article/20180731-g0v-fakenews-asia

邱佩慈（2016 年 4 月 13 日）。〈【逆思媒讀】第十三期：三器新聞〉。取自《逆思》，https://letsnews.thisistap.com/1491/%E3%80%90%E9%80%86%E6%80%9D%E5%AA%92%E8%AE%80%E3%80%91%E7%AC%AC%E5%8D%81%E4%B8%89%E6%9C%9F%EF%BC%9A%E4%B8%89%E5%99%A8%E6%96%B0%E8%81%9E/

Qiu Peici (2016, April 13). [Ni si mei du] di shisan qi: Sanqi xinwen. *Nisi*. Retrieved from https://letsnews.thisistap.com/1491/%E3%80%90%E9%80%86%E6%80%9D%E5%AA%92%E8%AE%80%E3%80%91%E7%AC%AC%E5%8D%81%E4%B8%89%E6%9C%9F%EF%BC%9A%E4%B8%89%E5%99%A8%E6%96%B0%E8%81%9E/

李又如（2020）。〈看得見的病毒：武漢肺炎假訊息〉。取自《READr 讀 +》，https://www.readr.tw/project/covid19-disinformation

Li Youru (2020). Kandejian de bingdu: Wuhan feiyan jia xunxi. *READr du+*. Retrieved from https://www.readr.tw/project/covid19-disinformation

游羽棠（2020）。《融合新聞室工作者的衝突與協商：以〈報導者〉、〈READr〉及〈沃草〉為例》。台灣大學新聞研究所學位論文。

You Yutang (2020). *Ronghe xinwenshi gongzuozhe de chongtu yu xieshang: Yi Baodaozhe, READr, ji Wocao weili*. Taiwan daxue xinwen yanjiusuo xuewei lunwen

葉乃靜（2020）。〈由新冠病毒（COVID-19）防疫機制談假新聞防制〉。《台北市立圖書館館訊》，第 35 期第 3 卷，頁 90-113。

Ye Naijing (2020). You xinguan bingdu (COVID-19) fangyi jizhi tan jia xinwen fangzhi. *Taibei shili tushuguan guanxun*, *35*(3), 90-113.

黃建豪（2022 年 1 月 2 日）。〈華視老總槓上國民黨將下台 藍委：眞正原因是早得罪老柯〉。取自《新頭殼 newtalk》，https://newtalk.tw/news/view/2022-01-20/699198

Huang Jianhao (2022, January 2). Huashi laozong gangshang Guomindang jiang xiatai, Lanwei: Zhenzheng yuanyin shi zao dezui lao Ke. *Xin touke newtalk*. Retrieved from https://newtalk.tw/news/view/2022-01-20/699198

劉力仁（2018 年 6 月 12 日）。〈「台灣事實查核中心」是民進黨附隨組織？胡元輝：喝水差點噴出來〉。取自《自由時報》，https://news.ltn.com.tw/news/politics/breakingnews/2455987

Liu Liren (2018, June 12). 'Taiwan shishi chahe zhongxin' shi Minjindang fusui zuzhi? Hu Yuanhui: Heshui chadian penchulai. *Ziyou shibao*. Retrieved from https://news.ltn.com.tw/news/politics/breakingnews/2455987

劉致昕（2019 年 4 月 22 日）。〈深入全球假新聞之都，看「境外網軍」是如何煉成的？：助川普當選的藏鏡人，竟在北馬其頓〉。取自《報導者》，https://reurl.cc/20V4XO

Liu Zhixin (2019, April 22). Shenru quanqiu jia xinwen zhi du, kan 'jingwai wangjun' shi ruhe liancheng de?: Zhu Chuanpu dangxuan de cangjing ren, jingzai Beimaqidun. *Baodaozhe*. Retrieved from https://reurl.cc/20V4XO

劉雨婷（2019 年 6 月 25 日）。〈簡信昌｜從數據新聞看數位的新聞思考方式〉。取自《卓越新聞電子報》，https://www.feja.org.tw/46689

Liu Yuting (2019, June 25). Jian Xinchang| Cong shuju xinwen kan shuwei dexinwen sikao fangshi. *Zhuoyue xinwen dianzi bao*. Retrieved from https://www.feja.org.tw/46689

練鴻慶（2021 年 6 月 2 日）。〈觀點投書：查核事實查核中心〉。取自《風傳媒》，https://www.storm.mg/article/3719453

Lian Hongqing (2021, June 2). Guandian toushu: Chahe Shishi chahe zhongxin. *Feng chuanmei*. Retrieved from https://www.storm.mg/article/3719453

蕭彤雯（2017）。《記者不是你想的那樣：蕭彤雯的新聞現場》。台北：時報出版。

Xiao Tongwen (2017). *Jizhe bushi ni xiang de nayang: Xiao Tongwen de xinwen xianchang*. Taibei: Shibao chuban.

簡信昌（2018 年 4 月 10 日）。〈READr 作爲一個實驗的新聞媒體〉。取自 https://medium.com/readr/readr-%E5%81%9A%E7%82%BA%E4%B8%80%

E5%80%8B%E5%AF%A6%E9%A9%97%E7%9A%84%E6%96%B0%E8%81
%9E%E5%AA%92%E9%AB%94-ffbaa910beb4

Jian Xinchang (2018, April 10). READr zuowei yige shiyan de xinwen meiti. Retrieved from https://medium.com/readr/readr-%E5%81%9A%E7%82%BA
%E4%B8%80%E5%80%8B%E5%AF%A6%E9%A9%97%E7%9A%84%E6%
96%B0%E8%81%9E%E5%AA%92%E9%AB%94-ffbaa910beb4

英文部分（**English Section**）

Allcott, H., & Gentzkow, M. (2017). Social media and fake news in the 2016 election. *Journal of Economic Perspectives*, *31*(2), 211-236.

Baum, M. A., & Groeling, T. (2008). New media and the polarization of American political discourse. *Political Communication*, 25, 345-365.

Brennen, J. S., Simon, F. M., Howard, P. N., & Nielsen, R. K. (2020). Types, sources, and claims of COVID-19 misinformation. RISJ Factsheet. *Reuters Institute for the Study of Journalism*. Retrieved from https://reutersinstitute. politics.ox.ac.uk/types-sources-and-claims-covid-19-misinformation

Cinelli, M., Quattrociocchi, W., Galeazzi, A., Valensise, C. M., Brugnoli, E., Schmidt, A. L., Zola, P., Zollo, F., & Scala, A. (2020). The COVID-19 social media infodemic. *Scientific Reports*, *10*(1).

Conway, B. A., Kenski, K., & Wang, D. (2015). The rise of Twitter in the political campaign: Searching for intermedia agenda-setting effects in the presidential primary. *Journal of Computer-Mediated Communication*, *20*(4), 363-380.

Cui, L., & Lee, D. (2020, May 22). Coaid: Covid-19 healthcare misinformation dataset. Retrieved from https://arxiv.org/pdf/2006.00885.pdf

Denham, B. E. (2014). Intermedia attribute agenda setting in the New York Times: The case of animal abuse in US horse racing. *Journalism & Mass Communication Quarterly, 91*, 17-37.

Driedger, M. S. (2008). Creating shared realities through communication: Exploring the agenda-building role of the media and its sources in the E. coli contamination of a Canadian public drinking water supply. *Journal of Risk Research*, *11*(1-2), 23-40.

Geiger, A. W. (2019, May 20). Key findings about the online news landscape in America, 2019. Retrieved from https://www.pewresearch.org/facttank/2019/09/11/ key-findings-about-the-online-news-landscape-in-america/

Godfrey, L. (2020, March 27). Social media's role in the Coronavirus Pandemic. *Business 2 Community*. Retrieved from https://www.business2community.com/social-media/social-medias-role-in-the-coronavirus-pandemic-02296280

Guo, L., & Vargo, C. (2020). "Fake news" and emerging online media ecosystem: An integrated intermedia agenda-setting analysis of the 2016 U.S. presidential election. *Communication Research*, *47*(2), 178-200.

Gupta, A., Lamba, H., Kumaraguru, P., & Joshi A. (2013). Faking sandy: Characterizing and identifying fake images on Twitter during hurricane Sandy. In *Proceedings of the 22nd international conference on World Wide Web*, pp. 729-736. ACM.

Harder, R. A., Sevenans, J., & Van Aelst, P. (2017). Intermedia agenda setting in the social media age: How traditional players dominate the news agenda in election times. *The International Journal of Press/Politics*, *22*(3), 275-293.

Lim, J. (2011). First-level and second-level intermedia agenda-setting among major news websites. *Asian Journal of Communication*, *21*, 167-185.

Liu, B. F. (2010). Distinguishing how elite newspapers and A-list blogs cover crises: Insights for managing crises online. *Public Relations Review*, *36*(1), 28-34.

McCombs, M. (1997). New frontiers in agenda setting: Agendas of attributes and frames. *Mass Communication Review*, *24*(1&2), 32-52.

McCombs, M. (2004). *Setting the agenda: The mass media and public opinion*. Cambridge, UK: Polity Press.

McCombs, M. (2005). A look at agenda-setting: Past, present and future. *Journalism Studies*, *6*, 543-557.

McCombs, M. E., & Shaw, D. L. (1972). The agenda-setting function of mass media. *The Public Opinion Quarterly*, *36*(2), 176-187.

Pennycook, G., & Rand, D. G. (2020). Who falls for fake news? The roles of bullshit receptivity, overclaiming, familiarity, and analytic thinking. *Journal of Personality*, *88*(2), 185-200.

Rampersad, G., Althiyabi, T., Warner-Søderholm, G., Bertsch, A., Sawe, E., Lee, D. D., Wolfe, T., Meyer, J., Engel, J., Fatilua, U. N., Rusmania, N., Jiang, Y., Bolnick, D. I., Kirkpatrick, M., Gyaisey, A. P., Afful-dadzie, A., Boateng, R., Boyd-Barrett, O., Perugini, M., & Hage, R.-M. (2019). Birds of a feather: Homophily in social networks. *Computers in Human Behavior*, *9*(1), 1-9.

Reese, S. D., & Danielian, L. H. (1989). Intermedia influence and the drug issue:

Converging on cocaine. In P. J. Shoemaker (Ed.), *Communication campaigns about drugs: Government, media, and the public* (pp. 29-46). Hillside, NJ: Lawrence Erlbaum.

Rogstad, I. (2016). Is Twitter just rehashing? Intermedia agenda setting between Twitter and mainstream media. *Journal of Information Technology & Politics*, *13*(2), 142-158.

Seltzer, T., & Mitrook, M. A. (2007). The dialogic potential of weblogs in relationship building. *Public Relations Review*, *33*(2), 227-229.

Shan, L., Regan, Á., De Brún, A., Barnett, J., Van der Sanden, M. C., Wall, P., & McConnon, Á. (2014). Food crisis coverage by social and traditional media: A case study of the 2008 Irish dioxin crisis. *Public Understanding of Science*, *23*(8), 911-928.

Silverman, C., & Singer-Vine, J. (2016, December 7). Most Americans who see fake news believe it, new survey says. *BuzzFeed News*. Retrieved from https://www.buzzfeed.com/craigsilverman/fake-news-survey?utm_term=.hjjx9yg12#.hcO5RNwoy

Singh, L., Bansal, S., Bode, L., Budak, C., Chi, G., Kawintiranon, K., Padden, C., Vanarsdall, R., Vraga, E. K., & Wang, Y. (2020). A first look at COVID-19 information and misinformation sharing on Twitter. *ArXiv*. Retrieved from https://doi.org/10.48550/arXiv.2003.13907

Su, Y., & Borah, P. (2019). Who is the agenda setter? Examining the intermedia agenda-setting effect between Twitter and newspapers. *Journal of Information Technology & Politics*, *16*(3), 236-249.

Swami, V., & Barron, D. (2021). Rational thinking style, rejection of coronavirus (COVID-19) conspiracy theories/theorists, and compliance with mandated requirements: Direct and indirect relationships in a nationally representative sample of adults from the United Kingdom. *Journal of Pacific Rim Psychology*, *15*. Retrieved from https://doi.org/10.1177/18344909211037385

Tandoc, E. C., Lim, Z. W., & Ling, R. (2017). Defining "Fake News": A typology of scholarly definitions. *Digital Journalism*, *6*(2), 137-153.

Tuchman, G. (1978). *Making news: A study in the construction of reality*. New York, NY: Free Press.

Valenzuela, S., Puente, S., & Flores, P. M. (2017). Comparing disaster news on Twitter and television: An intermedia agenda setting perspective. *Journal of Broadcasting & Electronic Media*, *61*(4), 615-637.

Vargo, C. J., Guo, L., & Amazeen, M. A. (2018). The agenda-setting power of fake news: A big data analysis of the online media landscape from 2014 to 2016. *New Media & Society*, *20*(5), 2028-2049.

Xu, J. (2020). Does the medium matter? A meta-analysis on using social media vs. traditional media in crisis communication. *Public Relations Review*, *46*(4), 101947.

Zhou, P., Yang, XL., Wang, XG., Hu, B., Zhang, L., Zhang, W., Si, HR., Zhu, Y., Li, B., Huang, CL., Chen, HD., Chen, J., Luo, Y., Guo, H., Jiang, RD., Liu, MQ., Chen, Y., Shen, XR., Wang, X., Zhang, XS., Zhao, K., Chen, QJ., Deng, F., Liu, LL., Yan, B., Zhan, FX., Wang, YY., Xiao, GF., & Shi, ZL. (2020). A pneumonia outbreak associated with a new coronavirus of probable bat origin. *Nature*, *579*(7798), 270-273.

附錄一　個別主題所對應的虛假資訊

主題	虛假資訊
病毒在社區中的傳播	榮總確診
官方機構的作為	台灣武漢肺炎關鍵期、俄羅斯獅子、不遵守防疫打腳底板、亞崴國家隊口罩機、老年人關起來
醫學相關、疾病的影響	大蒜水抗病毒、攝氏 56 度 30 分鐘殺菌、塗抹芝麻油抗病毒、薑沖熱開水、深圳醫院新冠症狀、每天 #COVID-19 感染的情況、陳敏芳新冠肺炎經歷、茶抗病毒、鹽水漱口抗病毒、憋氣 10 秒測感染、冠狀病毒自救方法、溫水加鹽巴或醋漱口消毒、SARS+AIDS、吸入水蒸氣抗病毒、振興主任病毒不耐熱、假命名 SARI
名人宣稱或相關活動	比爾蓋茲公開信、翁啟惠新冠病毒建議
陰謀論	中國生化武器
病毒是如何傳播	病毒空氣傳播、外國人吐口水在捷運手把上、蚊蟲傳播、雲層夾帶病毒、冠狀病毒氣溶膠傳播、武漢古田四路佳興園
疫苗研發	
病毒的起源	美軍武漢軍運會、武漢蝙蝠源頭、美國早有新冠肺炎、病毒是美國流感、武漢市場
準備與預防	衛生紙之亂、澳洲華人救援物資
因為疫情衍生出的行為	台灣快篩中國搶收割
疫情其實不嚴重	

附錄二　台灣新冠肺炎 100 天大事紀

		大事
1.	2020/1/21	台灣首例確診病例,為從武漢返鄉女性台商。
2.	2020/1/23	中國宣布武漢「封城」。台灣航空公司往返武漢停飛,當地有兩千多名台商滯留。
3.	2020/1/24	台灣出現第 2、3 例確診病例,為 50 多歲中國籍女性和 50 多歲男性台商。
4.	2020/1/26	台灣出現第 4 例病例,50 多歲北部女性,有武漢旅遊史。
5.	2020/1/27	台灣出現第 5 例確診病例,為中部 50 多歲女性。
6.	2020/1/28	台灣針對中國(不含港澳)旅遊疫情警示提升到第三級。
7.	2020/1/29	台灣宣布連 3 日每天釋出 600 萬片口罩至 4 大超商,每人限購 3 片。
8.	2020/1/30	台灣出現第 9 例確診,為 40 多歲的女性,被在武漢工作的丈夫傳染。
9.	2020/1/31	台灣出現第 10 例確診病例,為第 9 例女性的丈夫。WHO 將此疫情列為「國際公共衛生緊急事件」。美國國務院調高對中國的旅遊警戒至最高等級,要求公民勿前往中國旅遊。
10.	2020/2/1	李文亮接受《紐約時報》採訪,並公布自己已確診感染。
11.	2020/2/2	台灣首次因為疫情延後開學、制定「防疫照顧假」。
12.	2020/2/3	宣布 2 月 6 日起實施「口罩販售實名制」。武漢台商包機抵台,247 名台商中 1 人確診,確診案例升至 11 例。台灣宣布港澳人士及學生自 2 月 11 日起暫緩入境。
13.	2020/2/4	台灣宣布 2 月 7 日開始,過去 14 日內曾入境或居住於中國(不含港澳)的一般外籍人士,禁止入境台灣。
14.	2020/2/5	南京、寧波、福州、哈爾濱等大城市相繼發布「封城」。
15.	2020/2/6	台灣單日新增 5 例,總計確診案例達 16 人。吹哨人李文亮醫師死亡。
16.	2020/2/8	陸委會宣布 2 月 10 日起全面暫停兩岸海運客運直航航線及航班。
17.	2020/2/9	全球死亡人數則高達 813 人,超過 SARS 全球死亡的 774 人。
18.	2020/2/10	台灣宣布,港澳人士、學生自 2 月 11 日起全面暫緩入境。中國包括北京、上海宣布「半封城」。
19.	2020/2/11	台灣升高港澳、新加坡及泰國旅遊警告。

		大事
20.	2020/2/12	WHO 宣布將 2019 新型冠狀病毒所引發的疾病更名為「COVID-19」。
21.	2020/2/13	中國因納入快篩陰性和綜合臨床診斷方式，讓確診案例一夕暴增 1.5 萬例。日本首次宣布不會因 COVID-19 停辦 2020 東京奧運。
22.	2020/2/15	全球確診病例突破 6.7 萬人，死亡人數高達 1,500 人。埃及也出現首例，為非洲第一個出現案例的國家。
23.	2020/2/16	台灣出現首起死亡案例。
24.	2020/2/18	台灣將鑽石公主號列為疫區，2,404 位乘客有 524 人確診；22 位台灣人中有 4 名感染。
25.	2020/2/20	韓國宣布進入社區傳播階段，231 人為新天地教會的群聚感染。日本確診病例數達 119 例，分散於 14 都道府縣。
26.	2020/3/9	受到 COVID-19 疫情影響，美股觸發史上第二次熔斷，並在接下來半個月又經歷了 3 次熔斷。
27.	2020/3/12	WHO 宣布 COVID-19 是「全球大流行疾病」。
28.	2020/3/18	台灣總病例數破百，民眾瘋搶物資。歐盟發布禁令 26 國關閉邊境 1 個月。
29.	2020/3/20	全球死亡人數突破萬人。
30.	2020/3/23	紐西蘭確診數破百，全國實行自我隔離 4 週，全面停班停課、關閉非必要場所。德國宣布除了家居與工作場所外，禁止兩人以上集會。
31.	2020/3/24	全球超過 35 萬人感染病毒，1.5 萬人病故。英國頒布「全境居家隔離」命令。泰國宣布進入緊急狀態。日本宣布東京奧運延期一年。
32.	2020/3/29	台灣增 3 例死亡，累計 298 例確診，5 人死亡。首班上海類包機抵台。全球確診人數破 70 萬，死亡人數破 30 萬。
33.	2020/4/1	蔡英文總統表示，台灣將在口罩、藥物、技術三項目對國際提供協助。
34.	2020/4/2	全球累計確診逾 93 萬，有 4 萬 7 千人病逝。
35.	2020/4/3	全球確診人數破百萬大關，死亡人數超過 5.1 萬。台灣宣布大眾運輸工具乘客須戴口罩。
36.	2020/4/5	法國確診人數突破 9 萬人，人數超越中國。
37.	2020/4/6	台灣宣布連假前往擁擠景點者，一律自主健康管理 14 天。全球確診數突破 127 萬，死亡數突破 6.9 萬人。
38.	2020/4/9	全球確診人數超過 150 萬，死亡 8.8 萬人。台灣八大行業全面停業。

		大事
39.	2020/4/10	YouTuber 阿滴集資登《紐約時報》頭版廣告「台灣人給世界的一封信」。
40.	2020/4/12	全球確診人數超過 170 萬，死亡 10 萬人。美國死亡病例超越 2 萬，成為全球最多。
41.	2020/4/14	台灣迎來自 3 月 9 日來、睽違 35 天的零確診。
42.	2020/4/15	台灣民間發起「#ThisAttackComesFromTaiwan」募資廣告於《紐約時報》頭版，這個 Hashtag 在 4 月 9 日開始在 Twitter 上發酵，主要回應來自國外對台灣的指控，透過反諷的方式，推友在 Twitter 上使用 #thisattackcamefromtaiwan 來對外宣傳。世界衛生組織大動作以 13 點回應。美國總統川普宣布停止捐助 WHO。
43.	2020/4/16	全球確診數突破 200 萬例，死亡突破 13 萬例。
44.	2020/4/17	蔡英文總統登上美國《時代》雜誌，分享台灣防疫經驗。中國武漢市疫情防控指揮部公開訂正數字，並承認醫療機構有「遲報、漏報、誤報」病例的事實。
45.	2020/4/18	爆發中華民國海軍敦睦遠航訓練支隊事件。該艦隊有 744 官兵，於 3 月 5 日啟航，在 3 月 12 日至 15 日停靠帛琉共和國參訪，4 月 9 日返國，並在 14 日開始下船，3 人確診。由於官兵下船休假後未進行相關管制，導致官兵足跡遍布全台。

12 新冠肺炎虛假資訊接觸對認知和態度的負面影響：探究數位媒體資訊近用性的形塑作用

魏然 [1]、郭靖 [2]、王賽 [3]、黃懿慧 [4]

摘要

隨著新冠肺炎疫情的爆發和全球性傳播，相關虛假資訊在社群媒體平台滋生、流傳、誤導公眾。那麼，新冠疫情相關的虛假資訊是透過怎樣的機制危害公眾的認知與態度？本研究透過對四個文化相近、但資訊近用性不同的亞洲城市（即中國大陸的北京、香港、新加坡、台北）進行實證研究，考察了接觸疫情虛假資訊對錯誤觀念、疫苗態度、知識水準的負面影響。本研究的數據來自 2021 年 8 月開展的一項線上大型問卷調查，共有 4,094 名受訪者參與。研究結果顯示，社群媒體中流行的虛假資訊會使人們對於新冠疫情產生錯誤的認知、形成抵制疫苗態度，並阻礙學習相關知識。此外，我們也發現在數位媒體資訊近用性高的社會（如香港、新加坡）中，虛假資訊的接觸和分享較少出現，負面影響也較低；而在對數位媒體資訊近用性受限的社會中（如北京），虛假資訊的接觸和分享則較為頻繁，並產生較高的負面影響。最後，我們討論了本研究發現

---

1 魏然，香港浸會大學傳理學院講座教授，香港中文大學新聞與傳播學院退休教授。研究興趣：媒介效果、傳播科技、移動傳播。
2 郭靖，香港中文大學新聞與傳播學院博士生。研究興趣：政治傳播、新媒體研究。
3 王賽，香港浸會大學傳理學院互動媒體系研究助理教授。研究興趣：計算機媒介傳播、媒體心理學、人機互動。
4 黃懿慧，香港城市大學媒體與傳播系講座教授。研究興趣：策略傳播、風險與危機溝通、關係管理、衝突與談判、跨文化傳播。

對虛假疫情資訊的理論與實踐意義。

關鍵詞：新冠疫情、虛假資訊、數位媒體資訊近用性、認知、抵制疫苗態度

12 The Role of Digital Information Accessibility in Shaping the Relationships of Exposure to COVID-19 Misinformation and Cognitive and Attitudinal Effects in Asia

Ran WEI[1], Jing GUO[2], Sai WANG[3], Yi-Hui Christine HUANG[4]

Abstract

What harms has COVID-19 misinformation circulating on social media inflicted on the general public's cognition and attitudes? We investigated this concern by linking exposure to popular COVID-19 misinformation with three adverse cognitive and attitudinal outcomes in four culturally similar Asian societies (i.e., mainland China, Hong Kong, Singapore, and Taiwan) that differ in digital information accessibility. Data collected from an online survey of 4,094 adult respondents in August 2021 demonstrate that exposure

[1] Ran WEI (Chair Professor). School of Communication, Hong Kong Baptist University. He is a retired Professor at School of Journalism and Communication, The Chinese University of Hong Kong. Research interests: media effects, communication technology, mobile communication.

[2] Jing GUO (Ph.D. Student). School of Journalism and Communication, The Chinese University of Hong Kong. Research interests: political communication, new media.

[3] Sai WANG (Research Assistant Professor). Department of Interactive Media, Hong Kong Baptist University. Research interests: computer-mediated communication, media psychology, human-computer interaction.

[4] Yi-Hui Christine HUANG (Chair Professor). Department of Communication and Media, City University of Hong Kong. Research interests: strategic communication, risk communication, crisis communication, relationship management and conflict resolution, cross-cultural communication.

to misinformation on popular social media platforms negatively affected respondents' misbeliefs of and incorrect knowledge of COVID-19 and antivaccine attitudes. Moreover, sharing misinformation was found to mediate the relationship of misinformation exposure and cognition and attitudes. When situating these relationships in the four societies, we found that exposure and sharing were less frequent in societies with free access to digital information but more frequent in societies with restricted accessibility. Implications of these findings for containing the infodemic are discussed.

Keywords: COVID-19 pandemic, misinformation, information accessibility, cognition, anti-vaccine attitudes

前　言

　　曠日持久的新冠肺炎疫情不僅威脅著人類的生命和健康，也帶來了一個令人擔憂的現象：「資訊流行病」（infodemic）（見 Cinelli et al., 2020）。廣義而言，資訊流行病是指，與某一特定議題相關的資訊在短時間內，受特定事件的激發，而出現快速傳播的現象（Pan American Health Organization, 2020, p. 1）；錯誤資訊、謠言、虛假資訊和假新聞等均屬資訊流行病。具有誤導性的疫情虛假資訊五花八門，從病毒起源、感染管道、治療方法，到對疫苗的懷疑，不勝枚舉。這些虛假資訊如病毒般在社群媒體和人際網絡中大量傳播，對人們的態度和行為可能產生不良的影響。

　　因此，學術界極為關注資訊流行病及其對疫情防控的影響。相關研究發現，虛假資訊接觸會危害民眾對新冠疫情的認知和行為。例如，不分辨就盲目分享（Rossini et al., 2021）、產生焦慮不安等負面情緒（Liu & Huang, 2020）、抗拒和牴觸科學的防疫措施（Lee et al., 2020）、對接種疫苗猶豫不決（Dror et al., 2020）等。既有研究亦發現了導致虛假資訊接觸和分享的多種因素和機制，包括個人層面的差異，如科學知識水準和政治認同（Buchanan & Benson, 2019; Pennycook et al., 2020），也包括資訊本身的屬性，如負面情緒誘發性等（Kumar et al., 2021）。然而，當前研究很少探析宏觀社會因素對虛假資訊接觸的影響，而宏觀社會因素恰恰是不可忽視的。

　　為了填補現有研究之空白，本研究檢驗數位媒體資訊近用性（digital information accessibility）這一關鍵的社會因素在虛假資訊傳播及影響上的形塑作用。具體而言，我們提出的主要研究問題是，資訊近用性如何影響公眾接觸與分享虛假資訊，從而削弱或增強虛假資訊對民眾在認知和態度方面的負面影響，如形成對新冠肺炎的錯誤認知、妨礙建立正確知識，並使公眾形成抵制疫苗的態度等。

　　在社群媒體上廣泛傳播的疫情虛假資訊，無論在類型、屬性、數量、來源、話術等方面都不相同，在不同的社會環境中亦有顯著差異，這也是本研究關注數位媒體資訊近用性這一社會因素的初衷所在。生活在不同社會政治體制和媒介環境中的民眾，對於網路資訊的接觸有難有易，對於網路資訊的認知和接受也會存在差異（Cho et al., 2009; Eveland, 2001）。因此，本研究選取四個在地域、文化上接近，但數位媒體資訊近用性水準相差較大的亞洲城市（即北京、香港、新加坡和台北）作為研究對象。同時，我們嘗試建立一個整合性模型，來揭示在不同的社會資訊環境之下，接觸和分享虛假疫情資訊如何影響公眾對虛假資訊的認知、對疫苗的態度，以及相關知識水準。

　　本研究將有助於進一步拓展我們對虛假資訊負面影響的了解。首先，本研究對於數位媒體資訊近用性的探討填補了既有研究對社會層面變項研究之不足。數位媒體資訊近用性作為一個至關緊要的社會因素，對新冠疫情虛假資訊的接觸程度發揮著重要的解釋性作用。而虛假資訊接觸又會進一步引發人們的後續行為，比如把虛假資訊分享給他人，或者對虛假資訊予以辯駁。其次，新冠疫情已成為全球性危機，如何有效應對資訊流行病，是一項亟待政策制定者和社群媒體運營方解決的重要問題。本研究基於亞洲四個城市的發現，可以在其他社會環境中進行進一步驗證，從而為應對數位媒體資訊流行病提供可參考的政策建議。

相關理論文獻探討

數位媒體資訊近用性

　　既有研究證實，新冠肺炎疫情相關的虛假資訊接觸頻率及分享行為與個人特質顯著相關，如收入情況、教育程度、所屬黨派等（Chadwick

& Vaccari, 2019; Seo et al., 2021）。但不容忽視的是，宏觀社會因素同樣會對虛假資訊的接觸和分享造成影響。例如，在資訊自由流動、頻繁更新的社會環境中，受眾得以接觸到豐富的新冠肺炎相關資訊，這使他們更容易依靠經過證實的可靠資訊來識別虛假資訊（Gil De Zúñiga et al., 2020; Oeldorf-Hirsch, 2018）。因此，數位媒體資訊近用性在影響錯誤資訊接觸及其所產生的後果方面發揮著重要的作用。

根據 Wei 和 Lo（2021）的定義，「資訊近用性」是指受眾能夠自由獲取豐富、多樣新聞資訊的程度。在民主程度高的社會，資訊近用性較高，故民眾可以享有更加豐富、即時的資訊。在本研究中，我們將「數位媒體資訊近用性」界定為公眾在數位媒體平台（例如在線新聞網站、手機新聞客戶端、社群媒體平台）獲取新冠肺炎相關資訊的自由程度，如該資訊是否來源多樣、是否數量夠大、能否即時更新。本研究主要比較北京、香港、台北、新加坡這四個亞洲城市「在數位媒體資訊近用性」上的不同。雖然這四個城市在地域和文化上相近，但因政治制度和社會構成有所不同，造成了資訊近用性方面的顯著差別。因此我們認為，在針對以上四地新冠肺炎疫情虛假資訊的研究中，「數位媒體資訊近用性」是一個值得深入探究的社會層面宏觀變項。

根據以上定義，「數位媒體資訊近用性」是一個具有多面向的概念。它包括硬體部分（例如，網路普及發展水準、資訊通訊基礎設施狀況）和軟體部分（例如，全球競爭力、語言多樣性、民眾自由指數等）（Biehal & Chakravarti, 1983; Kauffman & Techatassanasoontorn, 2010; Li et al., 2020; Wei & Lo, 2021）。這些因素共同構成了一個社會的數位媒體環境。

如表一所示，中國大陸、香港、台北、新加坡在以上各類指標上有不同的表現。就全球競爭力而言，中國大陸排名第四，其後分別是香港、新加坡、台北。就資訊通訊基礎設施指數而言，國際電信聯合會（ITU）在 2017 年發布的排名顯示（缺台灣排名），香港位居全球第 6 位，新加坡列第 18 位，而中國大陸僅排在第 80 位。網路普及方

面，四地均享有便利且普及的網路（Wei & Lo, 2021）。然而，需要注意的是，近年來，智慧手機的普及大幅提升了中國內地網路的普及程度；但另一方面，中國政府在 2009 年開始設置防火牆，限制民眾對境外主要網路平台的訪問，如谷歌（Google）、臉書（Facebook）、推特（Twitter）等。儘管部分用戶使用 VPN 翻牆，但對大部分中國大陸網民來說，所能接觸到的資訊來源較爲有限，亦沒有機會接觸並使用境外平台來獲取多元資訊。

在個人自由程度方面，美國卡托研究所及加拿大菲沙研究所（the Cato Institute and the Fraser Institute）共同發表 2021 年「人類自由指數」（The Human Freedom Index）報告顯示，在上述四個城市中，台灣民眾享有的自由程度最高，排在全球第 19 位，其後是香港（第 32 位）、新加坡（第 53 位）。而中國大陸公民享有的個人自由，僅列全球第 125 位（Vásquez & McMahon, 2021）。

語言多樣性方面，新加坡作爲一個多民族、多文化的移民城市國家，有四種官方語言，即英語、馬來語、漢語（普通話）和泰米爾語。香港市民常用的語言有粵語、普通話和英語。而在台北和中國大陸，漢語是單一官方語言。

基於以上五個面向的差異，經過綜合考量，新加坡和香港，作爲國際化程度高、語言多樣、資訊通訊技術發達的城市，數位媒體資訊近用性水準屬於較高。台北雖然在國際競爭力和語言多樣性方面略遜色，但較高的個人自由指數也會令民眾在接觸和獲取數位媒體資訊方面享有較高的自由。有鑒於此，我們將台北的數位媒體資訊近用性列爲中等水準。而中國大陸的個人自由指數極低，網路使用亦受到限制，故數位媒體資訊近用性爲低水準。

表一 北京、香港、台北、新加坡的數位媒體資訊近用性比較分析

	北京	香港	台北	新加坡
全球城市指數 [a]	5	6	44	9
言論自由 [b]	5.92（個人自由），中國內地全球排名第125位	8.53（個人自由），全球排名第32位	8.90（個人自由），台灣全球排名第19位	7.77（個人自由），全球排名第53位
資訊通訊技術發展指數 [c]	80（中國內地）	6	缺失	18
網路普及水準	普及程度高，但使用受限	普及程度高，使用不受限	普及程度高，使用不受限	普及程度高，使用不受限
政治體制	一黨制專權	有限度民主	兩黨制（亞洲民主體制的代表）	三權分立的一黨制
官方語言	中文	中文（普通話、粵語）；英文	中文	英文；中文；馬來語；泰米爾語
數位媒體資訊近用性 [d]	低（1）	高（3）	中等（2）	高（3）

註：此分析基於 Wei 和 Lo（2021）研究中對資訊近用性的定義。[a] Kearney（2021）；[b] Vásquez 和 McMahon（2021）；[c] 國際電信聯合會（International Telecommunication Union, 2017）；[d] 該指標排序基於對四地在全球城市指數、自由程度、資訊通訊技術發展指數、網路接入率、語言多樣性等五個指標的綜合考量。

數位媒體資訊近用性對虛假資訊接觸的影響

根據前文對「數位媒體資訊近用性」這一概念的探討，我們認為此宏觀層面的變項可以解釋媒介環境中新冠肺炎疫情相關資訊的流行程度，亦能解釋相關虛假資訊的傳播。簡言之，數位媒體資訊近用性，可以作為虛假資訊接觸頻率的一個系統性前置條件。從媒介系統

角度而言，豐富的、可接近的資訊資源能夠令民眾更便利地掌握即時資訊，加深對主要新聞議題的理解，相應提升知識水準（Iyengar et al., 2010）。Li 等人（2020）曾對此觀點作出闡釋，即社會因素為個人接觸和使用媒體提供了大環境，其解釋力往往會超越個人因素，更容易影響民眾對數位資訊的獲取、使用和互動參與。

在數位媒體資訊近用性高的社會環境中，民眾更容易即時獲取新冠肺炎疫情相關的正確資訊。即使網民對此類新聞關注度不高，反思性不強，此類資訊也會在不經意中出現在公眾視野，從而提升民眾的正確認知水準。反之，在數位媒體資訊近用性低，多元資訊相對匱乏的環境，只有媒介素養很高、勤快地搜索疫情資訊，並積極對事實查核的民眾才能更有效地突破環境限制，獲取有益的資訊（Trilling & Schoenbach, 2013）。

此外，數位媒體環境是一個用戶可以使用各種聚合性資訊的空間。因此，他應該遵循「意見自由市場」理論（Thorson & Stohler, 2017）的原則，該理論假設真理來自公共話語自由交流中的思想碰撞（Ingber, 1984）。民眾如果能夠捨棄劣質資訊（例如虛假資訊或假新聞），這些劣質資訊便會輸給市場上流通的優質資訊（例如真相）。在新冠肺炎疫情的背景下，當民眾可以看到經過事實查核的資訊時，由於可以獲得正確資訊，便比較不收看或聽信虛假資訊。然而，在數位媒體資訊近用性有限的環境中，意見不能自由流通，相互碰撞，將意見自由市場作為一種機制來對抗虛假資訊的基本假設可能很難成立（Hofstetter et al., 1999）。事實上，限制民眾獲取資訊可能反而會促使民眾在網上尋找和消費更多內容，包括不實資訊，從而導致他們更容易接觸虛假資訊。Lo 等人（2022）的一項基於新冠肺炎疫情虛假資訊的研究表明，獲取數位資訊的自由程度越高，民眾對虛假資訊的接觸就越少。反之，對於數位資訊獲取受限的民眾，虛假資訊的接觸頻率更高。

綜上所述，若民眾無法即時獲得豐富、源自不同管道的新冠肺炎資訊，即資訊近用性低，鑒於他們會急於尋找相關資訊來消除對疫情的不

確定感和緊張情緒（Matthes, 2006），從而令其更容易接觸到一些未經證實的，甚至是他人編造、傳播的虛假資訊。因此，我們提出第一個研究假設：

假設 1：數位媒體資訊近用性與新冠疫情虛假資訊接觸頻率成負相關，即在數位媒體資訊近用性越高的社會，民眾接觸虛假資訊的頻率越低。

在前文中，我們討論了較高的數位媒體資訊近用性可以減少該社會中民眾對虛假資訊的接觸。更進一步，數位媒體資訊近用性也有可能減少民眾對虛假資訊的分享。首先，在資訊容易獲取的社會環境中，民眾擁有必要的資源來核實似是而非的資訊。有關新冠肺炎的虛假資訊很容易被這些消息靈通的民眾揭穿和更正。過去的研究表明，在線分享新聞的主要動機是發送者和接收者能彼此互惠互利（Goh et al., 2019）。但是，如果人們已經能夠正確識別錯誤的資訊，就不太可能分享虛假資訊，因為分享虛假資訊對自己和他人都無益處（Hopp, 2022）。

Duffy 等人（2020）的一項研究進一步表明，即使線上分享是出於社會利益的考量，但如果分享的資訊被證明是虛假或誤導的，那麼此類分享會對分享者的人際關係產生負面影響。在這種情況下，資訊發布者也會認為「不分享才是好的」（p. 1965）。因此，可以合理推論，在數位媒體資訊近用性較低的社會中，因為有關疫情發展的豐富而權威的資訊有限，虛假資訊可能會更頻繁地出現在社群網路及民眾的日常討論中。而這些由網民生產和編造的虛假資訊會更頻繁地被分享，以填補他們相對匱乏的資訊。因此，我們提出以下研究假設：

假設 2：數位媒體資訊近用性與新冠疫情虛假資訊分享呈負相關，即在數位媒體資訊近用性越高的社會，民眾分享虛假資訊的頻率越低。

個人因素對認知及態度的影響

那麼，從個人層面而言，接觸疫情虛假資訊會對個體認知和態度產生怎樣的影響呢？不少醫學心理學者認為（Anderson et al., 2009; Laditka et al., 2009），個體的認知狀態反映了他處理資訊的能力和心理過程，例如注意力、判斷和認知。本研究更進一步探討接觸虛假資訊如何影響民眾的分享行為、認知結果（即錯誤觀念和知識水準）與相關態度（即抵制疫苗態度）。

首先，我們認為接觸新冠肺炎虛假資訊會提升民眾分享這些資訊的頻率。由於社群媒體的互動性，新聞分享成為社群媒體新聞參與最重要的行為之一（Olmstead et al., 2011）。根據 Kümpel 等人（2015）的定義，「新聞分享」是指分享特定內容的行為，它有別於原創性貼文、新聞評論等其他社群媒體新聞參與活動。針對本研究的關注重點，我們將「新冠肺炎虛假資訊分享」界定為民眾在線上和線下活動中，向他人推薦、轉發與新冠肺炎相關的具有誤導性資訊的行為。新聞分享是一種新聞接觸的後續行為。因此，我們可以合理假設，接觸虛假資訊越多，越容易將此類資訊分享給社群中的其他人。

此外，新冠肺炎疫情是一個關乎個人健康與生命安全，以及全社會福祉的重要議題。根據理性行動理論（Hale et al., 2002），理性人在作出某一行為前，會綜合各種資訊來考慮該行為的意義和後果。據此推論，當公眾看到新冠肺炎疫情的虛假資訊之後，考慮到疫情的緊迫性和話題的重要性，他們會希望進一步傳播和分享相關資訊，以提醒他人，或引發進一步的討論。因此，我們提出以下假設：

假設 3：接觸新冠肺炎虛假資訊與分享虛假資訊成正相關，即接觸虛假資訊的頻率越高，在社群中分享此類虛假資訊的頻率也越高。

除了導致更多虛假資訊分享行為，接觸虛假資訊還可能會導致錯誤的認知，和消極的防疫態度。根據 Eveland（2001）建構的新聞學習模型，具有高度參與感並關注新聞的民眾會努力理解所接觸到的資訊，從而達到學習新知的目的。實證研究表明，新聞資訊的處理機制使人們能夠提升自己的政治知識水準（Eveland et al., 2002），也可以獲取更多對健康有益的知識（Lo et al., 2013; Wei et al., 2011）。不過，既有研究大多關注的是接觸新聞資訊帶來的正面影響，即如何幫助人們學習新知。那麼，當民眾接觸的資訊並非真實、可信、科學的資訊，而是具有誤導性的虛假資訊，接觸這種資訊會帶來怎樣的結果呢？目前，很少研究探究接觸虛假資訊可能導致的「反向學習」效應（de-learning effects），而這正是本研究要探究的另一主題。

根據健康信念模型（Health Belief Model，即 HBM），個體對疾病（例如新冠肺炎）的認知包含多個面向，包括易感性認知、嚴重性認知以及防護措施有效性認知等（Champion & Skinner, 2008）。在本研究中，我們將「錯誤觀念」（misbeliefs）定義為接觸虛假資訊之後的一種認知結果，即對虛假資訊信以為真。例如，如果一個人認為諸如「吃大蒜可以預防新冠病毒感染」之類的虛假資訊是真實的，我們就認為，他接受了錯誤的觀念。接觸虛假資訊容易令人形成錯誤觀念，並進一步影響他們的態度和正確知識。在下文中，我們將進一步闡釋其中的道理。

當網民接觸到的虛假資訊與其記憶中儲存的其他資訊相符時，虛假資訊將更容易被認為是真實的（Petty & Cacioppo, 1986），這是由於資訊處理的流暢性（fluency）的緣故。不斷的重複可以提升資訊的可信度，即便是虛假資訊，亦是如此（Allport & Lepkin, 1945）。Pluviano 等人（2017）也認為，人們接觸虛假資訊的頻率越高，就越有可能認為這些資訊是真實的，這是一種「虛幻真相效應」（illusory effect）。因此，我們有理由提出假設，接觸新冠疫情虛假資訊的頻率越高，越容易相信這些資訊是真實的。

　　已往的研究探討了民眾對於不同話題新聞資訊的錯誤認知。在政治領域，Pennycook 等人（2018）發現，接觸誤導性的資訊後，人們會更傾向於相信虛假資訊。在健康傳播領域，Gerosa 等人（2021）研究了個體教育水準差異，對新冠肺炎相關知識水準，以及識別相關虛假資訊能力之間的關係。他們的發現很有趣，教育水準並不能預測人們對虛假資訊的認知，真正具有解釋力的變項是虛假資訊接觸程度。也就是說，接觸虛假資訊越多，越容易把此類真假難辨的資訊信以為真。此外，Greenspan 和 Loftus（2021）指出，當專家、記者作為資訊源來討論虛假資訊的時候，這種負面影響會變得更強。這種錯誤觀念的形成會改變人們對疾病的認知，進而導致他們採取不科學的防疫手段，甚至拒絕接種疫苗。

　　抵制疫苗態度是全球有效防控疫情的一種嚴重阻力（Loomba et al., 2021）。正如 Smith（2017）所說的那樣，持有抵制疫苗態度的個人不但不願意接種疫苗，甚至會勸身邊的人也不要接種疫苗。在當今的疫情之下，社群媒體上與新冠疫苗相關的虛假資訊非常多，儘管社會各界作出了許多努力，仍是屢禁不止。例如「新冠疫苗會影響生育能力」或「新冠疫苗會改變人類 DNA」等虛假資訊可能會使民眾錯誤地認為接種疫苗的風險大於感染新冠病毒的風險（McKinley & Lauby, 2021）。因此，我們有理由認為，接觸新冠疫情虛假資訊可能會增強抵制疫苗的態度（anti-vaccine attitudes）。

　　此外，虛假資訊亦會對人們的知識水準造成負面影響。例如，有研究發現，接觸政治領域的虛假資訊會影響選民對政治議題、政黨候選人及其政策的認知（Maurer & Reinemann, 2006; Munger et al., 2022）。同樣道理，在健康危機發生後，人們對新型疾病的知識也可能受到虛假資訊的負面影響。大量流行的虛假資訊會令民眾感到迷茫、焦躁不安和不知所措。因為無法找到具有共識性的真實資訊，民眾可能會放棄對真實資訊的獲取，甚至進而不會採取適當的預防措施，或對疫情形成錯誤的知識（Chou et al., 2020）。一項基於韓國成年人的研究（Lee et al.,

2020）發現，接觸新冠肺炎虛假資訊導致了錯誤觀念的形成，也造成了相關科學知識的欠缺。

基於上述文獻探討，我們提出以下一組假設，即接觸大量新冠肺炎虛假資訊會對民眾的相關認知和態度造成負面影響。具體而言，他們會更加容易形成錯誤觀念，對疫苗持抵制態度，並且欠缺足夠的疫情相關知識。

> 假設 4a：接觸新冠肺炎虛假資訊與對新冠肺炎的錯誤觀念呈正
>   相關，即接觸虛假資訊的頻率越高，越容易形成錯誤
>   的觀念。
>
> 假設 4b：接觸新冠肺炎虛假資訊與抵制疫苗態度呈正相關，即
>   接觸虛假資訊的頻率越高，越可能抵制新冠疫苗接種。
>
> 假設 4c：接觸新冠肺炎虛假資訊與新冠肺炎知識水準呈負相
>   關，即接觸虛假資訊的頻率越高，相關知識水準越低。

虛假資訊分享的中介作用

如前文所述，新聞分享是社群網絡的重要互動性參與行為（Olmstead et al., 2011）。在社群網絡上分享的新聞可以在短時間傳開，接受者倍增。但如果資訊是虛假不實的，這種分享就可能會帶來巨大的社會負面影響，讓更多人受到虛假資訊的誤導，從而削弱科學疫情防控的成效。過去的研究（Bobkowski, 2015; Su et al., 2019）發現了許多可以預測新聞分享的變項，例如新聞重要性認知、資訊有用性、政治立場一致性等。根據 Lee 和 Ma（2012）的觀點，那些積極尋找資訊、希望滿足社交互動需求，並提升自己在他人心中地位的人，更有可能與他人分享新聞。

　　更重要的是，以往的研究顯示，虛假資訊的分享會提升分享者自身對資訊的信任程度，從而加深錯誤觀念，並忽略科學性知識（Oyserman & Dawson, 2020）。此外，如果分享者所處社群媒介素養較低，無法識別和反駁虛假資訊，資訊分享者的錯誤觀念就難以被改變和糾正，也就更無法獲得科學資訊來更新自己的相關知識。

　　總之，接觸虛假資訊會導致更多的虛假資訊分享行為，從而形成錯誤觀念，影響對疫苗的態度與疫情知識。換言之，虛假資訊分享在虛假資訊接觸和負面認知及態度之間的關係上起到了中介（mediation）作用。為驗證虛假資訊分享的中介效果，我們提出了一個研究問題：

研究問題 1：分享虛假資訊是否會中介影響新冠肺炎虛假資訊
　　　　　　接觸與 (1) 錯誤觀念；(2) 抵制疫苗態度；和 (3)
　　　　　　新冠肺炎相關知識水準之間的關聯？

　　最後，為了檢驗新冠肺炎虛假資訊在中國大陸、香港、新加坡和台灣地區的傳播及影響，我們進一步提出虛假資訊分享行為，是影響接觸虛假資訊與負面效果之間關係的關鍵機制。即接觸虛假資訊如何透過分享行為對錯誤觀念、抵制疫苗態度和疫情知識產生影響。如圖一所示，我們在模型中還納入了數位媒體資訊近用性這一宏觀層面的變項，以探究不同媒介環境、社會體制對接觸、分享新冠疫情虛假資訊傳播及其後果所產生的影響。

圖一　理論模型

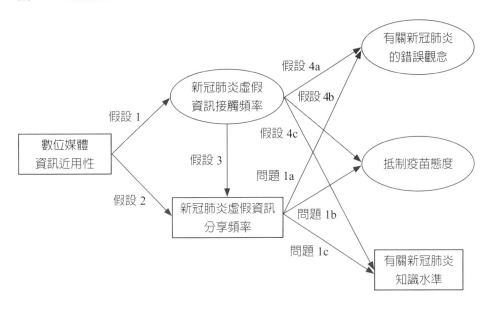

研究方法

抽樣程序

　　於 2021 年 8 月 4 日至 18 日的兩週時間內，我們在北京、香港、台北和新加坡四地進行網路問卷調查。實地調查方案事先得到了大學機構審查委員會的批准。受訪者由專業調查公司 Dynata 招募。具體來說，Dynata 從每個城市的樣本庫中隨機挑選受訪者，並透過電子郵件邀請其完成一項網路問卷調查。為了提高研究結果的普遍性，我們採用了配額抽樣（quota sampling）來控制關鍵的人口統計變項，如年齡、性別和族裔（僅適用於新加坡），以此來保障樣本能夠反映每個城市的人口基本特徵。鑑於本研究的目標群體是 18 歲或以上的成年人，我們無法將樣本與當地人口普查估計的年齡範圍完全匹配。有鑑於此，我們對年配額比例進行了適當調整，以實現各城市年齡組的平均分配。在香港和

台北的訪問，問卷以繁體中文進行，在新加坡使用英文發放，而在中國大陸使用的是簡體中文。本研究共有 4,094 名受訪者完整填答問卷。

這 4,094 名受訪者的平均年齡為 40.36 歲（標準差 = 13.14，範圍為 18 至 84）。性別分布大致均勻，其中 48.30% 為男性，51.70% 為女性。性別和年齡分布與各城市的總體人口比例基本匹配。從教育背景來看，18.10% 的受訪者具有高中及以下學歷，19.20% 的人持有職業教育文憑，52.70% 的人獲得學士學位，10% 的人擁有碩士學位或更高學歷。此外，考慮到新加坡是一個多元族裔社會，我們對新加坡樣本中的族裔進行了測量。樣本包括 74% 的華人、13.70% 的馬來人、7.60% 的印度人和 4.70% 的其他族裔人。表二顯示了按研究地點劃分的樣本概況。

表二　樣本資料（樣本數 = 4,094）

因素	北京 （樣本數 = 1,033） 平均值 （標準差） 或 %	香港 （樣本數 = 1,017） 平均值 （標準差） 或 %	台北 （樣本數 = 1,019） 平均值 （標準差） 或 %	新加坡 （樣本數 = 1,025） 平均值 （標準差） 或 %
年齡	39.90 (11.80)	39.48 (12.84)	39.36 (13.08)	42.70 (14.46)
性別（男性）%	49.30	45.10	47.70	51.10
教育程度 %				
高中及以下	12.70	25.90	13.70	20.20
職業教育文憑	22.70	14.40	16	23.80
學士學位	59.40	51.60	53.50	45.90
碩士學位或更高	5.20	8.10	16.80	10.10

因素	北京 （樣本數 = 1,033） 平均值 （標準差） 或 %	香港 （樣本數 = 1,017） 平均值 （標準差） 或 %	台北 （樣本數 = 1,019） 平均值 （標準差） 或 %	新加坡 （樣本數 = 1,025） 平均值 （標準差） 或 %
收入 %				
美金 $0-1,566（北京） 美金 $0-2,564（香港） 美金 $0-1,079（台北） 美金 $0-2,189（新加坡）	8.10	10.80	8.10	13.80
美金 $1,567-3,133（北京） 美金 $2,565-5,128（香港） 美金 $1,080-1,797（台北） 美金 $2,190-5,109（新加坡）	27.80	26.90	14.90	30.20
美金 $3,134-4,700（北京） 美金 $5,129-7,692（香港） 美金 $1,798-2,516（台北） 美金 $5,110-8,029（新加坡）	25.30	26.90	15	26.40
美金 $4,701-6,266（北京） 美金 $7,693-10,257（香港） 美金 $2,517-3,235（台北） 美金 $8,030-10,949（新加坡）	19.40	20.70	16	15.60
美金 $6,267-7,833（北京） 美金 $10,258-12,821（香港） 美金 $3,236-3,954（台北） 美金 $10,950-13,869（新加坡）	13.70	8.40	22	7.90
美金 $7,834 or above（北京） 美金 $12,822 or above（香港） 美金 $3,955 or above（台北） 美金 $13,870 or above（新加坡）	5.70	6.40	24	6.10

主要變項測量

I. 數位媒體資訊近用性

我們使用五個廣義性的綜合指標來建構四個社會的資訊近用性指數，這些指標分別是：(1) 網路普及和可訪問程度；(2) 資訊和通訊技術的發展狀況；(3) 發展和競爭力方面的綜合實力；(4) 民眾的個人自由程度；以及 (5) 語言多樣性（雙語或多語）。據此，我們將每個社會的數位媒體資訊近用性從 1 到 3 進行排名，「1」代表近用性最低，「3」代表近用性最高。如前文所述，綜合各項指標，北京 =「1」，台灣 =「2」，香港 =「3」，新加坡 =「3」。

II. 新冠肺炎虛假資訊接觸頻率

本研究以四點量表（1 = 從不，4 = 經常）詢問受訪者在新冠肺炎疫情期間在社群媒體平台（如臉書、推特和微博等）接觸有關新冠肺炎虛假資訊的頻率。我們利用大數據方法，從網路上廣泛流傳的虛假資訊中挑選出五條有代表性的資訊作為題項。這五條資訊或經過事實查核被證實為假，或被權威來源（如世界衛生組織，World Health Organization）所駁斥，如「5G 移動網路會傳播新冠病毒」和「亞洲人要比其他種族的人更容易感染新冠病毒」。我們將這五個題項取平均值，以創建一個「新冠肺炎虛假資訊接觸頻率」綜合指標（平均數 = 1.82，標準差 = .78，信度 = .88）。

III. 新冠肺炎虛假資訊分享頻率

本研究使用四點量表（1 = 從不，4 = 經常）詢問受訪者分享有關新冠肺炎虛假資訊的頻率（平均數 = 2.23，標準差 = 1.07）。

IV. 有關新冠肺炎的錯誤觀念

本研究以五點量表（1 = 絕對錯誤，5 = 絕對正確）詢問受訪者對

於以下五個題項的認知，以了解他們是否接受有關新冠肺炎的錯誤觀念：(1)新冠病毒可以透過 5G 移動網路傳播；(2)飲用漂白劑可以殺死新冠病毒；(3)吃大蒜可以預防新冠病毒感染；(4)新冠病毒疫苗會影響生育能力；(5)新冠病毒疫苗會改變人類 DNA。我們用以上五個題項的平均值組合成一個「有關新冠肺炎錯誤觀念」的綜合指標。分數越高，表示新冠肺炎錯誤觀念越強（平均數 = 1.82，標準差 = .96，信度 = .90）。

V. 抵制疫苗態度

參考先前的研究（Shapiro et al., 2016），我們採用五點量表（1 = 非常不同意，5 = 非常同意）詢問受訪者對於以下三個題項的同意程度：(1)人們在新冠病毒疫苗的有效性方面可能受到欺騙；(2)關於新冠病毒疫苗有效性的數據很可能是虛構的；(3)人們在新冠病毒疫苗安全性方面被瞞騙。以上三個題項的平均值組合成一個指標，建構了「抵制疫苗態度」的綜合指標。分數越高表明對疫苗接種的抵制越高（平均數 = 2.50，標準差 = 1.10，信度 = .90）。

VI. 有關新冠肺炎的知識水準

透過調整來自權威資訊源（如美國疾病控制與預防中心、世界衛生組織）所發布的新冠肺炎相關資訊，本研究建構了五個題項量表讓受訪者回答，如「世界衛生組織在對抗新冠肺炎疫情期間的總幹事是誰？」「新冠肺炎所造成的死亡率大致是多少？」「新冠病毒新變種的名字是什麼？」等。這五個題項均採用多項選擇形式，讓受訪者從四個選項中選擇一個他們認為正確的答案。選擇正確答案得一分，選擇不正確答案或「不知道」選項得零分。我們把五個題項加在一起建構了一個「有關新冠肺炎知識水準」的綜合指標。分數越高代表知識水準越高（最小值 = 0，最大值 = 5，平均數 = 2.64，標準差 = 1.53，信度 = .61）。

分析與結果

　　爲了研究在具有不同數位媒體資訊近用性的四個社會中，接觸和分享新冠肺炎虛假資訊方面有何差異，我們首先進行了一系列變異數分析（analysis of variance）。結果顯示，來自北京、香港、新加坡和台灣的受訪者在接觸虛假資訊方面存在顯著差異〔$F(3, 4,090) = 88.51$, $p <$ .001〕。後續 Scheffe 測試表明，北京受訪者接觸新冠肺炎虛假資訊的頻率爲最高（平均數 = 2.15，標準差 = .83），其次是香港（平均數 = 1.72，標準差 = .68）、新加坡（平均數 = 1.70，標準差 = .81）和台北（平均數 = 1.69，標準差 = .71）。

　　關於與他人分享新冠肺炎虛假資訊方面，四個社會之間也呈現顯著差異〔$F(3, 4,090) = 70.94$, $p < .001$〕。後續做了 Scheffe 檢驗，結果顯示北京受訪者分享虛假資訊的頻率爲最高（平均數 = 2.61，標準差 = 1.09），其次是香港（平均數 = 2.21，標準差 = 1.01）和新加坡（平均數 = 2.11，標準差 = 1.01）。台灣受訪者分享虛假資訊頻率最低（平均數 = 1.98，標準差 = 1.04）。

　　假設 1 和假設 2 預測，數位媒體資訊近用性與接觸和分享新冠肺炎虛假資訊之間存在負相關關係。爲了檢驗這兩個假設，我們進行了三個階層的迴歸分析。出於控制目的，人口統計變項（即年齡、性別、教育、收入）被輸入爲第一階層。根據因果順序，在第二個階層中輸入數位媒體資訊近用性，在第三個階層中輸入接觸和分享新冠肺炎虛假資訊的頻率。如表三所示，數位媒體資訊近用性與接觸新冠肺炎虛假資訊呈現顯著負相關（$\beta = -.22$, $p < .001$）。結果還表明，數位媒體資訊近用性與分享新冠肺炎虛假資訊也呈顯著負相關（$\beta = -.09$, $p < .001$）。因此，假設 1 和假設 2 均得到支持。

表三　階層迴歸分析結果（樣本數 = 4,094）

自變項	虛假資訊接觸	虛假資訊分享	錯誤觀念	抵制疫苗態度	知識水準
第一階層					
年齡	$-.11^{***}$	$-.07^{**}$	.03	.03	$.14^{***}$
性別（男性）	$.06^{***}$	$-.01$	$-.03^{*}$	$-.02$	$.14^{***}$
教育程度	$.04^{*}$	.00	$-.04^{**}$	$-.01$	$.22^{***}$
收入	$-.10^{***}$	$-.08^{***}$	$-.00$	$-.12^{***}$	$.24^{***}$
Adjusted R^2	.02	.02	.01	.04	.15
第二階層					
數位媒體資訊近用性	$-.22^{***}$	$-.09^{***}$	$.15^{***}$	$.33^{***}$	$.04^{**}$
Adjusted R^2 incremental	.05	.02	0	.06	0
第三階層					
虛假資訊接觸	—	$.34^{***}$	$.51^{***}$	$.30^{***}$	$-.05^{***}$
虛假資訊分享			$.17^{***}$	$.12^{***}$	$-.13^{***}$
Adjusted R^2 incremental		.11	.32	.12	.02
Total adjusted R^2	—	.15	.33	.22	.17

註：上面各欄表格內的數值是標準化迴歸係數；$^{*}p < .05$；$^{**}p < .01$；$^{***}p < .001$

　　這些結果與過去的研究發現（Li et al., 2020; Lo et al., 2022）一致，表明在一個接觸數位資訊受限的社會中，擔心新冠疫情的民眾會使用社群媒體來獲取最新資訊，並將其看到的內容分享給他人，其中不乏虛假資訊，以滿足他們對疫情資訊的需求。另一方面，在資訊接觸自由且不受限制的社會中，那些習慣於在線上獲取各種資訊的受訪者比較可能會忽略那些錯誤和不準確的疫情資訊。

　　假設 3 預測，接觸新冠肺炎虛假資訊與分享之間呈現正相關。如表三中的迴歸結果所示，接觸虛假資訊與分享虛假資訊顯著地呈正相關（$\beta = .34$, $p < .001$）。假設 3 因此得到支持，表明受訪者在網路上接觸新冠肺炎虛假資訊越頻繁，他們就越經常將此類資訊轉發給自己社群

媒體組中的親人或朋友。

假設 4 預測，接觸新冠肺炎虛假資訊將與 (1) 錯誤觀念和 (2) 抵制疫苗態度呈正相關，但與 (3) 知識水準呈負相關。階層迴歸分析結果進一步顯示（如表三最後三列），在控制了人口統計變項和數位媒體資訊近用性等變項之後，接觸新冠肺炎虛假資訊與錯誤觀念（$\beta = .51, p < .001$）和抵制疫苗態度（$\beta = .30, p < .001$）均呈現顯著的正相關。然而，新冠肺炎虛假資訊的接觸頻率與知識水準呈顯著的負相關（$\beta = -.05, p < .001$）。因此，假設 4 得到支持。這些結果表明，接觸新冠肺炎虛假資訊的頻率越高，對受訪者的認知和態度的負面影響就越大（即對新冠肺炎之錯誤觀念的接受和對疫苗的抵制態度就越高），同時，對新冠肺炎的正確知識水準就越低。

此外，為了檢驗研究問題 1 所提出的，新冠肺炎虛假資訊分享在虛假資訊接觸和認知及態度之間的關係中所起的中介作用，我們採用 PROCESS Macro 中的模型四（Hayes, 2017）進行了一系列中介效應分析。在控制人口統計變項的基礎上，我們使用 5,000 個自舉樣本估計了經過偏差校正的 95% 置信區間（CI）。

分析結果表明，新冠肺炎虛假資訊分享的確是接觸虛假資訊與錯誤觀念之間關係的顯著中介變項（$B = .07, SE = .01, 95\% \text{ CI} = [0.05, 0.08]$）。具體來說，接觸虛假資訊正向預測分享這些資訊（$B = .49, t = 24.38, p < .001$），這導致分享對錯誤觀念有更強的影響（$B = .14, t = 10.83, p < .001$）。同時，接觸虛假資訊透過分享這些資訊對抵制疫苗態度的間接影響是顯著的（$B = .04, SE = .01, 95\% \text{ CI} = [0.03, 0.06]$），這意味著，由虛假資訊接觸所帶來的虛假資訊分享導致了更強烈的抵制疫苗態度（$B = .09, t = 5.37, p < .001$）。此外，分享虛假資訊在接觸虛假資訊和知識水準的關係中也有顯著的中介作用（$B = -.09, SE = .01, 95\% \text{ CI} = [-0.12, -0.07]$）。由接觸虛假資訊導致的分享虛假資訊頻率增強了對受訪者的知識水準所產生的負面影響（$B = -.19, t = -8.76, p < .001$）。總而言之，這些結果驗證了虛假資訊分享的中介作用。

　　最後，爲了探究接觸和分享虛假資訊如何影響四個社會中民眾對新冠肺炎疫情的觀念、態度和知識，我們用 AMOS 24 進行了結構方程模型（SEM）分析。模型擬合根據以下標準進行評估：對於擬合良好的模型，CFI 和 TLI 的值應大於 0.95，RMSEA 的值應小於 0.06，χ^2 的 p 值應該不顯著（$p > .05$），χ^2/df 的值應該小於 2（Ullman, 2001）。結果顯示，雖然模型的 χ^2 值顯著（$\chi^2 = 2049.76$, $df = 89$, $\chi^2/df = 23.03$, $p < .001$），但 CFI = .95, NFI = .94, TLI = .93 和 RMSEA = .07 表明模型擬合是可以接受的。該模型解釋了接觸虛假資訊差異的 4.20%，分享虛假資訊差異的 15.70%，抵制疫苗態度差異的 9.40%，錯誤觀念差異的 41.70%，以及知識水準差異的 3.80%。圖二總結了以上 SEM 的結果。

圖二　結構方程模型分析結果（樣本數 = 4,094）

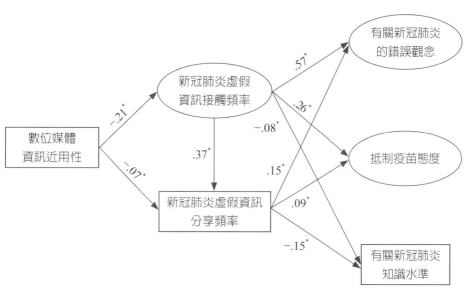

註：圖中數字爲標準化係數：$^*p < .001$

結論與討論

　　隨著新冠肺炎疫情在全球的蔓延，「資訊流行病」亦成為病毒傳播的衍生品，影響對疫情的有效防控和民眾的身心健康。「資訊流行病」為何會發生？又會透過怎樣的機制產生負面的影響？探索以上問題具有相當的緊迫性和必要性（Chou et al., 2020; Lee & Shin, 2021）。我們透過對中國大陸、香港、台灣和新加坡民眾的一項大型調查發現，接觸和分享虛假資訊對公眾的觀念、疫苗態度，和知識水準有著負面影響。具體而言，接觸虛假資訊的頻率越高，他們就越容易形成錯誤的觀念、抵制疫苗的態度，並忽略科學的知識。

　　過去的研究表明，社群媒體在民眾新聞學習方面起到了顯著的正面作用。隨時隨地可以獲取的新聞資訊，讓民眾更好地了解公共事務，獲取健康方面的知識（例如，Cho et al., 2009; Eveland, 2001; Ghalavand et al., 2022）。然而，這些正面效應僅僅是使用社群媒體資訊的一個側面而已。在新冠肺炎相關虛假資訊在全球社群媒體平台的滋生、氾濫的情形之下，我們發現使用社群媒體其實無助於民眾獲取科學的、準確的疫情知識，反而阻礙民眾了解防疫的科學知識。這種虛假資訊的傳播，不但沒有令民眾學習到正確的知識，反而形成了一種「反向學習」效應（de-learning）。這項發現拓展了新聞資訊處理和學習模型，將為更多的後續研究指明探究的方向。

　　此外，本研究重點提出了分享虛假資訊的中介作用，這也進一步驗證了「資訊流行病」的傳播機制，即虛假資訊的負面影響是透過分享行為而逐步擴大的。與他人分享的人數越多，對認知、疫苗態度和知識水準的負面影響就越大，從而形成一種連鎖效應（cascading effect）。本研究提出的理論模型揭示了虛假資訊分享可以作為虛假資訊產生各類負面效應的一種重要機制。而隨時隨地、低成本甚至無成本地分享數位資訊，正是社群媒體的獨特功能。動動手指就可以輕鬆轉發，這在一定

程度上加重了虛假資訊的社會危害性。因此，社群媒體虛假資訊的流行，要比其他媒體平台（如電子報紙）上虛假資訊的危害更爲嚴重，也需要更有效的應對策略。有鑒於此，我們認爲發現並制止虛假資訊的超級傳播者（即面向龐大社群的頻繁分享者），對切斷這類虛假資訊的傳播至關重要。

本研究的另一個重要發現是社會層面變項對虛假資訊傳播的影響，即在數位媒體資訊近用性水準不同的社會環境之中，接觸虛假資訊和分享這些資訊的頻率有所不同，帶來的負面影響程度也不盡相同（differential effect）。在數位媒體資訊近用性越高的社會中，民眾對虛假資訊的接觸較少、分享頻率也較低，進而負面影響就越小。反之，資訊近用性越低，民眾對虛假資訊的接觸就更多、分享頻率也較高，進而產生較大的負面影響。透過對媒介環境不同的四個亞洲城市進行比較研究，本研究的重要發現是，數位媒體資訊近用性的差異是造成四地民眾虛假資訊接觸程度不同、分享頻率不同的根本性影響因素。在公共衛生危機期間，如果民眾具有較高的資訊近用性，能夠隨時獲取可靠而且多管道的最新疫情資訊，他們就不太可能去獲取那些社群媒體上的虛假資訊，更沒有動力去分享。這是因爲較高的數位媒體資訊近用性會給民眾帶來豐富、多元的資訊。然而，在資訊獲取受到限制的社會，及時和多管道的資訊通常稀缺，民眾爲了緩解由公共健康危機而產生的焦慮情緒和不確定性，便傾向於利用社群媒體中一切可獲得的資訊來了解最新疫情。也就是說，在有限且缺乏多元性的數位媒體環境中，民眾無法有效識別社群媒體上疫情資訊的眞假，因此常常會將含有虛假資訊的消息分享給他人。

我們的深入分析還發現，在數位媒體資訊近用性高的社會中，民眾可以獲取充分的資訊資源以應對公共衛生危機，他們受到虛假的負面影響較小。我們常言，「知識就是力量」，那麼，對正確的新冠肺炎知識的掌握，便是對公眾的有效賦能。相比之下，在數位媒體資訊近用性低的社會環境下，民眾無法獲取足夠的疫情資訊，無從建立正確的疫情知

識，虛假資訊的負面影響就較大。

以上發現對抗疫有何啟示？在實踐上，我們認為，數位媒體資訊的近用性，以及公開、透明的資訊，是抵消社群媒體上虛假資訊傳播危害的必要的社會條件。隨著新冠肺炎疫情防控進入常態化，政府、公共衛生部門、醫學專家應當與公眾保持公開、透明的溝通。特別是要利用好社群媒體平台的資訊發布優勢，一旦虛假資訊出現在社群媒體平台上，就應迅速反應、即時提供基於事實的科學資訊，以便公眾更有效、便利地進行事實查核，從而削弱虛假資訊對公眾認知、疫苗態度和知識水準的負面影響。

在理論上，我們透過將宏觀層面的社會因素（即數位媒體資訊近用性、媒介環境）與微觀層面的個人心理變項相結合，來解釋虛假資訊的傳播與危害，這是對既有研究一項重要理論創新。也就是說，透過探索數位媒體資訊近用性、新冠肺炎虛假資訊接觸、分享，以及認知和態度影響之間的關係，我們的理論模型為四個亞洲社會中，虛假資訊傳播和影響的差異找到了具有解釋力的社會因素——即數位資訊的自由流動。這些發現將有助於我們從社會和個體兩個層面，更加全面地建構虛假資訊的傳播和影響機制。

當然，本研究也存在著不足和可改進之處。首先，我們提出的中介模型雖然擬合度和顯著性得到了支持，但鑒於這是一次性的調查數據（one-shot），在推斷因果關係方面，仍需要進一步透過多點數據等長期調查方法才能予以驗證。此外，我們提出了數位媒體資訊近用性的概念，其概念界定及操作化還需要進一步透過比較研究方法進行完善和修正。例如，在差異較大的社會之間（譬如華人社會與伊斯蘭社會），數位媒體資訊近用性是如何影響虛假資訊的傳播及其後果？同樣，在相似性較高的社會（譬如東亞的幾個儒家文化社會），數位媒體資訊近用性的形塑作用又是如何？以上問題都需要進一步探究，以達到數位媒體資訊近用性這一概念的效度和普世性。我們相信，這樣的多元文化和跨社會比較研究對建構虛假資訊傳播與影響的理論是不可或缺的。

參考文獻

Allport, F. H., & Lepkin, M. (1945). Wartime rumors of waste and special privilege: Why some people believe them. *The Journal of Abnormal and Social Psychology*, *40*(1), 3-36.

Anderson, L. A., Day, K. L., Beard, R. L., Reed, P. S., & Wu, B. (2009). The public's perceptions about cognitive health and Alzheimer's Disease among the U.S. population: A national review. *The Gerontologist*, *49*(S1), S3-S11.

BBC News. (2020, July 27). *Coronavirus "most severe health emergency" WHO has faced*. Retrieved from https://www.bbc.com/news/world-53557577

Biehal, G., & Chakravarti, D. (1983). Information accessibility as a moderator of consumer choice. *Journal of Consumer Research*, *10*(1), 1-14.

Bobkowski, P. S. (2015). Sharing the news: Effects of informational utility and opinion leadership on online news sharing. *Journalism & Mass Communication Quarterly*, *92*(2), 320-345.

Buchanan, T., & Benson, V. (2019). Spreading disinformation on Facebook: Do trust in message source, risk propensity, or personality affect the organic reach of "fake news"? *Social Media + Society*, *5*(4), 1-9.

Centers for Disease Control and Prevention (2021). *COVID-19*. Retrieved February 15, 2021, from https://www.cdc.gov/coronavirus/2019-nCoV/index.html

Chadwick, A., & Vaccari, C. (2019). *News sharing on UK social media: Misinformation, disinformation, and correction*. Retrieved February 15, 2021, from https://www.lboro.ac.uk/media/media/research/o3c/Chadwick%20 Vaccari%20O3C-1%20News%20Sharing%20on%20UK%20Social%20Media. pdf

Champion, V. L., & Skinner, C. S. (2008). The health belief model. *Health Behavior and Health Education: Theory, Research, and Practice*, *4*, 45-65.

Cho, J., Shah, D. V., McLeod, J. M., McLeod, D. M., Scholl, R. M., & Gotlieb, M. R. (2009). Campaigns, reflection, and deliberation: Advancing an OSROR model of communication effects. *Communication Theory*, *19*(1), 66-88.

Chou, W., Gaysynsky, A., & Cappellar, J. (2020). Where to go from here: Health misinformation on social media. *American Journal of Public Health*, *110*(3), S273-S275.

Cinelli, M., Quattrociocchi, W., Galeazzi, A., Valensise, C. M., Brugnoli, E., Schmidt, A. L., Zola, P., Zollo, F., & Scala, A. (2020). The COVID-19 social media infodemic. *Scientific Reports*, *10*(1), 1-10.

Dror, A. A., Eisenbach, N., Taiber, S., Morozov, N. G., Mizrachi, M., Zigron, A., Sroji, S., & Sela, E. (2020). Vaccine hesitancy: The next challenge in the fight against COVID-19. *European Journal of Epidemiology*, *35*(8), 775-779.

Duffy, A., Tandoc, E. & Ling, R. (2020). Too good to be true, too good not to share: The social utility of fake news. *Information, Communication & Society*, *23*(13), 1965-1979.

Eveland, W. P. (2001). The cognitive mediation model of learning from the news: Evidence from nonelection, off-year election, and presidential election contexts. *Communication Research*, *28*(5), 571-601.

Eveland, W. P., Seo, M., & Marton, K. (2002). Learning from the news in campaign 2000: An experimental comparison of TV news, newspapers, and online news. *Media Psychology*, *4*(4), 353-378.

Gerosa, T., Gui, M., Hargittai, E., & Nguyen, M. H. (2021). (Mis) informed during COVID-19: How education level and information sources contribute to knowledge gaps. *International Journal of Communication*, *15*, 2196-2217.

Ghalavand, H., Panahi, S., & Sedghi, S. (2022). How social media facilitate health knowledge sharing among physicians. *Behaviour & Information Technology*, *41*(7), 1-10.

Gil De Zúñlga, H., Strauss, N., & Huber, B. (2020). The proliferation of the "news finds me" perception across societies. *International Journal of Communication*, *14*, 1605-1633.

Goh, D., Ling, R., Huang, L., & Liew, D. (2019). News sharing as reciprocal exchanges in social cohesion maintenance. *Information, Communication & Society*, *22*(8), 1128-1144.

Greenspan, R. L., & Loftus, E. F. (2021). Pandemics and infodemics: Research on the effects of misinformation on memory. *Human Behavior and Emerging Technologies*, *3*(1), 8-12.

Hale, J. L., Householder, B. J., & Greene, K. L. (2002). The theory of reasoned action. In J. P. Dillard & M. Pfau (Eds.), *The handbook of persuasion* (pp. 259-286). Thousand Oaks, CA: Sage.

Hayes, A. F. (2017). *Introduction to mediation, moderation, and conditional process analysis: A regression-based approach*. Guilford publications.

Hofstetter, C. R., Barker, D., Smith, J. T., Zari, G. M., & Ingrassia, T. A. (1999). Information, misinformation, and political talk radio. *Political Research*

Quarterly, *52*(2), 353-369.

Hopp, T. (2022). Fake news self-efficacy, fake news identification, and content sharing on Facebook. *Journal of Information Technology & Politics*, *19*(2), 1-24.

Hu, L. T., & Bentler, P. M. (1999). Cutoff criteria for fit indexes in covariance structure analysis: Conventional criteria versus new alternatives. *Structural Equation Modeling: A Multidisciplinary Journal*, *6*(1), 1-55.

Ingber, S. (1984) The marketplace of ideas: A legitimizing myth. *Duke Law Journal*, *1984*(1), 1-91.

International Telecommunication Union. (2017). *The ICT Development Index*. Retrieved February 15, 2021, from https://www.itu.int/net4/ITU-D/idi/2017/index.html

Iyengar, S., Curran, J., Lund, A. B., Salovaara-Moring, I., Hahn, K. S., & Coen, S. (2010). Cross-national versus individual-level differences in political information: A media systems perspective. *Journal of Elections, Public Opinion and Parties*, *20*(3), 291-309.

Kauffman, R. J., & Techatassanasoontorn, A. A. (2010). New theoretical perspectives on technology adoption. *Information Technology and Management*, *11*(4), 157-160.

Kearney. (2021). *2020 Global Cities Index: New priorities for a new world*. Retrieved February 15, 2021, from https://www.kearney.com/global-cities/2020

Kim, J., Namkoong, K., & Chen, J. (2020). Predictors of online news-sharing intention in the US and South Korea: An application of the theory of reasoned action. *Communication Studies*, *71*(2), 315-331.

Kumar, S., Huang, B., Cox, R. A. V., & Carley, K. M. (2021). An anatomical comparison of fake-news and trusted-news sharing pattern on Twitter. *Computational and Mathematical Organization Theory*, *27*(2), 109-133.

Kümpel, A. S., Karnowski, V., & Keyling, T. (2015). News sharing in social media: A review of current research on news sharing users, content, and networks. *Social Media+ Society*, *1*(2), 1-14.

Lee, C. S., & Ma, L. (2012). News sharing in social media: The effect of gratifications and prior experience. *Computers in Human Behavior*, *28*(2), 331-339.

Lee, E.-J., & Shin, S. Y. (2021). Mediated misinformation: Questions answered, more questions to ask. *American Behavioral Scientist*, *65*(2), 259-276.

Lee, J. J., Kang, K. A., Wang, M. P., Zhao, S. Z., Wong, J. Y. H., O'Connor,

S., Yang, C. S., & Shin, S. (2020). Associations between COVID-19 misinformation exposure and belief with COVID-19 knowledge and preventive behaviors: Cross-sectional online study. *Journal of Medical Internet Research*, *22*(11), e22205.

Li, Z., Lo, V.-H., Wei, R., Zhang, G., & Chen, Y. (2020). The impact of mobile news use, need for orientation and information environment on political knowledge. *Journalism Research*, *7*, 105-120.

Liu, P. L., & Huang, L. V. (2020). Digital disinformation about COVID-19 and the third-person effect: Examining the channel differences and negative emotional outcomes. *Cyberpsychology, Behavior, and Social Networking*, *23*(11), 789-793.

Lo, V., Wei, R., Lu, M., Zhang, X., & Qiu, J. L. (2022, May 26-30). A comparative study of the impact of digital media environments, information processing and presumed influence on behavioral responses to COVID-19 misinformation in four Asian cities. Paper presented at the 2022 International Communication Association Annual Conference, Paris, France.

Lo, V., Wei, R., & Su, H. (2013). Self-efficacy, information-processing strategies, and acquisition of health knowledge. *Asian Journal of Communication*, *23*(1), 54-67.

Loomba, S., de Figueiredo, A., Piatek, S. J., de Graaf, K., & Larson, H. J. (2021). Measuring the impact of COVID-19 vaccine misinformation on vaccination intent in the UK and USA. *Nature Human Behaviour*, *5*(3), 337-348.

Matthes, J. (2006). The need for orientation towards news media: Revising and validating a classic concept. *International Journal of Public Opinion Research*, *18*(4), 422-444.

Maurer, M., & Reinemann, C. (2006). Learning versus knowing: Effects of misinformation in televised debates. *Communication Research*, *33*(6), 489-506.

McKinley, C. J., & Lauby, F. (2021). Anti-vaccine beliefs and COVID-19 information seeking on social media: Examining processes influencing COVID-19 beliefs and preventative actions. *International Journal of Communication*, *15*, 4252-4274.

Munger, K., Egan, P. J., Nagler, J., Ronen, J., & Tucker, J. (2022). Political knowledge and misinformation in the era of social media: Evidence from the 2015 UK election. *British Journal of Political Science*, *52*(1), 107-127.

Oeldorf-Hirsch, A. (2018). The role of engagement in learning from active and incidental news exposure on social media. *Mass Communication and Society*, *21*(2), 225-247.

Olmstead, K., Mitchell, A., & Rosenstiel, T. (2011). Navigating news online: Where people go, how they get there and what lures them away. *PEW Research Center's Project for Excellence in Journalism*, *9*, 1-30.

Oyserman, D., & Dawson, A. (2020). Your fake news, our facts: Identity-based motivation shapes what we believe, share, and accept. In G. Rainer, J. Mariela, N. Eryn, & S. Norbert (Eds.), *The psychology of fake news* (pp. 173-195). Routledge.

Pan American Health Organization. (2020). *Understanding the infodemic and misinformation in the fight against COVID-19*. Retrieved February 17, 2021, from https://iris.paho.org/handle/10665.2/52052

Pennycook, G., Cannon, T. D., & Rand, D. G. (2018). Prior exposure increases perceived accuracy of fake news. *Journal of Experimental Psychology: General*, *147*(12), 1865-1880.

Pennycook, G., McPhetres, J., Zhang, Y., Lu, J. G., & Rand, D. G. (2020). Fighting COVID-19 misinformation on social media: Experimental evidence for a scalable accuracy-nudge intervention. *Psychological Science*, *31*(7), 770-780.

Petty, R. E., & Cacioppo, J. T. (1986). The elaboration likelihood model of persuasion. In L. Berkowitz (Ed.), *Communication and persuasion* (pp. 1-24). Springer.

Pluviano, S., Watt, C., & Della Sala, S. (2017). Misinformation lingers in memory: Failure of three pro-vaccination strategies. *PlOS ONE*, *12*(7), e0181640.

Rossini, P., Stromer-Galley, J., Baptista, E. A., & Veiga de Oliveira, V. (2021). Dysfunctional information sharing on WhatsApp and Facebook: The role of political talk, cross-cutting exposure and social corrections. *New Media & Society*, *23*(8), 2430-2451.

Seo, H., Blomberg, M., Altschwager, D., & Vu, H. T. (2021). Vulnerable populations and misinformation: A mixed-methods approach to underserved older adults' online information assessment. *New Media & Society*, *23*(7), 2012-2033.

Shapiro, G. K., Holding, A., Perez, S., Amsel, R., & Rosberger, Z. (2016). Validation of the vaccine conspiracy beliefs scale. *Papillomavirus Research*, *2*, 167-172.

Smith, T. C. (2017, July). Vaccine rejection and hesitancy: A review and call to action. In *Open Forum Infectious Diseases* (Vol. 4, No. 3). Oxford University Press.

Su, M. H., Liu, J., & McLeod, D. M. (2019). Pathways to news sharing: Issue frame perceptions and the likelihood of sharing. *Computers in Human Behavior, 91*, 201-210.

Thorson, E. A., & Stohler, S. (2017). Maladies in the misinformation marketplace. *First Amendment Law Review, 16*, 442-453.

Trilling, D., & Schoenbach, K. (2013). Skipping current affairs: The non-users of online and offline news. *European Journal of Communication, 28*(1), 35-51.

Ullman, J. B. (2001). Structural equation modeling. In B. G. Tabachnick & L. S. Fidell (Eds.), *Using multivariate statistics* (4th ed.). Needham Heights, MA: Allyn & Bacon.

Vásquez, I., & McMahon, F. (2021). *Human Freedom Index*. Retrieved February 17, 2021, from https://www.cato.org/human-freedom-index/2020

Wei, R., & Lo. V.-H. (2021). Motivation, perception, and engagement. In *News in their pockets: A cross-city comparative study of mobile news consumption in Asia*. New York: Oxford University Press.

Wei, R., Lo, V.-H, & Lu, H. (2011). Examining the perceptual gap and behavioural intention in the perceived effects of polling news in the 2008 Taiwan presidential election. *Communication Research, 38*(2), 206-227.

World Health Organization. (2021). *Coronavirus Disease (COVID-19) Pandemic*. Retrieved February 15, 2021, from https://www.who.int/emergencies/diseases/novel-coronavirus-2019

國家圖書館出版品預行編目資料

新冠疫情中的傳媒角色：亞洲華人社會的實證
研究／王海燕，王賽，吳琳，吳瓊，李宗
亞，汪靖，岳漢玲，林冠承，邱林川，金兼
斌，洪子陽，張明新，張曉，章平，郭靖，
陳憶寧，曾詠祺，程渺然，黃懿慧，楊肖
光，路淼，鄒霞，趙麟宇，劉煥，劉蒙闊，
盧鴻毅，戴笑凡，謝金文合著；魏然，羅
文輝主編．——初版．——臺北市：五南圖
書出版股份有限公司，2023.09
　　面；　公分
　　ISBN 978-626-366-364-0 (平裝)

　　1.CST: 媒體　2.CST: 傳播研究　3.CST:
文集　4.CST: 亞洲

541.8307　　　　　　　　　　112011859

4Z15

新冠疫情中的傳媒角色：
亞洲華人社會的實證研究

主　　　編 — 魏然、羅文輝

作　　者 — 王海燕、王　賽、吳　琳、吳　瓊、李宗亞

汪　靖、岳漢玲、林冠承、邱林川、金兼斌

洪子陽、張明新、張　曉、章　平、郭　靖

陳憶寧、曾詠祺、程渺然、黃懿慧、楊肖光

路　淼、鄒　霞、趙麟宇、劉　煥、劉蒙闊

盧鴻毅、戴笑凡、謝金文

發 行 人 — 楊榮川

總 經 理 — 楊士清

總 編 輯 — 楊秀麗

副總編輯 — 李貴年

責任編輯 — 黃淑真、何富珊

出 版 者 — 五南圖書出版股份有限公司

地　　址：106台北市大安區和平東路二段339號4樓

電　　話：(02)2705-5066　　傳　真：(02)2706-6100

網　　址：https://www.wunan.com.tw

電子郵件：wunan@wunan.com.tw

劃撥帳號：01068953

戶　　名：五南圖書出版股份有限公司

法律顧問　林勝安律師

出版日期　2023年9月初版一刷

定　　價　新臺幣570元

經典永恆・名著常在

五十週年的獻禮 —— 經典名著文庫

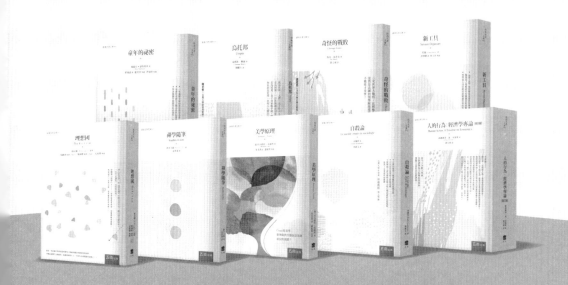

五南，五十年了，半個世紀，人生旅程的一大半，走過來了。

思索著，邁向百年的未來歷程，能為知識界、文化學術界作些什麼？

在速食文化的生態下，有什麼值得讓人雋永品味的？

歷代經典・當今名著，經過時間的洗禮，千錘百鍊，流傳至今，光芒耀人；

不僅使我們能領悟前人的智慧，同時也增深加廣我們思考的深度與視野。

我們決心投入巨資，有計畫的系統梳選，成立「經典名著文庫」，

希望收入古今中外思想性的、充滿睿智與獨見的經典、名著。

這是一項理想性的、永續性的巨大出版工程。

不在意讀者的眾寡，只考慮它的學術價值，力求完整展現先哲思想的軌跡；

為知識界開啟一片智慧之窗，營造一座百花綻放的世界文明公園，

任君遨遊、取菁吸蜜、嘉惠學子！